# 医院
# 内部审计实务

## Internal Audit Practice of Hospital

郭云波　胡兴华　瞿晓龙　编著

中国财经出版传媒集团
中国财政经济出版社
·北京·

**图书在版编目（CIP）数据**

医院内部审计实务 / 郭云波，胡兴华，瞿晓龙编著
. -- 北京：中国财政经济出版社，2024.1
ISBN 978 - 7 - 5223 - 2183 - 7

Ⅰ.①医… Ⅱ.①郭… ②胡… ③瞿… Ⅲ.①医院－内部审计－研究－中国 Ⅳ.①F239.66

中国国家版本馆 CIP 数据核字（2023）第 074201 号

责任编辑：陈志伟　　责任印制：史大鹏
封面设计：卜建辰　　责任校对：徐艳丽

医院内部审计实务
YIYUAN NEIBU SHENJI SHIWU

中国财政经济出版社 出版
**URL**：http：//www. cfeph. cn
E - mail：cfeph@ cfeph. cn

社址：北京市海淀区阜成路甲 28 号　邮政编码：100142
营销中心电话：010 - 88191522
天猫网店：中国财政经济出版社旗舰店
网址：https：//zgczjjcbs. tmall. com
中煤（北京）印务有限公司印刷　各地新华书店经销
成品尺寸：175mm × 250mm　16 开　32.25 印张　531 000 字
2024 年 1 月第 1 版　2024 年 1 月北京第 1 次印刷
定价：98.00 元
ISBN 978 - 7 - 5223 - 2183 - 7
（图书出现印装问题，本社负责调换，电话：010 - 88190548）
本社质量投诉电话：010 - 88190744
**打击盗版举报热线：010 - 88191661　QQ：2242791300**

# 推 荐 语

医院既有预算收入，又有经营收入，既有经营性支出，也有资本性支出，资金使用的合规性和效益性备受关注。加强医院的内部审计，提升医院的效率和效益意义重大，事关医院的可持续发展。郭云波、胡兴华、瞿晓龙结合长期从事医院等行政事业单位内部审计的丰富经验，在入选全国行政事业类高端会计人才项目期间，利用工作之余撰写了《医院内部审计实务》一书。该书从医院内部管理、内部审计管理和内部审计实务三个角度，系统、深刻地阐述和分析医院内部审计的重点、热点和难点问题，兼具系统性和可操作性，高度切合医院内部审计的理论和实务，是一部高质量的值得细读品鉴的内部审计著作。

**黄世忠**

**厦门国家会计学院教授、原院长**

**中国会计学会副会长**

**中国注册会计师协会审计准则委员会副主任委员**

医院是民生行业，汇集着国家巨大的人财物及医疗卫生资源。医院内部审计在加强医院内部治理、提升管理绩效方面可以也应当发挥重要作用，但市场上长期缺乏具有医院行业特征的内部审计著作。由郭云波、胡兴华、瞿晓龙三位全国会计领军人才编著的这本著作恰好填补了这一空白。他们都是长期深耕会计、审计实务的专业人士，积累了丰富的内部审计实务经验，因而这本著作既有国家及医疗行业层面的内部审计政策解读，又有以医院特定场景的预算执行与决算审计等 11 类内部审计业务的相关理论与操作实务，汇聚了医院内部审计全套操作流程和范例。本著作既有理论高度又有实践深度，是一本不可多得的内部审计实务著作，因而郑重推荐。

**朱锦余**

**云南财经大学会计学院教授、博士研究生导师**

习近平总书记在中国共产党第十九届中央纪律检查委员会第四次全体会议上发表重要讲话，强调以党内监督为主导，推动人大监督、民主监督、行政监督、司法监督、审计监督、财会监督、统计监督、群众监督、舆论监督有机贯通、相互协调。审计监督也是加强国家监督体系建设的重要组成部分。医院内部审计对医院内部监督管理越来越重要，如何发挥好内部审计监管作用也是医院审计工作者值得思考的一个问题。

《医院内部审计实务》一书中包含概念解析和理论研究，并穿插大量案例，有助于医院建立完善监督机制，保证财务收支真实合法，改善医院财务管理，确保经济运营的正常和稳定，有效促进医院内部管理机制，对加强医院内控建设有很好的启发效果和参考价值。无论对资深审计人员还是初识审计工作的审计人员，本书都可以说是一部非常有指导价值的医院内部审计实务工具书。

**孙家林**

**高级会计师，北京协和科技开发有限公司董事长**

**曾任北京医院总审计师**

**曾获评 2014—2016 年度全国内部审计先进工作者**

《医院内部审计实务》一书是由郭云波、胡兴华、瞿晓龙三位全国高端会计人才结合长期从事医院等行政事业单位内部审计的丰富经验，清晰梳理了医院内部管理、内部审计管理和内部审计实务的系统脉络，具有丰富的实操案例，是广大医院审计工作人员、财务管理人员和医疗机构管理者日常工作的必备工具书籍。

**曹亚娜**

**北京市卫生健康委员会会计核算服务中心主任**

加强医院内部审计工作既是确保医院经济业务合法合规的需要，也是完善医院内部管理的重要手段，对于推动医院高质量发展具有十分重要的意义。《医院内部审计实务》一书立足于医院实际，重点介绍了医院内审实务的要点，并辅以大量实务案例和制度范例，对于推进医院内部审计规范化和制度化建设具有较强的实操指导作用。

**郭文博**

**首都医科大学附属北京口腔医院总会计师**

内部审计是审计监督体系的重要组成部分，做好医院内部审计工作对于规范医院业务和经济活动，防范和降低经济风险，提高医院运行效率和效益，促进财务管理和廉政建设，推动医院高质量发展，发挥着不可替代的重要作用。要真正把医院内部审计工作做好，并非易事。郭云波、胡兴华、瞿晓龙同志，理论与实践相结合，精心编写的《医院内部审计实务》一书，深刻、系统地把医院内部审计工作讲得明明白白。该书具有很强的理论性、实践性、指导性和可操作性，尤其在内容安排上，可谓深入浅出、通俗易懂，既有高屋建瓴的方向指引，又有全面精准的政策解读，还有典型案例的全面剖析。该书是广大内部审计和财务人员的重要读物，也是管理人员的良师益友。此书可读可品、可悟可佩，本人很乐意为大家推荐。

**雷志勤**

**正高级会计师、硕士研究生导师**

**河南省人民医院财务部主任**

# 前　言

内部审计是国家监督体系的重要组成部分，党和国家历来高度重视卫生健康行业内部审计工作。当前，我国卫生健康行业仍存在内部审计弱化、虚化、边缘化，监督作用发挥不到位、不充分等问题，为深入贯彻习近平总书记重要指示精神，强化医院内部审计监督，充分发挥内部审计“治已病、防未病”作用，国家卫生健康委印发的《进一步加强卫生健康行业内部审计工作若干意见的通知》（国卫财务发〔2022〕9号）和《卫生健康行业内部审计基本指引(试行)》等7个工作指引，对新时期加强卫生健康行业内部审计工作提出了明确要求，指明了努力方向。

医院作为重要的民生领域，汇集着国家巨大的人、财、物及医疗卫生资源，因此，需要不断加强医院内部审计工作，切实提升医院治理能力与治理水平。为了引导和帮助广大医院内部审计实务工作者全面理解、把握医院内部审计相关理论与实务操作，我们编写了本书，力求通过简洁明了的阐释、丰富的案例，为广大医院内部审计实务工作者答疑解惑，提供参考和帮助。

本书分为上、中、下三个篇章，上篇重点围绕医院的职能定位、工作职责、内部治理体系及医院运行管理等方面对医院内部管理进行总括性的介绍；中篇重点阐述医院内部审计的领导体制、相关制度、机构和人员，并对内部审计的业务管理要点进行了梳理和归纳；下篇重点以A医院为例，对预算执行与决算审计、财务收支审计、建设项目审计、重大政策落实情况审计、大型医用设备绩效审计、医用耗材审计、采购管理审计、内部控制审计、转移支付资金审计、合同管理审计和经济责任审计等11类审计业务如何进行实务操作分别进行示范性讲解，供读者参考借鉴。

本书具有如下特点：

1. 内容全面、结构完整。本书以内部审计准则制度为标准，紧跟相关最新政策和要求，既有医院内部运行管理的内容，又有内部审计相关理论及实务操作，对医院内部审计的全面业务有充分、完整的阐述。

2. 行业特点鲜明、实操指导性强。本书紧扣医疗行业特点，按照“医院内部管理——内部审计管理——内部审计实务操作”的写作思路，充分体现内部业务与审计实务相融合的理念。值得一提的是，本书以 A 医院为例，汇总整理了 102 个实务案例，并系统性提供包括党委审计委员会工作规则、预算执行与决算审计、财务收支审计、建设工程项目审计、重大政策落实情况审计、医用耗材审计、内部控制审计、转移支付资金审计、经济合同审计、中层干部经济责任审计等在内的 18 项医院内部审计制度作为范例参考，对医院内部审计从制度设计、审计实施、审计报告、结果运用、后续审计等全套工作流程有详细的示范性操作实例，是一本可以直接借鉴的医院内部审计实操性工具用书。

本书适用于医院的业务主管部门、高层管理人员、内部审计主管人员、内部审计人员和社会中介机构、对医院内部审计领域进行学习和研究的其他人群，可作为医院内部审计实施的工具用书、广大内部审计实务工作者不断提升实务水平的参考用书。

本书在编写过程中，得到了厦门国家会计学院教授、原院长黄世忠先生和云南财经大学会计学院教授朱锦余先生的悉心指导和帮助，得到了中国财政经济出版社尉敏编辑的全程指导与鼎力支持，得到了北京协和科技开发有限责任公司董事长孙家林、北京市卫生健康委员会会计核算服务中心主任曹亚娜、首都医科大学附属北京口腔医院总会计师郭文博、河南省人民医院财务部主任雷志勤、临汾市人民医院审计科科长郭海婷等实务专家的业务指导和帮助，也得到了童雨阳、叶潇璐等会计审计实务工作者的支持和帮助，在此一并表示衷心的感谢。

虽然我们尽了最大的努力，但由于水平有限，书中难免有疏漏与错误，敬请广大读者提出宝贵的批评意见。您可以通过以下邮箱与我们取得联系：653339278@ qq. com，我们期待与您有更进一步的交流。

编　者

2023 年 12 月 17 日

# 目　　录

上篇

# 医院内部管理篇

医院是我国医疗卫生健康事业的重要组成部分，直接关系亿万人民群众的健康，关系千家万户的幸福。医院是党联系人民、服务群众的重要窗口，是守护人民群众生命健康的主阵地，服务水平的高低直接关系到人民群众的获得感、幸福感和安全感，是重要的民生工程。医院汇集着国家巨大的人、财、物及医疗卫生资源，如何提高医院的管理水平，管好、用好这些宝贵的资源，是医院管理工作者的首要任务和追求目标。

本篇重点围绕医院的职能定位、工作职责、内部治理体系及医院运行管理内容等方面对医院内部管理进行总括性的介绍，目的是让读者对医院相关工作和业务特点有一定了解，为后续章节的理解和把握奠定基础。

# 第一章 医院管理概论

## 第一节　医院概述

### 一、医院的概念

医院是以诊疗疾病、护理为主要目的的医疗机构，是运用医学科学理论和技术，为患者、特定人群或健康人群提供医疗、预防、保健和康复等服务的场所，备有一定数量的病床、医务人员和必要的设备，通过医务人员的共同协作，对住院或门诊患者实施诊疗、护理与预防工作，以达到保障人群健康的目的。

### 二、医院的基本条件

医院应具备以下基本条件：

1. 正式的病房和一定数量的病床设施，有能力为患者提供科学的诊疗、护理和基本的生活服务。病床设施是指正式病床及配套的被服、家具、器具等设备。我国《医疗机构基本标准（试行）》要求，凡以“医院”命名的医疗机构，住院床位总数应在20张以上。

2. 住院、门诊等多种服务功能，以实施住院诊疗为主，一般设有相应门诊部。

3. 基本的医疗设备和设施，符合医学要求和满足医疗保健需要的基本条件。

4. 一定的诊疗组织形式，包括临床科室、医技科室、辅助科室等。

5. 相应的、系统的人员配备，包括医、药、护等技术人员及行政和后勤人员，各类人员分工协作，共同完成整体组织功能。

6. 相应的工作制度与规章制度，包括组织制度、人事制度、财务制度、采购制度、医疗质量管理制度等。

## 三、医院的分类与分级

### （一）医院分类

我国现有的医院，根据不同的划分角度可分为不同的类型。

按业务范围，分为综合性医院、专科医院、疗养院等。

按学术性质，分为中医医院、西医医院、中西医结合医院、民族医院。

按隶属关系，分为省市卫生系统直接领导的综合或专科医院，医学院校附设的各类附属医院、教学医院，工矿医院直属的医院和军队领导的部队医院等。

按划区分级医疗的原则及其服务范围，分为国家、省（自治区、直辖市）、市、县（区、旗）、乡镇医院及村卫生室等。

按所有制形式，分为全民所有制医院、集体所有制医院、个体所有制医院、股份制医院和股份合作制医院。

按医院经营性质，分为营利性医院和非营利性医院。

### （二）医院分级

根据医院的功能、任务、设施条件、技术建设、医疗服务质量和科学管理的综合水平，医院可划分为一级医院、二级医院、三级医院。

1. 一级医院，是指直接向一定人口的社区提供预防、医疗、保健、康复服务的基层医院、卫生院，其病床数一般在20—99张（中医医院在20—79张）。

2. 二级医院，是指向多个社区提供综合医疗卫生服务和承担一定教学、科研任务的地区性医院，其病床数一般在100—499张（中医医院在80—299张）。

3. 三级医院，是指向几个地区提供高水平专业化医疗卫生服务和执行高等教育、科研任务的区域性以上的医院，其病床数一般在500张以上（中医医院在300张以上），一般是省级医院及市级的重点医院。三级医院又根据技术力量、设备条件、人员结构、科研水平等划分为甲、乙、丙三等。其中：三级甲等医院，医院建设成绩显著，科室设置、人员配备、管理水平、工作质量和技术设施等按分等标准综合考核检查达900分及以上；三级乙等医院，医院建设成绩尚好，其科室设置、人员配备、技术水平、工作质量、基础设施等按分等标准综合考核检查达750—899分；三级丙等医院，医院建设有一定成绩，基本标准考核合格，但与分等标准要求尚有较大差距，按分等标准综合考核检查在749分及以下。三级特等医院和三级甲等医院是等级医院中最具有权威的医院。

## 四、医院的性质

《中共中央 国务院关于卫生改革与发展的决定》（中发〔1997〕3号）指出："我国卫生事业是政府实行一定福利政策的社会公益事业。"《中共中央 国务院关于深化医药卫生体制改革的意见》（中发〔2009〕6号）进一步强调："坚持医药卫生事业为人民健康服务的宗旨，以保障人民健康为中心，以人人享有基本医疗卫生服务为根本出发点和落脚点，从改革方案设计、卫生制度建立到服务体系建设都要遵循公益性的原则，把基本医疗卫生制度作为公共产品向全民提供，着力解决群众反映强烈的突出问题，努力实现全体人民病有所医。"着力解决群众反映强烈的突出问题，其实质和具体要求就是救死扶伤、治病救人，尽一切办法和可能保障广大人民群众的生命健康。

医院作为我国社会主义卫生健康事业的重要组成部分，无论是公立医院还是民营医院，都必须严格执行党和国家的卫生健康工作方针、政策和政府法令，这是我国各级各类医院的基本性质和根本使命，也是医疗卫生改革的唯一方向。医疗卫生机构必须以治病救人为目的，国家卫生健康事业的社会公益性决定了医院的公益性。因此，公益性是我国医院的根本属性。

## 五、医院的功能任务

《医疗机构管理条例》第三条明确指出："医疗机构以救死扶伤，防病治病，为公民的健康服务为宗旨。"《全国医院工作条例》第二条明确要求："医院必须以医疗工作为中心，在提高医疗质量的基础上，保证教学和科研任务的完成，并不断提高教学质量和科研水平。同时做好扩大预防、指导基层和计划生育的技术工作。"随着医学科学的发展、医学模式的转变及人民对医疗保健需求的深化，医院的功能已经逐渐从单纯的诊疗护理向疾病的预防和康复发展，从单纯的生物医学模式向"生物——心理——社会"的医学模式转变。因此，医院的主要功能包括医疗、预防、保健、康复服务，并承担相应的临床教学和科研等任务。

### （一）医疗服务

医疗服务是医院的主要功能。医疗工作以诊疗与护理两大业务为主体，医疗与辅助业务密切配合，形成一个医疗整体。医疗一般分为门诊医疗、住院医疗、康复医疗和急救医疗。门诊、急救诊疗是第一线，住院诊疗是重点，是对较复杂或疑难危重进行诊疗的重要方式。

### （二）预防保健服务

医院不仅诊治，更要进行预防保健工作，成为人民群众健康服务活动的中心。在人人享有卫生保健的全球目标中，各级医院要发挥预防保健功能并开展社区医疗和家庭服务，进行健康教育和普及卫生知识，指导基层做好计划生育、健康咨询和疾病普查工作，提倡健康的生活行为和加强自我保健意识，延长寿命和提高生活质量等，使医院向人民群众提供全面的医疗卫生保健服务。

### （三）康复服务

康复涵盖范围十分广泛，其主要目的与功能是让每一位患者能在生理上完全康复，在心理上完全摆脱创伤，从而能早日回归社会，不留下任何疾病阴影，发挥其原来的角色功能，预防再患同一伤病而住院。

### （四）教育培训

医学教育是终身教育，医院是医学教育的一部分，医学生必须经过毕业后医学的继续教育才能培养成为一名合格的医生。临床医学是实践医学，对青年医务人员要严格训练，练好基本功；对中年医务人员应加强实践，进行专业培训，使其尽快挑起重担；对高年资医务人员要充分发挥其培养、指导下级医务人员的作用；对护理人员也必须进行医院临床教育，对其他医疗技术人员也不能例外。医院必须具有对一切医院工作人员进行培养教育的功能，只有这样，才能不断提高业务技术水平，提高医疗质量。此外，教学医院还要承担临床教学任务。

### （五）科学研究

医院是集中进行医疗实践的场所，医院开展科学研究是提高业务水平的需要。疾病诊断和治疗的复杂性及临床上新问题的不断出现，使科研成为医院的另一重要任务。科学研究往往能提高医疗质量，直接推动医学发展。从实践来看，在医院的医疗工作中蕴藏着无数的研究课题，这需要医务人员积极研究，不断开拓创新。

### （六）其他任务

在发生战争和自然灾害、事故灾难、公共卫生事件、社会安全事件的情况下，医院负有医疗抢救的重要使命。因此，应该认真落实《国家突发公共事件医疗卫生救援应急预案》，平时加强演练，备齐医疗抢救药品器材等，以保证医疗救援工作迅速、高效、有序地进行，最大限度地减少人员伤亡和健康危害，保障人民群众身体健康和生命安全。

上述六项功能不是各自孤立的，而是相互联系、相辅相成的。其中以医疗服务为中心，其他各项功能围绕医疗工作统筹安排，并与医疗相结合，全面构成医院各项任务。

## 六、医院的工作特点

医院是以一定社会人群为主要服务对象，以医学技术为基本服务手段，以保证医疗质量和医疗效果、促进人民健康为服务目标。医院工作特点主要表现为以下几个方面。

### （一）以患者为中心

保证医疗质量和医疗安全是医院生存的根本，是医疗管理的核心内容和永恒主题。医院的所有部门都要以患者为中心，发扬救死扶伤、人道主义精神，为人民群众提供更好的医疗服务。

### （二）以质量为核心

医疗质量和医疗安全是医院工作的根本。医院服务对象是病人，关系到病人的安危，因此必须十分重视医疗质量与安全，进行严格的质量管理，不断提高医疗服务质量，以优质创品牌。

### （三）科技含量高

医学科技是医院诊治的手段，而人体又是极其复杂的机体，这就决定了医务人员必须具有全面的理论知识、熟练的技术操作能力和丰富的临床经验。医院工作兼有知识密集型和劳动密集型的双重特点。

### （四）强调整体性与协作性

医院必须遵循“生物——心理——社会”医学模式去开展工作，既要科学分工又要强调科学协作，使二者成为有机的整体。

### （五）时间性和连续性

时间就是生命，医院在诊断、治疗与抢救过程中要分秒必争；同时，接受就诊、病情观察与治疗要求连续不间断，各种工作安排都应适应医疗工作的连续性要求。人文服务是基础，患者既是生物属性的人，更是社会属性的人，只有做好人文服务才能赢得患者的信赖，提升信誉。

### （六）医院与社会联系密切

医院服务的主体是全社会人群，医院工作与广大人民群众和社会各部门有广泛密切的联系，医院应尽职尽责满足社会各方面的医疗服务。同时，医院工作也受到社会各种条件的制约，医院工作离不开社会各方面的支持。

### （七）医疗消费是一种特殊的经济活动

医院在医疗服务中，有人力和物力的大量投入，需要进行经济核算，但医院必须坚持“社会效益第一”的原则，同时也要关注成本效益管理，以保障医院的生存和发展，不断增强服务实力，因此医院需在保障医疗质量和安全的前提下，加强全面科学管理，健全持续改进机制，不断提高管理水平，努力实现社会效益与经济效益的最佳结合。

## 七、新时期卫生与健康工作方针

《“健康中国 2030”规划纲要》明确了新时期卫生与健康工作方针，俗称“38 字卫生方针”，“以基层为重点，以改革创新为动力，预防为主，中西医并重，将健康融入所有政策，人民共建共享”。

# 第二节 医院管理概述

## 一、医院管理的概念

医院管理是按照医院工作的客观规律，运用管理理论和方法，对人、财、物、信息、时间等资源进行计划、组织、协调、控制，充分发挥整体运行功能，以取得最佳综合效益的管理活动过程。

## 二、现代医院发展趋势

### （一）管理人员职业化

随着卫生体制的改革，医院法人治理结构和治理机制将日趋完善，实行院长聘任制和院长岗位培训，推行管理职业化建设成为医院管理新趋向，医院法人和管理骨干必须具有先进医院管理理念，精通管理，熟悉医疗知识，掌握信息技术，了解国内外最新医疗动态和国家相关政策法规。

**（二）管理精细科学化**

随着医改的深入，现代化医院管理制度将逐步形成，医院内部管理和决策机制将更加完善，医院各工作环节及流程更趋规范有效，学科分工更为明细，诊疗手段更为科学精准；同时，信息化的应用实现了医院业务信息和管理信息最大限度地采集、传输、存储和分析，为及时掌握院内外医疗动态和科学决策提供了可靠手段。

**（三）医院管理法制化**

法制化建设将逐步深入医院管理各个层面，行业自律、行业管理多方监督机制进一步加强。

**（四）医院管理信息化**

数字化医院是未来医院的发展趋势，有效提升医院管理的效率和水平，创建新的运营模式，如远程会诊、网上预约诊疗、办公自动化等。

**（五）医院建筑现代化**

现代化医院建筑的功能分区将更加合理，将更加注重运用现代科学技术，体现患者安全、经济高效和以人为本的服务理念。

**（六）医院服务人性化**

病人的利益和优质服务将是医院经营管理的出发点和归宿。基本医疗卫生服务更加公平可及，医疗保健服务水平明显提升。

**（七）医疗服务品牌化**

品牌服务是医院的形象，也是核心竞争力的重要因素，现代医院将更加重视打造自己的品牌，以在竞争中赢得信誉和市场。

**（八）岗位职责明确化**

现代医院人力资源配置更趋科学合理，岗位职责更加明晰，专业要求更高，技术要求也更精。

### （九）考核评估合理化

以岗位工作量、服务质量、行为规范、技术能力及患者满意度等综合评价与绩效考核将更为公平、公正，奖惩机制更趋完善。

### （十）医院服务多元化和多样化

随着工业化、城镇化、农业现代化以及人口老龄化进程和医学模式转变的加快，慢性病增加，疾病谱显著变化，城乡居民健康需求呈现多层次、多元化特点，为适应社会的发展，医院的服务形式也会呈现出多元化。

## 三、医院管理的基本任务

### （一）建立健全内部管理规章制度

为贯彻落实新时期我国卫生与健康工作方针，坚持公益性，保障人民群众健康，推动医院各方面工作健康发展，医院必须制定相应的规章、制度、方案等，全面加强医疗质量与安全管理，以维持医院正常的工作秩序，提升医院科学管理水平。

### （二）规范内部治理机构与运行

建立健全内部管理机构、议事规则、办事程序等，规范内部治理结构、管理架构和权力运行规则，明确岗位职责，提高医院运行效率，更好地为人民群众提供医疗保健、疾病预防、健康教育、健康科普等医疗和一定的公共卫生服务。

### （三）加强人才队伍建设

牢固树立“人才是第一资源”的理念，统筹抓好各类人才队伍建设，强化人才的职业道德教育，强化政治意识，把专业技术与品德建设作为衡量和培养人才的两个标准，搭建合理的平台，提升医院工作人员整体素养。

### （四）加强医院运营管理

为充分发挥好物资、设备、资金的作用，医院管理者要加强医院运营管理，优化医院收入结构，加强成本关键环节管控，提高医疗、教学、科研、预防等核心业务及人、财、物供给效率，建立覆盖医院经济和业务活动全范围的内部控制管理体系，使国家、医院、科室、个人等各方利益兼顾，推动医院高质量发展。

### （五）加强内部绩效考核

为深入贯彻“以人民为中心”的服务理念，充分调动全院职工为人民服务的积极性和责任感，医院管理者要制定各种各类的检查、考核和评比标准，健全内部绩效考核指标体系，并严格进行检查、控制，提高医院服务和水平，不断提升管理效益，使“管理出效益”落到实处。

### （六）加强医院文化建设和医德医风建设

树立正确的办院理念，弘扬“敬佑生命、救死扶伤、甘于奉献、大爱无疆”的职业精神，推进医院精神文明建设，开展社会主义核心价值观教育，促进形成良好医德医风，建设医术精湛、医德高尚、医风严谨的医务人员队伍，塑造行业清风正气。

### （七）加强医院党组织建设

合理设置医院党建工作机构，配齐配强党建工作力量，建立科学有效的党建工作考核评价体系，落实管党治党主体责任，推进党组织和党的工作全覆盖，做到党组织活动与业务工作有机融合，防止“两张皮”。

### （八）其他

承担上级党委和政府交办的其他事项。

# 第二章 医院内部治理体系

## 第一节 医院领导体制

新中国成立至改革开放前，我国医院领导体制先后经历了院长负责制、党委领导下的院长分工负责制、院务委员会领导下的院长负责制等多种形式，自1985年以后，开始实行院长负责制。2018年6月，中共中央办公厅印发《关于加强公立医院党的建设工作的意见》，明确我国公立医院实行党委领导下的院长负责制。这标志着我国公立医院党委已从过去的“政治核心”转变为“领导核心”。

### 一、党委领导下的院长负责制

#### （一）党委领导下的院长负责制的概念

党委领导下的院长负责制，就是在党委的统一领导下，院长全面负责医院的具体工作。中共中央办公厅《关于加强公立医院党的建设工作的意见》规定：党委等院级党组织发挥把方向、管大局、作决策、促改革、保落实的领导作用；实行集体领导和个人分工负责相结合的制度，凡属重大问题都要按照集体领导、民主集中、个别酝酿、会议决定的原则，由党委集体讨论，作出决定，并按照分工抓好组织实施，支持院长依法依规独立负责地行使职权；院长在医院党委领导下，全面负责医院医疗、教学、科研、行政管理工作。

### （二）党委领导下的院长负责制的基本内涵

党委领导下的院长负责制是辩证统一、不可分割的有机整体，如果公立医院没有党对其领导，院长负责制就没有了组织、政治保障，容易迷失政治方向；而公立医院离开院长负责制，党委领导就极有可能失去实施平台，容易陷入以党代政的工作局面。因此，深刻理解党委领导下的院长负责制这一体制的本质内涵，需要具体把握以下两个方面的内容。

1. 党委领导

党委领导是一个重大的原则性问题。党委领导下的院长负责制，规定了这一领导体制的本质属性。党委领导的鲜明特色就是党管公立医院，公立医院党委既是政治核心，更是领导核心，其主要职能为“把方向、管大局、作决策、促改革、保落实”，坚持正确的卫生健康工作方针和办院方向，充分利用公立医院优质医疗服务资源，实施临床医技科室党支部书记“双带头人”培育工程，把党员培养成业务骨干、把业务骨干培养成党员、把党员业务骨干培养成管理骨干和学科带头人。这一领导体制的设计，也充分彰显出中国特色社会主义制度的优越性。

2. 院长负责制

院长负责制来源于“行政首长负责制”，目的是确保医院的行政最高领导在现代化管理体制中的中心地位，使其在行政、业务和经营中具有法定代表人的权力，从而有利于上级主管部门代表国家进行宏观调控和法制监控，有利于实行依法治院。院长在医院党委领导下，全面负责医院医疗、教学、科研、行政管理工作。院长的职责在于依法独立负责地开展党委会确定的各项工作。当然，院长在党委的集体领导下进行工作，并不意味着每件事情都要请示党委，每件事情要上党委会集体讨论决议后才能做，医院院长在职责范围内，对许多常规和一般性工作事项拥有决策权和决定权。

总之，党委领导下的院长负责制，并不是“党委领导”与“院长负责”的简单叠加，医院党委和院长各负其责、各司其职，在工作层次上是相互配合、相辅相成的，是具有内涵逻辑关系、辩证统一的有机整体。“党委领导”与“院长负责”既体现了二者在政治方向、根本任务和工作目标上具有一致性，又体现了其在集体领导与个人分工负责相结合方面具有融通性；党委领导是前提，院长负责是基础，二者互为条件、相互依存，密切配合，不可分割。党委领导下的院长负责制将医院的运营管理置于医院党组织的领导之下，从而把党的领导内嵌到医院管理之中，使医院党组织的领导权渗透到医院的决策、执行和监督各个环节。

## 二、医院领导班子

### （一）医院党委

医院党委实行集体领导和个人分工负责相结合的制度。设党委书记 1 名，主持党委全面工作，是医院党建工作的第一责任人，医院党政领导班子其他党员成员严格落实“一岗双责”。医院党委委员数量、党委副书记职数以上级党委批复为准。党委书记、副书记、党委委员按照干部管理权限和基层党组织选举有关规定产生。任期按党内有关规定执行。医院党委发挥把方向、管大局、作决策、促改革、保落实的领导作用。主要职责如下：

1. 贯彻落实党的基本理论、基本路线、基本方略，贯彻落实党的卫生与健康工作方针，贯彻落实深化医药卫生体制改革政策措施，坚持医院公益性，确保医院改革发展正确方向。

2. 依照有关规定讨论和决定医院改革发展、财务预决算、“三重一大”、内部组织机构设置，以及涉及医务人员权益保障等的重大问题。

3. 坚持党管干部原则，按照干部管理权限领导医院干部的选拔任用工作，认真做好离退休干部工作。

4. 坚持党管人才原则，讨论决定医院人才工作的政策措施，创新用人机制，优化人才成长环境。

5. 做好思想政治、意识形态和宣传工作，开展社会主义核心价值观教育，弘扬崇高精神，加强医德医风、精神文明和医院文化建设。

6. 完善医院党组织设置和工作机制，提升组织力，增强政治功能，严格党的组织生活，扩大党内基层民主，抓好发展党员和党员教育管理监督服务工作。

7. 履行全面从严治党主体责任，支持纪检机构履行监督责任，加强医院党风廉政建设和反腐败工作。

8. 全面落实党的统一战线方针政策，做好统战工作。

9. 领导和支持工会、共青团等群团组织和职工代表大会开展工作。

### （二）医院纪委

医院纪委在医院党委和上级纪委的领导下，全面落实监督执纪问责职责。医院纪委书记是履行医院党风廉政建设监督责任的第一责任人。医院纪委副书记职数和纪委委员数量以上级纪委批复为准。医院纪委书记、副书记、纪委委员按照有关规定和程序选举产生。医院纪委任期与医院党委任期相同。主要职责如下：

1. 检查医院贯彻落实党的路线方针政策和医院重大决策部署的情况。

2. 监督党员干部特别是关键岗位、重要人员履职和用权情况。

3. 开展党纪教育，推进廉政文化建设，筑牢党员干部拒腐防变的思想道德和法纪防线。

4. 开展作风督查，促进医院严格落实中央八项规定。

5. 完善反腐倡廉制度规范，构建系统化防治腐败工作制度体系。

6. 依纪依法查办案件，坚决惩治腐败行为。

### （三）医院行政领导班子

医院行政领导班子成员由上级党委和政府按照干部管理权限，根据工作需要和领导班子建设实际，依照相关程序选拔任用。院长和分管医疗、科研、教学等相关业务的副院长，一般应当从医疗卫生领域选拔。行政领导人员每个任期一般为三至五年。医院领导班子实行任期目标责任制。任期目标按照上级对公立医院改革发展的要求，依照相关规定和医院实际确定。

院长是医院运营管理的第一责任人，为医院的法定代表人。在医院党委领导下，全面负责医院医疗、教学、科研、行政管理工作，主要职责如下：

1. 负责医院的日常运行管理，召集和主持院长办公会会议，组织开展医疗、教学和科研等业务工作，落实政府办医目标，不断提高医院为人民群众服务的水平。

2. 在医院党委领导下，参与制订并负责组织实施医院中长期发展规划、年度工作计划，加强学科建设和人才培养，促进医院科学发展。

3. 按照相关程序建立健全医院内部管理制度，促使医院高效运营；合理配置和有效利用医院资产，维护资产的安全完整。

4. 每年向医院党委会、职工代表大会报告工作，组织处理有关行政工作提案；尊重和维护专业委员会、群团组织的合法权益，支持其履行职权。

5. 法律、法规、规章规定的其他职责。

副院长负责协助院长分管相关工作。副院长职数按相关规定配置。

## 第二节 医院内部组织机构

医院内部组织结构的设置主要受医院任务目标、内外环境、医疗技术及业务规模等特性影响，规模较大的医院与规模较小的医院内部组织机构不同，综合医院和专科医院的机构也有差异。目前，我国医院内部组织机构设置主要以原卫生部 1987 年发布的《综合医院组织编制原则试行草案》中关于组织机构设置的有关原则为依据，并根据医院规模、承担任务和学科状况而定。按照工作性质和任务划分，常见的医院内部组织机构主要划分为以下几种类别。

### 一、诊疗部门

诊疗部门是医院服务提供的第一线，是医院主要的业务部门。

在综合性医院中，诊疗部门通常包括门诊诊疗部、急诊诊疗部和住院诊疗部。在较小规模的医院中，门诊、急诊诊疗部通常是一个部门，而在较大规模的医院中，门诊、急诊诊疗部则通常是两个相对独立的部门。门诊诊疗部通常还包括预防保健、计划生育门诊。在级别较高、规模较大的医院，住院诊疗部门通常已划分到二级或三级亚专科，按疾病系统或病种细分，如神经内科、内分泌科、血液病科、消化内科、呼吸内科及脑外科、胸外科、泌尿外科、整形外科等临床科室部门。

临床科室是医院诊疗组织的主要组成单位。我国医院临床专科的划分大致有以下类型：

根据治疗手段分科，如内科、外科、放射治疗科等。内科主要以药物治疗为主，外科主要以手术治疗为主；

根据治疗对象分科，如妇产科、儿科、老年科等；

根据病种分科，如肿瘤科、结核病科、传染病科、精神病科、口腔科、遗传病科、糖尿病科等；

根据人体系统及器官分科，如眼科、神经科、皮肤科、内分泌科等。

上述主要介绍的是综合性医院诊疗部门的设置，而妇产医院、儿童医院、肿瘤医院、眼科医院、胸科医院、骨伤医院、老年病医院等专科医院诊疗部门的设置重点各有不同，但基本框架与综合性医院相似。

## 二、辅助诊疗部门

辅助诊疗部门利用专门技术和设备开展辅助诊疗工作，是现代医院的一个重要环节。辅助诊疗部门主要包括医院医技科室，如药剂科、营养科、放射科、检验科、超声科、病理科、麻醉科、消毒科、核医学科、心脑电图室、理疗体疗室等。我国医技诊疗科室发展较快，相应部门的设置呈中心化发展趋势，如建立中心实验室、中心功能检查室、中心影像室、中心放疗室等。中心化管理可以节约开支，提高设备利用率，提高工作效率。

## 三、护理部门

护理部门主要包括住院护理、门急诊护理、保健护理、医技部门（如理疗康复）护理等，是一个贯穿整个医院功能范围的综合性部门，由护理部统一领导。较大规模的医院通常将住院护理按病种或疾病系统分为不同的护理病区。

## 四、职能部门

### （一）党委工作部门

医院党委的工作部门主要包括党委办公室和党委职能部门。党委办公室是党委的综合部门，负责推动党委决策部署的落实，按照党委要求协调有关方面开展工作，承担党委运行保障具体事务；党委职能部门是负责党委某一方面工作的部门，按照规定行使相对独立的管理职能，如党委组织部是医院党的基层组织建设和干部队伍建设的工作部门，主要承担党员的教育、管理和发展，干部选拔任用及后备干部选拔培养等工作职责；党委宣传部统领医院的宣传思想工作，主要承担意识形态、精神文明、医院文化建设等工作职责；党委统战部是医院党委开展统战工作的职能部门等。

### （二）纪委工作部门

纪委办公室是负责纪委日常工作的机构。主要负责协助党委做好党风廉政建设和反腐倡廉工作；检查党组织和党员执行党的路线、方针、政策和决议的情况；对党员、党员干部进行党风党纪教育，接待受理举报党组织和党员违反党纪的来信来访，承办违纪案件的检查和审理工作等。

### （三）行政工作部门

医院行政部门主要包括医院办公室、医务处（科）、护理部、人事处（科）、医保办、财务处（科）等职能部门，这些职能部门具体负责医院行政某一方面的具体工作，比如，医院办公室是医院行政综合办事机构，负责医院综合性工作协调，督导医院各部门工作目标、任务的落实；医务处（科）负责全院医疗管理工作，负责医院执业医师相关管理工作；人事处（科）负责人才资源、人力资源引进、培养及各项人事管理工作；财务处（科）负责全院财务管理和经济运行相关工作等。

## 五、群众组织

医院依法设置工会、妇委会、共青团等群众组织。各群众组织在党委的领导下，履行各自职责。工会依法组织员工参与医院的民主决策、民主管理和民主监督。民主党派基层组织依照法律和各自章程开展活动。

## 六、职工代表大会

医院职工代表大会（简称“医院职代会”）是医院实行民主管理的基本形式，是职工依法行使民主管理权利的机构。医院职代会行使下列职权：

1. 听取并审议医院章程及各项规章制度的制定和修订情况报告，提出意见和建议。

2. 听取并审议院长工作报告、总体发展规划、年度工作计划、重大改革方案、财务工作及其他专项工作报告等重大问题，提出意见和建议。

3. 审议并监督落实涉及职工切身利益的福利待遇、薪酬分配等有关的重大事项，维护职工合法权益。

4. 审议上一届（次）医院职代会提案的办理情况报告，检查监督职代会决议、代表提案的落实，听取和反映职工的意见和要求。

5. 按照有关规定对医院领导班子进行民主监督和评议。

6. 讨论其他需要经医院职代会审议、通过或决定的事项。

7. 医院职代会闭会期间，遇重大事项需要征求职代会代表意见时，可临时召集职代会代表对所议事项征求意见并进行符合职代会规定的有效表决。

## 七、后勤保障部门

后勤保障部门主要是总务处（科），包括建筑及设备维修、物资库、车队、锅炉房、食堂、洗衣房、环卫清洁等，是医院诊疗护理工作的重要辅助部门。对于医院后勤保障部门的设置，应从满足工作需求、提高工作效率的角度出发。随着社会分工的精细化程度不断加深，医院持续推进后勤社会化改革，改变了传统封闭式的管理模式，通过资源整合，为医院提供专业化、高质量的后勤服务，达到了医院管理成本降低和效率提高的目的。

## 八、科研教学部门

大中型医院由于承担着医学科学的教学、科研工作，相应地在医院内部通常还设有科研教学部门，负责教学培训、科学研究及新药、新诊疗技术开发工作的计划、组织、实施。我国较大规模的医院根据自身的专业特长，相继成立了各种临床实验室或研究室，配备了一定的人员和设备，成为开展临床研究工作的专业研究基地。

## 九、专业委员会等辅助组织

医院是提供医疗服务的专业机构，因其涉及人的生命健康，专业多而复杂，因此，不同规模的医院根据其具体情况还应当依法设立学术、医疗质量与安全管理、医疗技术临床应用、护理管理、药事管理与药物治疗学、医疗器械临床使用安全管理、临床用血管理、医院感染管理、病案管理、伦理、临床研究管理、运营管理、全面预算管理等各种专业委员会、领导小组或管理、咨询等辅助组织，以利于医院部门之间的横向协调及民主管理。对专业性、技术性强的决策事项，应当开展技术咨询或可行性论证，以借助专家智慧、团队力量，辅助决策和管理；涉及医疗、教学、科研业务的重要事项，应当充分听取专业委员会等学术组织和管理、咨询组织的意见。各专业委员会依照相关制度开展工作。这些委员会或小组的存在，有些是长期的，有些是临时设置的。

## 十、案例

**【例 2－1】** A 医院是一所综合性的三级甲等医院，为了帮助读者更好地了解医院内部治理体系，这里以 A 医院为例，详细列示该医院组织架构，如图 2－1 所示。

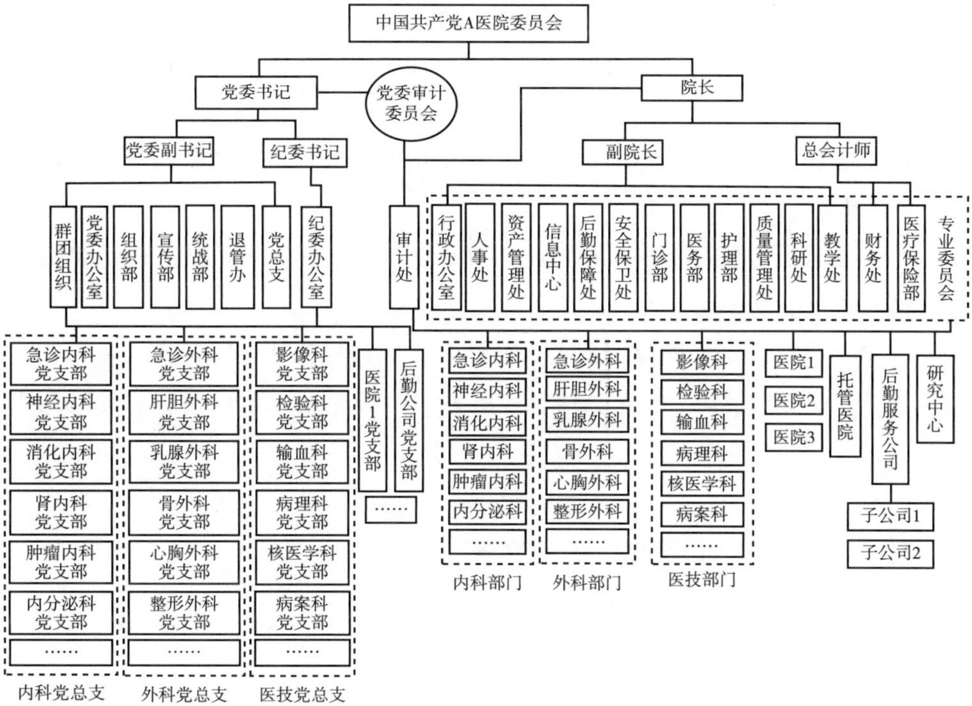


**图 2－1　A 医院组织架构**

# 第三节　医院工作人员

医院工作人员是指医院依法聘用的全体工作人员。医院应当坚持德才兼备、以德为先的用人标准，贯彻民主、公开、竞争、择优的原则，实行公开招聘制度，推行岗位管理制度，按需设岗、按岗聘用、合同管理。

## 一、医院工作人员的分类

医院工作人员按照从事的工作岗位的不同，可以具体分为六大类。

1. 管理人员。是指在医疗机构及其内设各部门、科室从事计划、组织、协调、控制、决策等管理工作的人员。

2. 医师。是指依法取得执业医师、执业助理医师资格，经注册在医疗机构从事医疗、预防、保健等工作的人员。

3. 护士。是指经执业注册取得护士执业证书，依法在医疗机构从事护理工作的人员。

4. 药学技术人员。是指依法经过资格认定，在医疗机构从事药学工作的药师及技术人员。

5. 医技人员。是指医疗机构内除医师、护士、药学技术人员之外从事其他技术服务的卫生专业技术人员。

6. 其他人员。是指除以上五类人员外，在医疗机构从业的其他人员，主要包括物资、设备、科研、教学、信息、统计、财务、基本建设、后勤等部门工作人员。

## 二、医院工作人员的权利和义务

### （一）医院工作人员的权利

医院工作人员享有下列权利：

1. 按工作职责和有关规定申请及合理使用公共资源；

2. 在思想政治表现、职业道德、业务水平和工作实绩等方面获得公正评价；

3. 公平获得职业发展所需要的机会和条件；

4. 公平获得各种奖励和荣誉称号；

5. 知悉医院改革、建设和发展及关涉切身利益的重大事项，参与民主管理和监督，对医院工作提出意见和建议；

6. 就职务晋升、岗位聘任、福利待遇、评先评优、纪律处分等事项表达异议和提出申诉；

7. 依照法律、法规、规章、医院规定和合同约定，获得薪酬及其他福利待遇；

8. 法律、法规、规章与合同约定的其他权利。

### （二）医院工作人员的义务

医院工作人员应当履行下列义务：

1. 以人为本，践行全心全意为人民健康服务的宗旨和医院文化理念；

2. 遵纪守法，自觉遵守国家法律法规、行业规章和医院各项制度规定；

3. 尊重患者，优质服务，保护患者的生命健康权、人格权、知情权、隐私权以及民族习惯和宗教信仰；

4. 爱岗敬业、精益求精，不断提高业务能力和服务水平；

5. 廉洁行医，恪守医德，不得有收受“红包”和“回扣”以及其他有违医德、有损患者权益的言行；

6. 法律、法规、规章与合同约定的其他义务。

## 三、医院工作人员的基本行为要求

国家卫生健康委员会、国家医疗保障局、国家中医药管理局等三部门印发的《医疗机构工作人员廉洁从业九项准则》（简称“九项准则”）为在医疗机构工作的各类人员划清了基本行为底线。九项准则的适用范围包括但不限于卫生专业技术人员、管理人员、后勤人员以及在医疗机构内提供服务、接受医疗机构管理的其他社会从业人员。

一是合法按劳取酬，不接受商业提成。依法依规按劳取酬。严禁利用执业之便开单提成；严禁以商业目的进行统方；除就诊医院所在医联体的其他医疗机构，以及被纳入医保“双通道”管理的定点零售药店外，严禁安排患者到其他指定地点购买医药耗材等产品；严禁向患者推销商品或服务并从中谋取私利；严禁接受互联网企业与开处方配药有关的费用。

二是严守诚信原则，不参与欺诈骗保。依法依规合理使用医疗保障基金，遵守医保协议管理，向医保患者告知提供的医药服务是否在医保规定的支付范围内。严禁诱导、协助他人冒名或者虚假就医、购药、提供虚假证明材料、串通他人虚开费用单据等手段骗取、套取医疗保障基金。

三是依据规范行医，不实施过度诊疗。严格执行各项规章制度，在诊疗活动中应当向患者说明病情、医疗措施。严禁以单纯增加医疗机构收入或谋取私利为目的过度治疗和过度检查，给患者增加不必要的风险和费用负担。

四是遵守工作规程，不违规接受捐赠。依法依规接受捐赠。严禁医疗机构工作人员以个人名义，或者假借单位名义接受利益相关者的捐赠资助，并据此区别对待患者。

五是恪守保密准则，不泄露患者隐私。确保患者院内信息安全。严禁违规收集、使用、加工、传输、透露、买卖患者在医疗机构内所提供的个人资料、产生的医疗信息。

六是服从诊疗需要，不牟利转介患者。客观公正合理地根据患者需要提供医学信息、运用医疗资源。除因需要在医联体内正常转诊外，严禁以谋取个人利益为目的，经由网上或线下途径介绍、引导患者到指定医疗机构就诊。

七是维护诊疗秩序，不破坏就医公平。坚持平等原则，共建公平就医环境。严禁利用号源、床源、紧缺药品耗材等医疗资源或者检查、手术等诊疗安排收受好处、损公肥私。

八是共建和谐关系，不收受患方“红包”。恪守医德、严格自律。严禁索取或者收受患者及其亲友的礼品、礼金、消费卡和有价证券、股权、其他金融产品等财物；严禁参加其安排、组织或者支付费用的宴请或者旅游、健身、娱乐等活动安排。

九是恪守交往底线，不收受企业回扣。遵纪守法、廉洁从业。严禁接受药品、医疗设备、医疗器械、医用卫生材料等医疗产品生产、经营企业或者经销人员以任何名义、形式给予的回扣；严禁参加其安排、组织或者支付费用的宴请或者旅游、健身、娱乐等活动安排。

# 第三章 医院运行管理

医院应当建立健全科学高效的决策、激励、竞争和监督机制，保持正确办院方向，提高医院运行效率，形成维护公益性、调动积极性、保障可持续的运行机制，努力实现社会效益与运行效率的有机统一。

## 第一节 医院决策与监督机制

### 一、医院党委会会议决策机制

公立医院实行党委领导下的院长负责制。医院党委对医院工作实行全面领导，发挥把方向、管大局、作决策、促改革、保落实的领导作用。支持院长依法依规独立负责地行使职权。坚持民主集中制，实行集体领导和个人分工负责相结合的制度，凡属重大问题都要按照集体领导、民主集中、个别酝酿、会议决定的原则，由党委集体讨论作出决定。

#### （一）议事决策范围

医院党委会会议讨论决定以下事项。

1. 医院党的建设重要事项。

（1）学习贯彻习近平新时代中国特色社会主义思想，落实党的路线方针政策和上级党组织决策部署的重要措施；

（2）执行同级党员大会（党员代表大会）决议决定的重大举措；

（3）医院党建工作规划和年度工作计划、总结等重要事项；

（4）基层党组织和党员队伍建设的重要事项；

（5）思想政治、意识形态、统一战线等工作的重要事项；

（6）党的纪律检查工作、党风廉政建设和反腐败工作的重要事项；

（7）加强对医院工会、共青团、妇联等群团组织，专业委员会等学术组织和管理、咨询组织，以及职工代表大会等工作领导的重要事项。

2. 事关医院改革发展稳定及医疗、教学、科研、管理工作的重要事项。

（1）医院章程、总体发展规划、综合改革发展方案和医院重要改革措施、重要工作计划、重要规章制度的制定修订；

（2）医院内部组织机构、人员岗位的设置和调整；

（3）医院年度财务预算方案、决算情况的审定，大额度支出和预算追加，以及其他大额度资金运作事项；

（4）各级各类重点建设项目，大型医疗设备、大宗医院耗材、器械物资采购和购买服务，基本建设和大额度基建修缮等重大项目设立和安排方案；

（5）医院重要资产处置、重要资源配置、无形资产授权使用；

（6）医疗、教学、科研平台和团队建设，有关项目、经费管理和成果转化、奖励中的重要事项；

（7）医院国内国（境）外交流与合作重要项目；

（8）专业委员会等学术组织和管理、咨询组织的章程制定、修订，负责人推荐，以及学术评价、审议、评定工作中的重要事项；

（9）院级及院级以上评优评先和重要表彰奖励事项；

（10）医院安全稳定重要事项和重大突发事件的处理。

3. 干部选拔任用和干部队伍建设的重要事项。

（1）干部队伍建设规划，干部教育、培训、选拔、考核和监督工作中的重要事项；

（2）医院内部组织机构负责人和医院管理的其他干部的选拔任用；

（3）推荐优秀年轻干部和推选上级党的代表大会代表、人大代表、政协委员等人选。

4. 人才工作的重要事项。

（1）医院人才工作规划，人才培养、引进计划和人才激励保障等相关政策措施；

（2）人才政治引领、政治吸纳和政治把关的重要措施。

5. 医德医风和医院文化建设的重要事项。

6. 职工人事招录、职称评聘、职务职级晋升、年度考核、薪酬分配、福利待遇、奖惩和其他事关职工切身利益的重要事项。

7. 需要党委会会议讨论决定的其他事项。

### （二）决策程序

1. 议题确定

（1）党委会议题由党委书记提出，或由医院党政领导班子成员提出，书记综合考虑后确定。

（2）重要议题应当在会前听取院长意见，意见不一致的议题暂缓上会，待进一步交换意见、取得共识后再提交会议讨论。

（3）集体决定重大事项前，党委书记、院长和有关领导班子成员要个别酝酿、充分沟通。

2. 会前准备和前置审查

（1）对干部任免事项的建议方案，在提交党委会讨论决定前，应在党委书记、院长以及分管组织、纪检监察的领导班子成员等范围内进行充分酝酿。

（2）对事关职工切身利益的重要事项，应通过职工代表大会或其他方式，广泛听取职工意见建议。

（3）对专业性、技术性较强的重要事项，应发挥医院各专业委员会（领导小组）的作用，开展专家评估及技术咨询，先由专业委员会（领导小组）讨论，提出建议意见。未成立相应专业委员会（领导小组）的，应组织相关专家进行评估。

（4）医院重大决策事项、重大项目安排、大额度资金使用事项、重要管理制度等事项，应经法治部门进行合法性审核，未经合法性审核的事项、文件、合同不得提交会议讨论、审议，不得发布实施或签署。

3. 会议组织和召开

（1）党委会须定期召开，原则上每周或每两周召开一次，也可根据工作需要，随时召开。会议按照确定的议题进行，凡未经书记会前审定的议题，不列入会议议程。

（2）党委会由医院党委书记召集并主持。书记因故不能参加会议时，可以委托副书记主持。紧急情况下，书记、副书记因故均不能到会的，可授权一位党委委员主持。

（3）党委会会议的出席成员为党委委员。会议必须有半数以上党委委员到会方可召开。讨论和决定干部任免等重要事项时，必须有三分之二以上党委委员到会。不是党委委员的行政领导班子成员可以列席党委会会议，议题相关科室负责人可以列席会议，涉及职工切身利益的重大议题可以邀请职工代表列席。列席人员有发言权，没有表决权。

4. 议定事项执行与监督

（1）党委会会议决定的事项，由相关党委委员或相关单位负责组织实施，执行情况应当及时向党委汇报。明确由相关单位负责的，由医院党委办公室负责传达和督促检查。医院党委应当建立有效的督查评估和反馈机制，确保决策落实。

（2）党委会会议决定的事项，医院相关科室和个人应当及时执行；对执行不力的，应当依照有关规定问责追究；决策执行过程中需作重大调整的，应当提交党委会会议决定。

## 二、院长办公会会议决策机制

院长办公会议是医院行政议事决策机构，坚持全面贯彻新时代党的卫生与健康工作方针，贯彻落实深化医药卫生体制改革政策措施，推进医院医疗、教学、科研、管理各项工作健康发展。院长办公会议主要研究提出拟由党委会会议讨论决定的重要事项方案，具体部署落实党委会会议决议的有关措施，研究决定医疗、教学、科研、行政管理工作。

### （一）议事决策范围

1. 院长办公会议研究提议的重要事项

（1）医院发展规划、综合改革发展方案，医疗、教学、科研、行政管理的重要改革措施、重要工作计划、重要规章制度等；

（2）医院医疗、教学、科研、行政管理机构、人员岗位的设置和调整方案；

（3）医疗、教学、科研平台和团队建设，有关项目、经费管理和成果转化、奖励方案；

（4）医院人才工作规划，人才培养、引进计划和人才激励保障等相关政策措施；

（5）医院年度财务预算方案、决算情况的审定，大额度支出和预算追加，以及其他大额度资金运作事项；

（6）各级各类重点建设项目，大型医疗设备、大宗医院耗材、器械物资采购和购买服务，基本建设和大额度基建修缮等重大项目设立和安排方案；

（7）医院重要资产处置、重要资源配置、无形资产授权使用方案；

（8）医院国内国（境）外交流与合作重要项目；

（9）专业委员会等医疗、教学、科研学术组织和管理、咨询组织设置和调整方案，以及学术评价、审议、评定工作中的重要事项；

（10）医疗、科研、教学、行政管理的院级及院级以上评优评先和重要表彰奖励事项；

（11）医德医风和医院文化建设的重要事项；

（12）职工人事招录、职称评聘、职务职级晋升、年度考核、薪酬分配、福利待遇、奖惩和其他事关职工切身利益的重要事项；

（13）院长认为需要提交党委会会议讨论决定的其他事项；

（14）医院党委认为需要先由院长办公会议审议的其他事项。

2. 院长办公会议讨论决定的事项

（1）贯彻执行党的路线方针政策和上级部门决策部署，加强医疗、教学、科研、行政管理的工作措施；

（2）执行医院党委会会议决议或决定事项的实施方案和重要措施；

（3）医院医疗、教学、科研、行政管理具体规章制度的制定和执行；

（4）医院人才培养、引进、使用日常工作的重要事项；

（5）医疗、教学、科研平台和团队建设，项目、经费管理和成果转化、奖励日常工作中的重要事项；

（6）医院医疗质量、医疗安全、药事质控、院感管理等重要事项；

（7）医院临床教学、继续教育和职工境内外派学习、进修等重要事项；

（8）医院年度财务预算方案的执行，大额度支出和年度追加预算的执行，大额度资金调动、使用和运作的具体安排，以及财务管理与监督审计的重要事项；

（9）医院重要资产处置、重要资源配置、无形资产授权使用方案实施中的重要事项；

（10）医院重大建设、合作、采购项目实施中的重要事项，一般建设、修缮项目的设立和普通物资采购、购买服务的安排方案；

（11）医院日常行政事务、后勤运行保障、安全生产、信息化建设、社会服务等重要事项；

（12）医院国内国（境）外交流与合作项目实施中的重要事项；

（13）医院职工代表大会等有关行政工作的提案、意见办理事项；

（14）其他事关医院事业发展、职工切身利益的重要行政事项；

（15）按规定需要由院长办公会议审议的其他事项。

### （二）决策程序

1. 议题确定

（1）院长办公会议议题由院长提出，也可以由行政领导班子其他成员提出建议、经院长综合考虑后确定。

（2）对重要议题，院长应当在会前听取党委书记意见，意见不一致的应当暂缓上会。

（3）集体决定重大事项前，党委书记、院长和有关领导班子成员要个别酝酿、充分沟通。

2. 会前准备

（1）对拟研究讨论的重要事项，议题相关科室应当深入开展调查研究，充分听取各方面意见，视情况进行合法合规性审查和风险评估。

（2）对专业性技术性较强的重要事项，应当经过专家评估及技术、政策、法律咨询，涉及医疗、教学、科研业务的重要事项，应当充分听取专业委员会等学术组织和管理、咨询组织的意见。

（3）对涉及职工切身利益的重要事项，应当通过职工代表大会或其他方式广泛听取职工意见建议。

3. 会议组织和召开

（1）院长办公会议一般每周或每两周召开一次，遇有重要情况经院长同意可以随时召开。

（2）会议由院长召集并主持。院长不能参加会议的，可以委托副院长召集并主持。

（3）院长办公会议成员一般为医院行政领导班子成员。会议必须有半数以上成员到会方可召开。讨论决定重要事项时，必须有三分之二以上行政领导班子成员到会。医院纪委书记应当参加会议。根据会议议题情况，医院党委其他成员和议题相关科室负责人等可以列席会议。列席人员有发言权，没有表决权。

4. 议定事项执行与监督

（1）院长办公会议决定的事项，由医院分管领导或相关单位负责组织实施，执行情况应当及时向院长或院长办公会议汇报。明确由相关科室负责的，由医院办公室负责传达和督促检查。医院应当建立有效的督查评估和反馈机制，确保决策落实。

（2）院长办公会议讨论决定的事项，医院行政领导班子成员、相关科室和个人应当及时执行；对执行不力的，应当依照有关规定问责追究；决策执行过程中需作重大调整的，应当提交院长办公会议决定。

## 三、医院监督机制

### （一）党纪监督

医院应当充分发挥党委的领导作用，保障党的政策方针在医院实行；全面从严治党，加强医院党风廉政建设和反腐败工作。

医院纪委是医院的党内监督机构，在医院党委和上级纪委的领导下，依据党章和党内法规履行监督责任。

医院应当设立党风监督员、特邀监察员和社会监督员，建立健全党风行风监督体系。

### （二）外部监督

医院接受卫生健康行政部门的统一规划、统一准入、统一监管，接受上级党委和政府对医院运营管理情况的日常监督和年度绩效考核，按照医疗行业协会、学会等社会组织的引导，依法经营、严格自律。

### （三）内部监督

医院职代会是医院依法保障职工参与民主管理和监督、维护职工合法权益的基本组织形式，医院鼓励和支持职工通过职代会和其他正常途径对医院的工作提出意见和建议。

医院实行院务公开制度，对“三重一大”事项以多种形式向全院通报，接受全院职工监督。

### （四）内部审计监督

医院应当建立内部审计制度，设立内部审计机构，依法独立行使审计职权，对医院业务活动、内部控制等进行审计，对内部机构负责人经济责任进行审计。

# 第二节　医院业务管理

医院管理是由若干专业管理构成的系统，各项专业管理围绕医疗服务中心分工协作，构成医院完整的管理系统。医院管理包括医疗质量安全管理、人力资源管理、财务资产管理、后勤、设备、物资和信息管理等。

## 一、医疗质量安全管理

医疗质量就是医疗效果，即医疗服务的优劣程度。狭义上是指一个具体病例的诊断、治疗、疗程、有无医院内感染和医疗失误等；广义医疗质量包括工作效率、医疗费用是否合理、社会对医院整体服务功能评价的满意程度。

医疗质量与患者安全是医院管理的核心。医院必须坚持“以患者为中心”，建立全员参与、覆盖临床诊疗服务全过程的医疗质量管理与控制工作制度，促进医疗质量的持续改进。实施改善医疗服务行动计划，提升患者满意度。

医疗质量管理实行院、科两级责任制。院长是医疗质量管理的第一责任人，各科室主任是本科室医疗质量管理的第一责任人。医院应当健全医院质量管理组织体系，设置医疗质量与安全管理委员会、质量管理部门和科室质量与安全管理小组等，明确职责，实现决策、控制、执行三个层面的管理。各科室及医务人员严格遵循临床诊疗指南、临床技术操作规范、行业标准等有关要求开展诊疗工作，严格遵守医疗质量安全核心制度，做到合理检查、合理用药、合理治疗。

医院各科室应当定期对医务人员进行“基础理论、基本知识、基本技能”的训练与考核，把“严格要求、严密组织、严谨态度”落实到各项工作中。医院应当建立不良事件上报系统，强化重点部门、重点人员、重点环节的安全管理，完善工作流程和应急预案，建立健全医疗安全风险防范体系。

医院应当定期开展患者和员工满意度调查，努力改善患者就医体验和员工执业感受。医院应当设立患者投诉与服务部门，开设医患纠纷处理窗口，对外公布医患纠纷处理制度、服务流程和投诉电话，支持医患之间依法处理矛盾纠纷，支持医疗纠纷人民调解组织参与本院医患纠纷调解服务。

## 二、人力资源管理

现代医院管理将管理的核心、管理的出发点与落脚点都归结到人的管理上，并不断创新管理模式和方法。医院人力资源管理主要包括人员聘用管理、岗位管理、职称管理、执业医师管理、护理人员管理、收入分配管理等。

医院应当认真落实岗位管理制度，按照医、护、药、技、管等不同类别合理设置岗位，科学编制岗位责任书，实行竞聘上岗、合同管理，激励人才脱颖而出。

医院应当认真落实住院医师规范化培训、专科医师规范化培训和继续医学教育制度。加强临床重点专科、学科建设，提升医院核心竞争力。

医院应当在核定的薪酬总量内进行自主分配，体现岗位差异，兼顾学科平衡，做到多劳多得、优绩优酬。医务人员薪酬不得与药品、卫生材料、检查、化验等业务收入挂钩。

## 三、财务资产管理

医院经费来源主要包括财政拨款收入、事业收入、上级补助收入、附属单位上缴收入、经营收入、非同级财政拨款收入、投资收益、捐赠收入、利息收入、租金收入和其他收入。医院对占有、使用的国有资产依法依规实施管理。任何个人不得侵占、挪用医院资产。

医院实行“统一领导、集中管理”的财务管理体制。财务收支、预算决算、预算绩效、会计核算、成本管理等工作必须纳入医院财务部门统一管理。

医院实施全面预算管理，建立健全预算管理制度；强化成本核算与控制，逐步实行医院全成本核算。

医院依照相关财经法律法规和制度，结合医院宗旨，制定本院财务会计管理制度、内部控制制度、国有资产管理制度和对外投资合作制度等；依法进行会计核算，实行财务监督，加强经济管理，提高经济效益，实现国有资产保值增值。

医院接受捐赠必须严格遵守国家法律法规，坚持自愿无偿、公益性和公开性原则。捐赠的使用须按照医院宗旨、捐赠协议约定和相关规定开展。

医院因法定情形应当终止的，应当在举办主体和其他有关部门的指导下，成立清算机构，完成清算工作。医院终止后的剩余资产，在举办主体和有关机构的监督下，按照有关法律法规进行处置。

## 四、后勤管理

医院后勤管理应当秉承“安全第一、服务患者、服务一线”的原则，按照规范化、标准化、专业化、信息化、智能化的要求，建立健全“后勤一站式”服务模式，推进医院后勤服务社会化。医院应当强化发展建设规划编制和项目前期论证，落实基本建设项目法人责任制、招标投标制、合同管理制、工程监理制、质量责任终身制等。

## 五、设备和物资管理

医院应当合理配置适宜医学装备，建立采购、使用、维护、保养、处置全生命周期管理制度。药品、耗材等采购依据国家规范实行制度化管理。对设备、仪器要建立档案，定期维护、保养，及时维修，保证正常运转；建立消耗品管理制度和流程等。

## 六、信息管理

医院要按照国家和行业发布的信息化相关标准和规范性文件要求，大力推进信息化标准化、规范化建设，基于医院信息平台建立实用共享的医疗信息系统，推进医院内部信息系统与区域全民健康信息平台互联互通，强化医疗健康数据分析应用，提高医院服务质量和管理效率。积极应用新兴信息技术，不断拓展医疗服务空间和内容，优化医疗服务模式。

医院要强化医院信息系统标准化和规范化建设，与医保、预算管理、药品电子监管等系统有效对接。完善医疗服务管理、医疗质量安全、药品耗材管理、绩效考核、财务运行、成本核算、内部审计、廉洁风险防控等功能。加强医院网络和信息安全建设管理，强化患者隐私保护，完善患者个人信息保护制度和技术措施。

## 七、科研管理

医院要加强临床医学研究，加快诊疗技术创新突破和应用，大力开展适宜技术推广普及，加强和规范药物临床试验研究，提高医疗技术水平。加强基础学科与临床学科、辅助诊疗学科的交叉融合。建立健全科研项目管理、质量管理、科研奖励、知识产权保护、成果转化推广等制度。

## 八、文化建设

医院应当弘扬和践行“敬佑生命、救死扶伤、甘于奉献、大爱无疆”的崇高精神，塑造医德高尚、医术精湛、医风严谨的行业风范。围绕从“以治病为中心”向“以人民健康为中心”的转变，着力培育和塑造医学人文精神，打造有温度的医院，提供有关怀的医疗，培养有文化的医生。通过常态化思想教育、文化载体建设、文化理念与管理制度的深度融合，引导员工树立共同的使命追求、价值观念和行为方式，激发员工爱院、敬业、奉献的热情，增强医院凝聚力，不断提高医院文化软实力。积极履行社会责任，服务和贡献社区；开展公益活动，帮扶弱势群体，以医院文化引领社会文明。

总之，以病人为中心，以质量为核心，走质量效益发展之路，医院围绕上述工作重点所采取的一切管理手段和措施都属于医院管理的范畴。医院应当以章程为统领，建立健全内部管理机构、管理制度、议事规则、办事程序等，规范内部治理结构和权力运行规则。

中篇

# 内部审计管理篇

内部审计是国家监督体系的重要组成部分。医院作为重要的民生领域，随着国家财政投入和医院自身业务规模的扩大，经济活动监管任务不断增加，需要不断加强内部审计工作，切实提升医院治理能力与治理水平。

本篇重点围绕医院内部审计机制管理、内部审计业务管理两个方面，结合医疗行业特点，阐述医院内部审计的领导体制、相关制度、机构和人员等内部审计机制管理内容，同时，就医院如何组织开展内部审计工作的业务管理要点进行梳理和归纳性讲解，并对目前广泛存在的审计外包业务进行专门讲解。

# 第四章 医院内部审计机制管理

## 第一节 医院内部审计概述

### 一、医院内部审计的概念

医院内部审计是指医院内部审计机构和审计人员对本单位及下属单位实施的一种独立、客观的监督、评价和咨询活动，通过运用系统、规范的方法，审查和评价业务活动、内部控制和风险管理的适当性和有效性，以促进单位完善治理，提升管理水平和服务能力。

### 二、医院内部审计的特点

医院作为集专业性、经营性、非营利性于一身的特殊单位，受到卫生健康、药监、医保、财政、审计、教育等诸多部门的监管；医院的医疗服务关系到人民群众的切身利益，受到社会各界的密切关注。因此，医院的医疗服务功能和社会公益性决定了医院内部审计具有以下特点。

#### （一）为医院内部管理服务

医院内部审计是伴随着医院的管理需求产生并发展而来的。

医院管理的目标与内部审计的目标是紧密结合的。内部审计具有服务职能，它是为医院的医疗、教研、管理而服务的，为优化和改进医院内部管理服务的，为医院高层管理者提供决策参考服务的，这是医院内部审计的自身特点，有别于国家审计与社会审计。

### （二）审计范围广泛

医院内部审计工作涉及面广泛，既包括财务收支、预算管理、内部控制、经济责任审计等传统领域，也包括建设工程管理、国有资产管理等重点领域，还有政策落实情况审计、医疗设备绩效评价、风险管理等紧跟时代步伐的新领域审计，审计类型多元化、综合性强。

### （三）内部审计政策性强

医院的改革与建设关系到国家医疗卫生事业的发展，国家当前的医疗改革措施虽然给予了医院更多的自主经营权，但医院必须接受各级政府和主管部门的监管和考评，因此，医院内部审计在审计重点的确定上必须紧跟国家及行业政策最新动向，落实好相关政策要求，比如，在医院发展规划方面依照《医疗机构设置规划指导原则》等，在会计核算方面执行《政府会计准则制度》等，在药品采购方面贯彻《国务院办公厅关于完善公立医院药品集中采购工作的指导意见》等，在医疗收费方面落实《关于控制公立医院医疗费用不合理增长的若干意见》等。

### （四）审计方法灵活多样

内部审计是医院为满足自身发展建立的内部管理部门，其内部审计的工作依靠内部审计准则进行规范，由于医院业务多样、流程复杂，因此，医院内部审计机构可以根据自身实际情况灵活地运用审计方法，在不违背内部审计准则下，调整审计程序，使审计工作更好地服务于医院内部管理。

## 三、医院内部审计的对象

内部审计对象是指内部审计行为的客体。按照审计对象存在的形态划分，内部审计对象一般包括四类。

### （一）以实物为对象

对存货、固定资产或货币资金的时点状态或期间状况进行审计。如存货清查审计、固定资产购建及处置审计、资金收支审计等。

### （二）以账务为对象

对因提供、销售商品或劳务产生的债权债务的产生依据、期间过程和时点状态进行审计。如账期审计、回款期审计、坏账审批审计等。

### （三）以规则为对象

对制度、计划、任务、标准、流程等的执行过程及结果进行审计。如预算执行情况审计、目标完成审计、采购审批流程审计、供应商入围政策执行审计等。

### （四）以责任人为对象

对经济责任人进行的期间责任、期末状态进行审计。如中层干部经济责任审计。

## 四、医院内部审计的职能

职能是指人、事物、机构所应有的职责与功能。内部审计职能是指内部审计本身所固有的内在功能，并反映出内部审计的本质。内部审计的职能随着审计目标的变化而变化，并为实现审计目标服务。本书认为，医院内部审计功能有审查监督、鉴证评价、咨询服务等。

### （一）审查监督

审查监督是医院内部审计的基本功能。审查监督的主要目的是查错防弊和保护国有资产安全完整，并确保医院的运行和发展符合国家法律法规和行业管理相关要求，督促医院上下认真履职尽责，确保医院各项业务活动的健康稳定发展。

### （二）鉴证评价

鉴证评价是医院内部审计的重要功能。内部审计应着重发挥经济评价、经济鉴证职能，同时，寓经济监督于评价、鉴证之中。高质量的经济评价有助于医院改善经营管理，促进管理目标的实现。对财务成果真实性、合法性的核查，可以有效保护财产安全完整，促进增收节支。

### （三）咨询服务

咨询服务功能是新时代医院内部审计的重要工作内容之一。在监督和评估的基础上，可以及时发现医院管理中存在的问题和不足，提出具有针对性、指导性的建议，为完善医院管理提供有效决策的依据，推动医院不断改善管理，提高医院运营效率，保证其高质量和可持续发展。

## 五、医院内部审计的作用

现代医院内部审计是医院内部治理的一个子集，对医院的重要作用主要体现在以下三个方面。

### （一）预防保护作用

通过开展财务收支审计、内部控制审计、建设项目审计、风险评估等一系列活动，有助于强化医院内部管理控制制度，及时发现问题纠正错误，堵塞管理漏洞，减少损失，保护国有资产的安全与完整。内部审计作为医院的“免疫系统”，对医院的安全运营、风险防范具有极其重要的作用。

### （二）服务促进作用

内部审计不仅具有监督的作用，还具有服务咨询的作用。内部审计机构作为医院内部的一个职能部门，相比于外部审计，内部审计人员更加熟悉和了解本单位的实际情况，更加熟悉业务流程，更有可能提出有效的改进医院内部控制和风险管理的意见和建议，而不是简单地评价财务报表。因此，内部审计可以在医院改善管理、挖掘潜力、降低经营成本、提高经济效益等方面起到积极的促进作用。

### （三）评价鉴证作用

随着内部审计的不断发展，医院内部审计和管理水平也在不断提高，通过内部审计，可以客观公正地评估医院的业务活动、内部各单位和部门的内部管理风险，促进个人履行经济责任，以及对各部门活动得出审计结论和提出审计意见，起到评价和鉴证的作用。因此，医院内部审计部门的评估是促进医院管理水平提升的重要手段之一。

# 第二节　医院内部审计规范

开展内部审计工作，必须依据相关的法律制度、准则体系等规范。医院内部审计规范可分为三个层面：一是国家层面，主要为各种法律法规、准则制度；二是卫生行业层面，主要为国家卫生健康委员会关于医院内部审计方面的一些管理规定；三是医院层面，主要为医院自己制定的关于内部审计的管理制度、业务运行制度等。

## 一、国家层面

### （一）我国内部审计制度

我国内部审计工作由审计署统一领导，审计署通过颁布内部审计规定，规范全国内部审计工作，现行制度为2018年颁布的《审计署关于内部审计工作的规定》，对内部审计机构和人员管理、内部审计职责权限和程序、审计结果运用、责任追究等进行了统一规定。

### （二）我国内部审计准则

我国内部审计准则由中国内部审计协会制定。中国内部审计协会接受业务主管单位审计署和社团登记管理机关民政部的业务指导和监督管理。内部审计准则是指内部审计机构和人员在进行内部审计工作时所应遵循的原则，是衡量内部审计工作质量的尺度和准绳，对于提高内部审计工作质量和工作效率、促进内部审计理论与实务的发展具有重要的意义。

我国内部审计准则体系在 2003 年初步建立。现行的内部审计准则体系是在 2013 年修订之后进一步完善的，由基本准则、具体准则、实务指南三个层次组成，详见表 4－1。

**表 4－1　　我国现行的内部审计准则体系一览表**

| 序号 | 文件名称 | 类别 | 执行时间 |
|---|---|---|---|
| 1 | 第 1101 号——内部审计基本准则（2023 年修订） | 第一层次 | 2023 年 7 月 1 日 |
| 2 | 第 1201 号——内部审计人员职业道德规范 | | 2014 年 1 月 1 日 |
| 3 | 第 2101 号内部审计具体准则——审计计划 | 第二层次<br>审计作业类 | 2014 年 1 月 1 日 |
| 4 | 第 2102 号内部审计具体准则——审计通知书 | | |
| 5 | 第 2103 号内部审计具体准则——审计证据 | | |
| 6 | 第 2104 号内部审计具体准则——审计工作底稿 | | |
| 7 | 第 2105 号内部审计具体准则——结果沟通 | | |
| 8 | 第 2106 号内部审计具体准则——审计报告 | | |
| 9 | 第 2107 号内部审计具体准则——后续审计 | | |
| 10 | 第 2108 号内部审计具体准则——审计抽样 | | |
| 11 | 第 2109 号内部审计具体准则——分析程序 | | |
| 12 | 第 2201 号内部审计具体准则——内部控制审计 | 第二层次<br>审计业务类 | |
| 13 | 第 2202 号内部审计具体准则——绩效审计 | | |
| 14 | 第 2203 号内部审计具体准则——信息系统审计 | | |
| 15 | 第 2204 号内部审计具体准则——对舞弊行为进行检查和报告 | | |
| 16 | 第 2205 号内部审计具体准则——经济责任审计 | | |
| 17 | 第 2301 号内部审计具体准则——内部审计机构的管理 | 第二层次<br>审计管理类 | |
| 18 | 第 2302 号内部审计具体准则——与董事会或者最高管理层的关系 | | |
| 19 | 第 2303 号内部审计具体准则——内部审计与外部审计的协调 | | |
| 20 | 第 2304 号内部审计具体准则——利用外部专家服务 | | |
| 21 | 第 2305 号内部审计具体准则——人际关系 | | |
| 22 | 第 2306 号内部审计具体准则——内部审计质量控制 | | |
| 23 | 第 2307 号内部审计具体准则——评价外部审计工作质量 | | |
| 24 | 第 2308 号内部审计具体准则——审计档案工作 | | 2016 年 3 月 1 日 |
| 25 | 第 2309 号内部审计具体准则——内部审计业务外包管理 | | 2019 年 6 月 1 日 |
| 26 | 第 3101 号内部审计实务指南——审计报告 | 第三层次 | 2020 年 1 月 1 日 |
| 27 | 第 3205 号内部审计实务指南——信息系统审计 | | 2021 年 3 月 1 日 |
| 28 | 第 3201 号内部审计实务指南——建设项目审计 | | 2021 年 8 月 1 日 |
| 29 | 第 3204 号内部审计实务指南——经济责任审计 | | 2022 年 5 月 1 日 |

1. 内部审计基本准则，是内部审计准则的总纲，是内部审计机构和人员进行内部审计时应当遵循的基本规范，是制定具体准则和实务指南的基本依据。

这是我国内部审计准则的第一个层次。

2. 内部审计具体准则，是依据内部审计基本准则制定的，是内部审计机构和人员在进行内部审计时应当遵循的具体规范。这是我国内部审计准则的第二个层次，分为作业类、业务类和管理类三大类。在分类的基础上，准则体系采用四位数编码进行编号。四位数中，千位数代表准则的层次，百位数代表准则在某一层次中的类别，十位数和个位数代表某具体准则在该类中的排序。具体而言，内部审计基本准则和内部审计人员职业道德规范作为准则体系的第一层次，编码为1000；内部审计作业类编号为2100，属于这一类别的9个具体准则编码分别为第2101号至第2109号；内部审计业务类编号为2200，属于这一类别的5个具体准则编码分别为第2201号至第2205号；内部审计管理类编号为2300，属于这一类别的9个准则编码分别为第2301号至第2309号。

3. 内部审计实务指南，是依据内部审计基本准则和具体准则制定的，为内部审计机构和人员进行内部审计提供的具有可操作性的指导意见。这是我国内部审计准则的第三个层次。

内部审计准则体系中的三个不同层次，具有不同的约束力和权威性。基本准则是第一层次，是内部审计准则的总纲，具有最高的权威性和法定约束力。基本准则、具体准则是内部审计机构和人员进行内部审计的执业规范，内部审计机构和人员在进行内部审计时应当遵照执行。具体准则的权威性虽低于基本准则，但要高于实务指南，并有法定约束力，而实务指南是给内部审计机构和人员提供操作性的指导意见，不具有法定约束力和强制性，内部审计机构和人员在进行内部审计时参照执行。

### （三）国际内部审计师协会（IIA）规定的内部审计准则框架

国际内部审计师协会（IIA）的职业实务框架（PPF）于1999年6月经IIA理事会正式批准。PPF主要由三部分构成：强制性指南、实务咨询和发展与实务支持。

1. 强制性指南

强制性指南是指在不同的国家或地区、不同的环境下，内部审计人员都必须使用的准则，它包括内部审计定义、内部审计人员的职业道德规范、内部审计职业实务准则。这是内部审计的职业基础，也是内部审计准则的第一个层次。在这一层次中，职业道德规范居于最高层次，具有法定约束力。

2. 实务咨询

实务咨询是为内部审计人员提供一个建设性的条款，目的是对新准则的解释和运用提供详细的建议；同时还包括一些新的信息，像IIA发布的内部审计准则公告（SIAS）和最近流行的职业道德规范的关注项目、风险管理的细则、咨询性服务准则、信息的安全性服务准则等。这是内部审计准则的第二个层次，具有指导性作用。

3. 发展与实务支持

发展与实务支持是指那些最近发展的实务，IIA往往以专题报告、研究报告、参考书籍、研讨会文集、教育培训项目等方式来推荐这些参考性意见。这是内部审计准则的第三个层次，仅供参考。

## 二、卫生行业层面

自1986年以来，医疗卫生系统内部也出台了一系列内部审计的制度和文件，并在后续进行了修订和完善。现行的与医院内部审计相关的行业文件如表4－2所示，部分文件详见本书附录部分。

**表4－2　　医院内部审计相关文件一览表**

| 序号 | 文件名称 | 发文单位及文号 | 施行时间 |
| --- | --- | --- | --- |
| 1 | 卫生部关于部属（管）单位委托社会审计业务工作管理的通知 | 卫规财发〔2004〕249号 | 2004年7月14日 |
| 2 | 关于加强和规范建设工程项目全过程审计的通知 | 卫规财发〔2009〕39号 | 2009年4月28日 |
| 3 | 关于进一步加强经济合同管理工作的通知 | 卫规财发〔2010〕89号 | 2010年10月25日 |
| 4 | 卫生部直属单位主要领导干部经济责任审计规定 | 卫规财发〔2012〕9号 | 2014年1月22日 |
| 5 | 卫生部经济责任审计联席会议工作规则 | 卫办规财发〔2012〕59号 | 2012年5月15日 |
| 6 | 关于印发医疗机构主要负责人任期经济责任内部审计要点的通知 | 卫办规财函〔2013〕199号 | 2013年3月11日 |
| 7 | 国家卫生计生委审计委派工作暂行办法 | 国卫办财务发〔2015〕55号 | 2015年11月3日 |

续表

| 序号 | 文件名称 | 发文单位及文号 | 施行时间 |
|---|---|---|---|
| 8 | 国家卫生计生委审计整改工作暂行办法 | 国卫办财务发〔2016〕53号 | 2016年12月14日 |
| 9 | 卫生计生系统内部审计工作规定 | 国家卫生和计划生育委员会令第16号 | 2018年1月1日 |
| 10 | 关于印发进一步加强卫生健康行业内部审计工作若干意见的通知 | 国卫财务发〔2022〕9号 | 2022年3月2日 |
| 11 | 国家卫生健康委办公厅关于印发卫生健康行业内部审计基本指引（试行）等7个工作指引的通知 | 国卫办财务出〔2023〕416号 | 2023年11月14日 |

## 三、医院层面

医院建立内部审计制度不是一个具体的制度，而是一套相互关联的制度体系，医院应该结合本院的实际情况建立并逐步完善。一般来说，医院内部审计制度可以分为以下几个层次。

### （一）内部审计章程

根据《内部审计具体准则第24号——内部审计机构的管理》第六条规定："内部审计机构应当制定内部审计章程。章程应当采用书面形式对内部审计活动的目标、权限和职责进行正式规范，并报经董事会或最高管理层批准。"就医院而言，内部审计章程可以《内部审计章程》的形式进行规范，也可以《内部审计工作规定》等形式进行规范，医院的内部审计章程或内部审计工作规定等应该报经院长办公会、党委会进行集体决策后，作为本院开展具体内部审计工作的最高纲领性文件。具体内容可参见本书附录部分《A医院内部审计工作规定》，此处不赘述。

### （二）内部审计管理性制度

内部审计管理性制度，是医院依据组织内部审计章程的有关规定，结合本院实际情况制定的相关管理制度，如审计计划编制、审计申报管理程序、审计方法使用、审计底稿编制、审计人员管理、审计质量控制、审计档案归档等方面的内部审计制度。这里需要说明的是，在实际的制度建设过程中，医院可以根据自身实际情况单独建立制度或者合并建立制度。这里的实际情况是指应该充分考虑医院的规模、审计业务量以及审计管理的跨度，难度大的、跨度大的则应该细化，反之可以合并，审计机构负责人应该根据实际情况进行判断，在日常工作量和制度规范细化之间进行平衡。

### （三）内部审计业务制度

内部审计的业务制度是指用来规范某一审计内容或者某一有关工作内容的具体指南，是内部审计实施的工作手册，具体指导业务实施。如医院根据自身情况制定的经济责任审计制度、政府采购审计制度、预算执行和财务收支审计制度、合同管理专项审计制度等各种审计工作制度。

内部审计的业务制度应根据本单位的实际业务范围制定，甚至设计出审计实施的工作手册和操作流程，具体指导业务实施。对于与审计准则要求完全一致部分可以不做更改，如果没有本行业本系统的特殊情况或者上级的制度已经非常详细，也可以直接执行上级单位制度。

### （四）其他相关制度

其他相关制度是指不属于上述其他几项的医院内部审计工作相关的管理制度。一般可以包括中介机构管理制度、人员培训交流制度、人员管理制度、审计结果运用制度、审计约谈问责制度、审计结果通报制度以及与其他监督联动制度等。

上述四类制度是从审计制度管理内容的角度进行分类。各个医院可以根据自身的实际情况，如医院规模、科室设置、管理跨度、资金规模、风险控制水平等情况，制定适合自身实际情况的管理制度，可以就一件事情单独进行规范，也可以就几件事情合并进行规范。

## 四、案例

**【例4－1】**为帮助读者更好地理解医院内部审计制度体系的建设，本例节选A医院部分内部审计制度汇编目录，具体如下：

**第一部分　法律法规**

- 中华人民共和国审计法

- 中共中央办公厅国务院办公厅印发《关于完善审计制度若干重大问题的框架意见》及《关于实行审计全覆盖的实施意见》
- 审计署关于内部审计工作的规定
- 审计署关于加强内部审计工作业务指导和监督的意见
- 审计署关于印发《审计“四严禁”工作要求》和《审计“八不准”工作纪律》的通知
- 党政主要领导干部和国有企事业单位主要领导人员经济责任审计规定
- ××省内部审计规定
- ××省关于进一步加强内部审计工作的意见
- ××省内部审计基础工作规范（试行）
- 中国内部审计准则第 1101 号——内部审计基本准则
- 中国内部审计准则第 1201 号——内部审计人员职业道德规范
- ……

**第二部分　医疗卫生行业内部审计有关规定**

- 卫生计生系统内部审计工作规定
- 国家卫生健康委关于印发进一步加强卫生健康行业内部审计工作若干意见的通知
- 国家卫生健康委办公厅关于印发卫生健康行业内部审计基本指引（试行）等 7 个工作指引的通知
- 卫生部办公厅关于印发医疗机构主要负责人任期经济责任内部审计要点的通知
- 卫生部关于加强和规范建设工程项目全过程审计的通知
- ……

**第三部分　本院内部审计有关制度**

- A 医院内部审计工作规定
- 中国共产党 A 医院委员会审计委员会工作规则（试行）
- 中国共产党 A 医院委员会审计委员会办公室工作细则（试行）
- A 医院审计结果运用办法
- A 医院审计整改工作办法（试行）
- A 医院审计档案管理办法
- A 医院委托社会中介机构审计工作办法（试行）

- A医院预算执行与决算审计实施办法
- A医院财务收支审计实施办法
- A医院建设工程项目审计实施办法
- A医院建设工程项目变更、签证及结算审计管理办法
- A医院重大政策落实情况审计实施办法（试行）
- A医院大型医用设备绩效审计实施办法（试行）
- A医院医用耗材审计实施办法（试行）
- A医院内部控制审计实施办法
- A医院转移支付资金审计实施办法（试行）
- A医院经济合同审计办法
- A医院中层干部经济责任审计实施办法（试行）
- ……

医院内部审计制度建设可参见本书附录部分。

总的来说，各医院可以根据自身情况进行制度建设，规模较大的、分支机构较多的、人员较多的，管理制度应该细化，反之则可以对某些要求合并规定。

## 第三节　医院内部审计领导体制

审计领导体制就是审计机构的领导关系或隶属关系，也就是审计机构由何种岗位或机构来领导。就医院内部审计来说，其领导体制就是在组织治理框架中，何种岗位或机构来领导医院内部审计部门。这个岗位或部门不是指内部审计部门负责人，而是指领导内部审计部门负责人的岗位或机构。

这里需要特别说明的是，由于受医院的所有制形式、管理隶属关系等因素的影响，可能会导致不同类型的医院内部审计的领导模式存在差异。《审计署关于内部审计工作的规定》（审计署令第11号）和《国家卫健委关于印发进一步加强卫生健康行业内部审计工作若干意见的通知》（国卫财务发〔2022〕9号）对加强党组织对事业单位等的内部审计工作的领导提出了具体要求，即“内部审计机构或者履行内部审计职责的内设机构，应当在本单位党组织、主要负责人的直接领导下开展内部审计工作，向其负责并报告工作”，但目前并

未对医院设立党委审计委员会有明确要求，因此，各家医院可以结合自身实际情况组织开展相关工作。



## 一、常见的领导模式利弊分析

目前，在各级医院实践运行中，内部审计机构的隶属领导关系主要有以下四种方式。

模式一：财会等部门领导模式。内部审计机构隶属于财会或资产管理等部门，与这些部门合署办公。这种模式下，内部审计机构的设置无论从层次、地位和独立性来讲，都是较差的。内部审计机构基本上只能开展部分日常性的审计工作，不能直接为医院经营决策者服务，也不能很好地实现审计的根本目的。

模式二：总会计师或行政副职领导模式。内部审计机构独立设置，与财务部门相同级别，这种模式相比较模式一而言，内审机构的设置层次、地位稍高一些，形式上能保持审计的独立性，但总会计师或行政副职不是单位主要负责人，内部审计在直接为医院经营决策者服务方面的及时性和有效性方面容易大打折扣，审计工作的开展具有局限性。

模式三：院长领导模式。内部审计机构隶属于院长直接领导，这种模式相比较模式一和模式二而言，更接近经营管理高层，能直接为医院经营决策者服务，内审机构的设置层次、地位也更高一些，能保持审计的独立性，但难以对医院院长的受托管理责任进行独立的监督和评价，审计工作受到一定限制。

模式四：纪委领导模式。内部审计机构受纪委直接领导，多与纪检监察合署办公。这种模式下，虽然从独立性和设置上看都较高，但由于纪检监察属于医院治理体系制衡机制的组成部分，不参与医院的日常经营管理，相应地，内部审计机构就不能直接为医院经营决策者服务，难以达到通过内部审计改善经营管理、提高经济效益和社会效益的目的，实际工作中，往往会将审计和纪检监察二者的工作混为一谈或顾此失彼，从而削弱彼此应有的作用。

## 二、党委审计委员会领导模式

### （一）党委审计委员会领导模式概述

本章所指的党委审计委员会领导模式，是指医院内部审计机构和人员必须在医院党委（院级党组织，下同）的统一领导下组织开展内部审计工作，医院党委设立审计委员会，作为党委决策议事的协调机构。在此种模式下，内部审计的层次、地位和独立性很高，能够不受医院行政管理层的影响而独立地开展工作，能够最大限度地发挥医院内部审计的审查监督、鉴证评价、咨询服务等职能，如图 4－1 所示。

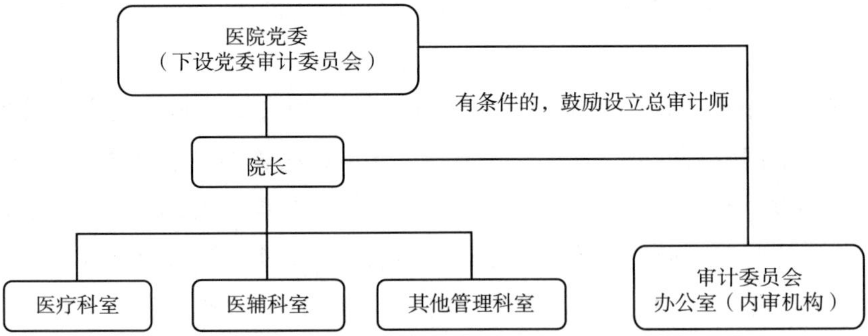


**图 4－1　医院党委审计委员会领导模式架构**

党的领导制度是我国的根本领导制度。医院党委要发挥把方向、管大局、作决策、促改革、保落实的领导作用，推动和保障医院内部审计工作，讨论决定医院内部审计发展规划、年度审计项目计划、审计工作报告等重大事项。医院党委设立审计委员会，作为医院党委在审计领域的议事协调机构，进一步统筹协调审计监督，构建集中统一、权威高效的审计监督体系，形成监督合力，促进内部审计在国家监督体系中发挥重要作用。医院党委统一领导医院内部审计工作，鼓励有条件的医院设置总审计师协助领导审计工作，协助领导审计工作的同志不得同时分管财务、资产、采购、基本建设、内部控制建立或实施等可能影响审计独立性的工作。医院内部审计机构要认真贯彻落实重大事项请示报告制度，对审计计划制订、审计情况报告、审计结果运用、审计整改及责任追究、违规事项处理、违纪违法问题移交等重大事项，应当及时向医院党委报告。

### （二）党委审计委员会领导模式的特点

1. 能够最大限度地体现内部审计的独立性和权威性

现代医院内部审计机构的独立性和权威性的强弱取决于内部审计机构的隶属关系和领导层次的高低。领导层次越高，独立性和权威性越高，反之就越弱。在党委领导下的院长负责制这一领导体制下，党委是医院的领导核心，院长在医院党委领导下，全面负责医院医疗、教学、科研、行政管理工作。因此，内部审计机构在医院党组织、主要负责人的直接领导下，更能够较好地体现它的相对独立性和权威性，从而为内部审计工作顺利开展奠定良好的基础。

2. 与国际内部审计师协会的《内部审计实务准则》的要求相一致

内部审计机构接受医院党组织、主要负责人的领导，这种双向负责、双轨报告，保持双重关系的组织形式，与国际内部审计师协会（IIA）的《内部审计实务准则》的要求相一致。该准则在序言中就指出："内部审计的目的是协助该组织的管理成员有效地履行他们的职责。"就我国医院而言，内部审计所要协助本组织的"管理成员"，既包括行政领导班子，也包括党委领导班子；医院内部审计机构需要根据医院党委会和院长办公会所规定的政策来执行其职能，且其宗旨、权力和责任的说明（章程），应当是由院长办公会讨论提出后提交医院党委会研究决定的。

3. 有利于保证现代医院管理制度下内部审计职能的发挥

传统审计多强调和偏重内部审计的监督职能，忽视了内审的评价、鉴证和服务职能。从国内外现代内部审计工作的发展趋势来看，内部审计的重心已转移到评价、鉴证和建设性功能的发挥上，在党委审计委员会领导模式下，医院内部审计机构的审查监督、鉴证评价、咨询服务等功能将得到很好的保障，更有利于实现内部审计的工作目标。

## 三、党委审计委员会组成及职责

### （一）党委审计委员会的组成

党委审计委员会是医院党委在审计领域的议事协调机构，直接受医院党委领导，全面领导医院审计工作，并就审计领域重大事项提请党委会审议。委员会一般由主任、副主任、委员等组成。审计委员会可以结合医院实际情况，采取单主任形式或双主任形式，单主任一般由党委书记担任，双主任一般由党委书记、院长共同担任。委员由其他有关领导及所属内设机构相关主要负责同志组成，至少应包括党委办公室、纪委办（监察室）、巡察办、组织、人事、财务及内部审计机构等相关部门。委员会下设办公室，办公室设在内部审计机构（审计处、审计部或审计科，下同），主任由内部审计机构负责人兼任。

### （二）党委审计委员会的职责

1. 研究贯彻上级党委及审计委员会的决策部署，对医院审计领域重大工作进行总体安排、统筹协调、整体推进和督促落实；

2. 审议决定医院审计改革方案、重大政策和发展战略；

3. 审议决定医院审计发展规划和年度审计计划；

4. 研究审议医院年度财务预算执行与决算审计、重要专项审计等报告；

5. 定期听取医院审计工作汇报，并作出指示和指导；

6. 审议决定医院审计整改、审计结果运用等审计监督其他重大事项；

7. 研究加强审计队伍建设的意见。

### （三）党委审计委员会办公室的职责

审计委员会办公室是党委审计委员会的办事机构，直接受党委审计委员会领导，负责处理审计委员会日常事务，审计委员会办公室一般设在医院内部审计机构。审计委员会办公室的主要职责如下：

1. 贯彻落实医院党委对审计工作的集中统一领导，协调督促有关部门落实审计委员会决定事项、工作部署和要求；组织研究在审计领域坚持党的领导、加强党的建设工作的具体措施，向审计委员会提出工作建议。

2. 组织研究医院审计工作发展战略、规划、重大决策和改革方案，综合协调推进审计项目实施、审计成果运用等审计监督重大事项，统筹推进审计法律法规、政策制度等建设。

3. 提出年度审计计划，经审计委员会主任批准，提交审计委员会会议审议决定。

4. 提出医院年度财务预算执行与决算等审计报告，经审计委员会主任批准，提交审计委员会会议审议决定。

5. 研究处理相关部门向审计委员会提出的重要事项及相关请示，接受相关部门涉及审计的重大事项和情况的报告，研究评估后向审计委员会提出建议。

6. 承担审计委员会会议相关工作，经审计委员会主任批准准备会议议题、议程和材料，整理会议文件，负责会议精神的传达贯彻落实。

7. 负责建立完善审计委员会各成员单位工作协调机制，建立完善协调会议制度、联络员制度。

8. 负责建立完善审计监督重大事项督察督办制度。对审计查出问题整改工作或其他事项进行专项督察。

9. 负责审计委员会的简报编印、资料管理等工作。

10. 负责完成医院党委和审计委员会交办的其他事项。

## 四、党委审计委员会议事机制

1. 委员会实行集体讨论重大问题制度，每年至少召开 1 次全体会议。可根据工作需要不定期召开专题会议。

2. 审计委员会会议议题由审计委员会办公室根据审计委员会主任要求研究提出，并报其批准确定。

3. 审计委员会全体会议由审计委员会主任主持。出席会议人员为：主任、副主任、委员。根据会议议题确定列席人员。列席人员名单于会前报审计委员会主任批准确定。

4. 审计委员会专题会议由审计委员会主任或由其委托的负责同志主持。出席会议人员由审计委员会办公室提出意见，报审计委员会主任或由其委托的会议主持人确定。

5. 召开审计委员会会议，到会人数须达到全体成员人数的三分之二及以上，方为有效。审计委员会办公室负责在会议举行前通知审计委员会全体成员及列席人员。参会人员因故不能出席的，应事先向审计委员会办公室请假。

6. 审计委员会会议决议实行少数服从多数原则，会议决议须有三分之二及以上与会人数同意方为有效。若议题内容有可能影响与会成员表决的客观性和公正性，审计委员会办公室应提请该成员予以回避，审计委员会会议不将该成员计入该议题的表决人数。

7. 审计委员会全体会议和专题会议议定事项，由审计委员会办公室协调督促有关部门落实，落实情况向审计委员会主任、副主任报告。

8. 审计委员会会议纪要，是审计委员会会议决定事项的依据，由审计委员会办公室根据会议研究的结论性意见整理形成，报审计委员会主任或其委托的会议主持人签发。会议纪要印发审计委员会主任、副主任、委员，以及与会议决定有关的部门和医院领导。

9. 审计委员会成员对审计事项中需要保密或暂未解密的信息，承担保密责任。

10. 医院各部门涉及审计的重大事项和情况，应通过审计委员会办公室及时向审计委员会报告。

11. 审计委员会办公室负责建立完善各成员单位工作协调机制，建立协调会议制度、联络员制度。

## 五、案例

**【例4-2】** A医院成立了党委审计委员会，为规范党委审计委员会和审计委员会办公室工作，A医院制定了《中国共产党A医院委员会审计委员会工作规则（试行）》《中国共产党A医院委员会审计委员会办公室工作细则（试行）》，详见本书附录部分，此处略。

# 第四节　医院内部审计机构与人员

内部审计机构，是指在部门、单位内部从事办理审计业务的专门组织。它是我国审计主体的重要组成部分。在20世纪80年代，我国恢复国家审计制度的同时，就提出恢复内部审计制度，许多部门和单位相继建立了内部审计机构。1989年颁布的《审计署关于内部审计工作的规定》全面规范了内部审计机构的设置、领导关系、审计范围、主要权限、工作程序、内部管理及与审计机关的关系等。

## 一、医院内部审计机构设置要求

关于内部审计机构的设置，《中华人民共和国审计法》《审计署关于内部审计工作的规定》和《第1101号——内部审计基本准则》及卫生健康行业内部审计相关规定中均有相关要求。

### （一）国家法律法规等相关要求

根据《中华人民共和国审计法》（2021年修订）第三十二条规定，被审计单位应当加强对内部审计工作的领导，按照国家有关规定建立健全内部审计制度；审计机关应当对被审计单位的内部审计工作进行业务指导和监督。

根据《审计署关于内部审计工作的规定》（审计署令第 11 号）第六条规定，国家机关、事业单位、社会团体等单位的内部审计机构或者履行内部审计职责的内设机构，应当在本单位党组织、主要负责人的直接领导下开展内部审计工作，向其负责并报告工作。

根据《第 1101 号——内部审计基本准则》（2013）第四条规定，组织应当设置与其目标、性质、规模、治理结构等相适应的内部审计机构，并配备具有相应资格的内部审计人员。同时，中国内部审计协会发布的《第 2301 号内部审计具体准则——内部审计机构的管理》（2013）对内部审计机构的管理目标、管理内容等做了具体规定。

### （二）卫生行业规定的相关要求

关于医院内部审计机构设置，在卫生系统内部审计有关规定中有明确规定和要求：

根据《卫生计生系统内部审计工作规定》（国家卫生和计划生育委员会令第 16 号）第十四条、第十五条的规定，各单位符合下列条件之一的，应当根据国家编制管理相关规定，设置独立的内部审计机构，专职审计人员不少于 2 人：（1）二级以上医院；（2）年收入及资产总额均达到 3 000 万元以上；（3）所属及分支机构较多；（4）经济活动复杂；（5）管理工作需要。不设立独立内部审计机构的部门和单位，应当指定内设机构安排专职人员履行内部审计职责。

《国家卫生健康委关于印发进一步加强卫生健康行业内部审计工作若干意见的通知》（国卫财务发〔2022〕9 号）对推动内审机构建设再次做了明确要求，要求“各单位要全面落实习近平总书记重要指示精神，从讲政治的高度认识内部审计机构建设的重要性。符合《卫生计生系统内部审计工作规定》第十四条要求、应当设置独立内部审计机构的单位，要根据机构编制相关规定，按程序推动设立内部审计机构、配齐配强内部审计人员”。

从上述文件梳理中可以看出，凡属二级以上医院、年收入及资产总额均达到 3 000 万元以上、所属及分支机构较多、经济活动复杂等医疗机构，只要达到其中任一条件，均应设置独立的内部审计机构，并配备专职审计人员不少于 2 人。国卫财务发〔2022〕9 号文件更是从讲政治的高度，对各级医院设置内部审计机构再次做了具体部署和安排，可以说，国家对医院内部审计的重视程度提到了前所未有的高度。

## 二、医院内部审计机构设置原则

### （一）独立性原则

独立性是内部审计的基本特征，设立内部审计机构必须符合审计独立性的要求。医院内部审计机构必须保持其组织上和业务上的独立性，既不能把内部审计机构附设在财务部门中，也不能附设在其他职能部门中，否则，就丧失了它的独立性，就难以客观公正地进行审计。独立性是内部审计机构设置的前提要求。

### （二）专职高效原则

所谓专职，是指内部审计部门及人员应该是专门从事审计工作的机构和人员，它完全置身于其他具体的业务活动之外。所谓高效，是指内部审计机构的设置应该精干，因事纳人。专职高效是内部审计机构设置的基本要求。

### （三）权威性原则

只有具有一定的权威，才能顺利开展内部审计工作。《中华人民共和国审计法》和《审计署关于内部审计工作的规定》等相关文件均已明确指出，内部审计是国家授予的权力。因此，医院在设立内部审计机构时，应就内部审计的职责和权限作出明确规定，并强调内部审计的权威性，以利于工作的进行。内部审计机构自身也要通过审计成果的科学性来增强其权威性。

## 三、医院内部审计机构的职责与权限

### （一）医院内部审计机构的职责

根据《审计署关于内部审计工作的规定》第十二条的规定，医院内部审计机构或者履行内部审计职责的内设机构应当按照国家有关规定和本单位的要求，履行下列职责：

1. 对本单位及所属单位贯彻落实国家重大政策措施情况进行审计；

2. 对本单位及所属单位发展规划、战略决策、重大措施以及年度业务计划执行情况进行审计；

3. 对本单位及所属单位财务收支进行审计；

4. 对本单位及所属单位固定资产投资项目进行审计；

5. 对本单位及所属单位经济管理和效益情况进行审计；

6. 对本单位及所属单位内部控制及风险管理情况进行审计；

7. 对本单位内部管理的领导人员履行经济责任情况进行审计；

8. 协助本单位主要负责人督促落实审计发现问题的整改工作；

9. 对本单位所属单位的内部审计工作进行指导、监督和管理；

10. 国家有关规定和本单位要求办理的其他事项。

### （二）医院内部审计机构的权限

根据《审计署关于内部审计工作的规定》第十三条的规定，医院内部审计机构或者履行内部审计职责的内设机构应有下列权限：

1. 要求被审计单位按时报送发展规划、重大决策、重大措施、内部控制、风险管理、财务收支等有关资料（含相关电子数据，下同），以及必要的计算机技术文档；

2. 参加单位有关会议，召开与审计事项有关的会议；

3. 参与研究制定有关的规章制度，提出制定内部审计规章制度的建议；

4. 检查有关财务收支、经济活动、内部控制、风险管理的资料、文件和现场勘察实物；

5. 检查有关计算机系统及其电子数据和资料；

6. 就审计事项中的有关问题，向有关单位和个人开展调查和询问，取得相关证明材料；

7. 对正在进行的严重违法违规、严重损失浪费行为及时向单位主要负责人报告，经同意作出临时制止决定；

8. 对可能转移、隐匿、篡改、毁弃会计凭证、会计账簿、会计报表以及与经济活动有关的资料，经批准，有权予以暂时封存；

9. 提出纠正、处理违法违规行为的意见和改进管理、提高绩效的建议；

10. 对违法违规和造成损失浪费的被审计单位和人员，给予通报批评或者提出追究责任的建议；

11. 对严格遵守财经法规、经济效益显著、贡献突出的被审计单位和个人，可以向医院党组织、主要负责人提出表彰建议。

## 四、医院内部审计人员

### （一）医院内部审计人员设置

根据《卫生计生系统内部审计工作规定》（国家卫生和计划生育委员会令第16号）第十四条的规定，各单位符合下列条件之一的，应当根据国家编制管理相关规定，设置独立的内部审计机构，专职审计人员不少于2人：（1）二级以上医院；（2）年收入及资产总额均达到3 000万元以上；（3）所属及分支机构较多；（4）经济活动复杂；（5）管理工作需要。不设立独立内部审计机构的部门和单位，应当指定内设机构安排专职人员履行内部审计职责。

《国家卫生健康委关于印发进一步加强卫生健康行业内部审计工作若干意见的通知》（国卫财务发〔2022〕9号）对推动内审人员配置再次做了明确要求，要求“符合《卫生计生系统内部审计工作规定》第十四条要求、应当设置独立内部审计机构的单位，要根据机构编制相关规定，按程序推动设立内部审计机构、配齐配强内部审计人员”。

### （二）医院内部审计人员应具备的条件

根据《审计法》第十三条的规定，审计人员应当具备与其从事的审计工作相适应的专业知识和业务能力。

根据《审计署关于内部审计工作的规定》第七条的规定，内部审计人员应当具备从事审计工作所需要的专业能力。单位应当严格内部审计人员录用标准，支持和保障内部审计机构通过多种途径开展继续教育，提高内部审计人员的职业胜任能力。内部审计机构负责人应当具备审计、会计、经济、法律或者管理等工作背景。

根据《卫生计生系统内部审计工作规定》（国家卫生和计划生育委员会令第16号）第十七条、第十八条的规定，内部审计机构负责人应当具备中级以上相关专业技术职称或者5年以上审计、会计工作经历，其任免应当征求上级主管部门意见。内部审计人员应当具备必需的专业胜任能力，并定期接受后续教育培训。

## 五、医院内部审计人员职业道德规范

内部审计人员职业道德是内部审计人员在开展内部审计工作中应当具有的职业品德、应当遵守的职业纪律和应当承担的职业责任的总称。内部审计人员从事内部审计活动时，应当自觉遵守职业道德规范，认真履行职责，不得损害国家利益、组织利益和内部审计职业声誉。

### （一）诚信正直

我国内部审计师协会发布的《第 1201 号——内部审计人员职业道德规范》第四条规定，内部审计人员在从事内部审计活动时，应当保持诚信正直。“诚”即诚实诚恳，“诚”更多地指“内诚于心”，“信”即信用信任，“信”则侧重于“外信于人”。“诚信”，其基本含义是指诚实无欺，讲求信用。也就是说，内部审计人员的言行与内心思想保持一致，能够认真履行自己的职责取得别人的信任。我国内部审计师协会发布的《第 1201 号——内部审计人员职业道德规范》第九条规定，内部审计人员在实施内部审计业务时，应当诚实、守信，不应有下列行为：（1）歪曲事实；（2）隐瞒审计发现的问题；（3）进行缺少证据支持的判断；（4）做误导性的或者含糊的陈述。

正直，即公正刚直。正直意味着有勇气坚持自己的信念。也就是说，内部审计人员应当坚持原则，不屈从于外部压力，不歪曲事实，不隐瞒审计发现的问题；廉洁自律，不利用职权谋取私利；维护国家利益和公共利益。我国内部审计师协会发布的《第 1201 号——内部审计人员职业道德规范》第十条规定，内部审计人员在实施内部审计业务时，应当廉洁、正直，不应有下列行为：（1）利用职权谋取私利；（2）屈从于外部压力，违反原则。

### （二）客观性

我国内部审计师协会发布的《第 1201 号——内部审计人员职业道德规范》第五条规定，内部审计人员应当遵循客观性原则，公正、不偏不倚地作出审计职业判断。客观性原则要求内部审计人员实施内部审计业务时，应当实事求是，不得由于偏见、利益冲突而影响职业判断。也就是说，客观公正就是审计人员应当保持客观公正的立场和态度，以适当、充分的审计证据支持审计结论，实事求是地作出审计评价和处理审计发现的问题。

内部审计人员实施内部审计业务前，应当采取下列步骤对客观性进行评估：

第一，识别可能影响客观性的因素。内部审计人员应当识别下列可能影响客观性的因素：（1）审计本人曾经参与过的业务活动；（2）与被审计单位存在直接利益关系；（3）与被审计单位存在长期合作关系；（4）与被审计单位管理层有密切的私人关系；（5）遭受来自组织内部和外部的压力；（6）内部审计范围受到限制；（7）其他。

第二，评估可能影响客观性因素的严重程度。内部审计人员应当针对识别出的可能影响客观性的因素的严重程度进行评估，同样的影响因素，如果其严重程度不同，对内部审计人员客观性的影响程度必然不同，内部审计人员需要采取的防范措施也会不同。

第三，向审计项目负责人或者内部审计机构负责人报告客观性受损可能造成的影响。如果可能影响内部审计人员客观性的因素被评估为严重，就应当向审计项目负责人或者内部审计机构负责人报告客观性受损可能造成的影响，以便于采取必要的防范措施。

内部审计机构负责人应当采取下列措施保障医院内部审计的客观性：（1）提高内部审计人员的职业道德水准；（2）选派适当的内部审计人员参加审计项目，并进行适当分工；（3）采用工作轮换的方式安排审计项目及审计组；（4）建立适当、有效的激励机制；（5）制定并实施系统、有效的内部审计质量控制制度、程序和方法；（6）当内部审计人员的客观性受到严重影响，且无法采取适当措施降低影响时，停止实施有关业务，并及时向医院党组织、主要负责人报告。

### （三）专业胜任能力

我国内部审计师协会发布的《第1201号——内部审计人员职业道德规范》第六条规定，内部审计人员应当保持并提高专业胜任能力，按照规定参加后续教育。胜任能力是指能将某一工作中有卓越成就者与普通者区分开来的个人的深层次特征，内部审计人员的职业胜任能力是指知识、技能、才能和行为的综合体，其目的是使内部审计人员能够有效地履行职责。

审计人员作为内部审计活动的主体，其能力素质水平对审计工作的顺利开展和审计任务的高效达成具有直接影响。根据国际内部审计师协会发布的《内部审计职业胜任能力框架》和我国内部审计师协会发布的《第1201号——内部审计人员职业道德规范》中关于胜任能力的有关规定，本书将内部审计人员胜任能力分为专业知识、专业技能、专业品质和实务经验四个维度。专业知识具体包括：审计、会计、财务、税务、经济、金融、统计、管理、内部控制、风险管理、法律和信息技术等专业知识，以及与医院业务活动相关的专业知识。专业技能具体包括：语言文字表达、问题分析、审计技术应用、人际沟通、组织管理等职业技能。专业品质具体包括：客观公正、廉洁奉公、保守秘密、遵纪守法、职业审慎、追求卓越等。实务经验是指必要的实践经验及相关职业经历。如审计经验、财务经验、其他行业经验等。

内部审计人员应当通过后续教育和职业实践等途径，了解、学习和掌握相关法律法规、专业知识、技术方法和审计实务的发展变化，保持和提升专业胜任能力。内部审计人员实施内部审计业务时，应当保持职业谨慎，合理运用职业判断。

### （四）保密

我国内部审计师协会发布的《第1201号——内部审计人员职业道德规范》第七条规定，内部审计人员应当遵循保密原则，按照规定使用其在履行职责时所获取的信息。

保守秘密就是审计人员应当保守其在执行审计业务中知悉的国家秘密、商业秘密；对于执行审计业务取得的资料、形成的审计记录和掌握的相关情况，未经批准不得对外提供和披露，不得用于与审计工作无关的目的。

# 第五章 医院内部审计业务管理

## 第一节 审计计划

### 一、审计计划的概念

审计计划是指内部审计机构和内部审计人员为完成审计业务，达到预期的审计目的，对审计工作或者具体审计项目作出的安排。内部审计机构负责人负责年度审计计划的编制工作。内部审计机构应当在本年度编制下年度审计计划。

### 二、审计计划的类别

审计计划按照时间跨度可以分为中长期审计计划和年度审计计划两种。

#### （一）中长期审计计划

中长期审计计划也可以叫作审计规划，一般时间跨度为3—5年。中长期审计计划一般更多明确审计的发展目标，因此可以把它理解为审计的发展规划，其内容可包括：时间跨度，分阶段的任务，需要实现的审计目标，审计目标如何与医院的发展目标结合，审计重点以及配套的人员、经费、机制等保障措施等。对于医院来说，审计规划可以是由内部审计部门经过一定程序独立发布的，也可以与医院的发展规划结合在一起，作为发展规划的一个重要组成部分合并发布。

### （二）年度审计计划

年度审计计划具体又可以分为年度审计的工作计划和具体的项目审计方案。年度审计工作计划是对年度预期要完成的审计任务所做的工作安排，是组织年度工作计划的重要组成部分。项目审计方案是对实施具体审计项目所需要的审计内容、审计程序、人员分工、审计时间等作出的安排。

医院的内部审计部门结合自身情况，通过编制不同层级的审计计划，可以实现对本院全部审计活动或具体审计项目进行合理组织和安排，能够合理分配和调动各种审计资源，以保证审计工作经济而有效地进行，实现审计目标，发挥内部审计的作用。

## 三、年度审计计划的作用

### （一）促进中长期规划落实落地

在制订年度审计计划的过程中可以不断调整审计部门的定位，通过年度审计计划分步骤完成总体规划目标，进而达到审计部门管理者的要求。

### （二）降低审计成本

内部审计工作在审计过程中需要协调多方面工作，充分调动各种资源，使所有审计人员齐心协力完成工作。通过编制审计计划能够为内部审计工作提供明确的目标，为分工协作提供依据，能够减少审计成本叠加，节约审计时间，降低审计总成本。

### （三）减少重复审计

内部审计力量不足是目前医院内部审计部门存在的普遍问题。医院内部审计的任务较重，审计需求和审计能力之间存在供需差距，通过审计计划可以充分调动和协调各种内部审计力量，减少重复工作，节省审计资源，提高审计工作效率。

### （四）提供考核依据

审计计划的制订和执行可以为内部审计部门的考核提供评价依据。医院的内部审计部门可以通过审计计划明确自身的年度工作任务，一方面上级审计部门和医院管理者可以通过对审计计划落实情况的跟踪，对内部审计部门的工作进行科学评价；另一方面内部审计部门也可以通过审计计划的制订、论证、审批过程，积极地参与到医院的内部管理中来，充分地发挥审计部门的作用，避免在医院的各项工作中被边缘化。

### （五）提高内部审计水平

审计计划的制订过程本身也是审计工作开展的思考过程。宏观上来说，通过审计计划的不断修订、论证、评估、完善，能够厘清审计工作思路，通过平衡取舍，可以集中精力关注审计重点，围绕工作大局开展具体审计工作。微观上来说，审计计划是开展具体审计工作的约束和标准，审计执行依据审计计划进行，可以通过审计计划有效控制最终的审计管理结果，避免偏差和随意性，提升审计管理的水平。

### （六）审计部门管理的抓手

制订年度审计计划的过程，也是决策的过程和反复沟通论证的过程。通过沟通能够加深审计人员的相互了解，提升对事物的认识，也有利于审计人员统一思想，形成审计工作合力。

## 四、年度审计工作计划的编制程序

### （一）编制前的准备工作

1. 充分预测当年的业务变化和环境变化

对审计未来的预测是基于审计业务的一种对未来发展方向的专业评估。一般包括：对审计内、外部专业发展状况的判断；对医院发展方向和进程变化的判断；对医院内部控制水平的发展变化的判断；对公众关注医院的有关风险点的判断；对政府管理部门对医疗机构重点监督方向的判断。这些判断需要充分收集相关信息，基础工作做得越扎实，判断得越精准，则审计计划越具有针对性，越能发挥内部审计的作用。

2. 结合审计规划分解当年任务

内部审计机构应该结合医院的内部审计规划，确定当年的重点工作任务。通过对长期目标和短期目标的共同控制，确保分期的审计计划与审计总体规划的发展目标始终保持一致。

3. 了解目前相关的重点事项

内部审计机构在编制年度审计计划前，应当确定审计风险，明确审计工作方向和重点。具体需要了解以下情况：(1) 组织的战略目标、年度目标及业务活动重点；(2) 对相关业务活动有重大影响的法律、法规、政策、计划和合同；(3) 管理层以及其他管理部门的审计需求；(4) 相关内部控制的有效性和风险管理水平；(5) 相关业务活动的复杂性及其近期变化；(6) 相关人员的能力及其岗位的近期变动；(7) 其他有关的重要情况。

4. 评估审计资源和审计能力

内部审计机构负责人应该结合审计目标，充分评估现有的审计人力资源、可能借用的智力和审计方法手段，将评估情况与管理目标进行对比，确定审计工作方法和工作方向。

### (二) 年度审计工作计划的逐渐形成

1. 初步形成审计计划草案

根据前期的工作基础，初步形成审计计划的草案。草案可以是对本部门的工作设想和其他管理者的审计需求。

2. 审计计划的修改论证

将审计计划草案通过多次的论证、修改、打磨，具体过程可以根据医院的实际情况进行，最终形成审计计划的征询意见稿。论证修改的内容主要包括：一是要对与本院的宏观发展目标相冲突的审计项目进行修改和调整；二是要对相关各方申请的重复审计项目和类似的审计项目进行修改和调整；三是要对审计人力资源不足的审计项目进行修改和调整；四是要对审计手段方法不足的审计项目进行修改和调整；五是对于确有需要但是单独依靠自身力量无法完成的项目，需要考虑调配审计资源或者通过购买服务的方式弥补自身工作力量的不足。

3. 征求相关部门的意见

要将形成的审计计划征询意见稿发送至相关部门和人员征求意见，形成审计计划的上报稿。

### （三）年度审计工作计划的上报与审批

1. 审计计划上报

内部审计部门通过行政程序将本年度审计计划向最高管理层上报。涉及上下级管理关系的还应该报上级管理部门审批或者备案。

2. 审计计划审批

医院最高管理层对审计计划进行审批。要加强审计方案的严肃性，修改和调整审计方案要经过一定的程序和手续。

### （四）年度审计工作计划的实施

1. 审计计划下达实施

审计计划通过内部管理程序下达至有关部门实施。

2. 确定项目负责人

内部审计部门要按照计划分阶段组织实施。根据本部门人力资源状况，针对各审计项目特点进行选配资源，确定审计项目负责人。

3. 编制审计项目方案

审计项目负责人要切实组织制订好审计项目方案，要结合具体审计项目，将审计宗旨、审计战略、审计人力资源安排、审计项目计划都体现在审计项目方案中。

4. 审计项目实施

要加强审前调查工作，为科学制订审计方案和有效实施审计项目打好基础。要充分考虑审计项目的重要性和要求，考虑审计效益和审计风险之间的关系。

### （五）年度审计工作计划的后续工作

1. 审计计划执行的反馈

在审计项目实施的过程中，审计项目负责人要及时将审计项目的进度和情况反馈到计划部门。审计部门要及时收集和汇总审计计划的执行时间进度、工作量完成率、执行质量等情况，必须确保审计项目执行的信息渠道畅通。

2. 审计计划的控制

内部审计机构负责人应当根据反馈情况定期检查审计计划的执行情况，并分析发生偏差的原因，采取有效措施，确保审计项目计划的完成。

3. 审计计划调整

在审计计划执行过程中，如有必要，应当按照规定的程序对审计计划进行调整。

4. 审计计划考核评估

审计项目计划执行结束后，要组织有关部门进行考核评估。根据评估结果改进下一期审计计划。

## 五、年度审计计划的内容

为了广大读者使用方便，本书将具体项目的审计方案放在审计执行阶段进行详细讲解。这里仅对年度审计计划的内容进行简单介绍。年度审计计划至少应该包括以下基本内容：

（1）年度审计工作目标；

（2）具体审计项目及实施时间；

（3）各审计项目需要的审计资源；

（4）后续审计安排。

## 六、年度审计计划编制的注意事项

### （一）与管理目标一致

内部审计计划应当反映管理者的需求，与医院的管理目标一致。

### （二）关注重点风险领域

在审计项目选择、审计范围和重点的确定上应该关注重点风险领域。

### （三）关注历史

制订审计计划要关注以往审计工作的成绩和不足，考虑前期发现的审计问题，在此基础上调整下一年审计重点和范围。

### （四）年度之间平稳衔接

要充分理解审计规划和年度审计计划的关系，每年的审计计划应该能够相互衔接、相互一致，今年的方向和下一年的方向不能有较大差异。

### （五）具有实用价值

审计计划应该对日常经济工作有指导作用，既不能只停留在理论或口号上，也不能过于学术化。

### （六）具有可调整的空间

审计计划在具有刚性的同时还应该存在调整的空间，不能过于死板，应该可以根据现实环境变化进行适当微调。

### （七）合理调配审计资源

内部审计机构负责人应当根据具体审计项目的性质、复杂程度及时间要求，合理安排审计资源。

## 七、案例

**【例 5-1】**202×年9月，A医院内部审计部门编制下一年内部审计工作年度计划，用于指导本级以及下属二、三级单位内部审计工作。本例节选A医院年度内部审计工作计划部分要点如下：

**202×年A医院内部审计工作计划**

**一、始终坚持党的领导，准确把握新审计工作的总要求**

1. 以习近平新时代中国特色社会主义思想为指导，认真落实党的二十大和二十届历次全会精神，学习贯彻好习近平总书记关于审计工作的重要讲话和指示批示精神，旗帜鲜明地把讲政治贯穿于审计工作的全过程、各环节。

2. 巩固拓展党史学习教育成果，传承党领导下的红色审计史，建立健全常态化、长效化制度机制。

**二、依法履行审查监督职责，扎实开展审查审计全覆盖工作**

3. 定期组织召开党委审计委员会会议，对×××预算执行情况进行审查；听取审计结果和资产管理情况。

4. 对当年年度×××进行审计。

5. 开展×××专项审计业务。

6. 做好医院内设机构及下属二级单位负责人的经济责任审计。重点关注贯彻执行党和国家方针政策、决策部署情况，重点工作的贯彻落实情况，重大经济事项的决策、执行和效果情况，内部控制制度的制定和执行情况，风险管控情况，在经济活动中落实有关党风廉政建设责任和遵守廉洁从业规定情况等。

7. 继续开展建设项目审计监督。在审计过程中，全面关注项目履行基本建设程序、项目建设管理、招标采购、投资控制等情况。

8. 内部控制自我评价和经济活动风险评估审计，提出合理意见建议。探索开展绩效审计。

9. 以加强党风廉政建设和推动“清廉医院”建设为目标，继续重点加强“三公”经费、会议费、培训费、差旅费等方面的审计，促进厉行节约和规范资金管理。

10. 继续开展重点领域、重大项目、重点工作等专项审计，重点关注专款专用、资金管理情况。

11. 完成上级单位对本单位的政策跟踪延伸审计工作任务。督促指导下属单位内部审计工作开展。

**三、抓好审计整改落实，加强审计结果运用**

12. 继续扎实推进审计整改制度的落实，提高内审工作实效。完善整改跟踪检查机制，明确被审计单位整改主体责任，堵塞管理漏洞。完善审计发现问题整改清单制度，强化动态管理，督促审计问题得到及时整改。

13. 对在审计中发现的违法违规违纪现象，可能造成重大影响和损失的风险予以警示。

14. 定期向党委审计委员会汇报审计情况和整改情况。加强对各项审计结果的研究分析，为党委决策提供依据。

15. 继续完善和加强“纪审联动”机制。

16. 推动实施审计结果及审计问题整改情况公开机制。

**四、完善制度建设**

17. 及时修订完善审计制度，重新修订《×××》。

18. 加强和完善审计服务采购的归口管理工作。

**五、加强内审自身建设，提高医院审计干部队伍素质**

19. 内部审计相关人员培训。

20. 加强委托审计社会中介机构考核标准，切实把好审计报告质量关。

21. 持续抓好内部审计相关准则制度的学习，不断提升业务技能。

22. 持续强化内审人员教育管理，坚持依法、文明、廉洁审计。

## 第二节　内部审计组织方式

内部审计计划经过一定程序的批复后，医院内部审计部门要根据内部审计计划，有序组织开展内部审计工作。首先需要考虑的是如何开展，也就是如何选择本单位的内部审计工作的组织方式。本节主要就内部审计的组织方式进行讲解。

### 一、内部审计组织方式的分类

医院内部审计组织方式可以分为两种：一是自主审计，是指医院内部审计部门主要依靠自身力量开展内部审计工作，包括审计前期工作、现场审计、出具报告的全过程；二是委托审计（也称业务外包，下同），是指医院内部审计部门将审计业务委托给社会专业机构进行审计。

对于医院内部审计部门来说，要根据实际情况选择使用两种方式，这两种方式的差别仅在于现场的参与程度不同，但无论选择哪种方式，内部审计部门都应对审计结果负责。《审计署关于内部审计工作的规定》第八条明确提出："除涉密事项外，可以根据内部审计工作需要向社会购买审计服务，并对采用的审计结果负责。"《卫生计生系统内部审计规定》第二十二条规定："内部审计机构根据审计业务的需要，除涉密项目外，可以向社会购买审计服务。应当按照法律法规履行程序，委托具有相应资质的社会机构开展内部审计工作，并监督检查审计业务质量。”《国家卫生健康委关于印发进一步加强卫生健康行业内部审计工作若干意见的通知》第五项明确规定：“在审计资源不足时，可以委托社会中介机构或专业人员协助开展审计工作，并对采用的审计结果负责。”



## 二、自主审计组织方式

### （一）自主审计工作流程

自主审计是由内部审计部门直接参与审计并出具审计报告的审计组织形式。一般对于医院来说，内部审计部门的人员数量有限，自主审计适用于涉密项目、监察项目以及年度审计计划任务较少的情况。使用自主审计开展具体审计项目的时候，一般具有以下主要工作步骤：

（1）选定人员组成审计组；

（2）确定项目负责人；

（3）形成审计项目方案；

（4）下达审计通知书；

（5）进驻审计现场；

（6）召开进点工作会；

（7）开展现场审计；

（8）现场审计沟通；

（9）审计底稿签认；

（10）撤离审计现场；

（11）撰写审计报告；

（12）审计报告征询意见；

（13）审计报告意见交换沟通会；

（14）审计报告审签并按照规定程序报会审批；

（15）审计报告送达被审计单位以及其他相关部门；

（16）将全部审计底稿、报告和相关审签程序文件统一作为审计档案归档。

### （二）审计组人员构成

自主审计方式的审计组人员可以由两种方式组成：一是全部审计组人员均

为医院工作人员；二是审计组人员为部分医院工作人员和部分外部人员。内部审计部门可以根据本单位的人力资源情况以及项目的难度选择组成审计组的方式。

## 三、委托审计的组织方式

### （一）委托审计的工作流程

委托审计也叫审计外包，这种方式是由内部审计部门通过购买服务的方式选定社会中介机构即会计师事务所参与审计项目实施审计工作，并由会计师事务所出具审计报告的审计组织形式。一般对于医院来说，内部审计部门的人员数量有限，委托审计的方式是常见的组织方式，适用于各种非涉密项目、审计任务较重以及工程建设项目审计等专业要求较高的项目。使用委托审计方式开展具体审计项目的时候，一般具有以下主要工作步骤。

1. 按有关程序建立或选择直接使用上级单位或同级财政等部门的会计师事务所的中介库；

2. 选择能够胜任的目标会计师事务所；

3. 就审计目的、审计目标、工作任务和服务价格等与会计师事务所进行磋商，最终确定会计师事务所；

4. 签订业务约定书，就服务范围、人员安排、价格等进行约定，并按单位内部管理程序进行审批，后期作为结算的依据；

5. 事务所选定其人员组成审计组，并明确项目负责人；

6. 对参与审计的人员进行集中培训，主要针对医疗机构的政策法规、关注的要点等重要监督内容进行培训；

7. 事务所编制审计项目方案，必要时医院可以与事务所共同完成审计项目方案，以控制审计风险；

8. 确定项目的本单位审计联系人；

9. 下达审计通知书；

10. 进驻审计现场；

11. 召开进点工作会，并确定被审计单位审计联系人；

12. 事务所自行开展现场审计和现场审计沟通并撰写审计报告进行征询

意见；

13. 召开审计报告意见交换沟通会；

14. 审计报告送达被审计单位以及其他相关部门；

15. 将审计报告和必要的审计底稿作为审计档案归档；

16. 结算与考核评价。

### （二）审计组人员构成

委托审计方式开展审计，审计组成员一般全部为会计师事务所的工作人员。内部审计机构的联系人作为沟通、质量控制的桥梁，主要目的是保障审计工作质量和确保审计目标的完成。

## 四、选取审计方式的注意事项

### （一）要对审计资源进行评估

内部审计机构应该充分评估自身的审计资源，包括人员数量、人员能力以及可以调动的其他内部工作资源等。

### （二）考虑制度因素

对于《国务院关于加强审计工作的意见》《国务院办公厅关于政府向社会力量购买服务的指导意见》《卫生计生系统内部审计规定》等制度要求的涉密项目不得委托中介机构进行审计。根据《国家卫生健康委关于印发进一步加强卫生健康行业内部审计工作若干意见的通知》规定，开展经济责任审计不得整体委托其他组织独立实施。

### （三）对审计工作的要求

在落实内部审计计划，开展内部审计项目工作的时候，应该充分估量本单位的内部审计工作任务繁重程度、审计项目的时间要求、审计项目的质量要求以及审计项目的专业技术难度，在评估的基础上再与自身的审计资源进行配比，最终决定采用的审计组织方式。

### （四）要牢记报告使用责任

《国家卫生健康委关于印发进一步加强卫生健康行业内部审计工作若干意见的通知》明确规定："在审计资源不足时，可以委托社会中介机构和专业人员协助开展审计工作，并对采用的审计结果负责。"因此，无论采用哪一种审计方式都要重视审计质量，关注审计报告结论，对使用结果负责。

# 第三节　内部审计项目管理

内部审计计划经过一定程序批复后，医院内部审计部门要根据内部审计计划，有序开展具体内部审计项目。本节主要就内部审计项目进行讲解。

## 一、审计项目前期准备

### （一）准备工作思路

年度审计计划批复之后，内部审计部门需要根据审计内容实施具体审计项目，内部审计部门负责人需要考虑如下问题：

1. 审计计划中的项目选择哪种方式开展具体审计；
2. 各个项目的负责人安排；
3. 自主审计需要确定现场审计人员，委托审计需要确定具体的会计师事务所并确定本单位审计项目负责人；
4. 审计项目开展的计划时间；
5. 梳理审计告知书和通知书下发等事前准备工作；
6. 进点会议的出席人员，需要与被审计单位事前沟通事项等。

### （二）具体工作准备

上述问题考虑完毕后，审计负责人需要召开审计前期工作会议，将有关安排在内部进行分工。

1. 涉及委托审计的，要在经过相关采购程序的"审计事务所库"中选取适当的会计师事务所。如果医院未建立“审计事务所库”，可以直接使用上级单位的“库”，或者直接采用当地财政、审计部门的公开采购库。

2. 确定会计师事务所之后，需要与事务所进行联系，就审计项目进行沟通、面谈，确定工作时间、要求、价格、审计组人员，协商好之后可以签订《审计业务约定书》。

3. 将审计项目负责人与各个审计项目进行对接，组成内部审计工作的审计组。

4. 由项目负责人编制审计项目方案。涉及委托审计的部分可以适当简化。项目审计方案应当包括下列基本内容：

（1）被审计单位、项目的名称；

（2）审计目标和范围；

（3）审计内容和重点；

（4）审计程序和方法；

（5）审计组成员的组成及分工；

（6）审计起止日期；

（7）对专家和外部审计工作结果的利用；

（8）其他有关内容。

5. 审计部门负责人对各个审计项目方案进行必要的复核，如无问题则可根据计划按期开展审计工作。具体审计工作可由项目负责人分别负责。

6. 编制进场会议议程。根据项目进场时间安排出席进场会议的人员，做好时间安排。被审计单位有特殊问题的，需要协调相关部门和领导共同参加审计进场会议。

7. 编制审计沟通会议议程。根据项目推进情况的时间安排出席进场会议的人员，做好人员安排。

## 二、审计项目现场管理

审计项目的开展依据编制好的审计项目方案进行。为确保审计项目开展顺利，需要进行审计的现场管理。一般来说审计现场管理的主要目的是保证项目的工作质量和工作效率。一般包括审计人员管理、审计进度管理、现场采集审计证据管理和审计沟通管理。

## （一）审计人员管理

1. 审计人员的选派

派驻到审计现场的人员统称为审计组。一般安排审计组组长一名，负责日常现场审计工作。组长和项目负责人可以是一个也可以不是一个。需要多个现场同时进行的可以组成联合审计组，并根据情况分别安排现场审计组长，统一对项目负责人负责。

2. 外聘力量补充

一般内部审计部门应根据审计项目特点和要求，选派适当的人员组成审计组，并根据人员和项目特点选定现场审计组长。如果现有审计人员不具备相应专业知识，内部审计机构还应该考虑通过外聘专家等方式弥补专业缺陷，控制审计风险。

3. 审计项目负责人的确定

审计项目负责人由内部审计机构指定或竞聘上岗。医院的审计项目负责人一般可以根据实际情况指定。审计项目实行审计项目负责人负责制，审计项目负责人根据总体审计目标，结合参审人员特点、专业和特长，对人员进行科学分工，明确职责和工作质量要求。在具体审计分工时，应该尽量减少交叉重复，提高效率，控制审计风险，保障审计质量。

4. 人员工作管理

审计组应加强对现场审计人员的出勤情况、工作情况的关注，还应关注人员思想状况等情况，严格要求审计人员恪守职业道德，保持清正廉洁，不得在审计单位报销任何私人费用，不得收受被审计单位（人员）的酬金或礼物。

## （二）审计进度管理

1. 做好审计进度计划

审计组应在项目审计方案中明确项目时间安排和节点，重点关注项目进度与审计质量间的矛盾，不能片面追求进度，也要避免故意拖延。审计组可在审计现场设立统筹安排审计事项的进度表，以便整体掌控项目进度。

2. 审计进度实施管理

审计组应定期召开现场工作例会，在会议中由审计组成员分别汇报工作进展情况，以便于审计项目负责人了解并掌握工作进度，在发现问题的时候能够及时地协调、沟通、解决问题。

3. 资源调整

随着审计的发现和逐渐推进，审计项目现场情况可能会不断变化。审计项目负责人应注意获取各方面信息，必要时对审计过程作出调整或重新组织审计资源，统筹安排好项目进度。

4. 宏观监控

内部审计机构应对项目审计方案的实施进展情况进行动态监督或在线监督和控制，随时掌握审计组的工作动态，及时指导审计组应对审计工作中出现的问题，解决问题，纠正问题，保证项目进度和工作质量。

### （三）现场采集审计证据管理

1. 审计方法管理

审计人员在实施审计工作中，应采用适当的审计程序和方法，并根据不同的审计工作内容来选择和综合运用适当的审计技术。审计人员要慎重对待审计取证过程，确保审计证据和证明材料是相关、可靠和充分的，避免审计事项因证据不足而影响到工作质量，形成审计风险隐患。

2. 底稿管理

审计组应规范审计工作底稿的编制，底稿应当内容完整、记录清晰、结论明确，客观地反映项目审计实施情况，并能够反映审计人员工作轨迹和专业判断的过程。审计人员要做好审计过程和审计发现的记录。

### （四）审计现场的沟通管理

1. 现场沟通的内容

审计现场的沟通包括审计组内部不同审计人员的沟通、审计组的项目负责人与内部审计机构负责人的沟通、内部审计机构负责人与管理层的沟通及审计组与被审计单位的沟通。

2. 项目组内沟通

一般来说，现场审计阶段要根据沟通制度规定的各级人员的责任进行沟通。审计现场负责人要特别重视审计组内部组员间的人际关系，相互协作、相互包容，对审计中发现的问题与遇到的情况要主动沟通，使审计过程中的信息能够及时有效地在组内传递，实现信息对称，降低审计风险。

3. 项目组与内部审计机构的沟通

一方面，审计组应注意与内部审计机构负责人的沟通，定期汇报审计项目实施进度和审计现场情况；另一方面，审计机构负责人也应该根据项目的安排情况及时与项目组沟通了解情况。对审计中发现的重大问题和审计线索，通过沟通明确意见和工作方向。

4. 与被审计单位之间的沟通

审计组应当就审计结果与被审计单位进行认真、充分的沟通，并听取其意见，对被审计单位有异议的地方，审计项目负责人及相关人员应当进行必要的核实和答复。审计组与被审计单位进行沟通，有助于提高审计结果的客观性、公正性，并取得被审计单位的理解和认同。审计组在与被审计单位沟通时应当注意沟通技巧，明确沟通的原则、内容、方法和程序，避免审计人员由于沟通不当或在沟通时太过随意，影响审计质量或审计人员的形象和威信。

5. 与管理层沟通

内部审计机构负责人应该及时掌握审计情况，必要时应该与院领导就审计过程中发现的重大问题及时进行沟通，而不是一并等到出具正式审计报告后进行工作汇报。让主要领导了解审计情况以及发现的问题、风险，取得主要领导的理解和支持有利于内部审计工作开展。

## 三、审计项目后续管理

现场审计阶段结束之后，就是按照程序出具审计报告，直到审计报告出具，审计项目完成。审计项目完成之后还有一些后续的项目管理工作需要开展，一般包括以下工作内容。

1. 审计档案的归档，具体参见审计档案管理相关章节。

2. 人员休整。在现场审计阶段往往会出现较多的加班工作，项目结束之后，审计机构负责人可以根据本单位的工作节奏安排人员调休，以便更好地投入到下一个工作项目中。

3. 及时结算。涉及购买服务的，在审计报告确定出具之后，需要及时与会计师事务所进行结算，保证本部门预算执行。

4. 对审计项目的评估与考核。根据项目开展情况和现场管理情况，对工作人员和提供服务的会计师事务所根据本单位相关制度规定进行考核，作为后期安排工作任务以及兑现有关奖惩的依据。

5. 经验交流。在一个或几个项目结束之后，可以组织相关人员进行经验交流，也可以聘请相应的专家共同参与，通过对实践中的一些专业问题进行深入的沟通、交流，有利于加强审计人员队伍建设。

## 四、案例

**【例 5－2】** 实施程序案例。为帮助读者更好地理解和把握审计业务实施的一般程序，这里以 A 医院为例，将该医院财务收支审计的工作流程作具体展示，如图 5－1 所示。

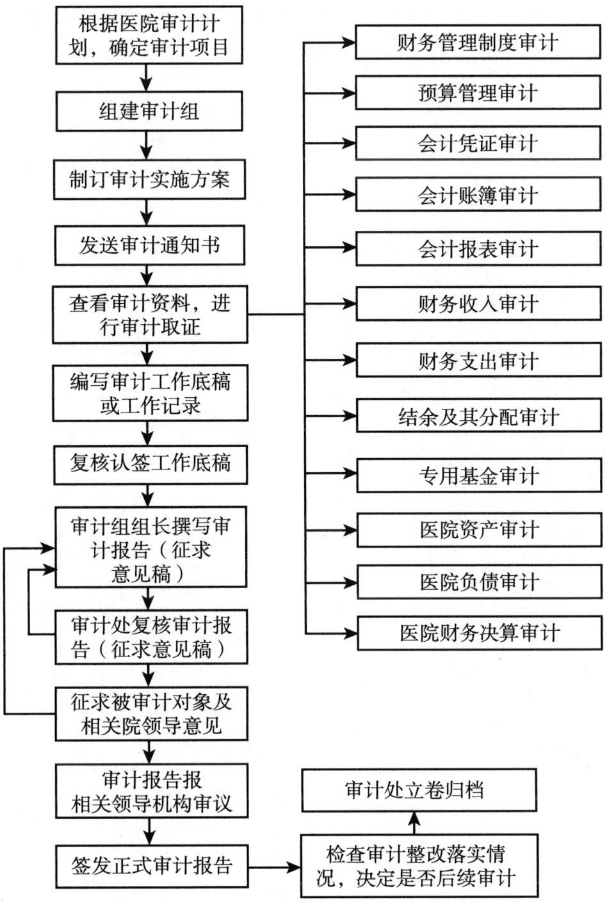


**图 5－1　A 医院财务收支审计工作流程**

**【例5－3】** 医院开展内部审计，确定审计组长后，编制具体审计方案。一种方法是编制项目审计实施方案，详见例10－2、例11－2、例12－2、例13－1、例14－2、例16－2、例17－4等，此处略。另一种方法是编制项目审计方案工作表，如表5－1所示。

**表5－1　　某审计项目工作方案**

| | | | |
|---|---|---|---|
| 一、被审计单位（或个人） | | | |
| 二、被审计单位基本情况 | | | |
| 三、审计种类 | | 四、审计方式 | |
| 五、审计立项依据 | | | |
| 六、计划工作时间 | | | |
| 七、审计的目的、范围、内容 | | | |
| 八、审计重点 | | | |
| 九、审计方法 | | | |
| 十、审计步骤及时间安排<br>（一）准备阶段<br>（二）实施阶段<br>（三）报告阶段<br>（四）后续审计阶段 | | | |
| 十一、审计分工 | | | |
| 十二、工作要求 | | | |
| 十三、调整方案说明 | | | |
| 十四、领导审批意见：<br>审批人：　　年　月　日 | | | |

审计实施单位：　　　　审计组负责人：　　　　制表人：

# 第四节 内部审计证据和方法

内部审计报告中的审计结论是内部审计最重要的工作结果，而审计结论是通过各种审计方法获得审计证据之后，依据相关的审计证据获得的结果。因此，各种审计方法的最终目的是获取审计证据。

## 一、内部审计证据

### （一）审计证据的概念

根据《第2103号 内部审计具体准则——审计证据》规定，审计证据是指内部审计人员在实施内部审计业务中，通过实施审计程序所获取的，用以证实审计事项，支持审计结论、意见和建议的各种事实依据。

### （二）审计证据的类别

内部审计人员应当依据不同的审计事项及其审计目标，获取不同种类的审计证据。审计证据主要包括下列种类：书面证据、实物证据、视听证据、电子证据、口头证据、环境证据。

### （三）内部审计证据的要求

1. 相关性

相关性是指内部审计人员获取的审计证据与审计事项及其具体审计目标之间具有实质性联系。一般来说，审计人员应避免无限地扩大审计范围，应该围绕审计目标展开各种具体工作，审计的项目经理要管理好审计组，按计划开展工作。

2. 可靠性

可靠性是指获取的审计证据应该真实、可信。内部审计人员开展内部审计的过程中一定要牢记准则中的这一要求，不能主观臆断，揣测得出结论。这既体现了审计人员的专业性，也体现了审计工作的严肃性。

3. 充分性

充分性是指审计证据在数量上足以支持审计结论、意见和建议。因为审计发现的管理漏洞和舞弊不应该是偶然的一次，所以，当内部审计人员通过审计程序采集审计证据的过程中发现了偶然性差错，不要轻易直接据此得出审计结论。还需要在此基础上有针对性地采取其他程序或者扩大审计范围对此类事项进一步验证，以确定到底是偶然差错、管理漏洞、恶意舞弊还是其他原因。这样才能得出准确的审计结论，规避审计风险。

4. 可核性

内部审计准则要求审计项目的各级复核人员应当在各自职责范围内对审计证据的相关性、可靠性和充分性予以复核。通过对审计证据的复核一方面能够确保审计证据的质量，另一方面也能够保证证据的客观真实。常见的复核方法有三种：一是内部审计人员可以通过对获取的审计证据进行分类、筛选和汇总等方法复核审计证据，保证审计证据的相关性、可靠性和充分性；二是通过审计证据之间进行比对，通过证据之间的相互印证关系来确定审计证据的质量；三是通过证据来源来判断不同审计证据的可靠程度。

### （四）采集审计证据的注意事项

1. 做好记录

现场审计阶段，内部审计人员应当将获取的审计证据名称、来源、内容、时间等完整、清晰地记录于审计工作底稿中。采集被审计单位电子数据作为审计证据的，内部审计人员应当记录电子数据的采集和处理过程。只有做好充分的记录，才能够在离场之后的报告阶段准确地撰写审计报告。

2. 必要时借助外力

有些审计证据采集之后，内部审计人员很难得出直接结论，如果是必要的审计证据，则内部审计机构可以聘请其他专业机构或者人员对审计项目的某些特殊问题进行鉴定，并将鉴定结论作为审计证据。内部审计人员应当对引用鉴定结论的可靠性负责。

3. 处理异议

内部审计采集审计证据的过程中会发现被审计单位对采集的审计证据存在疑义。这个时候需要加强现场审计沟通，分两种主要情况处理。第一种情况，对于被审计单位有异议的审计证据，内部审计人员应当进一步核实。经核实后，如果是审计组表述不精准，则需要审计组人员进行必要的调整，使得审计证据更加客观真实、符合实际情况；如果被审计单位了解审计描述后认可了审计证据则不需要进行审计证据调整。增加的审计程序也应该在这一审计证据的底稿中进行详细记录。双方确认的审计证据需要由证据提供者签名或者盖章。第二种情况，经过多轮沟通并追加审计程序后，内部审计人员获取的审计证据，通过专业判断甚至外部鉴证之后确定真实准确，但是若证据提供者拒绝签名或者盖章，那么内部审计人员应当在审计底稿中注明审计单位拒绝的原因和日期。

## 二、内部审计方法

### （一）内部审计方法的概念

内部审计方法就是将整个审计过程中所运用的各种方式、方法、手段、技术都包括在审计方法之内，包括采集审计证据的方法和完成审计报告所需要使用的其他所有方法。

作为医院内部审计的从业人员应该更加广义地去掌握审计方法。因为要想完成内部审计任务，仅仅依靠搜集审计证据是不够的，还要运用规划的方法以科学地确定目标，组织证实目标；还要运用记录、评价、报告的方法来反映、衡量反馈目标被证实的过程与结果；同时还要运用各种管理手段控制审计过程、审计效率和质量，否则就很难取得满意的效果。

### （二）内部审计方法的类别

内部审计方法主要包括审计规划方法、审计实施方法、审核稽查方法审计记录方法、审计评价方法、审计报告方法和审计管理方法。

1. 审计规划方法

审计规划方法是指对全部审计活动或具体审计项目进行合理组织和安排时所采用的各种措施和手段。其目的在于确定审计目标，合理分配各种审计资源，以保证审计工作经济而有效地进行。

2. 审计实施方法

审计实施方法是指对被审计单位或被审计项目进行具体审计时所采用的各种程序、措施和手段。其目的在于证实审计目标，搜集充分有效的证据，以保证审计结论和决定有可靠的依据。

3. 审核稽查方法

审核稽查方法是指搜集审计证据时所采取的各种方式和技术。其主要目的在于查明事项真相，证实被审计问题。

4. 审计记录方法

审计记录方法是指对审计记录文件的设计、填制与审阅的各种方法。通过审计记录全面系统地反映审计的过程和结果，为形成审计的结论和决定提供充分依据，为编写审计报告提供完整的资料，同时也有利于确定审计人员审计行为的恰当性和应承担的责任范围。

5. 审计评价方法

审计评价方法是指根据查明的事实，对照审计标准以判定是非良莠的方法。通过审计评价，可以确定被审计资料是否真实、正确和可信，以及确定被审计经济业务和经济活动是否合法、合理和有效。

6. 审计报告方法

审计报告方法是指对审计报告进行设计、编写与审定的方法。审计报告方法，有益于对每次审计活动的过程和结果进行综合而有重点的反映，以便于内部审计机构对被审计单位或被审计项目作出正确的结论和处理决定，还便于被审计单位及有关部门了解审计结果以及明确各自的责任范围。

7. 审计管理方法

审计管理方法，是指对审计主体活动及审计过程进行控制和调节的各种措施和手段，其目的在于提高审计质量和审计效率，保证各种审计资源得到有效的使用。

### （三）使用内部审计方法的注意事项

审计方法不是一成不变的，而是随着科学技术的进步、社会经济的发展以及审计事业的发展，由单项详查演变到系统抽查，由简单到复杂、由低级到高级，不断进步、不断完善的。一般来说，内部审计人员在使用审计方法获取审计证据时，应当考虑以下基本因素。

1. 审计方法选择的总原则

审计人员要在审计效率、审计质量、审计风险承受以及承担的审计责任之间不断进行权衡，选择既能提高审计效率和质量，又能规避审计风险与责任，进而满足所有权监督需要的审计方法，从而实现审计目标。

2. 具体审计事项的重要性

内部审计人员应当从数量和性质两个方面判断审计事项的重要性，以作出如何获取审计证据的决策。

3. 可以接受的审计风险水平

证据的充分性与审计风险水平密切相关，可以接受的审计风险水平越低，所需证据的数量越多。

4. 成本与效益的合理程度

获取审计证据应当考虑成本与效益的对比，但对于重要审计事项，不应当将审计成本的高低作为减少必要审计程序的理由。

5. 适当的抽样方法

抽样方法是审计工作中的常用方法，需要审计人员能够在控制审计成本和确保审计范围之间找到很好的平衡点。

## 三、内部审计方法的应用举例

了解内部审计方法之后，就可以在具体的内部审计项目中选择使用一种或几种审计方法。现就各种常见审计方法的具体应用进行简单解析。

### （一）审核法

审核法是将会计记录及其相关资料中两处以上的同一数值或相关数据相互对照，用以验明内容是否一致、计算是否正确的审计方法，其目的是查明证、账、表之间是否相符，证实被审计单位财务状况和财务成果的真实、正确、合法。

**【例5-4】**按照工作安排，内部审计部门对下属××医院开展专项检查工作，清理“小金库”。该项目由内部审计部门自行审计，未委托会计师事务所进行审计。审计进场日期为20×3年3月15日，审计期间为20×1年1月1日至20×2年12月31日。

**补充信息：**该院建院××余年，编制床位××张。20×2年12月31日职工××人，当年门急诊量××万人次，出院××万人次，住院手术××万台次。单位用信息化系统实现会计核算，会计核算与收费、诊疗系统实行一体化管理。

**审核法应用：**

检查“小金库”的审计程序中需要使用多种审计方法，本例重点示范审核法的应用。

1. 核对账簿与凭证及报表之间数据。抽取被审计单位20×1年1月1日至20×2年12月31日两年的电子账簿、纸质账簿、会计凭证及两个年度的报表。核对现金日记账、银行存款日记账与纸质账簿相关数据和会计报表的相关数据是否一致。

2. 核对与会议材料、年度汇报之间的数据一致性。核对被审计单位提供的年度工作总结、会议材料等相关收入数据、货币资金流量数据是否与会计账簿相符。

3. 核对会计核算是否符合相关制度。核对收支明细账，根据不同的业务类型、收支项目，抽查部分凭证，检查会计核算是否正确，是否所有的收入支出都记入正确的会计科目。

4. 检查医院的业务系统，抽取部分业务进行测试，检查是否所有的业务取得的收入都统一归入大账。

5. 审核对外签订的合同台账，根据合同约定的支付情况，对应会计核算账簿，检查是否有账外付款的问题。

6. 核对收入总额与票据使用情况是否相符，抽查电子票据的入账情况。

以上采用的是审核法，在本例中，除审核法外还需要采用函证、访谈、分析等多种审计方法，本例仅对审核法进行说明，其他方法见后续内容。

### （二）观察法

观察法是在审计现场观察有关管理情况、运行情况是否良好，采取的有关措施、手段是否产生了效果，以及被审计单位从事相关活动是否符合相关规定。

**【例5－5】**接例5－4，继续对“小金库”问题实施审计。

**观察法应用：**

检查小金库的审计程序中需要使用多种审计方法，本例重点示范观察法的应用。

1. 观察收费的实际情况。对医院的收费情况进行观察，看有无收费不开票的问题。

2. 对财务部门、收费部门现金归集情况进行观察。观察收费部门的现金是否均按照内部程序及时结算清晰，资金来源与已知来源是否一致。

## （三）监盘法

监盘法是审计人员通过当场监督被审计单位对各类实物资产及现金、有价证券的盘点，并进行适度抽样检查而获得审计证据的方式。

**【例 5－6】** 接例 5－4，采用监盘法检查“小金库”问题。

1. 库存现金监盘。对财务部门、收费部门的保险柜内存放的现金进行监盘，查找有无未入账的收入来源，盘点表如表 5－2 所示。

**表 5－2　　　　现金盘点表**

被审计单位名称：　　　　编制人：　　　　日期：20×3/3/15
截止日（会计期间）：20×2/12/31　　　　复核人：　　　　日期：20×3/3/15

<table>
<tr><td colspan="2" rowspan="2">项目</td><td rowspan="2">项次</td><td rowspan="2">人民币</td><td rowspan="2">面额</td><td colspan="2">人民币</td></tr>
<tr><td>张（枚）</td><td>金额</td></tr>
<tr><td colspan="2">上一日账面库存余额</td><td>1</td><td></td><td>100 元</td><td></td><td></td></tr>
<tr><td colspan="2">盘点日未记账单据收入金额</td><td>2</td><td></td><td>50 元</td><td></td><td></td></tr>
<tr><td colspan="2">盘点日未记账传票付出金额</td><td>3</td><td></td><td>20 元</td><td></td><td></td></tr>
<tr><td colspan="2">盘点日账面应有余额</td><td>4＝1＋2－3</td><td></td><td>10 元</td><td></td><td></td></tr>
<tr><td colspan="2">盘点实有现金数额</td><td>5</td><td></td><td>5 元</td><td></td><td></td></tr>
<tr><td colspan="2">盘点日应有与实际金额差异</td><td>6＝4－5</td><td></td><td>2 元</td><td></td><td></td></tr>
<tr><td rowspan="8">差异原因分析</td><td></td><td></td><td></td><td>1 元</td><td></td><td></td></tr>
<tr><td></td><td></td><td></td><td>0.5 元</td><td></td><td></td></tr>
<tr><td></td><td></td><td></td><td>0.2 元</td><td></td><td></td></tr>
<tr><td></td><td></td><td></td><td>0.1 元</td><td></td><td></td></tr>
<tr><td></td><td></td><td></td><td>0.05 元</td><td></td><td></td></tr>
<tr><td></td><td></td><td></td><td>0.02 元</td><td></td><td></td></tr>
<tr><td></td><td></td><td></td><td>0.01 元</td><td></td><td></td></tr>
<tr><td></td><td></td><td></td><td>合计</td><td></td><td></td></tr>
<tr><td rowspan="4">追溯至报表账面结存额</td><td colspan="2">报表日至查账日现金付出总额（＋）</td><td></td><td colspan="3" rowspan="5"></td></tr>
<tr><td colspan="2">报表日至查账日现金收入总额（－）</td><td></td></tr>
<tr><td colspan="2">报表日库存现金应有金额</td><td></td></tr>
<tr><td colspan="2">报表日余额表实际金额</td><td></td></tr>
<tr><td colspan="3">合计</td><td></td></tr>
</table>

盘点人：　　出纳：　　会计主管：　　监盘人：　　审计人员：

2. 固定资产抽盘。一是抽查部分固定资产台账，进行实物盘点，核实资产的真实性。二是抽查部分实物资产，核对账簿记录情况，核实固定资产账簿记录的完整性。

### （四）访谈法

访谈法是审计人员在审计过程中为了获取有关信息，与组织中的职员直接进行面对面口头交流的审计方法。审计访谈按照访谈过程的控制程度划分为结构性访谈和非结构性访谈，按照参加人数划分为个别访谈和会议访谈。

**【例5-7】**接例5-4，采用访谈法检查“小金库”问题。

1. 了解医院关于“小金库”管理工作制度与机制。对医院主要负责人、财务负责人、出纳、收费等重点岗位进行访谈，了解医院的基本运行情况、审计重点难点等。

2. 对医院医药采购结算人员、设备采购人员等主要支出责任人员进行访谈，了解各种日常支出的使用程序、资金来源，查看是否有其他资金支付渠道。

3. 了解医院资金来源渠道、职工薪资发放等情况。

### （五）调查法

调查法是审计人员在审计实施过程中，针对审计发现的疑点，通过合法程序和手段对经济活动及相关的某些客观事实进行内查外调，以判断真相、获取审计证据的活动。

**【例5-8】**接例5-4，采用调查法检查“小金库”问题。

1. 座谈会调查。召开相关部门人员的座谈会，对医院可能存在的收入风险、管理现状等情况进行座谈，了解可能存在的风险点，并与访谈法得出的基本思路进行印证，如果发现矛盾之处应重点关注。

2. 问卷调查。通过问卷调查，了解医院员工对“小金库”专项治理工作的认知以及单位管理“小金库”问题的满意度，并与访谈法得出的基本思路进行印证，如果发现矛盾之处应重点关注。这里可以根据情况选择抽样调查。

3. 开展实质性测试程序。选择代表性业务，对资金收入、资金支出的全过程进行穿行测试，根据测试的结果判定制度设计的合理性和有效性，找到制度设计或运行的漏洞。

通过上述审计程序能够了解该院“小金库”管理的实际运行情况，能够促进审计人员发现漏洞和疑点。

### （六）函证法

函证法是审计人员通过给有关单位或个人发函，取得来自第三方对有关信息和现存状况直接声明的一种审计方法。

**【例5－9】**接例5－4，采用函证法检查“小金库”问题。

1. 对往来单位进行函证。对主要往来客户进行函证，确定往来款欠款情况。发现有无未记录的欠款。询证函格式如下所示。

编号：××　　　　审计档案索引号：××

**询证函**

致：

依据对××医院的审计工作要求，需函证医院与贵单位20×2年12月31日的往来款项，下列数据出自本院账簿记录，如与贵单位记录相符，请在本函下方“数额证明无误”处签章证明；如有不符，请在“数额不符及需加说明事项”处详细指正。回函请在________年____日前寄至____地址。本函仅为核对账目之用，并非催（付）款结算。请贵单位协助办理。

致礼

地址：略　　　　电话：×××　传真：×××

| 截止日期 | 贵单位欠款 | 欠贵单位款 | 备注 |
|---|---|---|---|
| 20×2年12月31日 | 略 | 略 | |
| | | | |
| | | | |

若款项在上述日期之后已经结清，仍请及时回函为盼。

（发函单位盖章）

日期：　　年　　月　　日

经办人：

结论1：信息核对无误

（发函单位盖章）

日期：　　年　　月　　日

经办人：

结论2：信息不符，请列明不符的详细情况

（发函单位盖章）

日期：　　年　　月　　日

经办人：

2. 对开户行进行函证。对所有开户的银行进行函证，核对存款数量，发现有无未记账存单或者账户。银行询证函格式如下所示。

编号：××　　　　　　　　　　　　　　　　　　审计档案索引号：××

**询 证 函**

××（银行）××（分支机构）：

本院正在接受上级单位审计，按照内部审计准则要求，应当询证截至20×2年12月31日本院与贵行相关的信息。请填写下列第1—4项及附表（如适用）中的表格并签字和盖章。

本院谨授权贵行将回函直接寄至审计组，地址及联系方式如下：

回函地址：

联系人：　　　电话：　　　传真：　　　邮编：　　　电子邮箱：

本院谨授权贵行可从本院××账户支取办理本询证函回函服务的费用。

（发函单位盖章）

日期：　　　年　　月　　日

经办人：

1. 银行存款情况

| 账户名称 | 银行账号 | 利率 | 账户类型 | 账户金额 | 是否属于资金归集账户 | 起始日期 | 终止日期 | 是否存在冻结、担保或其他使用限制（如有请作出说明） | 备注 |
|---|---|---|---|---|---|---|---|---|---|
| | | | | | | | | | |
| | | | | | | | | | |
| | | | | | | | | | |
| | | | | | | | | | |
| | | | | | | | | | |

2. 银行借款情况

| 借款人名称 | 借款账号 | 利率 | 账户金额 | 起始日期 | 终止日期 | 担保人后者抵押品 | 备注 |
|---|---|---|---|---|---|---|---|
| | | | | | | | |
| | | | | | | | |
| | | | | | | | |
| | | | | | | | |
| | | | | | | | |

3. 银行账户核销情况

20×1 年 1 月 1 日——20×2 年 12 月 31 日期间

| 账户名称 | 银行账号 | 注销日期 | 备注 |
| --- | --- | --- | --- |
| | | | |
| | | | |
| | | | |
| | | | |

4. 其他情况

通过以上询证审计程序，确定有无账外设账、账外资金、账外结算等情况。

### （七）计算法

计算法是对凭证、账簿和报表以及预算、计划、分析等书面资料重新复核、验算的一种方法。

**【例 5-10】** 接例 5-4，采用计算法检查“小金库”问题。

1. 根据各项收入的结构，计算各项收入增减变动趋势以及占总收入的结构比例，分析其合理性。

2. 计算单项收入与单项成本的配比，分析其合理性。如计算各项医学设备所取得的收入，检查该项收入与以往年度、行业水平相比的情况等，从而估算其合理性。

3. 计算人员成本的情况，抽查部分人员薪酬情况与访谈的结果进行互相印证，看有无非账内资金的人员支出。

### （八）分析法

分析法是审计人员对被审计单位的实际资料按照审查要求进行分类比较以获取审计证据的一种审计方法。常见的分析方法有比例分析法、趋势分析法等。

【例5－11】接例5－4，采用分析法检查“小金库”问题。

1. 分析收入结构，主要项目增减变动情况，分析其合理性。

2. 分析收入增加和减少的原因，确定其合理性。

3. 分析固定资产的使用率变动与相关收入的变动是否直接相关，是否存在矛盾；分析耗材消耗情况与相关收入变化情况是否直接相关，是否存在矛盾。

4. 病床与医护人员的配比是否符合行业基本情况。

5. 病床与消耗性成本的配比是否符合行业基本情况。

可以分析的内容有很多，并且计算法和分析法往往结合使用，通过计算得出的比率，再对比率本身的合理性和变化趋势进一步分析，找到众多趋势变化中的异常，进一步实施相关审计程序，逐步查明事实真相。

总的来说，各种审计方法是相互配合和促进的，我们在做任何一个审计项目的时候，不是只用其中的一个审计方法，而是需要将多个审计方法结合起来实施审计程序，再由多个审计程序组合完成审计项目的审计，最后查清事实，发表审计意见，完成相关的审计工作。

## 第五节　内部审计报告与结果应用

### 一、内部审计报告

#### （一）审计报告的概念

内部审计报告是指内部审计人员根据审计计划对被审计单位实施必要的审计程序后，就被审计事项作出审计结论、提出审计意见和审计建议的书面文件。

内部审计人员应当在审计实施结束后，以经过核实的审计证据为依据，形成审计结论、意见和建议，出具审计报告。如有必要，内部审计人员可以在审计过程中提交期中报告，以便及时采取有效的纠正措施改善业务活动、内部控制和风险管理。

#### （二）审计报告的编制要求

内部审计报告的编制应当符合下列要求。

1. 实事求是、不偏不倚地反映被审计事项的事实。

2. 要素齐全、格式规范，完整反映审计中发现的重要问题。

3. 逻辑清晰、用词准确、简明扼要、易于理解。

4. 充分考虑审计项目的重要性和风险水平，对于重要事项应当重点说明。

5. 针对被审计单位业务活动、内部控制和风险管理中存在的主要问题或者缺陷提出可行的改进建议，以促进组织实现目标。

6. 内部审计机构应当建立健全审计报告分级复核制度，明确规定各级复核人员的要求和责任。

### （三）审计报告的构成要素

内部审计报告因审计项目预定目的的不同而存在差异，一般的内部审计报告应包括以下七个基本要素。

1. 标题

内部审计报告的标题应能反映审计的性质，力求言简意赅并有利于归档和索引。一般主要包括以下内容：（1）被审计单位名称；（2）审计事项（类别）；（3）审计期间；（4）其他。

2. 收件人

内部审计报告的收件人应当是与审计项目有管理和监督责任的机构或个人。一般包括：（1）被审计单位管理层；（2）董事会或其下设的审计委员会或者组织中的主要负责人；（3）组织最高管理当局；（4）上级主管部门的机构或人员；（5）其他相关人员。考虑到各个组织的法人治理结构、管理方式差异，审计报告的送达单位或个人应当根据具体情况确定。

3. 正文

内部审计报告的正文是审计报告的核心内容。一般包括以下项目：（1）审计概况；（2）审计依据；（3）审计发现；（4）审计结论；（5）审计建议；（6）其他方面。

4. 附件

内部审计报告的附件是对审计报告正文进行补充说明的文字和数字材料。一般包括：（1）相关问题的计算及分析性复核审计过程；（2）审计发现问题的详细说明；（3）被审计单位及被审计责任人的反馈意见；（4）记录审计人员修改意见、明确审计责任、体现审计报告版本的审计清单；（5）需要提供解释和说明的其他内容。

5. 签章

内部审计报告应当由主管的内部审计机构盖章，并由以下人员签字：(1) 审计机构负责人；(2) 审计项目负责人；(3) 其他经授权的人员。

6. 报告日期

审计报告日期一般采用内部审计机构负责人批准送出日作为报告日期。以下情况下使用相关的日期：(1) 因采纳组织主管负责人的某些修改意见时；(2) 内部审计人员在本机构负责人审批之后又发现被审计单位存在新的重大问题时；(3) 内部审计报告存在重要疏忽时；(4) 其他情况。

7. 其他

其他需要在内部审计报告中反映的相关情况。

### (四) 审计报告的内容

根据《第 2106 号 内部审计具体准则——审计报告》第八条的规定，内部审计报告的正文主要包括审计概况、审计依据、审计发现、审计结论、审计意见和审计建议六个部分的内容。

1. 审计概况

审计概况是对审计项目的总体情况的介绍和说明。一般主要包括：

(1) 立项依据。

在审计报告中应当根据实际情况说明审计项目的来源：审计计划安排的项目；有关机构（外部审计机构、组织有关部门）委托的项目；根据工作需要临时安排的项目；其他项目。

(2) 背景介绍。

在审计报告中，应当对有助于理解审计项目立项以及审计评价的以下情况进行简要描述：选择审计项目的目的和理由；被审计单位的规模、业务性质与特点、组织机构、管理方式、员工数量、主要管理人员等；上次同类审计的评价情况；与审计项目相关的环境情况；与被审计事项有关的技术性文件；其他情况。

(3) 整改情况。

如有必要，应当将上次审计后的整改情况在审计报告中加以说明。

(4) 审计目标与范围。

审计报告中应当明确地陈述本次审计的目标，并应与审计计划中提出的目标相一致，还应当指出本次审计的活动内容和所包含的期间。如果存在未进行审计的领域，应当在报告中指出，特别是某些受到限制无法进行检查的项目，应说明受限制无法审查的原因。

（5）审计重点。

审计报告应当对本次审计项目的重点、难点进行详细说明，并指出针对这些方面采取了何种措施及其所产生的效果，也可以对审计中所发现的重点问题做出简短的叙述及评论。

（6）审计标准。

财务审计的标准主要是国家有关部门所颁布的会计准则、会计制度以及其他相关规范制度。管理审计的标准主要是组织管理层已制定或已认可的各项标准。

2. 审计依据

审计依据即实施审计所依据的相关法律法规、内部审计准则等规定。医院内部审计的法律依据主要是《中国内部审计准则》《审计署关于内部审计工作的规定》《卫生系统内部审计工作规定》及其他相关法律法规。

3. 审计发现

审计发现是对被审计单位的业务活动、内部控制和风险管理实施审计过程中所发现的主要问题的事实，一般应包括以下内容：

（1）所发现事实的现状，即审计发现的具体情况。

（2）所发现事实应遵照的标准，如政策、程序和相关法律法规。

（3）所发现事实与预定标准的差异。

（4）所发现事实已经或可能造成的影响。

（5）所发现事实在目前现状下产生的原因（包括内在原因与环境原因）。

4. 审计结论

审计结论是根据已查明的事实，对被审计单位业务活动、内部控制和风险管理所做的评价。

审计结论是内部审计人员对审计发现所作出的职业判断和评价结果，表明内部审计人员对被审计单位的经营活动和内部控制所持有的态度和看法。在作出审计结论时，内部审计人员应针对本次审计的目的和要求，根据已掌握的证据和已查明的事实，对被审计单位的经营活动和内部控制作出评价。内部审计人员提出的结论可以是对经营活动或内部控制的全面评价，也可仅限于对部分经营活动和内部控制进行评价。如果必要，审计结论还应包括对出色业绩的肯定。

5. 审计意见和建议

审计意见是针对审计发现的主要问题提出的评价意见。审计建议是针对审计发现的主要问题，提出的改善业务活动、内部控制和风险管理的建议。审计建议可以对被审计单位经营活动和内部控制存在的缺陷和问题提出的改善和纠正，也可以对显著经济效益和有效内部控制提出的表彰和奖励。审计建议可分为以下几种类型：

（1）现有系统运行良好，无须改变；

（2）现有系统需要全部或局部改变：改进的方案设计；方案实施的要求；方案实施效果的预计；未实施此方案的后果分析。

### （五）撰写审计报告的注意事项

内部审计报告是内部审计质量的集中体现，在撰写内部审计报告时需要注意以下几点。

1. 结构规范

医院内部审计人员在起草审计报告时必须严格遵守内部审计报告结构格式规范，避免随意性，不得出现自行增删、前后顺序调倒等问题。

2. 详略得当

内部审计报告有别于国家审计机关的审计报告，内部审计报告的六个部分并不要求均衡表述。内审人员在起草审计报告时，将重点放在审计发现、审计意见、审计建议的结构段落中，突出审计重点和审计类型特色，使领导和决策者在阅读报告时，能清晰地看到审计的成效。

3. 篇幅不宜太长

在撰写内部审计报告时，应注意控制篇幅，聚焦重点，不宜太长。有的内审人员在撰写报告时，怕遗漏审计内容，不分重点、不概括、不提炼，将审计涉及的事项或审计工作底稿的内容全部复制、粘贴到报告中，一份报告能列出几十个审计事项，这对内审人员来说审计工作得到了全面反映，但从领导和决策者阅读的角度来看，报告的可读性大打折扣。

4. 用词恰当

内部审计报告要逻辑清晰、主次分明、重点突出，用词准确、简洁明了、易于理解。内审人员除了要不断补充和更新专业知识外，还需提高文字撰写能力，做到报告用字精练、用词准确，多用大众词汇，避免过于专业性、技术性的复杂语言，要善于把复杂的事情用简洁的语言表述清楚，提高内审报告的使用效能。

## 二、审计结果运用

### （一）审计结果运用的概念

审计结果运用，是指相关主体对审计结果进行科学、合理开发、整合和转化利用。审计结果能否得到运用，关系到内部审计作用的发挥。

### （二）审计结果运用的要求

《国务院关于加强审计工作的意见》（国发〔2014〕48 号）赋予审计“保障国家经济安全和重大政策落实”的重要职能，要求“狠抓审计发现问题的整改落实，建立整改检查跟踪机制，严肃整改问责”。2015 年，中共中央办公厅、国务院办公厅印发《关于完善审计制度若干重大问题的框架意见》第二部分第七条“完善审计结果运用机制”中要求，“把审计监督与党管干部、纪律检查、追责问责结合起来，把审计结果及整改情况作为考核、任免、奖惩领导干部的重要依据”。

2018 年 5 月，中央审计委员会第一次会议强调：“认真整改审计查出的问题，深入研究和采纳审计提出的建议，完善各领域政策措施和制度规则。”

2019 年 4 月 25 日，审计署办公厅印发的《2019 年度内部审计工作指导意见》（审办内审发〔2019〕39 号）第六条“强化内部审计结果运用，推动完善制度和加强管理”中指出，“加强内部审计结果的运用，加强内部审计与内部纪检、巡视巡察、组织人事等部门的沟通协作，建立信息共享、结果共用等机制。推动将内部审计结果及整改情况作为考核、任免、奖惩干部和相关决策的重要参考，将经济责任审计结果及整改情况纳入领导班子民主生活会及党风廉政建设责任制检查考核的范围。对内部审计发现的违纪违法问题线索，应按照管理权限和法定程序依法依规移送相关主管机关，努力提升内部审计工作成效”。

### （三）审计结果运用的主要形式

1. 对审计发现问题的整改

开展审计整改工作，不能仅就审计发现问题进行整改，而应认真研究分析审计建议，举一反三，注重建立健全审计查出问题整改的长效机制，建章立制，完善工作流程，堵塞管理漏洞，提高管理绩效。

（1）明确被审计单位（部门）主要负责人为整改第一责任人，对于一些历史遗留问题，要"新官"牵头、"旧官"协助，携手推进问题的全面整改。

（2）建立审计发现问题整改台账，完善审计整改问题立号、销号记录，最终形成审计整改资料档案。

（3）探索采取审计整改结果内部通报或在一定范围公告等方式，对纠正不及时、不到位的问题，建立责任追究机制。

（4）审计整改过程中的建章立制，与单位的事业发展相结合，与单位内部已经出台的制度文件相配套。

（5）加强内部审计与内部纪检、巡视巡察、组织人事等部门的沟通协作，建立信息共享、结果共用等机制。

2. 移送违纪违法问题线索

内部审计发现违纪违法问题后，应在报告单位主要领导后，按照管理权限和法定程序依法依规向上级相关政府部门移送违纪违法问题线索。《审计署关于内部审计工作的规定》第十五条、第二十一条对内部审计结果报告和重大违纪违法问题线索均已做了明确规定。

3. 参与单位的考核和评价

医院可以积极探索将内部审计结果及整改情况作为单位对内部各部门进行考核和评价的重要参考依据，服务和支撑单位的重大决策。

## 三、后续审计

### （一）后续审计的概念

根据《第 2107 号 内部审计具体准则——后续审计》规定，后续审计是指内部审计机构为跟踪检查被审计单位针对审计发现的问题所采取的纠正措施及其改进效果而进行的审查和评价活动，是对先前审计的再监督。

### （二）后续审计的内容

在开展后续审计时，主要检查的内容包括以下几点。

1. 检查了解并核实被审计单位（部门）对审计结论所明确需要整改的事项的整改落实情况。

2. 检查了解审计组在审计结论中所提出的审计建议的实现程度，被审计单位（部门）是否采取积极行动推动其实现。

3. 了解并确定审计结论中提出的审计意见和建议是否具有合理性和可行性。如果不切实际或不具有可行性，或者外部环境变化，影响审计结论的实施，则应明确告知被审计单位（部门）。

### （三）后续审计的实施程序

后续审计可以分为审前准备、审计开展、审计报告三个阶段。

1. 审前准备

在综合考虑以下因素后制订后续审计方案：前期审计结论和建议所涉及的问题及其重要性；纠正措施的复杂性、落实纠正措施所需要的期限和成本以及纠正措施失败可能产生的影响；被审计单位（部门）报送的审计整改情况回复报告；被审计单位的业务安排等。根据分析情况确定后续审计内容、目标和审计工作重点。如果客观环境和条件发生变化导致原有建议不再适用，应进行必要修订并根据新情况确定审计目标和重点，必要时可以进行适当的延伸和扩展。

2. 审计开展

后续审计需要实施现场审计，要对被审计单位（部门）报送的整改报告持合理怀疑态度，搜集足够的书面证据。一是重点检查被审计单位（部门）采取的纠正措施与审计回复是否一致，实际实现程度如何，有无隐瞒行为或错审、漏审情况。二是进行延伸查阅资料、登录系统、进行穿行测试等顺延检查，检查自上次审计截止日至本次后续现场审计截止日期间，有无新增的风险或问题线索，追踪上次审计发现的问题、风险点。三是在实施必要的审计程序后，对整改情况进行评估，对被审计单位（部门）的整改措施进行再评估。四是若被审计单位（部门）不采取纠正措施，审计人员要向其书面说明可能面临的风险，并取得被审计单位（部门）知悉相关情况的书面确认。

3. 审计报告

后续审计报告要及时、客观、清晰、简洁。报告要说明审计目的、以前报告的审计发现和审计建议、纠正措施、效果评价等内容。后续审计中发现的问题，可分为整改不到位问题和新发现问题。整改不到位问题又可以进一步分为表面整改而实际未整改问题和表面实际均未整改问题。新发现问题也可以分为屡查屡犯问题和首次发现问题。审计人员要分门别类地剖析问题深层原因，定量与定性分析相结合进行客观评价，并有针对性地提出审计建议。

### （四）后续审计的注意事项

1. 注意审计时间的安排

后续审计是之前审计的后续，在时间安排上要有一定的考量，既不能与之前审计结束时间靠得过近，也不能拖得太长，如间隔几年，这样后续审计的意义就不大了。一般来说，审计机构要考虑到审计整改的难度、所需的合理时间，半年或一年以后比较适宜。

2. 注意审计人员的安排

后续审计主要审计之前审计发现的问题的整改情况。在安排后续审计人员时最好安排原来的审计组来实施，因为他们对情况更熟悉，对提出的审计建议初衷、预期效果更清楚，能够更好地起到后续审计的作用。如果不能完全用原来的审计组，最好有参与过前期审计的人员参加本次后续审计。

3. 注意审计目标的确定

后续审计是为了审查被审计单位是否落实整改而开展的专项审计，所以其目标主要聚焦在三方面：一是及时性，即被审计单位是否及时采取了措施，能否及时完善内部控制，以降低风险；二是合理性，即被审计单位整改方式方法是否合理，是否符合成本效益原则；三是有效性，即采取的措施是否能够堵塞漏洞、降低风险，实现预期目标。

4. 注意审计内容的安排

后续审计的项目，通常具有问题较多、较重要、风险较高、整改难度大的特点。所以，后续审计在内容的选择上要把握重点，以整改问题清单为核心，找准重难点和关键问题，有的放矢。

## 四、案例

**【例5－12】**医院内部审计报告通用格式。为了便于广大读者更好地理解和把握内部审计报告撰写有关要求，掌握好内部审计报告的基本内容，现将审计报告通用格式示范如下：

**内部审计报告**⟶ 标 题

××××：⟶ 收件人

正文

**一、审计概况**

为了×××，我们对医院×××进行了×××审计，旨在自我评价，完善医院内部控制及财务核算，使之符合相关法规准则及医院内控制度的要求。我们的审计目标是测试×××内部控制方面是否存在漏洞，各关键控制点在实务工作中是否得到有效执行。审计涉及的期间是202×年×月×日至202×年×月×日。审核的范围包括×××等方面。

[说明审计立项依据、审计目的和范围、审计重点和审计标准等内容。]

**二、审计依据**

我们在审计过程中按照《中国内部审计准则》、内部审计实务指南以及医院内部审计制度的规定来计划和实施本项内部审计工作，并采用了我们认为应当采用的必要的审计程序，根据抽查结果，我们认为，下列情况应当予以关注：

[应声明内部审计是按照内部审计准则的规定实施，若存在未遵循该准则的情形，应对其作出解释和说明。]

**三、审计结论**

[根据已查明的事实，对被审计单位经营活动和内部控制所作的评价。]

**四、审计决定**

[针对审计发现的主要问题提出的处理、处罚意见。]

**五、审计建议**

针对以上问题，我们建议：×××

[针对审计发现的主要问题提出的改善经营活动和内部控制的建议。]

附件：×××⟶ 附 件

签字及盖章 ⟶（部门或单位签章）：

审计项目负责人：

审计小组成员：

报告日期 ⟶202×年×月×日

【例5-13】关于医院内部审计结果运用与后续审计，这里以A医院为例，将其制定的《A医院审计结果运用办法》《A医院审计整改工作办法（试行）》，供读者参考借鉴。详见本书附录部分，此处不赘述。

## 第六节　内部审计质量控制与评估

### 一、内部审计质量控制

#### （一）内部审计质量控制概述

1. 内部审计质量控制的概念

根据《第2306号 内部审计具体准则——内部审计质量控制》规定，内部审计质量控制，是指内部审计机构为保证其审计质量符合内部审计准则的要求而制定和执行的制度、程序和方法。

2. 内部审计质量控制的责任

根据《第2306号 内部审计具体准则——内部审计质量控制》规定，内部审计机构负责人对制定并实施系统、有效的质量控制制度与程序负主要责任。内部审计质量控制分为内部审计机构质量控制和内部审计项目质量控制。内部审计机构负责人对内部审计机构质量负责，内部审计项目负责人对审计项目质量负责。

3. 内部审计质量控制的目标

根据《第2306号 内部审计具体准则——内部审计质量控制》规定，内部审计质量控制主要包括下列目标：（1）保证内部审计活动遵循内部审计准则和本组织内部审计工作手册的要求；（2）保证内部审计活动的效率和效果达到既定要求；（3）保证内部审计活动能够增加组织的价值，促进组织实现目标。

#### （二）内部审计质量控制的内容

1. 内部审计机构质量控制措施

内部审计机构质量控制措施主要包括：确保内部审计人员遵守职业道德规范；保持并不断提升内部审计人员的专业胜任能力；依据内部审计准则制定内

部审计工作手册；编制年度审计计划及项目审计方案；合理配置内部审计资源；建立审计项目督导和复核机制；开展审计质量评估；评估审计报告的使用效果；对审计质量进行考核与评价。

2. 内部审计项目质量控制

一般来说，内部审计项目质量控制应当着重考虑审计项目的性质及复杂程度和参与项目审计的内部审计人员的专业胜任能力等可能会影响审计质量的因素。内部审计项目质量控制主要包括对审计计划、审计实施、审计终结等阶段的全过程质量控制。具体有以下内容：

（1）审计准备阶段质量控制。

一是科学合理制订审计项目计划；二是取得医院管理高层的重视与支持；三是强化审计项目团队的培训，明确必要事项。

（2）审计实施阶段质量控制。

一是明确人员职责，规范审计流程与方法；二是规范审计取证范围及来源，获取充分审计证据；三是充分运用汇总审计工作底稿，加强对审计人员完成审计实施方案确定的分工执行结果的监管。

（3）审计报告阶段质量控制。

一是审计工作底稿复核；二是审计报告编制、复核与交换意见；三是审计报告正式上报前，内部审计人员应考虑在此期间发生的场地搬迁、设备更新等重大变化事项，必要时补充审计程序，修改审计意见并提请报告使用者注意；四是提高审计建议的质量，积极推动审计成果综合运用，在医院内部建立起审计、人事、纪检监察、财务等多部门监督成果综合运用机制。

（4）归档质量的控制。

内部审计机构应当制定保管、保留和发布审计文档的相关政策。

（5）后续审计质量控制。

后续审计的质量管理控制包括制定跟踪程序、合理确定跟踪检查的程度、合理确定跟踪时间并与适当层级的管理人员沟通跟踪结果。

3. 内部审计项目负责人的履职质量控制

（1）指导内部审计人员开展项目审计。

内部审计项目负责人在指导内部审计人员开展项目审计时，应当告知项目组成员下列事项：项目组成员各自的责任；被审计项目或者业务的性质；与风险相关的事项；可能出现的问题等。

（2）解决审计过程中出现的重大问题，根据需要修改原项目审计方案。

现场审计环境复杂多变，内部审计项目负责人应主持项目组在初步方案基础上不断调整方案，以适应现场实施中的新情况，确保实施方案真正突出重点，切实发挥指导作用。

（3）识别在审计过程中需要咨询的事项。

内部审计项目负责人还要注意分析识别在审计过程中出现的情况和问题，并组织对其进行分析研判，必要时，需要请求医院内部其他专业人员的支援或咨询。

（4）其他。

内部审计项目负责人还应负责处理好除上述情形以外的其他可能影响内部审计质量的事项。

4. 委托审计业务的质量控制方法

对委托审计的社会专业机构的服务质量控制方法也可以分为事前控制、事中控制和事后控制。为有效控制审计质量，内部审计机构应当充分参与、了解社会专业机构编制的项目审计方案。在审计项目实施过程中，内部审计机构应当定期或不定期听取社会专业机构的工作汇报，了解审计项目实施情况。

## 二、内部审计质量评估

### （一）内部审计质量评估的概念和目标

内部审计质量评估是指由具备职业胜任能力的人员，以内部审计准则、内部审计人员职业道德规范为标准，同时参考风险管理、内部控制等方面的法律法规，对组织的内部审计工作进行独立检查和客观评价的活动。

内部审计质量评估的目标是帮助组织改善内部审计环境，提升内部审计水平，防范内部审计风险，增强内部审计的有效性，促进内部审计的规范化和制度化建设。医院应当建立内部审计质量评估制度，定期开展内部审计质量评估工作。

### （二）内部审计质量评估的类别

内部审计质量评估包括内部评估和外部评估两种形式，由医院根据情况选择实施。

1. 内部评估

内部评估由医院内部的人员按照外部质量评估的要求实施，可以由内部审计、人力资源、内部控制、风险管理等部门的人员参与。

2. 外部评估

外部评估由中国内部审计协会或者其核准的机构实施。选择实施外部评估的组织，应当向中国内部审计协会或者其核准的机构提出书面申请，由双方协商评估范围、评估时间、评估人员、评估费用等事宜。

参与外部评估的人员应当具备良好的审计职业道德和一定的审计工作经历，具有被评估组织所在行业、领域的相关知识或者经验，接受过中国内部审计协会组织的内部审计质量评估培训，具备从事评估工作的专业胜任能力。

### （三）内部审计质量评估的内容

内部审计质量评估的内容主要包括以下几个方面：

（1）内部审计准则和内部审计人员职业道德规范的遵循情况；

（2）内部审计组织结构及运行机制的合理性、健全性；

（3）内部审计人员配置及专业胜任能力；

（4）内部审计业务开展及项目管理的规范程度；

（5）各利益相关方对内部审计的认可程度和满意程度；

（6）内部审计增加组织价值、改善组织运营的情况。

### （四）内部审计质量评估的程序

1. 组建评估组

（1）确定评估组组长：评估组组长是质量评估工作的核心成员，负责评估工作的组织、协调、监督和指导。

（2）选择评估组成员：具有良好的审计职业道德，无不良从业经历记录；具有国际注册内部审计师等执业资格或高级审计师、高级会计师等专业技术职称；从事内部审计或外部审计工作六年以上，或担任过内部审计机构负责人，或从事审计相关咨询工作六年以上。

2. 制订评估方案

评估组应在了解和熟悉接受评估单位基本情况的基础上，按照评估标准和评估流程制订评估方案。一般情况下，评估方案可以在前期准备阶段编制完成，在现场实施过程中，可以根据实际情况进行调整。

3. 召开进点会

进点会是与接受评估单位的管理层、内部审计机构负责人和其他利益相关方建立正式联系的第一次正式会议。成功的进点会是双方良好合作的开端。评估组应根据评估方案的安排，与接受评估单位确定召开进点会的具体时间和内容。

4. 现场评估

现场评估的重点在于发现和验证。对于内部审计环境类的评估，通常采用问卷调查、访谈等评估技术获得信息和线索，并通过核对审计管理文件、审计工作报告、会议记录等相关资料予以印证；对于内部审计业务类的评估则通过抽取具有代表性的审计业务工作档案等资料，检查其程序执行是否到位、归档是否完整等。

5. 汇总评估结果

汇总评估结果是评估组组长召集评估组成员对现场评估阶段的情况逐一进行分析、确认和汇总，主要目的是确定针对各评估要点的评估意见和建议是否准确、所打分值是否合理，同时汇总得出评估结论，为出点会的召开做充分准备。

6. 召开出点会

现场评估结束后，评估组应召集接受评估单位管理层、内部审计机构负责人和其他利益相关方人员召开出点会，就评估发现的需要关注的事项、相关意见和建议等交换意见，确定事实是否清楚，证据是否恰当，评估结论是否客观等。

评估组组长应控制出点会的时间及会议的合作气氛，在沟通信息、达成共识的基础上，明确内部审计工作的改进方向。

7. 出具报告

质量评估报告是在综合评估的基础上，对接受评估单位遵循相关审计准则制度的情况、审计管理的健全性和规范性、审计业务的效果和效率等方面发表评估意见，并提出改进建议。质量评估报告草稿通常应在现场实施结束后的10个工作日内提交给接受评估单位征求意见，待其书面反馈后的10个工作日内应出具正式报告。

### （五）内部审计质量评估的注意事项

内部审计质量评估可以运用问卷调查、访谈、现场查阅文档等方法。开展评估时应注意以下事项。

1. 线索的可信度

问卷调查和访谈收集的信息和线索均需要加以证实，不能直接作为结论。这两种方法的重点是了解情况，收集评估线索，评估人员应认真分析和整理访谈和问卷调查反馈的内容，计划并实施严谨的验证程序，确保相关信息的可信度。

2. 评估材料选择

评估组应就接受评估单位所开展的每个审计业务类型，至少选取一个较近期的审计项目档案用于测试。

3. 利用内部质量控制结果

确定联系人负责沟通工作。对于已开展审计项目质量管理的组织，现场评估时可以参考日常审计监督和跟踪的结果。

4. 评估档案

评估组调阅资料完毕后，应及时归还接受评估单位。通常，评估组不需要复印所调阅的资料。

### （六）内部审计质量评估的结论

内部审计质量评估的结论分为合格与不合格两类。对评估合格的组织还应进行评级，由高至低依次分为 AAA 级、AA 级和 A 级。

内部审计质量评估结果可以作为考核被评估组织内部审计工作质量和作出相关决策的依据。

## 三、评价外部审计工作质量

### （一）评价外部审计工作质量的概念

依据《第 2307 号 内部审计具体准则——评价外部审计工作质量》规定，评价外部审计工作质量，是指由内部审计机构对外部审计工作过程及结果的质量所进行的评价活动。

内部审计机构可以根据该准则对购买外部服务进行质量评估，主要目的是有效控制委托审计业务的审计质量。

### （二）评价的方式和内容

1. 评价方式

内部审计机构对社会专业机构的评价一般分为两种方式：一是可以针对具体的审计项目对社会专业机构的工作质量进行评价；二是可以针对社会专业机构一定时期的工作质量进行总体评价。

2. 评价内容

内部审计机构对社会专业机构工作质量的评价，一般包括：履行委托审计业务合同（业务约定书）承诺的情况；审计项目的质量；外部审计机构和人员的独立性、客观性和职业谨慎性；专业胜任能力和职业道德；外部审计机构的信誉；外部审计所采用审计程序及方法的适当性，审计依据的有效性，获取审计证据的相关性、可靠性和充分性；归档资料的完整性；其他需要评价的方面。

### （三）评价的方法

内部审计机构可以采用定性、定量或者定性定量相结合的方式对社会专业机构的工作质量进行评价。具体可以采用审核、观察、询问等常用方法，按照评价准备、评价实施和评价报告三个阶段进行。

### （四）评价结果和应用

1. 评估报告

内部审计机构完成外部审计工作质量评价之后，应当编制评价报告。评价报告一般包括下列要素：（1）评价报告的名称；（2）被评价外部审计机构的名称；（3）评价目的；（4）评价的主要内容及方法；（5）评价结果；（6）评价报告编制人员及编制时间。

2. 评估结果应用

（1）医院及其内部审计机构应当把对社会专业机构工作质量评价的结果，作为建立社会专业机构备选库、选择和确定社会专业机构的重要参考。

（2）社会专业机构违背委托审计业务合同（业务约定书）的，内部审计机构应当根据评价结果，依照合同约定，向医院建议追究其违约责任。

（3）社会专业机构未能全面有效履行委托审计业务合同规定的义务，有下列情形之一的，内部审计机构可以向医院建议终止合同，拒付或酌情扣减审计费用：未按合同的要求实施审计，随意简化审计程序；审计程序不规范，审计报告严重失实，审计结论不准确，且拒绝进行重新审计或纠正；存在应披露而未披露的重大事项等重大错漏；违反职业道德，弄虚作假、串通作弊、泄露被审计单位秘密；擅自将受托审计业务委托给第三方；其他损害委托方或被审计单位的行为。

## 四、专家服务的评价

内部审计机构可以根据实际需要利用外部专家服务。内部审计机构在利用外部专家服务结果作为审计证据时，应当评价其相关性、可靠性和充分性，并根据评价结果使用专家工作的结果。

## 五、案例

**【例5－14】**访谈提纲案例。对医院的内部审计工作进行评估的时候，一般经常会使用访谈法。对医院内部人员的访谈可以参考以下格式和内容：

**访谈提纲**

被访谈者：××　　　　日期：××

职位：××　　　　时间：××

访谈者：××　　　　地点：××

在访谈之前需熟悉被访谈者的背景。重要的背景信息记录如下：（略）

告知被访谈者本访谈内容对访谈小组之外的人员保密。（略）

简要说明内审质量评估的目的以及访谈对达成这些目的的重要性。（略）

1. 医院是否有书面的内部控制制度？您认为这些是否足够？

2. 您如何知道医院的最新风险状况？最重要的风险和机会是什么？

3. 内部审计活动在风险识别和应对中的作用是什么？内部审计活动的风险评估和计划是否有足够的资源投入？

4. 目前内部审计机构的设置能否使其充分发挥职能并保持足够的独立性？

5. 内部审计机构与医院内其他监督部门及外部审计如何协调工作？

6. 内部审计机构负责人和内部审计人员的胜任能力怎么样？

7. 您从内部审计机构获得哪些报告？这些报告中的信息是否符合您的需要？

8. 您对审计发现的问题及内部审计报告的内容有何看法？审计报告是否披露了需要关注的重要问题？审计的时效性如何？您认为这些报告应在哪些方面作出改进？

9. 高级管理层与内部审计意见不一致的时候是如何解决的？

10. 内部审计机构对审计报告中提出的问题和建议解决情况进行后续跟踪了吗？

11. 内部审计在医院管理中的作用如何？

12. 内部审计在哪些方面还需要进一步提高？

**【例 5 –15】** 访谈提纲案例。对医院的内部审计工作进行评估的时候，一般经常会使用访谈法。对提供服务的外部审计人员访谈可以参考以下格式和内容：

**访谈提纲**

| | |
|---|---|
| 被访谈者：×× | 日期：×× |
| 职位：×× | 时间：×× |
| 访谈者：×× | 地点：×× |

在访谈之前需熟悉被访谈者的背景。重要的背景信息记录如下：（略）

告知被访谈者本访谈内容对访谈小组之外的人员保密。（略）

简要说明质量评估的目的以及访谈对达成这些目的的重要性。（略）

1. 医院的内部审计活动发挥了什么作用或者应该发挥什么作用？

2. 医院的内部审计为组织提供服务的质量以及您对内部审计的依赖程度如何？

3. 医院的内部审计人员是否公正、不偏不倚并避免利益冲突？

4. 医院的内部审计与您对重大问题存在不一致的看法吗？如果有怎么解决的？

5. 您认为医院的内部审计机构负责人和内部审计人员的能力怎么样？

6. 您被告知外部质量评估的结果吗？

7. 您为内部审计活动的风险评估过程提供过信息吗？

**【例5－16】** 某医院委托外部机构对本单位的内部审计工作进行评价，希望逐步提升医院的内部审计水平。外部机构通过有关资料以及运用其他评价方法，最终出具评价报告。具体如下：

**××医院内部审计质量评估报告**

××评字【202×】第×号

××医院：

受贵院委托，本评估组于××年×月×日至××年×月×日对医院的内部审计质量进行了外部评估。目的是评估医院内部审计工作遵循《中国内部审计准则》及《内部审计人员职业道德规范》（以下简称《准则》）的情况，从内部审计的管理和实施两方面，客观评价其审计组织架构的健全性、审计管理的规范性、审计技术和方法的适用性以及审计流程的标准化等，发现改进空间，提出改进建议，以提高内部审计工作效率和效果，为组织增加价值。

**一、评估依据及范围**

本次评估是依据《中国内部审计质量评估办法（试行）》和《中国内部审计质量评估手册》（以下简称《评估手册》）进行的，其范围覆盖了××年×月至××年×月内部审计的各种业务类型，并现场查阅了截至××年×月的内部审计制度和程序。医院提供的相关资料为作出本次评估结论提供了合理的基础。

**二、评估方法**

依据《评估手册》对质量评估程序的要求，在前期准备阶段，评估组对接受评估单位进行了初步调查，收集了相关的背景信息，并在此基础上设计出调查问卷、确定了访谈人员与内容。在现场评估阶段，评估组获取了与医院内部审计环境相关的资料和证据，并根据业务类型选取样本，按照评估要点针对每个样本进行打分，完成评估工作底稿，汇总分析，综合评价，形成评估结论，并征求接受评估单位反馈意见，出具评估报告。

**三、评估结论**

按照《评估手册》的评估标准，评估组逐一对内部审计环境和内部审计业务两大类别、19个评估要素、34个评估要点进行了量化评分，在此基础上，得出医院遵循程度的评估结论如下，具体遵循情况见“评估结果汇总表”。

医院总体遵循《准则》，审计组织架构、审计管理、审计技术方法和审计流程与《准则》要求总体一致，内部审计活动符合本组织实际并得到有效执行，且无明显瑕疵，实现了审计目标，但仍有改进空间。评估结果汇总表如表 5－3 所示。

**表 5－3　　××医院内部审计质量评估结果汇总表**

| 评估类别 | 评估要素 | 评估要点 | 得分（0—3） |
|---|---|---|---|
| 内部审计环境 | 1. 内部审计的独立性与客观性 | 独立性 | |
| | | 客观性 | |
| | 2. 内部审计机构与治理层或最高管理层的关系 | 工作关系 | |
| | 3. 内部审计机构的管理 | 内部审计章程 | |
| | | 部门管理 | |
| | | 年度审计计划 | |
| | | 项目管理 | |
| | 4. 内部审计质量控制 | 机构质量控制 | |
| | | 项目质量控制 | |
| | | 外部评估 | |
| | | 内部评估 | |
| | 5. 内部审计督导 | 内部审计督导方法与内容 | |
| | | 内部审计督导执行效果 | |
| | 6. 人际关系 | 人际关系管理 | |
| | 7. 结果沟通 | 审计结果沟通 | |
| | 8. 后续教育 | 后续教育 | |
| | 9. 内部审计与外部审计的协调 | 内外部审计协调机制及效果 | |
| | 10. 评价外部审计（外部专家）工作质量 | 内审外包的质量控制 | |
| | 11. 内部审计人员职业道德规范 | 内部审计人员的履职表现 | |
| 内部审计业务 | 1. 审计计划 | 项目审计计划与审计工作方案 | |
| | 2. 审计通知书 | 审计通知书的规范性 | |
| | 3. 重要性与审计风险 | 重要性 | |
| | | 审计风险 | |
| | 4. 主要审计工具与技术 | 审计抽样的应用 | |
| | | 分析性复核的应用 | |
| | | 计算机辅助审计技术的应用 | |

续表

| 评估类别 | 评估要素 | 评估要点 | 得分（0—3） |
|---|---|---|---|
| 内部审计业务 | 5. 审计证据 | 审计证据的基本要求 | |
| | | 审计证据的管理 | |
| | 6. 审计工作底稿 | 审计工作底稿的基本要求 | |
| | | 审计工作底稿的复核与管理 | |
| | 7. 审计报告 | 审计报告的编制要求 | |
| | | 审计报告的主要内容与管理 | |
| | 8. 后续审计 | 后续审计的管理 | |
| 总分 | | | |

通过评估，我们认为医院的内部审计活动在以下方面提供了良好实务范例，具体包括：（略）

**四、需关注事项及改进建议**

我们注意到医院的内部审计工作仍存在一些有待改进和完善的地方，需要引起医院管理层和内部审计机构关注。

（一）医院管理层需关注的事项

……针对以上情况，评估组建议：……

管理层的反馈意见：……

（二）内部审计机构需关注的事项

……针对以上情况，评估组建议：……

内部审计机构的反馈意见：

感谢……给予评估工作的配合和支持。

评估组组长：　（签字）

评估组组员：　（签字）

评估机构（盖章）

××年×月×日

**【例5－17】** 评估社会专业机构工作质量案例。某医院对提供服务的会计事务所进行考核，考核报告格式如下：

**某医院关于202×年度购买审计服务的考核报告**

为提升本院的内部审计能力，实现内部审计工作全覆盖，根据《中华人民共和国政府采购法》《国务院办公厅关于政府向社会力量购买服务的指导意见》

等相关法律法规的规定，我院于202×年8月委托某招标代理公司面向社会组织公开招标购买审计服务。经过评标委员会严格筛选，最终选聘×事务所和×事务所作为202×年度定点供应商，提供审计服务。

根据《××实施方案》要求，于202×年12月对中标的×会计师事务所有限公司202×年度提供的审计服务工作情况进行了考核考评，现将有关考核情况报告如下：

**一、考核方式**

为贯彻《××实施方案》中考核工作的安排，做好202×年度审计服务考核工作，根据本单位拟定的《购买审计服务考核办法》，明确了考核内容、程序、时间、方式等，后召集被审计单位召开考评会议。

在会议中，被审计单位分别会计师事务所有限公司年度的审计服务工作情况作了汇报，同时对事务所的审计服务进行评分。

**二、考核考评内容**

1. 审计专业性
2. 审计程序性
3. 审计沟通
4. 审计项目完成情况
5. 审计进度
6. 审计工作质量
7. 审计组人员变动情况
8. 投标承诺兑现情况

**三、考核结果及有关情况**

考核小组通过评价内容的收集总结、量化考核，结合财务工作的核查结果，本年度×事务所考核的结果如下：

（一）整体情况

×会计师事务所中标后，秉承认真负责、严谨周到的工作态度，充分发挥审计方面的专业技能，履行合同内容，完成了合同约定部分的服务内容。

在服务期间，具有专业精神，赢得了多数被审单位（部门）的认可，单位评分综合成绩为××分，综合评价结果总体良好。

（二）考核指标具体情况

（略）

（三）存在问题

需要改进的有××。

某医院审计处

202×年×月×日

## 第七节 内部审计档案管理

### 一、内部审计档案的概念和作用

#### （一）内部审计档案的概念

审计档案，是指内部审计机构和内部审计人员在审计项目实施过程中形成的、具有保存价值的历史记录。内部审计档案是医院档案的组成部分。医院内部审计部门可以依据《审计机关审计档案管理规定》（审计署 国家档案局令第10号）和《第2308号内部审计具体准则——审计档案工作》相关规定进行审计档案管理。

#### （二）内部审计档案的作用

1. 防范审计风险

审计项目耗时较长并且多人同时参与，在审计报告的撰写过程中需要对审计事实充分了解。审计档案是审计文件的集合，可以通过档案中的取证单及所附证据材料、审计工作底稿、被审计单位反馈意见、对反馈意见采纳情况的说明、审计业务会议纪要等材料完整地还原每一个问题的发现、上报和如何进行反映的全过程，使审计报告有据可查，顺利开展审计报告撰写、审计复核，防范审计风险。

2. 借鉴审计经验

审计档案的查阅和利用是审计档案管理的重要目的之一。通过查阅审计档案有助于启发审计思路。后续时间开展前期相同或者类似的审计项目可以通过查阅以往年度的同类项目审计档案，学习其中核查问题的过程及步骤，参考借鉴好的经验和方法。

3. 人员的培养和成长

审计档案可以帮助新晋审计人员尽快进入审计角色。翻阅审计档案有助于审计新人比较直观地了解审计是什么，能够促进新进人员尽快了解和熟悉审计程序，学习掌握审计步骤和方法，不断加深对审计工作的认识理解，从而尽早进入审计角色。

## 二、内部审计档案的归档范围

1. 内部审计档案材料主要包括立项类、证明类、结论类、备查类等四个类别，具体如下：

（1）立项类材料：审计委托书、审计通知书、审前调查记录、项目审计方案等；

（2）证明类材料：审计承诺书、审计工作底稿及相应的审计取证单、审计证据等；

（3）结论类材料：审计报告、审计报告征求意见单、被审计对象的反馈意见等；

（4）备查类材料：审计项目回访单、被审计对象整改反馈意见、与审计项目联系紧密且不属于前三类的其他材料等。

2. 内部审计机构在条件允许的情况下，可以为审计项目建立电子审计档案，确保电子审计档案的真实、完整、可用和安全。

## 三、内部审计档案的保管期限

审计档案的保管期限应当根据审计项目涉及的金额、性质、社会影响等因素划定为永久、定期两种，定期分为 30 年、10 年。涉及保密的档案按照保密文件期限管理。

1. 永久保管的档案，是指特别重大的审计事项、列入审计工作报告、审计结果报告或第一次涉及的审计领域等具有突出代表意义的审计事项档案。

2. 保管 30 年的档案，是指重要审计事项、查考价值较大的档案。

3. 保管 10 年的档案，是指一般性审计事项的档案。

4. 保密项目的年限。被审计项目涉及保密项目的，内部审计机构应当根据审计工作保密事项范围和有关主管部门保密事项范围的规定确定密级和保密期限。凡未标明保密期限的，按照绝密级 30 年、机密级 20 年、秘密级 10 年认定。审计档案的密级及其保密期限，按卷内文件的最高密级及其保密期限确定。审计档案保密期限届满，即自行解密。

5. 审计档案的保管期限自归档年度开始计算。

## 四、内部审计档案借阅与核销

1. 医院内部审计机构应当结合自身实际情况建立健全审计档案利用制度。一般来说，借阅审计档案仅限定在审计部门内部。

2. 审计部门以外的其他部门有特殊情况需要查阅、复制审计档案或者要求出具审计档案证明的，可经审计部门分管领导审批，重大审计事项的档案须主要领导审批。

3. 内部审计部门在核销审计档案时，应参考审计机关的档案核销标准，按照有关规定成立鉴定小组，在档案管理部门的指导下，定期对已超过保管期限的审计档案进行鉴定，准确地判定档案的存毁。对确无保存价值的审计档案进行登记造册，经分管负责人批准后销毁。

4. 销毁审计档案，应当指定两人负责监销。审计档案销毁决议或类似决议、审批文书和销毁清册（含销毁人、监销人签名等）应当长期保存。

5. 工作人员损毁、丢失、涂改、伪造、出卖、转卖、擅自提供审计档案的，由医院依照有关规定追究相关人员的责任；构成犯罪的，移送司法机关依法追究刑事责任。

## 五、内部审计档案管理的注意事项

### （一）加强档案管理的制度建设

审计档案管理工作，应当建立和完善审计档案的收集、整理、保管、利用和鉴定销毁等管理制度，采取可靠的安全防护技术和措施，保证审计档案的真实、完整、可用、安全。

### （二）关注审计档案的案卷质量

审计项目文件材料应当真实、完整、有效、规范，并做到遵循文件材料的形成规律和特点，保持文件材料之间的有机联系，区别不同价值，便于保管和利用。

### （三）明确审计档案的归档责任

审计文件材料归档工作实行审计组组长负责制。审计组组长确定的立卷人应当及时收集审计项目的文件材料，在审计项目终结后按立卷方法和规则进行归类整理，经内部审计负责人审核、档案人员检查后，按照有关规定进行编目和装订。多个审计小组共同实施一个审计项目，由内部审计部门的负责人统一组织相关小组确定文件材料归档工作。

### （四）注意审计档案的归档方法

审计文件材料按审计项目立卷，不同审计项目不得合并立卷。全过程跟踪审计项目，应该按年度分别立卷归档。审计档案应当采用“年度——组织机构——保管期限”的方法排列、编目和存放。审计案卷排列方法应当统一，前后保持一致，不可任意变动。审计文件材料应当按照结论类、证明类、立项类、备查类四个单元进行排列。

### （五）审计档案要及时归档

审计组应该及时归档审计文件资料。一般来说，审计文件材料的归档时间应当在该审计项目终结后的 5 个月内，不得迟于次年 4 月底。

### （六）内部档案的移交和存放

年度计划完成之后，医院内部审计部门应该将年度档案向本单位档案机构或者专职（兼职）档案人员办理移交手续。应当按照国家有关规定配置具有防盗、防光、防高温、防火、防潮、防尘、防鼠、防虫功能的专用、坚固的审计档案库房，配备必要的设施和设备，存放审计档案。

### （七）探索档案管理形式

目前纸质档案仍是审计档案管理的主要方式，但是伴随审计信息化的不断发展，计算机成为审计工作不可或缺的实践工具，因此单位可以利用计算机、网络通信等信息技术手段管理审计档案。电子审计档案的管理要注意以下几点：（1）形成的电子审计资料来源真实有效，由计算机等电子设备形成和传输；（2）使用的审计系统能够准确、完整、有效地接收和读取被审计资料和形成的电子审计资料，设定了经办、审核、审批等必要的审签程序；（3）使用的电子档案管理系统能够有效接收、管理、利用电子档案，符合电子档案的长期保管要求，并建立了电子会计档案与相关联的其他纸质档案的检索关系；（4）采取有效措施，防止电子审计档案被篡改；（5）建立电子会计档案备份制度，能够有效防范自然灾害、意外事故和人为破坏的影响。

### 六、案例

**【例5-18】** 为了便于读者更好地理解和把握内部审计档案管理有关要求，切实做好医院审计档案材料的管理工作，这里以A医院为例，对其制定的审计档案管理制度做示范性展示。详见本书附录《A医院审计档案管理办法》，此处不赘述。

## 第八节　审计软件选择与应用

审计操作手段现今正由手工阶段向电脑系统阶段发展。由于现代科学技术的进步，电子计算机作为履行审计职能的一种工具，通过运用专用或通用的审计软件来检查有关信息资料及其反映的经济活动，通过计算机收集审计证据，进行分析判断，提供审计结论与决定依据。这样不仅有利于减轻审计人员的负担，提高审计效率，同时也可以减少人为的差错，促进审计的质量。

### 一、审计软件的发展

审计软件是指用于审查电算化系统或利用计算机辅助审计而编写的各种计算机程序。有研究认为，审计软件的发展经历了以下几个阶段。

### （一）手工录入数据阶段（1988 年至 1992 年）

这一阶段以手工审计为主，录入数据进入计算机，通过审计软件的计算产生一些辅助性的结果。固化的表格审计软件最具代表性，表格之间的内容存在设定好的勾稽关系，相当于现在的 Execl 等电子表格文档。

### （二）电子辅助阶段（1993 年至 1997 年）

这一阶段在 WINDOWS 平台下开发了一些辅助性的审计软件，法规查询、审计项目档案管理、PSS 票证审计等审计软件，这些审计软件已经在某些审计方面可以为审计人员提供服务。法规查询软件利用数据库技术可将审计人员需要的审计相关条目内容从上万条记录中取出。档案管理软件主要利用电子手段管理审计项目中的审计通知书、审计报告等。

### （三）电子审计主体阶段（1998 年至 2002 年）

随着各种资源的不断发展，这一阶段审计行业出现了代替现场审计作业的不同产商开发的审计软件，如审计署 AO 作业系统等，由大部分手工审计工作模式转变成计算机审计模式。

### （四）审计项目管理发展阶段（2003 年至 2005 年）

随着审计工作内容的不断转变，这一阶段各种产商慢慢开发出以审计项目管理为核心的审计管理软件。该部分软件将审计部门所涉及的审计项目从管理的角度进行信息化的流程固定，实现审计信息资源的合理配置和有效利用。作为审计部门提升管理水平的工具，支撑审计业务的良性循环，对各种审计项目更有效进行监督，并慢慢延伸到内控制度审计系统的不断发展与完善。

### （五）全过程参与阶段（2006 年至今）

随着审计软件的普及化，这一阶段审计软件行业里出现了不同产商的审计软件，比如以早期用友收购的“审易”为代表性的不同产商。时代的信息是相通的，各种不同的系统都在原有的基础上进行改头换面，然而当早期开发商已经在随着审计工作的不断转变，为适应审计工作模式由事后审计转向事中、事前审计，在目前审计对象的经济信息逐步实现数字化记录和管理，并依托网络技术进行了集中或分布管理的信息化发展的大背景下，审计业务方式的转变、业务能力的提升，其根本就是要实现“一个模式、三个转变”，建立“联网实时监控+跟踪核查监督”审计模式，实现从单一的事后审计向事后审计与事中审计相结合的转变、从单一的静态审计向静态与动态审计相结合的转变、从单一的现场审计向现场审计与远程审计相结合的转变，即“联网审计”。



## 二、审计软件的类型

### （一）按照适用范围分类

审计软件按照其适用范围，可划分为通用审计软件和专用审计软件。

1. 通用审计软件

通用审计软件，是指适用于对各类电算化信息系统或多数电算化信息系统进行审计的通用计算机程序。由于审计的目标在不同的被审电算化信息系统之间存在差异，因此需浪费人力与时间为每个被审电算化信息系统逐一编写审计软件，以进行相类似的检查工作。目前通用审计软件是比较广泛使用的一种电算化审计技术，常可用于同一行业的所有被审系统。

2. 专用审计软件

专用审计软件，是指为特定被审的电算化信息系统或为执行某种特定审计任务而专门设计的软件。这种软件可用于执行若干通用审计软件无法或不便执行的工作，通常不具有通用性，因此较不经济。同时它的开发与使用成本也较高。

### （二）按照软件功能分类

按照软件功能，审计软件可分为四种类型：现场作业软件、审计法规软件、专用审计软件和审计管理软件。现场作业软件是审计工作的主流，是审计工作的主要工具，审计作业软件的发展代表着计算机审计软件的发展水平。

1. 现场作业软件

现场作业软件是指审计人员在审计一线进行审计作业时应用的软件，它主要具有以下功能：第一，能处理会计电子数据；第二，能运用审计工具对会计电子数据进行审计分析，包括审计的查账、查询、图表分析等；第三，应能在工作底稿制作平台制作生成审计工作底稿，平台内应有各种取数公式，生成底稿。如中普软件、金审等。

2. 专用审计软件

专用审计软件是指为完成特殊的审计目的而专门设计的审计软件，如基建审计软件，它有很强的特殊性，主要是因为它的工作性质：一是涉及大量的基建图纸；二是要有基建定额库来参照。实际上基建审计软件用市面上的定额核定软件就能实现，所以我们把这类软件归为专用审计软件。

3. 审计管理软件

审计管理软件涉及审计统计、审计计划、审计管理等方面。统计软件是指将审计工作成果统计上报、汇总的软件。审计计划、审计管理都是可以在这方面专门工作的小软件，实际上审计管理软件可以认为是审计作业软件的延伸，审计作业软件完全可以把这些管理功能承担起来，容纳到审计作业软件中，所以我们说审计软件的代表作应是审计作业软件。

4. 审计法规软件

审计法规软件主要是为审计人员提供咨询服务，帮助审计人员在各种财经法规中找出其需要的法规条目及内容。它主要的功能包括：第一，常规查询，有审计法规条目的查询、发文单位的时间段的查询；第二，要有一定的数据量，成熟的软件应有上千万字的法规内容，检索速度要快；第三，应具有按内容查询的功能，这也是法规软件能否适用的主要标准，如果没有按内容检索的功能，这个法规的适用面将受到很大的限制，例如审计人员要查关于“小金库”的相关规定，法规软件应能快速地将涉及“小金库”规定的法规查找出来，将内容以篇的形式提供给审计人员。

## 三、审计软件的取得方式

审计软件的取得方式主要有由审计人员亲自或聘请计算机专家设计开发以及外购审计软件两种。

### （一）由审计人员亲自或聘请计算机专家设计开发

审计人员首先要考虑有无必要开发审计软件，其次要进行详细的成本效益分析以及技术可行性分析。审计软件开发的成本主要包括设备费用、人工费用等，效益可行性分析主要考虑从事审计软件开发的技术力量以及被审系统的复杂程度。

### （二）外购审计软件

目前，国外计算机厂商或软件公司已开发出许多审计软件，我国也有一些审计机构开发出了比较实用的审计软件，审计人员可视实际需要，购买这些审计软件。审计软件对审计人员来说，具有使用方便、操作简单的特点，它通常可执行广泛的数据处理功能。

**【例5－19】**审计软件作业基本原理介绍。

审计作业软件分三种主要功能：一是处理会计数据，二是运用审计方法查看数据，三是编制审计工作底稿。三种功能在现代审计中均有应用。

**一、处理会计数据**

1. 采集信息的基本原理。审计软件通过采集模板，从会计软件中提取会计电子数据。然后从审计原理的角度，设置审计分析模板在审计软件中比较直观地查看、检查、分析有关会计数据。

2. 软件采集信息注意事项。一是单向转换，只能从会计软件将数据接过来，不能将已转换过来的会计数据再转入会计软件。二是具有比较好的兼容性，能够将各种会计软件中的会计数据转换过来。三是数据转换过程要有可操作性，一般的审计人员均能操作，数据转换接口应是模板式的，每一种会计软件及每一个版本都是一个模板，模板是开放的，有一定计算机能力的审计人员可自编模板，模板是可导入导出的。

**二、运用审计方法查看数据**

1. 基本原理。在审计软件中需要内置审计工具，在现场快速有效地产生审计结果。它的原理是结合手工审计时审计人员的要求，转化成软件的功能，利用审计软件快速产生审计人员需要的审计结果。

2. 主要功能。一是审计方法的计算过程镶嵌。可以实现单条件或多条件组合查询功能、查账、图形分析功能等能够比较快速、直观地发现审计异常。二是审计方法提示。能将一些审计方法及经验存储到审计方法库里，能随时调用或批量调用得到审计结果，并且可以交叉调用，有效提升审计工作质量，控制风险。

**三、编制审计工作底稿**

1. 基本原理。在审计软件设置电子审计工作底稿模板，通过工作底稿模板化，来快速完成审计工作底稿的编制。

2. 注意事项。一是审计人员可以比较容易地根据实际审计需求调用相应模板。二是审计工作底稿模板外观要符合审计证据采集和底稿编制的要求。三是镶嵌编制要求提示。包括填写要求、审计底稿的数据来源、公式设计和运算指令等。四是形成的工作底稿可导入导出，审计完成后可进行归档。

**【例5－20】** 审计管理系统介绍。

审计管理分析系统主要包括审计计划管理、审计质量管理、审计项目管理、审计人员管理、审计统计报表管理等功能，是可以帮助内部审计人员规范作业程序，管理办公自动化方面的系统。

1. 基本原理。一是流程管理，二是信息共享。信息查询权限多元设置，信息能够在不同层级人员、不同审计组和审计项目组成员之间根据分工情况共享数据。

2. 主要功能。一是远程工作，提升工作效率。二是具有审计作业管理功能，审计组长掌握审计工作进度、审计执行情况、质量控制等，组员可根据分工情况分别操作。三是审计档案管理。归档后的项目档案应具有只读性且能够为以后同类审计提供查询等。

## 四、内部审计软件的选择原则

一般来说，医院的内部审计部门应该结合本院内部审计工作开展的实际情况考虑审计软件的选择和配置工作。一般需要综合考量以下四个方面的因素，决定本院的审计软件配置问题。

### （一）内部审计工作范围问题

如果医院的内部审计工作以事后的监督为主，那么可以考虑采购相对成熟的审计软件产品，运用产品的功能提取相关数据，再对数据进行评价；如果内部审计工作既包括事后监督也包括事中甚至事前的监督，那么应考虑与自身管理系统的切合程度，管理系统是完全开发的，则审计系统也只能开发，管理系统是成品实施的，相应的也应该有审计功能模块，可以与管理系统一并考虑。

### （二）内部审计工作总量问题

如果医院的内部审计工作量很大，那么应该考虑使用审计系统提升工作效率。如果内部审计工作量很少，则不必使用审计软件。

**（三）内部审计人员配置问题**

如果人员较多相互工作交叉较多，则可以考虑配置内部审计系统，提高信息共享水平，提升监督水平，降低审计风险；如果人员较少，则不需要因为信息共享问题配置审计软件。

**（四）内部审计方式问题**

如果内部审计的方式主要是业务外包审计即委托审计，那么一般不需要考虑配置现场作业软件，可以在审计法规软件、审计管理软件上结合本单位实际情况进行考虑。通过审计法规软件能够快速、有效评价会计师事务所的审计质量，通过审计管理软件能够了解审计项目的推进情况。

# 第六章 购买审计服务管理

## 第一节　购买审计服务概述

### 一、购买审计服务的概念

购买审计服务从具体内容上可以分为两种，一是业务外包，也叫委托审计；二是利用外部专家服务。内部审计准则对这一业务进行了明确定义：内部审计业务外包管理，是指组织及其内部审计机构将业务委托给本组织外部具有一定资质的中介机构而实施的相关管理活动。利用外部专家服务，是指内部审计机构聘请在某一领域中具有专门技能、知识和经验的人员或者单位提供专业服务，并在审计活动中利用其工作结果的行为。

### 二、购买审计服务的总要求

医院开展内部审计工作可以购买审计服务。《审计署关于内部审计工作的规定》（审计署令第 11 号）、《卫生计生系统内部审计工作规定》（国家卫生和计划生育委员会令第 16 号）、《国家卫生健康委关于印发进一步加强卫生健康行业内部审计工作若干意见的通知》（国卫财务发〔2022〕9 号）都有明确规定。《第 2309

号 内部审计具体准则——内部审计业务外包管理》和《第 2304 号 内部审计具体准则——利用外部专家服务》分别对审计业务外包管理和购买外部人员专项服务进行了详细规定。

### （一）审计署相关规定

《审计署关于内部审计工作的规定》（审计署令第 11 号）第八条规定，“内部审计机构应当根据工作需要，合理配备内部审计人员。除涉密事项外，可以根据内部审计工作需要向社会购买审计服务，并对采用的审计结果负责”。

### （二）医疗卫生行业相关规定

《卫生计生系统内部审计工作规定》（国家卫生和计划生育委员会令第 16 号）第十一条规定，“各部门、各单位内部审计机构应当有计划地开展内部审计工作，实现审计全覆盖。各部门、各单位对本级和所属重点单位要每年审计，其他审计对象 1 个周期内至少审计 1 次。审计周期由各部门、各单位结合工作规划、管理需要和审计力量合理确定。没有能力自行开展审计的单位应当委托具有相应资质的社会中介机构开展”。该规定自 2018 年 1 月 1 日起实施。

《国家卫生健康委关于印发进一步加强卫生健康行业内部审计工作若干意见的通知》（国卫财务发〔2022〕9 号）第五项提升审计工作质量中规定，“各单位内部审计机构要加强审计项目全流程质量管理，全面落实《中国内部审计准则》，重点做好方案编制、审计过程实施、发现问题定性、报告撰写与复核、底稿资料归档等环节质量控制，提升内部审计规范化水平，切实防范审计风险。在审计资源不足时，可以委托社会中介机构或专业人员协助开展审计工作，并对采用的审计结果负责。要加强社会中介机构参与审计项目的质量控制，事前履行内部批准程序、明确委托协议内容，事中加强组织管理、保密管理和质量控制，利用社会中介机构成果前探索开展审计质量评价。开展经济责任审计时，不得将项目整体委托其他组织独立实施；外聘人员不得担任审计组组长，不得独立开展外部调查或承担现场廉政监督、经费管理、涉密资料保管等工作。各地卫生健康行政部门要积极发掘优秀内部审计项目，加强示范引领和交流互鉴，探索编制重点领域专项审计标准化操作规程”。

### （三）中国内部审计协会相关规定

1. 内部审计业务外包管理

2019 年内部审计协会发布《第 2309 号内部审计具体准则》，对内部审计业务外包管理进行规范。《第 2309 号内部审计具体准则——内部审计业务外包管理》全文共七章、二十六条，不仅从内部审计角度进行了规定，同时还要求接受委托的中介机构在实施内部审计业务时，应当遵守《中国内部审计准则》。该准则由中国内部审计协会发布并负责解释，自 2019 年 6 月 1 日起执行。

2. 利用外部专家服务管理

2013 年内部审计协会发布《第 2304 号内部审计具体准则》，对内部审计业务利用外部专家服务进行规范。《第 2304 号内部审计具体准则——利用外部专家服务》全文共五章、十七条，该准则由中国内部审计协会发布并负责解释，自 2014 年 1 月 1 日起执行。

## 三、购买审计服务的作用

医院内部审计采取购买社会审计服务的方式，是一项能够有效整合审计资源、发挥审计积极作用、增强审计监督效能、弥补内部审计力量不足的有效方法。

### （一）解决内部审计力量不足

医院向社会购买审计服务，有利于解决审计任务繁重与审计力量不足的矛盾，能够实现从“借人”到“借智”、从“借人”到“借技”的转变，快速提升内部审计的能力。

### （二）有效控制内部审计成本

医院通过购买审计服务，可以根本上转变成本模式，医院养人再办事与医院直接购买服务的方式相比较，可有效控制机构人员的增加，避免支出刚性增长，有效地控制成本。

### （三）发挥内部审计的作用

内部审计的监督职能通过中介机构更容易发挥。内部审计业务由内部审计部门开展，被审计单位与审计人员共一个机构，很多工作不容易开展。通过购买服务，社会中介机构的人员按照会计准则和审计准则的规定审计有关项目，一方面能够更好、更客观、更公正地评价，另一方面也不受其他因素干扰，有利于发挥内部审计的监督作用。



## 四、购买审计服务的注意事项

### （一）内部审计业务外包的原则

内部审计机构可以根据具体情况对内部审计业务实施外包，一般来说，在外包审计业务时应考虑下列情况。

1. 内部审计机构现有的资源无法满足工作目标要求。
2. 内部审计人员缺乏特定的专业知识或技能。
3. 聘请中介机构符合成本效益原则。
4. 其他因素。

### （二）内部审计业务外包的注意事项

1. 内部审计机构应当对中介机构开展的受托业务进行指导、监督、检查和评价，并对采用的审计结果负责。
2. 涉密事项不得外包。开展经济责任审计时，不得将项目整体委托其他组织独立实施。
3. 中介机构完成审计项目工作后，内部审计机构应当督促其按照审计档案管理相关规定汇总整理并及时提交审计项目的档案资料。

### （三）利用外部专家服务的原则

1. 内部审计机构现有的审计力量无法满足工作目标要求，审计风险不在可接受的范围内。
2. 内部审计人员缺乏特定的专业知识或技能，利用外部专家服务是为了获取相关、可靠和充分的审计证据，保证审计工作的质量。
3. 符合内部审计准则要求的聘请范围。
4. 其他因素。

### （四）利用外部专家服务的注意事项

1. 外部专家应当对其所选用的假设、方法及其工作结果负责。

2. 内部审计机构应当对利用外部专家服务结果所形成的审计结论负责。

3. 外聘人员不得担任审计组组长，不得独立开展外部调查或承担现场廉政监督、经费管理、涉密资料保管等工作。

## 第二节　审计业务外包的程序

内部审计业务外包管理的关键环节一般包括制订审计计划、内部审批、选择中介机构、签订合同、业务委托、审计质量控制、中介机构评价。

### 一、制订审计计划

#### （一）计算业务外包的工作计划

1. 内部审计机构应该根据内部审计工作计划，结合自身的审计能力等情况进行综合评估，确定需要将内部审计业务外包给中介机构实施的具体项目或子项目。

2. 根据需要外包的项目估算工作总量。

3. 根据外包的项目考虑对中介机构的要求。

4. 根据工作量的情况确定需要的中介机构的数量和专业胜任能力。

5. 明确需要进行业务外包的方式和计划以及相应的预算，形成业务外包的总需求和工作计划。

#### （二）考虑业务外包的方式

一般来说，内部审计业务外包通常包括业务全部外包和业务部分外包两种形式。

1. 业务全部外包，是指内部审计机构将一个或多个审计项目委托中介机构实施，并由中介机构编制审计项目的审计报告。

2. 业务部分外包，是指一个审计项目中，内部审计机构将部分业务委托给中介机构实施，内部审计机构根据情况利用中介机构的业务成果，编制审计项目的审计报告。



## 二、内部审批程序

1. 根据医院的内部审计管理情况，医院内部审计机构需要将内部审计业务外包工作计划上报给医院领导机构。

2. 相关计划在医院领导机构对业务进行研究并经过组织批准后可以作为业务外包工作的执行依据。

3. 医院内部审计部门的业务外包工作计划可以与年度审计计划一并上报也可以分别上报，具体根据本单位内部审计工作的实际情况进行。

4. 必要时，医院的内部审计部门审计业务的外包情况应该根据上级卫健部门的管理要求进行备案。

## 三、选择中介机构

### （一）中介机构的条件

内部审计机构确定提供服务的中介机构时，应当重点考虑以下条件：

1. 依法设立，合法经营，无违法、违规记录；

2. 具备国家承认的相应专业资质；

3. 从业人员具备相应的专业胜任能力；

4. 拥有良好的职业声誉；

5. 具备的特殊专业技术要求。内部审计机构可以根据审计项目需要和实际情况，提出对选择中介机构的具体要求。如根据计划开展的审计项目的特点，有针对性地提出一些相应对口的需求。

### （二）选择方法

1. 内部审计机构应当根据外包业务的要求，通过一定的方式，按照一定的标准，遴选一定数量的中介机构，建立中介机构备选库。

2. 相关部门按照公开、公正、公平的原则，采取公开招标、邀请招标、询价、竞争性谈判等形式，确定具体实施审计项目的中介机构。

3. 内部审计机构应当根据实际情况和业务外包需求，以及对中介机构工作质量的评价结果，定期对备选库进行更新。

## 四、签订业务外包合同

### （一）签订合同

按照医院合同管理的权限和程序，内部审计机构可以负责起草或者参与起草业务外包合同（业务约定书），正式签订前应当将合同文本提交医院的法律部门审查，或征求法律顾问或律师的意见，以规避其中的法律风险。

如业务外包过程中涉及主合同之外其他特殊权利义务的，医院也可以与中介机构签订单独的补充协议进行约定。

内部审计机构应当按照医院合同管理有关规定，严格履行业务外包合同（业务约定书）相关手续。

### （二）合同的内容

医院应当与选择确定的中介机构签订书面的业务外包合同（业务约定书），主要内容应当包括：（1）工作目标；（2）工作内容；（3）工作质量要求；（4）成果形式和提交时间；（5）报酬及支付方式；（6）双方的权利与义务；（7）违约责任和争议解决方式；（8）保密事项；（9）双方的签字盖章。

## 五、案例

**【例6－1】** 中介机构公开招标案例。某医院内部审计项目较多且项目专业跨度较大，审计工作人员较少。鉴于这一实际情况，该医院使用委托审计的方式将审计业务外包给会计师事务所进行。该单位每三年组织一次公开招标，选定服务提供商并确定服务价格。202×年8月该单位组织了新一轮的招标，具体工作步骤如下：

第一步，该医院根据近三年的内部审计工作情况和未来管理目标确定业务委托的工作量和工作需求。

第二步，该医院对市场上同类业务的服务价格进行基本了解，编制预算。

第三步，根据本院的实际情况，计划采用公开招标的方式确定中介机构。

第四步，形成工作方案并报医院相关决策机构批准。

第五步，选定招标代理公司。

第六步，与招标代理公司进行对接，明确业务需求，招标代理公司代为编制招标文件。

第七步，发售标书。

第八步，投标。

第九步，评标。

第十步，开标公示确定中标单位。

第十一步，将公示无误的结果上报院领导及决策机构。

**【例6－2】** 业务外包合同案例。某医院通过公开招标之后与中标单位签订了《××委托审计服务框架协议》。在后续的工作中委托该会计师事务所进行预算执行与财务收支审计，双方签订约定书，主要内容如下：

协议编号：

**审计业务约定书**

**甲方：**______________________

联系地址：__________________

联系电话：__________________

联系人：____________________ 电子邮件：________________

**乙方：**______________________

联系地址：__________________

联系电话：__________________ 办公固定电话：________________

手机：______________________

联系人：____________________ 电子邮件：________________

根据甲、乙双方的友好协商，订立本业务约定书。

**一、审计范围及目的**

1. 依据《××委托审计服务框架协议》，乙方接受甲方委托对202×年度预算执行和财务收支情况进行年度审计并出具审计报告。

2. 乙方将依据《中国注册会计师独立审计准则》等规定对甲方所要求被检查单位提供的会计记录及其他资料进行检查，并在此基础上按照甲方要求对所接受委托的项目出具检查核实材料及审计报告。

**二、乙方为甲方提供审计服务的审计人员的资格条件**

1. 具有良好的职业道德，在以往执业经历中无不良记录；

2. 乙方审计人员必须为乙方员工，不得借用非乙方员工从事委托工作；

3. 乙方审计人员应当履行保密义务，对履行本约定书约定的义务时知悉的甲方的商业秘密履行保密义务。

**三、甲方的权利和义务**

1. 有权向乙方询问工作进展情况及相关的内容，按照约定获得审计报告。

2. 有权阐述对具体问题的意见和建议。

3. 当甲方认定乙方的审计人员不按本约定书履行其职责、违反职业道德、与第三人串通给甲方造成经济损失或者有其他甲方认为不宜继续履行本约定书约定的义务的，甲方有权要求乙方限期更换审计人员，乙方未按照甲方要求予以更换的，甲方有权立即解除本约定书并要求乙方承担相应的违约责任。

4. 协调被审计单位为乙方派出的审计人员提供必要的配合和工作条件。

5. 按本约定书的约定支付审计费用。

**四、乙方的权利和义务**

1. 乙方应将营业执照、资质以及审计人员的资格证书复印件随审计报告交甲方备案。

2. 在审计过程中，按照中国注册会计师独立审计准则和相应审计规定进行审计，并对出具的审计报告负责。

3. 在审计过程中，遇到重大审计事项及时向甲方汇报。

4. 按约定时间完成审计业务，出具审计报告，并对其真实性合法性负责。

5. 乙方变更审计人员时，应征得甲方的同意。

6. 对执行业务过程中知悉甲方的商业秘密严加保密。

7. 乙方应当亲自完成本协议义务，未经甲方允许，不得将本协议内容进行全部或者部分转委托。

**五、下列文件均为本合同的不可分割的组成部分**

1.《××委托审计服务框架协议》。

2. 202×年中介机构项目的招标文件、乙方的投标文件以及中标公告。

上述文件互相补充和解释，如有不明确或不一致之处解释的先后顺序为：本约定书、招标文件、投标文件、中标公告、《××委托审计服务框架协议》。

## 六、审计对象及收费

1. 依据《××委托审计服务框架协议》年度预算执行和财务收支审计按被审计单位年度支出总额计价（见表6－1）。

表6－1　　被审计单位年度支出总额

| 序号 | 审计对象名称 | 审计对象202×年总支出 | 审计费用 |
| --- | --- | --- | --- |
| 1 | | | |
| 2 | | | |
| …… | | | |
| …… | | | |
| 总计 | | | |

审计费总计：____________元；大写____________

2. 乙方账户信息：

账户名称：________________________________

开户银行：________________________________

账　　号：________________________________

3. 根据乙方投标文件及中标公告，经双方协商全部审计费用在提交正式审计报告后并经甲方验收合格后10个工作日内一次性支付。

乙方应在甲方付款前向其交付等额有效发票，因乙方未交付发票导致甲方延迟付款的，甲方不承担延迟付款的违约及赔偿责任。

## 七、报告的使用责任

乙方应在______年____月____日前向甲方出具审计报告，审计报告为中文本一式两份，报告由甲方分发、使用。

## 八、违约责任

1. 如因乙方原因导致审计报告不能按约定的时间出具并交付给甲方，甲方有权要求乙方承担违约责任；乙方对审计报告延迟出具超过30日的，甲方有权单方解除合同。

2. 甲、乙双方任何一方没有法律依据或者本合同依据擅自解除合同的，违约方应向守约方支付合同总金额20%的违约金。

3. 违约金不足以弥补实际损失的，按实际损失计算。

## 九、保密要求

乙方对执行业务过程中知悉的甲方商业秘密严加保密。除非中国注册会计师执业准则另有规定，或经甲方同意外，乙方不得将其所知悉的甲方的商业秘密和被审计单位提供的资料对外泄露；否则，甲方有权依照有关法规提起诉讼（如果泄露行为发生在审计费用尚未付清之前，甲方有权根据实际情况扣减审计费用）。

**十、适用法律和争议解决**

甲、乙双方因本合同项下事宜发生争议的应协商解决，双方协商不成的可向甲方所在地法院起诉。

**十一、双方对其他有关事项的约定**

1. 本约定书自双方签署日生效，并在约定事项全部完成日前有效。

2. 本约定书一式四份，甲、乙方各执二份，具有同等法律效力。

甲方授权代表签字：　　　　　　　　　乙方授权代表签字：

签订时间：　　　年　　月　　日　　　　签订时间：　　　年　　月　　日

# 第三节　聘请外部专家服务的程序

## 一、内部审计计划

### （一）评估聘请外部专家的工作量

内部审计准则规定，内部审计机构可以根据实际需要利用外部专家服务。医院内部审计部门应该结合内部审计计划对本年内部审计工作进行整体评估，看是否需要聘请外部专家。

一般利用外部专家服务是为了获取相关、可靠和充分的审计证据，保证审计工作的质量。因此，当医院认为自己在审计的过程中在审计证据的获取上、专业判断上存在一定风险的时候，应该聘请相应专家，有效控制和降低风险，保证审计工作质量。

### （二）考虑聘请外部专家的方式

聘请外部专家可以有外部聘请和内部指派两种形式。

1. 外部聘请，是指内部审计机构从医院外部聘请专家。在外部聘请专家时需要对备选的人员进行一定了解，要充分考虑专家的情况与需求的情况是否匹配。这种方法的优点是容易保持被聘请人员的独立性且可供选择的人员范围较大，不足在于备选人员对被聘单位的管理实际情况了解有限。

2. 内部指派，是指在医院内部指派在某一领域中具有专门技能、知识和经验的人员担任专家。这种方式的优点是专家对本单位的情况熟悉，有比较直观的认识，不足在于备选人员属于单位的内部人员，发表意见时可能会存在一定顾虑。

3. 专家服务内容。内部审计机构和内部审计人员可以在下列方面利用外部专家服务：特定资产的评估、工程项目的评估、产品或者服务质量问题、信息技术问题、衍生金融工具问题、舞弊及安全问题、法律问题、风险管理问题，以及其他需要聘请外部专家的情况。

## 二、审批程序

1. 根据医院的内部审计管理情况，医院内部审计机构需要将聘请专家的工作计划上报给医院领导机构。

2. 相关计划在医院领导机构对业务进行研究并经过组织批准后可以作为聘请外部专家的执行依据。

3. 医院内部审计部门的聘请专家工作计划可以与年度审计计划一并上报也可以分别上报，具体根据本单位内部审计工作的实际情况进行。

4. 简单的专家聘请情况，也可以根据医院的经费使用授权权限经过分管领导、审计负责人审批即可。

## 三、选择专家

### （一）外部专家应具备的基本条件

内部审计机构聘请外部专家时，应当对外部专家的独立性、客观性进行评价，评价时应当考虑下列影响因素：

1. 外部专家与被审计单位之间是否存在重大利益关系；
2. 外部专家与被审计单位最高管理层是否存在密切的私人关系；
3. 外部专家与审计事项之间是否存在专业相关性；
4. 外部专家是否正在或者即将为医院提供其他服务；

5. 其他可能影响独立性、客观性的因素。

### （二）外部专家的专业条件

在聘请外部专家时，内部审计机构应当对外部专家的专业胜任能力进行评价，考虑其专业资格、专业经验与声望等。

1. 专业资格

专业资格是指被选任的外部专家应具备的专业能力资格，可以用此比较直观地评价专家的专业胜任能力。

2. 专业经验

专业经验是指专家在该领域解决问题的实际经历和履历情况。一般选择具有同类经验或者同类经验丰富的专家解决本单位的问题，问题越大，专业经验方面的要求越高。

3. 声望

声望是指外部专家的行业影响力。问题的难度过大，则需要具有声望较高的专家发表评价意见。

## 四、签订协议

在利用外部专家服务前，内部审计机构应当与外部专家签订书面协议。书面协议主要包括：（1）外部专家服务的目的、范围及相关责任；（2）外部专家服务结果的预定用途；（3）在审计报告中可能提及外部专家的情形；（4）外部专家利用相关资料的范围；（5）报酬及其支付方式；（6）对保密性的要求；（7）违约责任。

## 五、专家结果运用

1. 内部审计机构对外部专家服务评价后，如果认为其服务的结果无法形成相关、可靠和充分的审计证据，应当通过实施其他替代审计程序补充获取相应的审计证据。

2. 在利用外部专家服务时，如果有必要，应当在审计报告中提及。

下篇

# 内部审计实务篇

为深入贯彻习近平总书记重要指示精神，着力解决目前卫生健康行业内部审计弱化、虚化、边缘化，监督作用发挥不到位、不充分等问题，强化内部审计监督，充分发挥内部审计“治已病、防未病”作用，国家卫生健康委于2022年3月印发的《进一步加强卫生健康行业内部审计工作若干意见的通知》（国卫财务发〔2022〕9号）明确指出，要推进审计项目和审计组织方式“两统筹”，组织开展经济责任审计、预算执行和财务收支审计、转移支付资金专项审计，积极推动实施重大政策落实情况审计、重大建设项目全过程跟踪审计、大型医用设备绩效审计和医用耗材、政府采购、内部控制、合同管理等专项审计。为指导和规范各级卫生健康行政部门及属管单位开展内部审计业务，国家卫生健康委又于2023年11月印发了《卫生健康行业内部审计基本指引（试行）等7个工作指引的通知》（国卫办财务函〔2023〕416号），为此，本篇重点以A医院为例，对上述审计业务如何进行实务操作分别进行示范性讲解，供读者参考借鉴。

# 第七章 预算执行与决算审计

## 第一节 预算执行与决算审计概述

### 一、预算执行与决算审计的概念

预算执行与决算审计，是指由医院内部审计机构依法独立对医院预算执行情况与决算的真实性、合法性、效益性进行审查与评价。

预算，是指医院根据事业发展计划和任务编制的年度财务收支计划。

决算，是指医院根据年度预算执行的结果而编制的年度财务决算报告，包括决算报表和决算情况说明书，是反映医院年末财务状况、年度收支情况和事业发展状况的书面总结文件。

### 二、预算执行与决算审计的目的

医院预算执行情况与决算审计的目的是促进医院规范预算管理，提高预算编制科学性、准确性和透明度，保证医院预算有效执行与决算编制质量，维护医院预算管理严肃性，为医院宏观管理和提高资金使用效益服务。

## 三、预算执行与决算审计的方法

实施预算执行审计时，对预算管理情况的审计可以采用检查、调查、分析性复核、复算、鉴证和询问等方法；对收入预算执行情况的审计可以采用调查、审核、观察、函证、计算、分析性复核、抽样和询问等方法；对支出预算执行情况的审计可以采用调查、审核、监盘、观察、函证、计算、分析性复核、抽样和询问等方法。

实施决算审计时，对财务决算报表审计可以采用审核、观察、计算、分析性复核和询问等方法；资产审计可以采用审核、监盘、观察、调查、函证、计算、分析性复核和询问等方法；负债审计可以采用调查、审核、函证、计算、分析性复核、抽样和询问等方法；净资产审计可以采用审核、计算、分析性复核、抽样和询问等方法。

总之，根据审计重点和内容的不同，预算执行与决算审计可以选择与之相适应的一种或几种审计方法来组合实施，以达到或实现审计目标。

## 四、预算执行与决算审计的程序

预算执行与决算审计需要通过审计程序来实施，关于审计实施程序在第五章已经介绍，本节不再赘述。

## 五、其他注意事项

1. 医院内部审计机构对预算执行情况进行审计，应做到事前审计、事中审计、事后审计相结合。因此，医院内部审计机构一般应在预算编制阶段事前审计，了解预算编制和调整情况；在年度预算执行期间对其执行情况进行期中审计；在次年上半年内对上一年度预算执行情况进行事后审计，从而就真正做到事前、事中、事后全过程监督。

2. 医院内部审计机构应根据上级主管部门的相关政策、医院的具体情况，在预算执行和决算审计中确定重点审计内容。

3. 医院内部审计机构对预算执行情况进行审计，可以将对二级预算单位的延伸审计与本部门所开展的其他类型的审计相结合，相互利用审计成果，提高审计工作效率与效果。



## 第二节　预算执行审计的内容

预算执行审计是在预算内部控制测评的基础上，对预算管理、收入预算执行、支出预算执行和预算执行结果进行的审查和评价。

### 一、预算管理情况审计

预算管理审计是对预算的编制原则、编制程序、编制方法、预算调整、经济责任制等相关管理活动的合法性、适当性和有效性的审查和评价。重点关注是否存在预算程序失控、预算管理依据不当、预算管理职责履行不到位等风险。

1. 预算管理的内部控制制度和各级经济责任制是否健全，是否有效。

2. 预算编制是否遵循“量入为出，收支平衡”的原则，收入预算是否贯彻积极稳妥的原则，支出预算是否贯彻“统筹兼顾、保证重点、勤俭节约”的原则。

3. 预算编制的方法是否符合国家、上级主管部门和本院的规定。

4. 预算编制是否真实、合法、有效，是否编制超越医院财力的赤字预算，是否报医院领导机构批准，是否及时上报上级主管部门批复。

5. 预算编制的时间是否充足。

6. 部门预算是否分级编制，是否经规定程序审批，按规定时间下达。

7. 预算调整依据是否充分，预算调整项目是否明确，预算调整是否履行规定审批程序。

### 二、收入预算执行情况审计

收入预算执行审计是对收入预算执行的真实性、合法性和完整性进行审查和评价。重点关注是否存在收入项目不完整、收入依据不当、收入核算不正确等风险。

1. 预算收入项目是否齐全，分类是否合理，款项是否及时足额到位，有无隐瞒收入、少列收入、推迟或提前确认收入行为。

2. 各项收入是否全部纳入单位预算，实行统一管理、统一核算。

3. 是否按预算目标积极组织收入，有上交任务的下属单位或所属部门是否将应上交的预算收入及时足额上交单位，有无隐瞒、截留、挪用、拖欠预算收入或设置“账外账”“小金库”行为。

4. 有无利用应付及暂存、代管项目等过渡性会计科目挂账隐瞒收入或直接列收列支等问题。

5. 收费的项目、标准和范围是否合法并报经有关价格管理部门、主管部门批准，有无擅自增加收费项目、扩大收费范围和提高收费标准等问题。

6. 是否建立健全票据管理制度，门诊、住院发票是否使用财政部门统一票据，票据是否按照顺序号使用，各类票据的申领、启用、核销、销毁等是否履行规定手续。

7. 是否有切实可行的保证预算收入目标实现的控制措施和办法。

## 三、支出预算执行情况审计

支出预算执行审计是对支出预算执行的真实性、合法性和有效性进行审查和评价。重点关注是否存在支出项目不合法、支出项目不真实、支出标准不合规、专项经费未专款专用、支出核算不正确等风险。

1. 预算支出是否严格按照预算确定的经费项目、定员定额的指标和支出用途等进行开支或拨付经费，是否严格执行国家有关财务制度以及上级主管部门和医院有关财务规章制度规定，是否存在擅自扩大支出范围和提高开支标准的行为。

2. 发生的各项支出是否真实、合法，有无随意多列、不列或少列支出，预算支出中有无虚列支出、以领代报代购代管现象，有无挤占、挪用、损失浪费、滥发钱物等行为。

3. 各项支出分类是否合理，是否正确划清各类支出的界限，支出是否真实并严格按计划执行，有无计划外或超计划等问题，是否按照标准考核、监督支出，各项支出的结构是否合理，资金使用效益如何。

4. 专项资金支出是否按特定项目或用途专款专用，有无挤占或虚列行为，会计核算是否合规、正确。

5. 有无利用应收及暂付、应付及暂存、代管项目等过渡性会计科目挂账隐瞒支出或直接列收列支等问题。

6. 有无擅自对外借款或变相对外投资的情况。

7. 预算支出中是否有切实可行的保证预算目标实现的控制措施和办法。

### 四、预算执行结果情况审计

1. 收入预算的完成情况如何，各级各类项目实际收入与收入预算的差异及产生的原因。

2. 支出预算的执行情况如何，各级各类项目实际支出与支出预算的差异及产生的原因。

3. 预算收入与预算支出在总额和结构上是否平衡，有无赤字。

4. 预算执行的绩效情况，重点审计基本支出进度是否与有关事业计划完成的进度相协调，项目支出的效益或效果如何，是否达到项目立项的预期效果。

5. 各项预算收入和支出是否真实、合法、合理，预算科目和项目的运用及会计核算是否规范，医院及各部门或单位在预算执行过程中有无重大违规违纪问题，尚存哪些管理薄弱环节和内部控制漏洞。

## 第三节　决算审计的内容

决算审计是对年度决算报表及其资产、负债、净资产、收入和支出的真实性、合法性和效益性进行的审查和评价。

### 一、决算报表审计

决算报表审计是对决算报表的真实性、合法性和完整性进行审查和评价。重点关注决算报表是否存在报表项目不合法、收入和支出不真实、支出标准不合规、专项经费未做到专款专用、支出核算不正确等风险。

1. 年度财务决算报告编报的原则、方法、程序、时限是否符合医院财务制度、会计制度的规定及上级主管部门的编报要求，报表是否齐全，内容是否完整，财务决算报告及其反映的经济活动是否真实、合法、有效，能否如实、正确、完整地反映医院年末财务状况和年度收支结果。

2. 财务管理与会计核算中的内部控制制度是否健全、有效，会计核算是否符合《中华人民共和国会计法》和相关财务制度、会计制度的规定，是否定期将会计账簿记录与实物、款项及有关报表、资料相互核对，账实、账账、账表是否相符。

3. 财务分析指标是否真实、准确，能否恰当地反映单位的财务状况、收支结果和事业发展情况。

## 二、资产审计

资产审计是对资产的真实性、合法性和效益性进行审查和评价。重点关注是否存在购置资产未入账、报废固定资产未冲销、资产账实不符等风险。

1. 资产的存在是否真实、完整、有效，资产的管理是否安全，资产的变动是否合法，有无虚列、多列、不列或者少列资产的行为。

2. 货币资金和有价证券的管理和使用是否符合规定，内部控制制度是否健全、有效；银行开户是否合规，有无出租、出借或转让等问题；有无公款私存、挪用、白条抵库、非法融资以及舞弊盗用的情况；定期存款是否合规合理，货币资金是否安全完整。

3. 应收及暂付款项、借出款的发生、增减变化是否真实、合法，是否及时清理结算，有无长期挂账、虚挂账等问题，有无呆账、坏账情况；对确实无法收回的应收及暂付款、借出款是否查明原因、分清责任、按规定程序批准后核销。

4. 财产物资的收发、管理和使用是否真实、合法、安全完整，购置有无计划和审批手续，有无被无偿占用、流失、损失浪费等问题，大宗物资的采购是否建立招标制度和集中采购制度；资产是否按规定入账，内部控制制度是否健全、有效，对固定资产、材料是否进行定期的清查盘点，做到账实相符，盘盈、盘亏是否及时调整和处理。

5. 对外投资是否进行可行性研究，是否履行法定审批程序；以实物对外投资是否按规定进行资产评估；投资款项的发生和增减变化是否真实、合法、完整；是否责成有关部门或专人对投资项目进行监督、管理，是否及时对投资本金和投资收益进行回收，有无投资失误和损失问题，是否建立项目责任制；投资及其收益的会计核算是否恰当、合规。

6. 基建投资竣工交付使用的资产是否按规定及时办理交接，登记入账。

7. 接受捐赠和无偿调入的各种资产，是否按会计准则制度登记入账，是否存在账外资产。

8. 无形资产的取得、管理、核算、转让是否符合规定。

## 三、负债审计

负债审计是对负债的真实性、合法性和效益性进行审查和评价。重点关注是否存在负债资金到位不及时、贷款利息成本过高、不能按时还本付息等风险。

1. 负债的形成、存在是否真实、合法、完整，有无虚列、多列、不列或者少列负债的行为。

2. 对各项负债包括借入款、应付及暂存款、应缴款项、代管款项等分类和会计核算是否合理、合规，是否按规定权限对各项负债进行处理。

3. 对各项负债是否及时清理，按照规定办理结算，并在规定期限内归还或上缴应缴款项，有无长期挂账现象。

4. 为发展举债搞建设是否有偿还来源和能力，是否在可控范围内，有无潜在的财务风险。

5. 是否存在重大担保、抵押、未决诉讼等或有事项。

## 四、净资产审计

净资产审计是对净资产的真实性、合法性和效益性进行审查和评价。重点关注是否存在专用基金提取与使用不规范、结余分配不正确等风险。

1. 净资产的存在、发生是否真实、合法、完整，有无随意调节收支配比余额。

2. 各项结余的分类是否合理、合规，经营收支结余是否单独反映，会计核算与处理是否符合规定；结余分配及比例是否符合国家的有关规定。

3. 专用基金的设置、分类、结余、增减变化是否合理、合规，会计核算与处理是否符合规定，是否严格按规定的用途使用，使用效果如何，有无挤占或挪用、虚列的行为；各项专用基金的计入、提取及比例是否符合国家的有关规定，是否及时足额到位。

### 五、收入与支出情况审计

收入与支出情况审计，可参照本章第二节收入预算审计、支出预算审计等相关内容执行，此处不赘述。

## 第四节　预算执行与决算审计案例

预算执行与决算审计是医院内部审计的重点内容。实务中，可以根据工作需要和审计重点拆分实施，即分别实施预算执行审计和决算审计，也可以合并实施。结合医院实际，本节以 A 医院为例，详细讲解如何进行预算执行与决算审计实务操作，供读者参考借鉴。

**【例 7－1】** 为了加强医院预算执行情况与决算的审计监督工作，更好地规范预算、决算行为，A 医院结合自身实际，制定了《A 医院预算执行与决算审计实施办法》，详见本书附录部分，此处略。

**【例 7－2】** A 医院审计处根据医院审计计划安排，对下属单位××医院进行预算执行与决算情况审计。审计处组建审计组，制订了审计实施方案，并发出《关于对××医院开展 202×年度财务预算执行与决算审计的公告》，具体如下：

**关于对××医院开展 202×年度财务预算执行与决算审计的公告**

根据《中华人民共和国审计法》《关于内部审计工作的规定》（审计署令第 11 号）、《卫生计生系统内部审计工作规定》（国家卫生和计划生育委员会令第 16 号）等规定，按照医院审计计划，经批准，审计处自 202×年×月×日起至 202×年×月×日止，对××医院 202×年度财务预算执行与决算进行审计。

审计主要内容是：年度预算编制、预算执行情况；财务收支、资产及负债情况；上一年度审计报告有关整改意见的落实情况。

在审计期间，欢迎广大干部群众如实反映有关情况，提出意见和建议，并对审计工作和审计人员执行纪律情况予以监督。

审计组组长：何××

审计组成员：张××、杨×、瞿××、尚××

联系电话：××××

邮箱：××××

A医院审计处

202×年×月×日

**【例7-3】**接例7-2，审计组按工作流程向被审计对象发送审计通知书，并要求被审计对象按材料清单要求提交材料。审计组依据有关法律法规开展审计工作，被审计单位对提供材料的真实性完整性负责，因此，被审计单位需要向审计组提供承诺书，对此作出正式承诺，承诺书的获得，是审计需要获得的重要资料之一。审计承诺书格式如下：

**被审计单位承诺书**

我们已按审计组的要求，提供了全部财务会计资料及相关资料，并郑重承诺如下：

一、所提供的会计资料（会计凭证、会计账簿、会计报表、银行开户账号）、电子数据及其结构文档资料是真实、完整的。

二、无账外账和账外资产。

三、所提供的与审计事项有关的资料和会议纪要、合同等资料是真实、完整的。

四、有关重大事项（重大诉讼等或有事项）无隐瞒。

我单位会计报表的编制和所有会计事项的记录，均符合《中华人民共和国会计法》等有关法规关于会计资料必须真实、完整的规定。

承诺单位（或承诺人）盖章（或签字）：

法定代表人（或负责人）签字：

财务负责人签字：

202×年×月×日

【例7－4】接例7－3，审计组通过收集、查看资料，进行审计取证，编写、整理、复核审计工作底稿，对工作底稿进行签字确认。工作底稿格式如表7－1所示。

**表7－1　　审计工作底稿**

索引号：　　　　　　　　　　　　　　　　　　　　　　第　　页（共　　页）

| | | | |
|---|---|---|---|
| 项目名称 | | | |
| 审计（调查）事项 | | | |
| 审计人员 | | 编制日期 | |
| 审计过程：<br>实施审计的步骤和方法：<br>取得的审计证据的名称和来源： | | | |
| 审计认定的事实摘要及审计结论： | | | |
| 审核意见： | | | |
| 审核人员 | | 审核日期 | |

附件：　　页

［说明：审核人员提出审核意见的，审计人员应当将落实情况和结果作出书面说明，经审核人员认可并签字后，附于本底稿后。］

【例7－5】接例7－4，审计组在审计工作底稿基础之上，撰写审计报告，形成审计报告（征求意见稿）。审计组按工作流程将审计报告（征求意见稿）提交审计处复核，审计处将审计报告发送被审计单位征询意见。审计报告的确认书如下：

## 审计确认书

××医院：

现将审计组拟定的审计报告送你单位征求意见。请在接到审计报告之日起十日内提出书面意见，并连同审计报告返回审计组，逾期不返回的视作同意处理。

附：××医院202×年度财务预算执行与决算审计情况审计报告（征求意见稿）1份

A医院审计处

202×年×月×日

| |
|---|
| 被审单位意见：（可加附页）<br><br><br>单位负责人（签字）<br>（单位公章）<br>年　月　日 |

【例7-6】接例7-5，经与被审计单位充分沟通、征求意见之后，审计组按被审计单位反馈意见修改完善审计报告（征求意见稿），形成送审稿，经批准，最终形成正式审计报告如下：

**××医院202×年度财务预算执行与决算审计情况审计报告**

××医院：

根据医院审计工作安排，我们自202×年×月×日起至202×年×月×日止，对××医院202×年度财务预算执行与决算情况进行审计。××医院对所提供资料的真实性、合法性和完整性负责，并对此作出了书面承诺。我们的责任是依照《关于内部审计工作的规定》（审计署令第11号）、《卫生计生系统内部审计工作规定》（国家卫生和计划生育委员会令第16号）及医院相关规章制度等实施审计并出具审计报告。现将审计情况报告如下：

**一、基本情况**

202×年××医院调整后的预算总收入金额为××元，其中：……202×年××医院调整后的预算总支出金额为××元，其中：基本支出金额为××元；项目支出金额为××元。

**二、审计情况**

（一）财务预算编制情况

1. 收入预算执行情况

按预算同口径，××医院202×年度总收入金额为××元，预算收入完成率为××%，收入预算执行情况较好。具体项目详见表7-2。

表7-2　　202×年度收入预算执行情况

| 序号 | 项目 | 202×年预算数 | 202×年执行数 | 预算完成率（%） |
|---|---|---|---|---|
| 1 | | | | |
| 2 | | | | |
| | …… | | | |
| 合计 | | | | |

2. 支出预算执行情况

××医院202×年度总支出金额为××元，预算支出完成率为××%。具体项目详见表7-3。

表7-3　　202×年度支出预算执行情况

| 序号 | 项目 | 202×年预算数 | 202×年执行数 | 预算完成率（%） |
|---|---|---|---|---|
| 1 | | | | |
| 2 | | | | |
| | …… | | | |
| 合计 | | | | |

（二）资产负债增减变动情况

1. 资产增减变动情况

××医院202×年年末资产总额为××元，比上年年末的资产总额减少了××元，减少××%，详见表7-4。

表7-4　　202×年度资产增减变动情况

| 科目名称 | 上年期末余额 | 本年期末余额 | 增减金额 | 增减比例 |
|---|---|---|---|---|
| | | | | |
| | | | | |
| | | | | |
| 合计 | | | | |

2. 负债增减变动情况

××医院202×年年末负债总额为××元，比上年年末的资产总额增加了××元，增加××%，详见表7-5。

表 7－5　　202×年度负债增减变动情况

| 科目名称 | 上年期末余额 | 本年期末余额 | 增减金额 | 增减比例 |
| --- | --- | --- | --- | --- |
| | | | | |
| | | | | |
| | | | | |
| 合计 | | | | |

## 三、审计评价

××医院202×年度预决算总额完成率为××%，按照既定的预算范围内进行收支，整体预算控制情况较好。

## 四、审计发现的问题及建议

（一）预算管理方面

1. 部分预算部门自查表与财务部门数据存在差异

审计建议：各预算部门获得预算控制数批复后应核对细化二级项目预算明细，并进一步落实预算执行责任部门。财务部门与各部门应统一预算执行数统计口径，避免因核对缺失、口径不一造成的预算管理不足。预算执行过程中，应细化各部门二级明细项目预算执行统计，项目预算部门预算员应与财务部门定期核对预算执行情况明细。

2. 经费之间存在调剂使用的现象

部分预算部门在填写预算执行数时，对于部分支出未按照下设项目明细准确填报，未如实体现部分项目超支与结余情况。

审计建议：加强预算执行管理，要求各预算部门在执行费用支出时明确经费列支的明细项目，便于财务部门统计审核预算执行情况。各预算部门应准确按照经费用途列支预算项目，如实反映各二级明细的执行情况，当执行数超出年初预算时，应做好预算调整工作，避免经费混用、挤占其他项目经费等情况的发生。

3. 存在“以拨代支”的现象，有待加强管理

审计建议：加强对该类“以拨代支”经费的后续管理，落实经费的跟踪检查制度，对其使用及效益情况进行后续跟进，使该部分经费的使用也纳入医院管理体系。

（二）经费报销管理方面

1. 报销的发票抬头不完整。

2. 签到单由他人代签。

3. 发放办公用品等未见领用签收单。

审计建议：财务部门应加强经费报销的审核，对记载不准确、不完整的原始凭证予以退回。

A 医院审计处

202×年×月×日

# 第八章 财务收支审计

## 第一节 财务收支审计概述

### 一、财务收支审计的概念

财务收支审计，是指医院内部审计机构依法对医院及其所属部门、单位各项资金的筹集、管理和使用，财产物资管理、使用的真实、合法和效益以及内部控制制度的健全性、有效性进行的审查和评价。

### 二、财务收支审计的目的

财务收支审计的目的，是促进医院加强资金和财产物资的管理，提高使用效益，通过揭示和披露被审计单位在相关经济活动中取得的成绩和存在的问题，以及相应内部控制的健全性、有效性，发挥审计的监督作用，保障医院各项事业的顺利发展。

### 三、财务收支审计的方法和程序

财务收支审计的方法可以采用调查、审核、监盘、观察、函证、计算、分析性复核、抽样和询问等。根据审计重点和内容的不同，财务收支审计可以选择与之相适应的一种或几种审计方法来组合实施，以达到或实现审计目标。关于审计方法和审计实施程序，第五章已有详细介绍，本节不再赘述。

### 四、其他注意事项

1. 医院财务收支审计可根据实际情况确定采取就地审计或报送审计的方式开展工作，也可根据实际情况委托社会审计机构进行审计。

2. 医院内部审计机构和审计人员在对医院及各独立核算单位财务收支进行审计时，有权要求被审计单位限期提供与审计内容相关的全部文件和资料。被审计单位应对提供的各项文件和资料的真实性、合法性负责。

3. 对有经营活动单位的财务收支审计，一般按年度连续进行。如被审计年度的有关事项涉及以前年度的经营活动，应进行必要的延伸审计。

4. 审计组在实施财务收支审计后，应在审计报告中真实反映审计结果，对被审计单位在财务收支活动中存在的问题作出客观判断和评价。

（1）对被审计单位财务收支活动的合法性作出判断和评价，即财务收支活动是否符合国家的有关法律法规及单位内部的各类规章制度。

（2）对被审计单位的财务收支活动的公允性作出判断和评价，即财务资料是否在所有重大方面公允地反映被审计单位的财务状况、经营成果以及现金流量等情况。

（3）判断和评价被审计单位是否遵循了一贯性原则，即在会计处理方法和会计政策方面有无保持各年度的连续、一贯，方法和政策的变更有无经过适当的批准。

（4）内部控制制度是否建立、健全，已有的制度是否得到了有效的执行。

## 第二节　财务收支审计的内容

财务收支审计的内容主要包括财务管理制度、财务收支、结余分配、专用基金、资产、负债等。

## 一、财务管理制度审计

1. 财务管理体制是否符合国家有关规定。

2. 是否按规定设置财务机构并配备合格的财会人员，财务管理工作是否适应医院发展需要。

3. 医院一级财务机构是否对全院各项财务工作实行统一管理。

4. 会计核算是否符合会计法规和会计准则制度的规定。

5. 财务规章制度和内部控制制度是否健全、有效。

## 二、预算管理审计

1. 预算编制的原则和方法及编制和审批的程序是否符合国家、上级主管部门和医院的有关规定，预算的编制是否坚持“量入为出，收支平衡”的原则，预算的编制是否与年度工作计划相符。

2. 预算编制的原则、方法和审批的程序是否符合规定，各项收入和支出是否全部统一纳入预算管理，是否及时、足额到位，收入预算是否坚持稳健原则，支出预算是否坚持统筹兼顾、保证重点、勤俭节约等原则，有无赤字预算。

3. 各项收入和支出是否按预算执行，是否真实、合法，会计核算是否合规，预算执行过程中的内部控制制度是否健全、有效。

4. 预算调整有无确需调整的原因和明确的调整项目、数额、措施及有关说明，是否按规定的程序办理并经批准后执行。

5. 为保证预算的完成采取了哪些措施，这些措施是否合法、有效。

6. 收入预算和支出预算最终实际执行结果如何，如与计划差异较大，应当分析其原因是否合理。

## 三、会计凭证审计

1. 记账凭证是否附列全部经过审核无误的原始凭证，金额是否一致。

2. 原始凭证反映的经济业务是否真实、合法，内容是否完整。

3. 会计分录是否正确，摘要是否清晰、明了，凭证填制是否符合规定，内容是否完整。

4. 会计凭证的审核、传递是否符合规定。

## 四、会计账簿审计

1. 账簿设置是否符合有关规定，是否完整、全面。

2. 账簿反映的内容是否真实、完整、准确，记录是否及时、清晰，是否采用正确的更正方法。

3. 账簿反映的经济业务是否与记账凭证相符，总账与明细账、日记账等是否相符。

4. 账簿的启用、交接是否按规定办理。

## 五、会计报表审计

1. 会计报表的种类、格式、编制方法是否符合规定。

2. 会计报表及其附注反映的内容是否真实、完整、及时、准确。

3. 会计报表是否根据登记完整、核对无误的账簿编制，账表是否相符，报表间具有勾稽关系的数字是否相符。

## 六、财务收入审计

1. 各项收入是否统一管理、统一核算。

2. 各项收入是否及时足额到位，有无隐瞒、截留、挪用、拖欠或设置“账外账”“小金库”等问题，根据类型、金额、日期等随机抽取部分收费记录，与收入明细账的日期进行核对，检查入账的及时性；检查退款记录，核对实际单据、票据金额，并对退款记录进行分析检查。

3. 收费的项目、标准和范围是否符合有关规定，会计处理是否合规，有无擅自增加收费项目、扩大收费范围、提高收费标准等乱收费行为。

4. 各项收费票据是否符合规定，是否按规定使用和核销；对收费系统使用的票据进行检查，检查电子号码与票据实际号码是否连贯、票据是否真伪。

5. 对购入票据的记录、号段等进行检查，检查票据领用的外部程序是否合规，是否与单位的实际用量一致；检查票据采购、申领、使用等相关制度是否完备，实际操作程序是否与之一致，检查内控的有效性。

6. 检查各项收入明细账的原始凭证，查看入账依据是否均为合法票据。

7. 应上缴的资金是否按照国家有关规定及时足额上缴，是否实行“收支两条线”管理。

8. 各项收入的分类是否准确，会计核算和资金管理是否符合相关财务制度、会计制度的规定。

## 七、财务支出审计

1. 各项支出的内控制度设计是否完备、是否存在明显缺陷。

2. 各项支出是否真实，是否按预算执行，有无超预算等问题；各项支出的分类是否准确，会计核算是否符合相关财务制度、会计制度的规定，有无会计信息失真等问题。

3. 各项支出是否严格执行国家和医院有关财务制度规定的开支范围和开支标准，有无虚列支出、以领代报和滥发钱物等问题。

4. 根据银行日记账和现金日记账，对付款记录进行分析，检查整体合规性和合理性，有无与医院整体业务支出不相关的单一性质的支出，有无乱支出现象。

5. 抽查大额支出、频繁支出、相似金额、同一业务连续支出等潜在风险较大的支出的审批程序是否符合内部控制制度的设计、是否合理，签批手续是否符合内部设计。

6. 对重点支出项目进行重点检查，包括金额较大的重点、非常规性业务的业务重点，如重点核对大额资金支出的合理性，审批程序是否符合规定，对外合资合作、重大资产处置、重大项目立项等，检查其程序和合规性。

7. 获得人事部门的人员名册，与工资、奖金等发放记录进行比对，核查是否合规；检查工资、奖金等发放程序是否合理，是否存在重大风险，是否存在不打入职工本人账户的问题等。

8. 重新计算税金，查看各种税金及附加的计算是否正确；查看税金缴纳是否及时，是否应交尽交。

9. 专项资金是否专款专用，检查专项资金支出的明细账，查看相关核算是否清晰，是否存在超范围、超标准支出，各项支出的范围、标准与项目批复是否一致；专项资金的支出审批程序是否正确，有无挤占、挪用专项资金的问题。

10. 各项支出所取得的效益如何，有无损失浪费等问题。

## 八、结余及其分配审计

1. 经营收支结余是否单独反映，会计处理是否合规。

2. 结余分配是否符合国家的有关规定，有无多提或少提专用基金等问题。

3. 项目结转资金和结余资金是否正确区分。结余资金的处理是否正确，应缴回的是否按照规定缴入国库或上缴行政主管部门。

## 九、专用基金审计

1. 各项专用基金的提取，以及医院提取或设置的其他基金是否符合国家的有关规定，是否及时足额到位。

2. 各项专用基金的管理和使用是否合规，是否按照规定或捐赠人、捐赠单位限定的用途使用，使用效益如何。

3. 各项专用基金是否设置专门的账户进行核算，核算是否合规。

## 十、资产审计

1. 现金和银行存款的管理和使用是否符合规定，内部控制制度是否健全、有效；对现金进行盘点，查看有无未入账事项、白条抵库等问题；银行开户是否经过批准，并按规定使用，有无公款私存等问题；核对银行调节表，评估未达账项的合理性，检查有无长期未达事项，分析其风险。

2. 对应收及暂付款项是否及时清理结算，有无长期挂账等问题，对确实无法收回的应收及暂付款项是否查明原因、分清责任、按规定程序批准后核销。

3. 对包括固定资产、耗材、药品等在内的各种实物资产是否进行定期或不定期的清查盘点，做到账实相符，盘盈、盘亏是否及时处理。

4. 设备、材料、低值易耗品及固定资产的购置有无计划和审批手续，有无擅自购买国家规定的专项控制商品的问题；验收、领用、保管、报废、调出、变卖等是否按照规定的程序办理并报有关部门审批、备案，有无被无偿占用和流失等问题；会计核算是否符合规定。

5. 对贵重医疗设备等精密资产，检查维护保养记录，查看资产管理情况，有无恶意损毁、管理不当问题；随机抽查资产的使用记录，并与收入进行对比，查看资产使用安全，有无不合规问题。

6. 对医用耗材等实物资产的出入库记录进行检查，检查其真实性、完整性，并与收入记录进行对比，检查收入完整性，是否虚列支出。

7. 无形资产的管理是否符合规定，转让无形资产是否按规定进行资产评估，收入的处理是否合法、合规。

8. 对已经确认为损失或者收入的往来款、废旧物资、固定资产等事项进行核对，查看审批程序，判定报废的合理性、审批权限是否正确，账务处理是否正确，有无风险。

9. 对外投资是否按规定报上级主管部门和有关管理部门批准或备案，以实物或无形资产对外投资是否按规定进行资产评估，收益处理是否合法、合规。

## 十一、负债审计

1. 对各项负债包括借入款、应付及暂存款、应缴款项、代管款项等，是否按照不同性质分别管理，管理和核算是否合法、合规。

2. 对各项负债是否及时清理，按照规定办理结算，并在规定期限内归还或上缴应缴款项。

3. 是否建立负债的风险控制机制，负债风险控制是否有效。

## 十二、财务决算审计

1. 年度财务决算编报的原则、方法、程序和时限是否符合财务制度的规定和要求。

2. 年度财务决算包括资产负债表、收入费用表、净资产变动表、现金流量表、预算收入支出表、预算结转结余变动表和财政拨款预算收入支出表及报表附注的内容是否完整，填列的数字是否真实，有无隐瞒、遗漏或弄虚作假等情况。

3. 年度决算所列各项收入和支出是否合法、合规，有无违纪违规问题。

4. 财务决算说明是否真实准确地反映了单位年度财务状况，对本期或下期财务状况发生重大影响的事项是否真实反映。

5. 财务分析的各项指标，包括预算管理指标（预算支出执行率、财政专项拨款执行率）、结余和风险管理指标（业务收支结余率、资产负债率、流动比率）、资产运营指标（总资产周转率、应收账款周转天数、存货周转率）、成本管理指标（门诊收入成本率、住院收入成本率、百元收入药品消耗、百元收入卫生材料消耗）、收支结构指标（人员经费支出比率、公用经费支出比率、管理费用率、药品及卫生材料支出率、药品收入占医疗收入比重）、发展能力指标（总资产增长率、净资产增长率、固定资产净值率）等是否真实、准确。

### 十三、其他

1. 以前年度发现的审计问题整改情况。

2. 需要审计的其他事项。

## 第三节　财务收支审计案例

医院财务收支审计是医院内部审计机构或上级审计机构及医院委托审计的社会机构依法对医院及其所属单位各项资金的管理和使用以及财产物资管理、使用的真实、合法、效益性进行的审计监督。本节以A医院为例，详细讲解如何进行医院财务收支审计实务操作，供读者参考借鉴。

**【例8－1】** 为了规范医院财务收支审计工作，提高审计工作质量，A医院结合自身实际，制定了《A医院财务收支审计实施办法》，详见本书附录部分，此处略。

**【例8－2】** A医院审计处按照审计计划，拟对后勤服务公司开展202×年度财务收支审计。为此，审计处制订了审计实施方案如下：

## 关于对后勤服务公司开展202×年度财务收支审计的实施方案

为了认真落实《A医院202×年审计工作要点》，按时完成内部审计工作计划任务，院审计处定于202×年×月至×月对后勤服务公司开展202×年度财务收支审计工作。为了保证审计工作有序推进，特制订实施方案如下。

### 一、审计目的和依据

为了促进加强后勤服务公司内部管理，进一步规范后勤服务公司的经济行为，摸清后勤服务公司财务收支情况，为下一步持续深化后勤服务改革提供依据，根据《卫生计生系统内部审计工作规定》和《A医院内部审计工作实施办法》及其他医院相关规定，开展财务收支审计工作。

### 二、审计对象和范围

审计对象：A医院后勤服务公司

审计范围：202×年度财务收支情况。

### 三、审计内容和重点

本次审计的主要内容是后勤服务公司202×年度财务收支情况，审计重点如下。

1. 内部控制制度和程序是否健全、合理，是否有效执行。

2. 收入是否合法、真实，是否及时、足额上缴和入账，有无坐收坐支情况，有无截留情况。

3. 支出是否合法、真实，是否符合国家财会制度和医院有关管理规定。

4. 预算执行情况如何。

5. 有无侵占、挪用、私分资金和套取现金等问题。

6. 往来款项是否定期核对和催还，有无相关记录。

### 四、审计方式

本次审计采取送达审计与就地审计相结合的方式进行。

### 五、审计工作程序和日程

本次审计工作从202×年×月×日开始，至202×年×月×日结束，具体分为以下几个阶段进行：

（一）审计准备阶段（202×年×月×日前）

1. 按照医院内部审计工作计划的安排确立审计项目，在审前调查的基础上制订审计实施方案，选择好会计师事务所，确定审计小组及其成员分工，明确审计目标及重点，安排各阶段审计任务和实施时间。

2. 向被审计单位送达审计通知书，采集审计资料。

（二）审查分析阶段（202×年×月×日至202×年×月×日）

根据审计实施方案，针对审计内容和重点，采用符合性测试和实质性测试的方法，审查被审计单位内部控制制度和程序设计的适当性及其运行的有效性；审查测试被审计单位财务收支的合规性，并在检查测试的基础上进行分析性复核。具体程序分两步实施：

1. 审查会计凭证、会计账簿、会计报表和有关内部控制制度，并进行相关测试和评价。

2. 针对第一步审查中发现的情况和问题，到被审计单位进行进一步询证，取得相关审计证据。

（三）总结报告阶段（202×年×月×日至202×年×月×日）

1. 审计员对审查分析阶段形成的审计工作底稿进行分析、总结，形成审计报告初稿。

2. 审计组长复核审计工作底稿和审计报告初稿。

3. 审计小组与被审计单位交换意见。

4. 综合以上情况，形成审计结论，作出审计决定，提出审计建议，最终完成审计报告。

5. 将审计报告报送医院领导审批。

（四）督促落实阶段

按照经领导批准的审计决定和审计建议，督促被审计单位完成整改落实工作。

（五）审计终结阶段

工作完成后，将全部审计资料进行整理和归档。

**六、审计分工**

为顺利完成审计工作任务，本次审计成立审计组，审计组成员由医院审计处及受托会计事务所派员共同组成，审计组成员不少于三人。审计组实行组长负责制，审计员根据组内分工履行工作职责，互相配合完成审计事项。具体分工如下。

审计组长：负责组织审计实施、复核审计工作底稿和审计报告。

审计员：负责审计实施的各项具体工作，主要包括：资料采集、审查资料、审计取证、编制审计工作底稿和审计报告、督促整改落实、审计材料归档等。

## 七、审计工作纪律和要求

审计人员在实施审计过程中必须严格遵守内部审计工作相关纪律，在工作中做到独立、客观、正直、勤勉，保持廉洁，保守秘密，努力践行内部审计人员职业道德规范的各项要求，按照本方案的日程安排如期完成审计工作任务。

A 医院审计处

202×年×月×日

**【例 8-3】** 接例 8-2，在审计实施前，审计处对该审计事项进行信息公开。信息公开如下：

### 关于对后勤服务公司 202×年度的财务收支情况进行专项审计的公示

根据《中华人民共和国审计法》《关于内部审计工作的规定》（审计署令第 11 号）、《卫生计生系统内部审计工作规定》（国家卫生和计划生育委员会令第 16 号）等规定，按照医院工作安排，决定于 202×年×月×日起，对后勤服务公司 202×年 1 月 1 日至 202×年 12 月 31 日的财务收支情况进行专项审计，重大事项将进行必要的延伸或追溯。

广大干部群众对本次审计范围内的事项，如有意见或建议，可在 202×年×月×日前向审计组或审计处反映。电话：××××。邮箱：××××。

审计处

202×年×月×日

**【例 8-4】** 接例 8-3，审计组经必要审计程序后，出具审计报告。审计报告如下：

### A 医院后勤服务公司 202×年度财务收支情况审计报告

A 医院后勤服务公司：

根据《关于内部审计工作的规定》（审计署令第 11 号）、《卫生计生系统内部审计工作规定》（国家卫生和计划生育委员会令第 16 号）及医院有关规定，我们自 202×年×月×日至 202×年×月×日，对你单位自 202×年 1 月 1 日至202×年 12 月 31 日期间的财务收支情况进行了审计。审计组由××同志任组长、××同志任主审，××和××同志任助审。我们依据《中国内部审计准则》等有关规定，重点审计了 202×年期间的会计资料，并查阅了相关资料。贵单位对提供的资料的真实性、合法性和完整性负责。现将审计情况报告如下。

**一、基本情况及评价意见**

（一）基本情况

A医院后勤服务公司成立于201×年，主要职责是提供后勤保障服务。现内设部门××个，人员××人，其中：在职××人，离退休××人，聘用劳动合同制××人，劳务派遣××人。

后勤服务公司下设分公司×个，业务范围包括××等。

（二）本年收支情况

202×年度总收入××万元，其中：××。202×年总支出××万元，其中：××。

（三）资产负债情况

截至202×年末，资产总额××万元，其中：××。负债总额××万元，其中：××。

**二、审计实施的基本情况**

审计组严格按照内部审计准则、国家有关法律、法规及医院相关规定，认真进行了审前调查，制订了切实可行的审计实施方案。审计结果表明，后勤服务公司在上级有关部门和A医院的领导下，结合自身工作实际，建立了“三重一大”制度、资产管理制度、内部控制制度监督检查细则等内控制度，对规范单位内部管理起到了积极作用，整体收支情况较好，但审计中也发现××等一些问题。

**三、审计发现的主要问题及审计处理意见**

（一）未及时清理长期挂账的往来款项。

（略）

（二）未按规定程序调整财务预算。

（略）

（三）固定资产存在账实、账账不符的情况，且未定期对固定资产进行盘点。

（略）

**四、审计建议**

（略）

××医院审计处

202×年×月×日

**【例 8－5】** 为了规范委托社会中介机构审计工作，提高审计质量，防范审计风险，维护医院合法权益，A 医院结合自身实际，制定了《A 医院委托社会中介机构审计工作办法（试行）》，详见本书附录部分，此处略。

**【例 8－6】** A 医院考虑审计成本以及审计事项的重要程度，拟将 202×年度财务收支审计以竞争性磋商方式实施采购，医院从招标代理库中按程序遴选出××招标代理有限公司，委托其代理上述采购事宜。××招标代理有限公司发出竞争性磋商公告如下：

### A 医院 202×年度财务收支审计服务项目竞争性磋商公告

（项目编号：TJBD－202×－C－185）

受 A 医院的委托，××招标代理有限公司将以竞争性磋商方式，就 A 医院 202×年度财务收支审计服务项目实施采购，现欢迎合格的投标人参加磋商。

**一、名称及编号**

1. 项目名称：A 医院 202×年度财务收支审计服务项目

2. 项目编号：TJBD－202×－C－185

**二、项目内容**

A 医院 202×年度财务收支审计服务×项，具体内容及要求详见项目需求书。

**三、项目预算**

本项目预算为××万元。

**四、项目需要落实的政府采购政策**

1. 按照《关于调整优化节能产品、环境标志产品政府采购执行机制的通知》《关于印发环境标志产品政府采购品目清单的通知》《关于印发节能产品政府采购品目清单的通知》《市场监管总局关于发布参与实施政府采购节能产品、环境标志产品认证机构名录的公告》等文件要求，对政府采购节能、环境标志品目清单内的产品实施优先采购和强制采购的评标方法。

2. 根据财政部发布的《政府采购促进中小企业发展暂行办法》规定，本项目对小型和微型企业产品的价格给予××%的扣除。

3. 根据财政部发布的《关于政府采购支持监狱企业发展有关问题的通知》规定，本项目对监狱企业产品的价格给予××%的扣除。

4. 根据财政部发布的《财政部 民政部 中国残疾人联合会关于促进残疾人就业政府采购政策的通知》规定，本项目对残疾人福利性单位产品的价格给予

××%的扣除。

注：小微企业以投标人填写的《中小企业声明函》为判定标准，监狱企业须投标人提供由省级以上监狱管理局、戒毒管理局（含新疆生产建设兵团）出具的属于监狱企业的证明文件，残疾人福利性单位以投标人填写的《残疾人福利性单位声明函》为判定标准，否则不予认定。以上政策不重复享受。

**五、投标人实质性资格要求**

1. 投标人须符合《中华人民共和国政府采购法》第二十二条规定的条件。

2. 投标人若为法定代表人投标，须提供法定代表人身份证明书（须加盖投标单位公章）和法定代表人身份证原件；投标人若为投标人代表投标，须提供法定代表人授权书（须由法定代表人签字或盖章）和投标人代表身份证原件。

3. 投标人须具备会计师事务所执业证书。

4. 本项目不接受联合体投标。

**六、获取磋商文件时间、地点方式及磋商文件售价**

1. 获取磋商文件的时间：202×年×月×日至202×年×月×日出售磋商文件，每日上午：8：30－11：30，下午：14：00－17：30（法定节假日除外）。

2. 获取磋商文件的地点：××招标代理有限公司（××市××区××路××号××大厦××号）。

3. 获取磋商文件的方式：现场发售，一经售出，概不退还。

4. 磋商文件的售价：售价××元/份。

**七、响应文件提交的截止时间及地点、开标时间及地点**

1. 响应文件提交的截止时间：202×年×月×日下午13：50（北京时间）。

2. 响应文件开启时间：202×年×月×日下午13：50（北京时间）。

3. 响应文件开启地点：××招标代理有限公司（××市××区××路××号××大厦××号第二评标室）

**八、项目联系人及联系方式**

1. 联系人：陈先生

2. 联系方式：×××－×××××××

**九、采购人的名称、地址和联系方式**

1. 采购人名称：A医院

2. 采购人地址：××市××区××路××号

3. 采购人联系人和联系方式：王老师；×××－×××××××

**十、采购代理机构的名称、地址和联系方式**

1. 采购代理机构名称：××招标代理有限公司

2. 采购代理机构地址：××市××区××路××号××大厦××号

3. 采购代理机构联系方式：×××-×××××××

4. 采购代理机构电子邮箱：TBY@163.com

**十一、公告期限**

磋商公告的公告期限为××个工作日。即自202×年×月×日起至202×年×月×日止。

**十二、其他事项**

本项目交纳磋商保证金：伍仟元整，投标人最迟应在202×年×月×日13:30前以支票或电汇等非现金方式将磋商保证金交至采购代理机构，收到磋商保证金时间以磋商保证金到账时间为准，如出现支票退票、电汇未到账等情况，按投标单位未交纳磋商保证金处理。（汇款信息须标注所投项目编号）

开户银行：××××

账号：××××

户名：××招标代理有限公司

××招标代理有限公司

202×年×月×日

**【例8-7】**接例8-6，通过竞争性磋商方式，A医院最终正式确定委托××会计师事务所（普通合伙）开展此项工作。为此，审计处发出公示如下：

**关于A医院202×年度财务收支审计的公示**

按照医院202×年审计项目计划，拟开展医院202×年度财务收支情况审计，现公示如下：

**一、审计范围**

医院202×年度财务收支情况，涉及全院各科室、职能部门、直属单位。

**二、审计方式**

委托××会计师事务所（普通合伙）进行现场审计。

**三、审计内容**

202×年度财务收支情况、以往审计中发现问题的整改情况等。

**四、审计工作步骤与时间安排**

本次审计工作按以下几个阶段进行：审计准备阶段（5月30日至6月5日）、

审计实施阶段（6月6日至7月5日）、审计终结阶段（7月6日至7月10日）。

**五、审计工作纪律**

（一）不准由被审计单位和个人报销或补贴住宿、餐饮、交通、通信、医疗等费用。

（二）不准接受被审计单位和个人赠送的礼品礼金。

（三）不准参加被审计单位和个人安排的宴请、娱乐、旅游等活动。

（四）不准利用审计工作知悉的国家秘密、商业秘密和内部信息谋取利益。

（五）不准利用审计职权干预被审计单位依法管理的资金、资产、资源的审批或分配使用。

（六）不准向被审计单位推销商品或介绍业务。

（七）不准接受被审计单位和个人的请托干预审计工作。

（八）不准向被审计单位和个人提出任何与审计工作无关的要求。

审计期间，广大职工如有对医院202×年度财务收支方面的情况反映，请与审计处审计组联系。联系电话：××××，邮箱：××××，办公地点：行政楼一楼305室。同时，欢迎广大职工对审计组的工作进行监督。

特此公示。

A医院

202×年×月×日

**【例8-8】**接例8-7，A医院委托××会计师事务所（普通合伙）实施202×年度财务收支审计。一般采用委托社会中介机构进行审计的时候，首先要取得管理层声明书。管理层声明是指被审计单位管理层向注册会计师提供的关于财务报表的各项陈述。它具有两个主要作用：一是明确管理层对财务报表的责任。被审计单位管理层在声明书中对提供给注册会计师的有关资料的真实性、合法性和完整性作出正面陈述，并明确承认对财务报表负责；二是审计证据。被审计单位管理层声明书把管理层对注册会计师的询问所作的答复以书面方式予以记录，可作为书面证据。注册会计师不应以管理层声明替代能够合理预期获取的其他审计证据。具体如下：

**管理层声明书**

__________________会计师事务所：

本院已委托贵事务所对本院______年____月____日的资产负债表，______年度的收入支出表、财务报表附注进行审计，并出具审计报告。

为配合贵事务所的审计工作，本院就已知的全部事项作出如下声明：

1. 本院承诺，按照政府会计准则的规定编制财务报表是我们的责任。

2. 本院已按照政府会计准则有关规定编制______年度财务报表，财务报表的编制基础与上年度保持一致，本院管理层对上述财务报表的真实性、合法性和完整性承担责任。

3. 设计、实施和维护内部控制，保证本院资产安全和完整，防止或发现并纠正错报，是本院管理层的责任。

4. 本院承诺财务报表符合适用的会计准则和相关会计制度的规定，公允反映本院的财务状况、经营成果和现金流量情况，不存在重大错报，包括漏报。贵事务所在审计过程中发现的未更正错报，无论是单独还是汇总起来，对财务报表整体均不具有重大影响。未更正错报汇总表附后。

5. 本院已向贵事务所提供了：

（1）全部财务信息和其他数据；

（2）全部重要的决议、合同、章程、纳税申报表等相关资料；

（3）全部医院党委会、院务会的会议记录。

6. 本院所有经济业务均已按规定入账，不存在账外资产或未计负债。

7. 本院认为所有与公允价值计量相关的重大假设是合理的，恰当地反映了本院的意图和采取特定措施的能力；用于确定公允价值的计量方法符合相关政府会计准则的有关规定，并在使用上保持了一贯性；本院已在财务报表中对上述事项作出恰当披露。

8. 本院不存在导致重述比较数据的任何事项。

9. 本院已提供所有与关联方和关联方交易相关的资料，并已根据政府会计准则有关规定识别和披露了所有重大关联方交易。

10. 本院已提供全部或有事项的相关资料。除财务报表附注中披露的或有事项外，本院不存在其他应披露而未披露的诉讼、赔偿、承兑、担保等或有事项。

11. 除财务报表附注披露的承诺事项外，本院不存在其他应披露而未披露的承诺事项。

12. 本院不存在未披露的影响财务报表公允性的重大不确定事项。

13. 本院已采取必要措施防止或发现舞弊及其他违反法规行为，未发现：

（1）涉及管理层的任何舞弊行为或舞弊嫌疑的信息；

（2）涉及对内部控制产生重大影响的员工的任何舞弊行为或舞弊嫌疑的信息；

（3）涉及对财务报表的编制具有重大影响的其他人员的任何舞弊行为或舞弊嫌疑的信息。

14. 本院严格遵守了合同规定的条款，不存在因未履行合同而对财务报表产生重大影响的事项。

15. 本院对资产负债表上列示的所有资产均拥有合法权利，除已披露事项外，无其他被抵押、质押资产。

16. 本院编制财务报表所依据的持续经营假设是合理的，没有计划终止经营或破产清算。

17. 本院已提供全部资产负债表日后事项的相关资料，除财务报表附注中披露的资产负债表日后事项外，本院不存在其他应披露而未披露的重大资产负债表日后事项。

18. 本院管理层确信：

（1）未收到监管机构有关调整或修改财务报表的通知；

（2）无税务纠纷。

19. 其他事项

注册会计师认为重要而需声明的事项，或者管理层认为必要而声明的事项。例如：

（1）本院在银行存款或现金运用方面未受到任何限制。

（2）本院对存货均已按照政府会计准则有关规定的规定予以确认和计量；受托代销商品或不属于本院的存货均未包括在会计记录内；在途物资或由代理商保管的货物均已确认为本院存货。

（3）本院不存在未披露的大股东及关联方占用资金和担保事项。

附件：未更正错报汇总表

__________医院（盖章）

法定代表人：（签名）

财务负责人：（签名）

_____年___月___日

【例 8－9】接例 8－8，经必要审计程序后，第三方出具正式审计报告。审计报告如下：

## 审计报告

××字〔202×〕××号

A 医院：

我们接受委托，于 202×年×月×日至 202×年×月×日派出审计小组对 A 医院 202×年 1 月 1 日至 202×年 12 月 31 日期间的收支情况及截至 202×年 12 月 31 日的财务状况进行了就地审计。A 医院对其所提供的资料的真实性、合法性、完整性负责。我们的责任依法独立实施审计并出具审计报告。

我们按照中国注册会计师审计准则的规定执行审计。中国注册会计师审计准则要求我们遵守职业道德规范计划和实施审计工作。我们实施了查阅资料、实物监盘、函证、询问相关人员等我们认为必要的审计程序，我们相信，我们获取的审计证据是充分的、适当的，为发表审计意见提供了基础。

### 一、基本情况

A 医院系一所综合性三级甲等医院，始建于 19××年，统一社会信用代码证号××，法定代表人××，注册资金××，地址××，业务范围：医疗与护理服务、医学教学、医学研究、卫生技术人员继续教育、卫生保健与健康教育等。A 医院有××个业务科室，共有职工××人（其中：在编在职职工××人，离退休人员××人，聘用职工××人）；床位编制数××张。

### 二、审计目的

审查 A 医院 202×年度财务收支情况在所有重大方面是否按照《政府会计准则制度》的规定执行，是否公允地反映医院财务状况、经营成果。

### 三、审计依据

（一）法规政策依据

《中华人民共和国会计法》《中华人民共和国预算法》《政府会计准则》《政府会计制度》《中国注册会计师审计准则》《行政事业单位内部控制规范（试行）》等。

（二）行为依据

《审计业务约定书》

**四、审计结果**

（一）资产负债情况

（略）

（二）收入情况

（略）

（三）支出情况

（略）

（四）其他事项

1. 债权类资产（略）

2. 债务类资产（略）

3. 对外融资情况（略）

4. 其他大额收付（略）

**五、审计意见**

我们认为，除存在上述第×项所述情况及其可能造成的影响外，截至202×年12月31日，A医院在所有重大方面公允地反映了A医院202×年度财务状况、经营成果。

**六、审计意见**

（略）

附：

1. 资产负债表

2. 收入费用总表

3. 收入费用明细表

4. 净资产变动表

5. 债权类明细表

6. 债务类明细表

7. 财政预算项目收支情况

8. 非财政拨款项目收入情况

××会计师事务所（普通合伙）　　　　　中国注册会计师：

中国注册会计师：

报告日期：二〇二×年×月×日

# 第九章 建设项目审计

## 第一节　建设项目审计概述

### 一、建设项目审计的概念

建设项目审计指内部审计机构和审计人员对建设项目实施过程的经济行为的真实性、合法性、效益性所进行的独立监督和评价活动。

建设项目是指医院作为投资主体或建设主体，在自有土地或新征用地上新建、改扩建、迁建以及应当纳入基本建设投资管理范围的工程。

### 二、建设项目审计的目的

医院建设项目审计是以促进工程规范化管理、提高投资效益、控制工程造价、落实管理责任为重点，对建设工程的投资管理进行监督、鉴证与评价，为医院完善建设工程管理制度、科学决策提供依据和服务。

### 三、建设项目审计的依据

在开展建设项目内部审计时，各医院可根据《基本建设财务规则》（财政部令第 81 号）、《基本建设项目竣工财务决算管理暂行办法》（财建〔2016〕503 号）、《建设工程价款结算暂行办法》（财建〔2004〕369 号）、《关于完善建设工程价款结算有关办法的通知》（财建〔2022〕183 号）、《基本建设项目建设成本管理规定》（财建〔2016〕504 号）、《卫生部关于加强和规范建设工程项目全过程审计的通知》（卫规财司〔2009〕39 号）等文件的要求，参照中国内部审计协会颁布的《内部审计实务指南第 3201 号——建设项目内部审计》以及《行政事业单位内部控制规范（试行）》（财会〔2012〕21 号）、《建设项目专项审计指引（试行）》等有关规定开展工程建设项目相关的内部审计工作。

## 四、建设项目审计的组织方式

根据医院的实际情况，建设项目审计的实施可以采用两种主要组织形式。

### （一）自主审计

即医院内部审计机构自行组织开展审计活动。内部审计机构自主开展建设项目审计时，审计组应尽可能配齐工程技术、工程造价、工程管理、工程经济等专业人员，部分人员也可以外聘或从其他部门借用。

### （二）委托审计

即医院内部审计机构委托外部机构审计。委托外部机构开展建设项目审计时，内部审计机构仍需要对外包项目的质量承担责任，故需对拟选择的受托机构的执业能力和质量进行必要的调查，对审计目标和具体要求提出清晰明确的意见，对受托机构派出的审计组人员组成和专业结构以及审计实施方案审核把关，对受托机构的审计实施工作加强业务督导和检查，对受托机构的质量控制体系进行抽查，对受托机构出具的审计报告进行复核和完善。

根据《卫生计生系统内部审计规定》和《卫生部关于加强和规范建设工程项目全过程审计的通知》（卫规财司〔2009〕39 号）等要求，医院的建设工程项目包括全过程审计在内的各项审计要根据项目的审计任务和内部审计资源情况做好工作安排。大中型建设工程项目可以委托具有相应资质的中介机构进行审计，委托单位要对委托业务实施全过程的管理和监督。委托业务工作可参照

《卫生部关于部属（管）单位委托社会审计业务工作管理的通知》要求办理。



## 五、常见的建设项目审计类型

医院内部审计机构开展工程建设项目审计时，常见的工程建设项目审计有工程结算审计、财务竣工决算审计和全过程跟踪审计，也可以根据委托专门开展特定目的的专项审计。

### （一）工程结算审计

工程结算审计是对施工单位在工程竣工或年度终了时，与建设单位所办理的工程价款结算的审计。这是内部审计机构最经常开展的建设项目审计之一，通常作为结算工程款项的依据。一般有阶段性结算和竣工结算两种主要形式。

### （二）竣工决算审计

竣工决算审计是建设项目审计的一个重要环节，它是指建设项目正式竣工验收前，由审计人员依法对建设项目竣工决算的正确性、真实性、合法性和实现的经济效益、社会效益及环境效益进行的检查、评价和鉴证。其主要目的是保障建设资金合理、合法使用，正确评价投资效果，促进总结建设经验，提高建设项目管理水平。在实际工作中，竣工决算审计的审定数据往往作为在建工程转为固定资产的数据。

### （三）全过程跟踪审计

建设工程全过程跟踪审计，是指由医院内部审计机构统一组织的，依据有关法律法规和制度规范，对建设工程从投资立项活动开始至竣工验收各阶段管理和经济活动的真实性、合法性、效益性所进行的全过程审计监督与评价。在医院的实际工作中，这种审计开展得越来越多。

### （四）专项审计

建设项目的专项审计往往是根据委托要求，专门针对某一方面工作开展得更为详细的审计工作。这也是工程审计的一项常见审计内容，具体可以包括以下的一项或者多项。

1. 建设项目前期决策审计，具体可以包括：项目建议书编制审计、建设项目可行性研究审计、建设项目报批报建审计等。

2. 工程造价审计，具体包括：造价管理审计和造价的真实性审计。

3. 建设项目采购审计，具体包括：建设项目招标投标审计、建设项目询价及竞争性谈判采购审计等。

4. 建设项目工程管理审计，具体包括：工期管理审计、质量管理审计和安全管理审计。

可见，常见的工程项目审计与专项审计既相互联系又有区别。区别在于：结算审计、竣工决算审计和全过程跟踪审计都与工程建设项目管理的关键节点密切相关，而专项审计则是由于一些专门要求、专门目的开展的局部审计。联系在于：就具体的审计内容、审计方法而言具有一致性，前者可以理解为阶段性的整体审计，后者则是针对其中的一项或多项任务开展的专门审计。

## 第二节　工程结算审计

### 一、工程结算审计的概念

工程结算审计是对施工单位在工程竣工或年度终了时，与建设单位所办理的工程价款结算的审计，是对工程结算的真实性、合法性和效益性进行的审查和评价。

### 二、工程结算审计的目的

工程结算审计的目的，是通过加强审计监督，有效地控制工程造价，规范工程造价管理，保证资金合理使用和工程质量，有效控制建设投资。工程结算审计通常作为结算工程款项的依据。

### 三、工程结算审计的作用

医院的建设项目资金主要来源于各级财政的支持，因此，做好工程结算审计具有以下作用。

1. 工程结算审计，可以消除高估冒算，排除不正当提高工程预算造价现象，也有利于业主和承包商加强经费核算，提高经济效益。

2. 做好工程结算审计，有利于各级政府科学合理地控制项目投资。

3. 做好工程结算审计，是进一步规范项目管理的有效手段之一。把好工程结算审计关，通过查阅资料、走访、实地勘察等多种方式，既有助于政府汇总建设项目情况，统计建设项目收益，更有利于政府完善固定资产台账，从根本上杜绝国有资金流失。

4. 工程结算审计是工程造价控制的最后一关，审计质量的好坏直接影响到政府固定资产投资数额的大小，若不能严格把关将会造成不可挽回的损失。

## 四、工程结算审计的内容

### （一）审核竣工结算编制依据

编制依据主要包括：工程竣工报告、竣工图及竣工验收单；工程施工合同或施工协议书；施工图预算或招标投标工程的合同标价；设计交底及图纸会审记录资料；设计变更通知单及现场施工变更记录；经建设单位签证认可的施工技术组织措施；预算外各种施工签证或施工记录；合同中规定的定额，材料预算价格，构件、成品价格；国家或地区新颁发的有关规定。

医院内部审计机构在对编制依据开展审计时，要审核编制依据是否符合国家有关规定，相关资料是否齐全，手续是否完备，对遗留问题处理是否合规。

### （二）审核委托建设项目的工程量

工程量是决定工程造价的主要因素，核定施工工程量是工程结算审计的关键。

1. 建设项目工程量的审计方法

建设项目工程量可以根据施工单位编制的竣工结算中的工程量计算表，对照图纸尺寸进行计算来审核，也可以依据图纸重新编制工程量计算表进行审计。要对投资比例较大的分项工程、容易混淆或出现漏洞的项目和容易重复列项或重复计算的项目进行重点审核。对于无图纸的项目要进行现场踏勘，必要时可采用现场丈量实测的方法。

2. 审核材料用量的合理性

审核材料用量，主要是审核主要材料的消耗数量是否准确，列入直接费的材料是否符合预算价格。涉及材料代用和变更的，是否有规定变更程序。材料总价是否符合价差的规定，数量、实际价格、差价计算是否准确，并应在此基础上，依据预算定额的取费价格，对照实际市场价格，审核退补价差金额的真实性。

3. 审查隐蔽工程

做好隐蔽工程验收记录是进行工程结算的前提。在实际工作中应作为重点关注的审计点，实际中往往存在到竣工结算时候补记录列入结算的问题。有的甚至没有发生也列入结算，这种事后补办的隐蔽工程验收记录，不仅存在严重质量隐患，使工程造价提高，并且存在严重徇私舞弊腐败现象，因此，在审查隐蔽工程的价款时，一定要严格审查验收记录手续的完整性、合法性。

4. 审查附属工程

在审核竣工结算时，对列入建安主体的水、电、暖与室外配套的附属工程，应分别审核，防止施工费用的混淆、重复计算。

5. 审核工程类别和取费

对施工单位的资质和工程类别进行审核，是保证工程取费合理的前提。确定工程类别，应按照国家规定的规范认真核对；建筑安装工程取费标准，应按合同要求或项目建设期间与计价定额配套使用的建安工程费用定额及有关规定进行核对。在审查时，应审查各项费率、价格指数或换算系数是否正确，价差调整计算是否符合要求。

6. 审查工程定额的套用合理性

主要审查工程所套用定额是否与工程应执行的定额标准相符，工程预算所列各分项工程预算定额与设计文件是否相符，工程名称、规格、计算单位是否一致。正确把握预算定额套用，避免高套、错套和提高工程项目定额直接费等问题。

7. 防止各种计算误差

工程竣工结算是一项非常细致的工作，由于结算的子项目多，工作量大，内容繁杂，不可避免地存在着这样或那样的计算误差，但很多误差都是多算。因此，必须对结算中的每一项进行认真核算，防止因计算误差导致工程价款多计或少计。

### （三）审核施工企业

审核施工企业主要是审核施工企业的资质，对挂靠、无资质等级及无收费证书的施工企业，应降低综合单价或审计确定综合单价及造价。

### （四）审核工程合同

工程合同审计是投资审计的一项重要内容，必须仔细查阅相关文件资料是否齐全、合法合规。

## 五、工程结算审计的方法和程序

内部审计部门在开展结算审计的时候需要采用一定的审计方法、执行必要的审计程序，有效地控制审计风险，客观评价审计项目。常见的审计方法和审计程序已经在第五章第四节进行介绍，此处不再赘述。本节仅对工程结算审计中与工程管理相关的方法进行介绍。

### （一）分组计算审查法

分组计算审查法是把预结算中的项目划分为若干组，并把相连且有一定内在联系的项目编为一组，审查或计算同一组中某个分项工程量，利用工程量间具有相同或相似计算基础的关系，判断同组中其他几个分项工程量计算的准确程度的方法。

**【例 9 -1】** 某审计项目采用分组计算审查法，在具体分组中根据业务相近情况分为三组，然后根据三组分别计算的数据横向对比，判断其合理性。

首先，具体将工程相关的施工内容分为以下三组：

1. 地槽挖土、基础砌体、基础垫层、槽坑回填土、运土。

2. 底层建筑面积、地面面层、地面垫层、楼面面层、楼面找平层、楼板体积、大棚抹灰、大棚刷浆、屋面层。

3. 内墙外抹灰、外墙内抹灰、外墙内面刷浆、外墙上的门窗和圈过梁、外墙砌体。

然后，通过以下计算方法进行计算对比：

在第 1 组中，先将挖地槽土方、基础砌体体积（室外地坪以下部分）、基础垫层计算出来，而槽坑回填土、外运的体积按以下确定：回填土量 = 挖土量 -（室外标高以下的基础体积 + 垫层体积），余土外运量 = 基础砌体 + 垫层体积。

在第 2 组中，先把底层建筑面积、楼（地）面面积计算出来。而楼面找平层、顶棚抹灰、刷白的工程量与楼（地）面面积相同；垫层工程量等于地面面积乘垫层厚度，空心楼板工程量等于楼面工程量乘楼板的折算厚度；底层建设面积加挑檐面积，乘坡度系数（平层面不乘）就是屋面工程量；底层建筑面积乘坡度系数（平层面不乘）再乘保温层的平均厚度为保温层工程量。

在第 3 组中，首先把各种厚度的内外墙上的门窗面积和过梁体积分别列表填写，再进行工程量计算。先求出内墙面积，再减门窗面积，再乘墙厚减圈过梁体积等于墙体积（如果室内外高差部分与墙体材料不同时，应从墙体中扣除，另行计算）。外墙内抹灰可用墙体乘定额系数计算，或用外抹灰乘 0.9 来估算。

### （二）全面审查法

对于一些工程量比较小或工艺比较简单的工程，可采用全面审查法。此方法具体审查过程与编制预算基本相同，比较全面、细致，审查质量比较高，但工作量大。

### （三）抽样审查法

重点审查工程量大或造价较高、工程结构复杂的工程，补充单位估价表，计取的各项费用的计费基础、取费标准等。此方法审查时间短、重点突出、效果好，但是存在抽样风险。

### （四）对比审查法

对比审查法是用已建成工程的预结算或虽未建成但已审查修正的工程预结算对比审查拟建的类似工程预算的一种方法。采用对比法的时候需要注意以下实际情况。

1. 两个工程设计相同，但建筑面积不同，根据两个工程建筑面积之比与两个工程分项工程量之比例基本一致的特点，可审查新建工程各分部分项工程的工程量。

2. 两个工程采用同一施工图，但基础部分和现场条件不同，其新建工程基础相同部分可采用对比审查法；不同部分可分别采用相应的审查方法进行审查。

3. 两个工程面积相同，但设计图纸不完全相同时，可把相同的部分，如厂房中的柱子、放架、屋面、砖墙等进行工程量的对比审查，不能对比的分部分项工程按图纸计算。

4. 做好工程量审核手册。把工程常用的预制构配件，如洗池、大便台、检查井、化粪池、碗柜等按标准图集计算出工程量，套上单价，编制成手册，利用手册进行审查，可大大简化预结算的编审工作。

## 六、工程结算审计的风险控制

工程结算审计质量是指工程结算审计业务工作的质量，包括审计准备、实施、报告等一系列过程的工作效果及达到审计目的的程度。要保证工程结算审计质量，就需要实施工程结算审计质量控制，即通过一定的策略和措施，努力保证工程结算审计业务工作的质量符合其基本要求，可以采用以下方法控制审计风险。

1. 编制切实可行的审计方案

审计方案是基于审计目标确定的关于审计实施的计划，包括审计的范围、内容、方法、步骤及最终要达到的目标。编制审计方案应当充分考虑重要性、谨慎性，并考虑成本效益原则，以审前调查为基础，进一步明确编制依据，工程结算审计的目标、范围、内容、重点及必要的步骤等，制订的审计方案应具有较强的可操作性。

2. 审计过程合法、规范

工程结算审计人员实施审计时，必须按照准则的要求，深入地调查、规范地取证、严谨地判断，并认真编制工作底稿。控制取证质量，一是要重视所收集的证据必须具备客观性、相关性、充分性和合法性；二是在核实工程数量、鉴别定额项目选择是否准确、检查价格确定是否合规真实、认定取费基数和费率是否恰当等具体业务工作中，要规范运用检查法、观察法、计算法等方法收集审计证据；三是要注意收集包括书面证据、实物证据、电子数据资料等多种形式的审计证据。编制工程结算审计工作底稿，应当清晰完整地记录对审计结论有重要影响的审计事项，即既要遵循真实性、完整性原则，又要保证与审计证据的对应关系，还要明确反映工程结算审计项目相关的项目名称、审计事项、审计结论、索引号、附件等信息。

3. 审计报告是否客观、完整、清晰、及时，正确地表达审计意见

工程结算审计报告，作为审计结果的主要表现形式，将直接影响审计结果的利用效果和审计监督作用的发挥。把好工程结算审计报告关，从报告编制过程讲，应注意控制所引用的有关资料是否可靠适当、所作的判断是否有理有据、最终的结论是否恰当；从报告本身讲，应当客观、完整、清晰、及时，并体现重要性原则。审计报告应实事求是地反映审计事项，按照规范的格式及完整的内容进行编制，突出重点，简明扼要，易于理解，及时编制等。

4. 提高内审人员的判断和分析能力

工程结算审计大多是事后审计，它依赖于建设单位及部门所提供的原始资料，包括图纸、变更、签证，隐蔽工程验收等现场第一手资料。这些资料是否真实、完整、合法，直接影响到审计结果的准确性，许多审计风险就是由审计资料的问题造成的。为此，内审人员要把对资料真实性、合法性的审核作为核心问题来对待，不断总结经验，提高判断和分析问题的能力。

5. 加强与相关单位的沟通协调

如对在审计过程中碰到的一些棘手问题可会同建设主管单位和部门、施工单位进行三方会审、会签，内审人员按会议纪要执行。如久拖未结、隐蔽资料不全时可以一定程度分散部分风险，减轻内审部门的压力。

## 第三节　竣工决算审计

### 一、竣工决算审计的概念

竣工决算审计是指建设项目正式竣工验收前，由审计人员依法对建设项目竣工决算的正确性、真实性、合法性和实现的经济效益、社会效益及环境效益进行的检查、评价和鉴证。

### 二、竣工决算审计的目的

竣工决算审计的主要目的是保障建设资金合理、合法使用，正确评价投资

效果，促进总结建设经验，提高建设项目管理水平。在实际工作中，竣工决算审计结果往往作为在建工程转为固定资产的数据。



## 三、竣工决算审计的作用

1. 实施竣工决算审计有利于全面真实地反映竣工项目的实际财务状况和最终建设成果，防范和避免决算中的脱离实际、高估冒算、弄虚作假、多列费用加大工程支出等问题，有效节约项目投资。

2. 实施竣工决算审计有助于保证决算中相关指标的准确性，有利于科学评估投资效益和效果。通过反映竣工项目设计及实际新增生产能力（或效益）、建设时间、工程质量、概算的实际建设成本、主要材料的概算消耗量和实际消耗量，可以全面考核竣工项目的基本建设计划、概算的执行情况和投资效果。

3. 实施竣工决算审计有利于固定资产的管理。竣工决算是办理新增固定资产移交转账手续的依据，及时办理工程交付手续，医院可以及时掌握竣工图，方便进行管理维护，提高资产的使用效率。

4. 实施竣工决算审计有利于总结建设经验。通过决算与概算、预算的对比分析，可以总结经验，积累经济技术资料，进一步提高决算编制的及时性和准确性，并为以后项目提供经验借鉴，进而提高相关项目的投资效果。

## 四、竣工决算审计的内容

建设项目竣工决算审计业务的内容一般包括以下方面：

1. 审查竣工决算编制依据和及时性。审核决算依据是否齐全、是否符合有关规定、是否存在遗留问题；是否按规定的时间及时进行竣工决算的编报。

2. 审核竣工决算资料的齐全性和真实性。有关财务报表、主要附表是否齐全，表中各项目的内容填列是否完整、正确、真实，各表之间应该一致的数字是否相符；竣工情况说明书所列项目内容是否全面、真实。

3. 审查项目建设是否按照批准的初步设计进行，各单位工程是否严格按照批准的概算内容进行，有无概算外项目和提高建设标准、扩大建设规模的问题；有无重大质量事故和经济损失。工程施工发生计划调整、设计变更有无批准调整计划的文件和变更设计的手续；设计变更和现场签证是否合理，有关手续是否符合规定。

4. 审查建设项目的资金来源和投资支出是否真实、合法，基本建设结余资金是否真实、准确。审查建设成本节约和超支的原因，并判定其合理性。审核建设单位是否按照规定渠道取得基本建设资金，检查有无任意挪用其他资金和非法集资等情况；竣工决算表中所列的各项基本建设拨款或贷款额，是否反映了从开始建设起至竣工为止的累计数，历年的拨款或贷款之和是否超过核定的拨款或贷款总额。竣工决算表中所列的基本建设结余资金数额是否与竣工年度决算中的数额相符，且数字是否真实、准确。剩余的设备、材料及其他物资的处理，资金的收回是否得当；投资支出是否合理，有无扩大开支范围、提高开支标准以及存在贪污、受贿、索贿、铺张浪费等违纪的情况。

5. 审查在工程实施过程中有关设备和材料的变化情况、建筑经济政策的变化情况、补充合同的内容变化等是否正常。

6. 审核建设单位的竣工验收工作是否符合有关规定，决算编制工作有无专门的人员，各项清理工作是否彻底和全面。

7. 审查交付使用财产是否真实和完整，是否符合交付条件，移交手续是否齐全、合规。审查竣工决算中所列的交付使用资产价值是否真实、准确，其构成是否合理；应计入交付使用资产成本的报废工程损失、坏账损失和非常损失等，是否已按规定程序报经有关部门批准；应分摊计入交付使用资产成本的待摊投资，是否已按规定的方法分摊计入交付使用资产成本，其分摊标准是否合理；有无多报、重报、虚报交付使用资产价值的情况等。同时核实在建工程完成额，查明未能全部完成和及时交付使用的原因。

8. 审查转出投资、应核销投资和应核销支出的列支依据是否充分，手续是否完备，内容是否真实，核销是否合规，有无虚列投资的问题。

9. 审查建设工期。审查是否按计划开工和竣工，查明建设速度加快或延缓的原因，明确责任。

10. 审查工程质量。审核是否符合工程质量检验评定标准和验收规范，有无不符合质量要求的工程，有无报废工程。

11. 审查、核实尾工工程的未完工程量，防止将新增项目列为尾工项目和增加新的工程内容。

12. 审查、评价投资效益。从物资使用、新增生产能力、预测投资回收期等方面评价投资效益。

## 五、竣工决算审计的方法和程序

取得相关审计资料后，审计组应选择合适的审计方法，根据竣工决算审计的内容逐项开展审计，一般应从竣工验收、资金来源、投资支出、结余资金、采购管理、建设工期和工程质量等几个重点方面实施审计程序，客观评价审计项目。常见的审计方法和审计程序已经在第五章第四节进行介绍，此处不再赘述。

## 六、竣工决算审计的风险控制

建设项目竣工决算中可能会存在违反定额规定，高套、错套定额或费率多计算费用，违反工程量计算规则，重算、多算工程量，不扣减未施工的工程量等问题，这些问题给竣工决算审计带来了很大的审计风险。为了有效控制审计风险，可以采用一定的控制方法。

1. 全面收集、整理分析建设项目相关资料

应从招标文件开始收集建设项目结算资料，包括招标书、投标书（商务标、技术标）、主合同及其附件、补充合同、技术规范、设计图纸、设计变更联系单、签证单、会议纪要、施工日志、隐蔽工程检验记录等。审计人员通过对相关资料的整理、复核、分析，发现并纠正施工单位在竣工决算中的风险。

2. 加强与相关建设项目管理部门配合

建设项目管理部门作为甲方代表在施工现场监督施工方的建设过程，对整个工程的施工全过程较为了解。充分利用建设项目管理部门专业人员的专业技术水平，在项目施工过程中加强监督、控制，慎重对待变更签证，减少不必要的损失和浪费。

3. 进行必要的现场踏勘

在建设项目管理过程中，不排除因建设方代表责任心不强或监理不负责而出具了与实际不符的签证单，审计人员要经常深入现场进行勘察，对相关变更签证事项进行核实，识别控制审计风险。

4. 加强人员培养

提高专业技术人员业务素质是做好审计工作的关键。竣工决算审计专业性很强，工程建设的种类较多，包括土建、安装、装饰、弱电、强电、室外配套、动力管网、道路景观、园林绿化等，涉及很多的专业技术。大部分审计人员懂会计及财务管理，而懂基建工程专业技术的人员很少。因此，医院内部审计部门要加大对工程审计专业人才的培养，审计人员自身也要加强相关专业知识的学习，不断提高业务水平，促进审计人员掌握相关专业知识和技能，成为一名复合型的人才，提高审计执法水平。

5. 加强廉政建设是做好审计工作的保障

医院内部审计部门内部要完善各项制度，经常性地对审计人员进行廉政教育、职业道德教育，使审计人员增强责任意识，做到爱岗敬业、清正廉洁。

**【例9-2】**新建一幢办公楼，审计人员发现工程装饰材料费用超概算。对此，审计人员并没有简单地进行定性，而是对该施工单位使用的装饰材料的价格进行调研，主要方法：一是建立建筑安装工程材料价格调查信息网络，定期调查。二是审查施工企业材料成本账，查证其实际采购价格。三是直接到供应厂商调查取证。经调查发现，设计图纸采用的是600毫米×600毫米的地砖，而施工单位套用的是800毫米×800毫米地砖的定额，且存在地砖价格不一的情况，最高的140元/块，最低的90元/块。为此，审计人员利用自己掌握的第一手资料，指出施工单位的错误，为工程审减材料费用18万元。此外，审计人员在审计过程中还发现施工方故意错套定额的行为。如把φ50热交换器安装费套用φ500热交换器安装定额；施工方想利用一字（数）之差，企图蒙混过关，如果审计人员审查不严，则可达到多计结算收入的目的。

**【例9-3】**违反工程量计算规则，重算、多算工程量，不扣减未施工的工程量风险。例如，施工方在计算建筑工程土方外运量时，只按开挖量计算，没有扣除回填土数量；又如，在施工合同中原先包含了办公楼地面保温项目，在实际施工过程中由于种种原因该项目取消，但施工方在报送的造价结算中并没有扣减此项未施工项目的工程价款；再如，在审计办公楼装修结算时，施工方使用了部分拆除下来的旧材料，但在结算中仍按新购置材料计价。

**【例9-4】**利用"不均衡报价"的手段，借以调整合同包干价风险。施工单位在投标阶段就为中标后结算的调高打下埋伏，那就是"不均衡报价"。施工单位通过对设计图纸缺陷及现场勘察情况的分析，预计今后工程量可能在哪些方面要发生变动，在总报价不变的前提下，将工程量可能调高的项目单价报得很高，而工程量可能调减的项目单价则报得较低。建设方往往因时间原因难以对所有的报价一一核对，待到结算调整时发现某些单价异常时，只好按合同价予以调整。如在某单位审计中就曾发现在签订施工合同时，施工方的概算有的项目高于市价3—4倍，有的又低于市价好几倍，有的则干脆不报或漏报。待中标后，实际施工过程中，又以种种借口如漏项、单价小数点位数报错等要求补签签证。

【例9-5】混淆设计变更和施工方案变更多计结算数额风险。如工程建设过程中要挖一个基础坑，设计方案中标明基础坑的具体尺寸为100米×60米×2米。在施工过程中，施工方问甲方代表："这个坑挖到1米多深的时候，旁边土总是往下坠落，是不是应该在四周加挡土板？"这时甲方代表如同意加，事后施工方就以此要求增加预算。其实，这是一个具体施工方案变更的案例，不是设计方案的变更。作为一个有经验的施工方，基础开挖是否加挡土板，或者为满足尺寸要求四周要多挖一些等，这些都是为完成图纸要求而实施的具体施工方案，在符合国家建筑行业施工技术规范范围内，保证安全、质量的前提下，施工方可自行选择，甲方只要求施工方按图纸要求完工即可。在项目施工过程中，施工单位热衷于各种各样的变更签证增加造价。

## 第四节　全过程跟踪审计

### 一、全过程跟踪审计的概念

建设项目全过程跟踪审计，是指由医院内部审计机构统一组织的，依据有关法律法规和制度规范，对建设工程从投资立项活动开始至竣工验收各阶段管理和经济活动的真实性、合法性、效益性所进行的全过程审计监督与评价。

### 二、全过程跟踪审计的目的

全过程跟踪审计的目的，是加强事前、事中控制，及时发现问题，开展动态的、恰当的审计监督活动，促进工程投资的有效控制和建设管理水平的改善与提高，从而保证建设工程项目实现优质、按期、高效的建设目标。

## 三、全过程跟踪审计的作用

全过程跟踪审计的本质就是将审计工作贯穿在项目建设过程中的各个重要业务环节，增加审计频次，甚至对项目开展持续不间断派驻式审计的做法。全过程跟踪审计的作用主要体现在以下几方面。

### （一）有助于规范管理，提高建设管理水平

实行项目跟踪审计，实行审计关口前移，实现事先控制，有利于提高项目论证的可靠性、投资决策的科学性和设计方案的合理性，通过参与对施工过程中的设计变更可行性与变更费用的论证，可以有效避免大幅度超预算和进度拨款失控现象，从而在源头上保证建设项目的投资效益。

### （二）有助于提高建设项目的投资效益，保证资金的安全性、效益性

审计人员提前介入项目建设的各个重要环节，对隐蔽工程、非实体费用等可提前计量、记录、取证，及时发现项目建设管理中的缺陷和问题，并提出审计意见和建议，从而促进建设单位提高建设管理水平，避免造成损失浪费。

### （三）有助于预防腐败

跟踪审计中，审计人员提前介入到项目建设的一些关键环节中，形成了全过程、经常性的监督制约机制，有利于将建设项目领域舞弊行为遏制在萌芽阶段。跟踪审计对于审计资源的配置也提出了较高要求，所以内部审计机构应当合理配置审计资源。

## 四、全过程跟踪审计的内容

### （一）建设项目前期决策

审计建设项目前期决策情况时，应重点关注以下内容：

1. 项目建议书管理

查阅项目建议书（含附件）等资料，审计项目立项是否从国家和项目所在

地区医疗卫生服务、教学、科研、疾控等设施及工作现状等方面论述项目必要性；编制依据是否充分、合规；内容是否完整，是否包括项目总论、项目建设的必要性与初步可行性、项目功能定位与需求分析、建设规模测算、项目选址及建设条件、建设方案等；资料来源是否真实、完整；建设规模测算、投资估算是否合理，资金来源是否明确；是否经过相关部门审批。

2. 可行性研究报告管理

查阅可行性研究报告等资料，审计项目建设可行性是否经过单位内部充分研究、讨论，医疗、教学、科研、疾控等业务工作空间是否满足需求；编制依据是否充分、合规；可行性研究报告要素及内容是否完整；资料来源是否真实、完整；是否经多方案比较后确定建设方案；投资估算编制是否满足项目建议书批复意见，资金筹措方案是否完善；是否经过相关部门审批；是否满足规划要求。

3. 报批报建管理

查阅建设项目报批报建相关资料，审计建设项目是否取得行政许可文件（含项目选址规划意见书、建设用地规划许可证、工程规划许可证、土地使用审批、环保审批、消防审批、工程质量监督和施工许可证等）；办理程序是否合规，是否存在办理进度缓慢导致项目不能按计划投入使用等情况。

### （二）建设项目勘察设计

审计建设项目勘察设计情况时，应重点关注以下内容：

1. 勘察设计管理

查阅勘察设计采购文件、响应文件、采购合同、勘察报告、设计方案等资料，审计勘察设计采购文件是否完整、合规；勘察设计单位资质是否满足建设项目需要；设计方案是否符合采购文件要求及相关规范；勘察报告、设计方案内容是否完整、合规等。

2. 初步设计和投资概算管理

查阅初步设计方案、投资概算等资料，审计初步设计方案编制单位是否具备相应资质，编制依据是否充分、合规，要素及内容是否完整；医院感染重点部门建设项目是否符合建筑卫生学审查要求，净化、放射性防护、磁屏蔽、反渗透纯水及酸化水供应、医用气体、医疗废弃物处理、医用污水处理等医疗专项设计是否合规；资料来源是否真实、完整；投资概算是否真实、客观地反映项目建设实际需要；是否经过相关部门审批。

3. 施工图设计管理

查阅施工图设计文件等资料，审计施工图设计文件是否完整、规范、准确；施工图预算编制依据是否充分、内容是否完整；施工图设计内容和施工图预算是否符合经批准的初步设计方案、概算及标准，是否严格按照核定的投资概算实行限额设计。

### （三）建设项目采购

审计建设项目采购情况时，应重点关注以下内容：

1. 招标投标管理

（1）查阅招标公告、资格预审文件、招标文件、招标答疑等资料，审计招标方式、范围和程序是否合规；招标文件内容是否符合《中华人民共和国招标投标法》第十九条等规定；是否存在将依法必须进行招标的项目化整为零或以其他任何方式规避招标的行为；是否在规定渠道公开发布招标公告等。

（2）查阅招标工程量清单等资料，审计招标工程量清单编制是否符合《建设工程工程量清单计价规范》及招标文件、设计图纸等要求；清单项目及特征描述是否完整、准确；工程计量是否准确，是否存在多算、漏算、错算等情况；暂列金额、暂估价测算是否合理；清单中给定暂估价的材料、工程设备、专业工程属于依法必须招标的，是否以招标方式选择供应商或专业分包人等。

（3）查阅招标控制价文件，审计招标控制价是否由具有编制能力的建设单位或受其委托的工程造价咨询机构编制；编制依据是否符合要求，编制说明是否完整；工程计量是否准确，定额子目套用是否正确，各项费率计取、主要材料价格取定是否合规。

（4）查阅投标文件，审计投标文件编制是否合规，是否对招标工程量清单等招标文件提出的实质性要求和条件作出响应，是否存在错项、漏项、不平衡报价；投标人是否符合国家或者招标文件规定的资格条件，是否存在《中华人民共和国招标投标法实施条例》第三十九条至第四十二条等规定的情形；投标保证金提交是否合规等。

（5）查阅开标记录、评标报告、中标通知书等资料，审计招标文件提供期限、开标时间、中标公告时间等是否符合时间性要求，评标委员会构成是否规范；开标、评标程序是否合规，是否存在招标人非法限制投标人竞争、招标事项涉嫌串通等情况；是否未按照招标文件规定的标准进行评审；是否违法进行实质性谈判；是否未按规定确定中标人；是否在规定渠道公开发布中标结果；是否未按规定执行废标等。

2. 其他采购方式管理

以竞争性谈判、竞争性磋商、询价或单一来源方式采购的，查阅项目前期报批文件、采购文件、响应文件、评审记录等，审计采购组织管理是否规范，采购方式是否合规，是否存在化整为零规避公开招标等情况；采购程序是否合规，是否存在以不合理的条件对供应商实行差别待遇或者歧视待遇等情况；采购文件是否真实完整规范，是否符合建设项目特点和单位实际需求，是否存在擅自提高经费预算和资产配置等采购标准等情况；响应文件内容是否完整，是否实质性响应采购文件；谈判小组、磋商小组、询价小组等成立、单一来源方式专家抽取是否按规定方式执行等。

### （四）建设项目合同签订

审计建设项目合同签订情况时，查阅合同台账、档案、审核审批记录等资料，审计是否按照采购文件、中标、成交通知书等确定的事项签订采购合同；合同要素是否齐全；是否履行相关审核审批、授权委托手续；履约保证金、质量保证金等收取和退还是否合规，履约保证金是否超过国家及属地规定的比例等；合同是否按规定归档等。

另外，审计中需要结合不同类型合同特点，重点关注以下内容：

1. 勘察设计合同

是否明确工作内容（含建设单位需提供的基础资料、设计单位交付的设计成果等）、进度、质量、技术标准、违约责任及相关赔偿、知识产权、保密要求等内容，付费标准是否符合有关规定。

2. 监理合同

是否约定工程监理单位在施工阶段对建设工程质量、进度、造价进行控制，对合同、信息进行管理，对工程建设相关方的关系进行协调，并履行建设工程安全生产管理法定职责；是否明确监理范围和内容，监理单位驻场人员数量、资质、职责、更换情形及流程，监理单位提交资料种类、数量、期限、违约责任及相关赔偿、著作权、保密要求等内容。

3. 造价咨询合同

是否约定酬金及计取方式，是否明确造价咨询的范围、内容、服务类别，造价咨询机构人员数量、资质、职责、更换情形及流程，造价咨询机构提交成果种类、数量、期限、违约责任及相关赔偿、知识产权、保密要求等内容。

4. 施工合同

是否明确工程范围、建设工期、工程质量、工程价款、竣工验收标准，施工单位项目经理的职责资质、更换情形及流程，施工单位人员管理措施，竣工结算原则、计费标准、结算方式，隐蔽工程、工程变更、质量保证期、违约情形及责任、不可抗力等内容，是否存在《最高人民法院关于审理建设工程施工合同纠纷案件适用法律问题的解释（一）》第一条规定的情形等情况；约定的工程质量保证金是否符合国家及属地涉企保证金有关规定，建设工程进度款是否符合建设工程价款结算有关规定等。

5. 材料设备采购合同

是否明确材料设备的规格、型号、技术参数、单价、数量、总价、结算方式、付款方式、包装及运输方式，交货时间、地点、方式，到场验收的标准、流程、时间、地点，材料设备质量标准、质量保证期限、保修方式、风险分担，违约责任及相关赔偿等内容。

### （五）建设项目施工

审计建设项目施工情况时，应重点关注以下内容：

1. 进度款管理

查阅工程管理台账、进度款申请书、计价文件、形象进度说明、进度款报审表、材料设备到场验收清单、监理单位出具的进度款支付证书、造价咨询机构出具的进度款支付意见书等资料，审计进度款资料是否完整，是否履行审核审批程序；进度款支付节点、计价原则和方法是否符合有关规定及合同约定，监理单位、工程管理部门是否出具阶段性或竣工验收报告；施工进度与报审进度是否一致，预付款是否按照合同约定抵扣；涉及工程变更的，是否组织论证，变更签证手续是否齐全、合规，价款调整方式和付款要求是否符合合同约定；工程管理部门是否建立工程管理台账，载明建设项目合同金额、完成产值、进度款支付金额、抵扣情况等。

2. 变更事项管理

（1）变更及签证管理。

查阅变更通知单、变更洽谈记录、设计变更图纸、工作联系函、现场签证单、工程量核定单等资料，审计工程变更、签证办理是否及时、合理，内容是否真实、完整、准确；是否履行审核审批程序，是否存在工程管理部门、监理单位未出具审核意见、重复计算不同施工单位签证内容和工作量等情况；施工单位是否按照审批后变更、签证等要求施工。

（2）合同变更管理。

查阅合同档案、变更申请、变更审批记录、会议纪要等资料，审计合同变更原因是否合理，变更内容（含合同价格、结算方式、付款方式、工程范围、工期等）是否合规且经各方当事人协商一致；是否履行审核审批程序等。

3. 材料设备管理

（1）查阅材料设备发货单、运输保险单、报关单（进口货物）、合格证、说明书、验收记录、验收报告等资料，审计材料设备验收程序是否合规，是否按照合同约定的品种、规格、数量、质量标准、交货时间等交付使用。

（2）材料设备出现调整、更换或增加等情况时，查阅材料设备变更申请、变更通知书、变更审批表、会议纪要等资料，采用询价核价（按照市场调查取得价格信息进行计算）等方式，审计材料设备变更后价格调整是否合理，合同变更是否履行审核审批程序等。

4. 隐蔽工程管理

查阅隐蔽工程施工工艺、验收记录、文字影像等资料，审计隐蔽工程施工是否与施工图、设计变更、施工规范等内容一致；验收程序是否合规，是否存在先隐蔽后通知等情况；隐蔽材料的质量检测资料是否齐全；是否存在偷工减料、以次充好、替换材质等情况。

5. 索赔费用管理

查阅索赔申请书、索赔支付证书等资料，审计赔偿损失的责任认定及费用是否符合有关规定及合同约定，索赔证据是否完整，索赔程序是否合规等。

6. 竣工验收管理

查阅竣工验收报告、竣工图、设计文件、工程质量检测报告、安全验收报告、监理报告等资料，审计竣工验收程序是否合规，验收资料是否齐全，涉及人防、消防、安防、环境验收的，相关手续是否齐全、有效；是否按照合同约定的范围、质量、进度完工；竣工试运行期间发现的问题是否整改；竣工档案是否完整、规范；是否在建设部门备案并取得备案文件等。

### （六）建设项目结算

建设项目结算分为过程结算和竣工结算。审计建设项目竣工结算时，应重点关注以下内容：

查阅工程结算书（含工程管理部门、监理单位意见等）、施工合同、采购文件、响应文件、施工图、竣工图、工程量计算式、工作联系函、技术资料和技术设备说明书、隐蔽工程记录、开工报告、验收报告、会议纪要等资料，审计工程结算编制依据是否充分；工程计量是否准确，包括施工单位是否按照施工图计算各分部分项工程量并提供计算公式，是否按照合同约定进行工程计量等；各项费率、税金计算基础是否合规；工程造价是否准确，包括工程变更、签证、工程索赔发生的费用、奖励及违约费用的计算是否正确，材料价差调整依据是否充分，合同涉及工程质量、工期、安全文明施工奖罚等内容是否执行到位等。

另外，建设项目符合财政部《关于完善建设工程价款结算有关办法的通知》要求的，可以开展过程结算审计。

### （七）建设项目竣工财务决算

审计建设项目竣工财务决算情况时，应重点关注以下内容：

查阅项目立项审批、内部管理文件、采购文件、响应文件、合同档案、工程结算文件、财务决算报表、在建工程明细账等资料，审计竣工财务决算是否按规定时间编报；项目立项审批、招标投标程序、合同签订及履行、资金来源及到位情况是否合规；建筑安装工程费用、与项目相关的设备是否按照合同约定、结算审计确定的金额支付；是否完成债权债务、财产物资的清理；建设单位管理费用列支是否合理，与项目相关的勘察费、设计费、评估费、检测费、监理费、审计费等费用是否按照合同约定、经审核确定的金额支付，土地征用及迁移补偿费是否按照合同约定金额支付、是否记入决算金额，待摊投资归类是否正确、分摊是否准确合理；待核销基建支出和转出投资列支依据是否合理，手续是否完备，内容是否真实、完整，核算是否合规；尾工工程是否真实，预留费用是否合理；确定交付使用资产明细，检查价值分配原则是否合理；财务决算内容是否完整，是否按批准的概算内容执行，是否存在超概算、擅自提高建设标准和扩大建设规模、挤占或者虚列工程成本等情况，是否履行变更审批程序；分析概算执行情况，对比批复概算与项目实际投资，节约或超支原因是否合规、合理。

## 五、全过程跟踪审计的方法和程序

建设项目的全过程跟踪审计，一般根据关键节点包括建设工程项目立项决策、勘察设计、施工招标、施工实施、竣工结算、财务决算等具体阶段。在每个阶段中均需要实施一种或者几种审计方法的组合，获取审计证据，评价审计事项。常见的采用的审计方法有内部控制测评、观察法、检查法、调查法、计算分析法等，具体不再赘述，可以参考第五章第四节。

这里需要强调的是，根据《建设项目专项审计指引（试行）》，设计和实施内部控制测试时，应重点关注以下内容：

1. 机构与职责

查阅内设机构及职能设置文件、会议纪要等，了解机构设置、职责分工及落实情况。包括是否明确归口管理部门，是否履行职责；是否建立健全议事决策机制、岗位责任制、内部监督等机制，其中岗位责任制是否明确岗位办理业务和事项的权限范围、审批程序和责任。

2. 制度建设

查阅建设项目管理制度、业务流程、内部控制评价报告等资料，了解制度体系健全、合规情况。包括是否明确建设项目管理范围，是否建立健全进度管理、质量管理、安全管理、投资控制、廉政管理、日常办公等管理制度，且涵盖施工管理、设计管理、物资材料管理等重要环节的操作规程规范；是否符合国家、属地及行业规定；是否明确审核审批事项，是否建立授权审批控制；相关制度是否有效执行等。

3. 人员管理

查阅岗位职责、轮岗记录等资料，访谈相关人员，了解关键岗位人员管理情况。包括从事建设项目管理工作的人员是否具备相应资格、能力；项目建议和可行性研究与项目决策、概预算编制与审核、项目实施与价款支付、竣工决算与竣工审计等不相容岗位是否相互分离；是否对建设项目管理关键岗位人员建立培训、评价、轮岗等机制；不具备轮岗条件的是否采取专项审计等控制措施等。

4. 信息化建设

查看建设项目管理信息系统，查阅系统操作记录、内部控制评价报告等资料，了解人员身份验证、岗位业务授权、系统操作记录、电子档案管理等功能建设及执行情况。

## 第五节　建设项目审计案例

建设项目审计在合理控制建设投资、完善建设工程管理、促进廉政建设方面发挥着重要作用。本节仍以 A 医院为例，详细讲解如何进行建设项目审计实务操作，供读者参考借鉴。

**【例 9－6】** 为规范医院建设工程项目审计工作，进一步加强建设工程项目审计监督，防范建设资金使用风险，提高建设资金使用效益，A 医院结合自身实际，先后制定了《A 医院建设工程项目审计实施办法》《A 医院建设工程项目变更、签证及结算审计管理办法》等制度，详见本书附录部分，此处略。

**【例 9－7】** A 医院制定了建设项目审计工作流程，如图 9－1 所示。

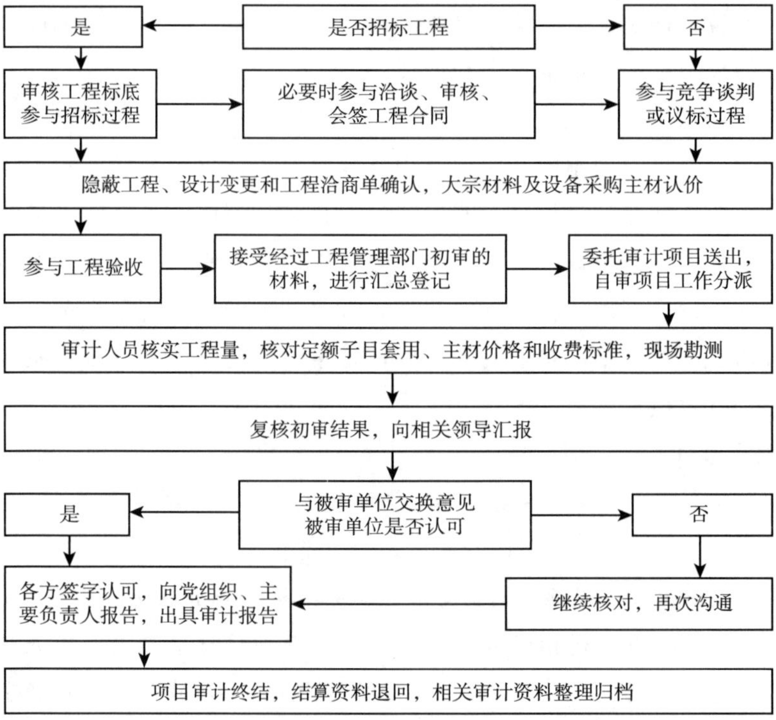


**图 9－1　A 医院建设项目审计工作流程**

**【例9-8】** 接例9-7，各阶段报送资料清单如表9-1所示。

**表9-1　　A医院大型（重点）基建工程审计资料登记表**

| | | | | | |
|---|---|---|---|---|---|
| 工程名称 | | | 工程类别 | | |
| 工程主管部门 | | 联系人 | | 联系电话 | |
| 施工单位 | | 联系人 | | 联系电话 | |

报送资料清单

| 项目阶段 | 资料名称 | 数量 | 单位 | 资料名称 | 数量 | 单位 |
|---|---|---|---|---|---|---|
| 立项决策阶段 | 1. 项目建议书 | | 册/页 | 3. 工程立项及其他批复手续 | | 册/页 |
| | 2. 可行性研究报告/项目申请报告 | | 册/页 | 4. 其他 | | 册/页 |
| 勘察设计阶段 | 1. 勘察、设计招标、投标文件及相关材料 | | 册/页 | 5. 设计概算 | | 册/页 |
| | 2. 勘察、设计合同 | | 册/页 | 6. 施工图及施工图预算 | | 册/页 |
| | 3. 勘察报告等成果文件 | | 册/页 | 7. 医院有关批复文件 | | 册/页 |
| | 4. 初步设计文件及批复资料 | | 册/页 | 8. 其他 | | 册/页 |
| 施工招标阶段 | 1. 招标代理资质文件及招标代理选择过程材料 | | 册/页 | 4. 评标记录及评标报告 | | 册/页 |
| | 2. 招标公告、投标报名登记表及报名资料 | | 册/页 | 5. 中标通知书 | | 册/页 |
| | 3. 招标文件及修订材料、投标文件 | | 册/页 | 6. 其他 | | 册/页 |
| 施工实施阶段 | 1. 施工合同及补充协议 | | 册/页 | 5. 工程变更、洽商、签证资料 | | 册/页 |
| | 2. 施工图纸、工程量清单 | | 册/页 | 6. 工程主管部门确认单（人工、材料、设备、工期等） | | 册/页 |
| | 3. 招标、投标文件 | | 册/页 | 7. 隐蔽工程/部位验收记录（含影像资料） | | 册/页 |
| | 4. 分包工程招标、投标资料、合同 | | 册/页 | 8. 其他 | | 册/页 |
| 竣工结算阶段 | 1. 工程竣工图 | | 册/页 | 4. 工程主管部门整理资料 | | 册/页 |
| | 2. 工程竣工验收报告 | | 册/页 | 5. 工程主管部门初审意见 | | 册/页 |
| | 3. 工程竣工结算书及资料 | | 册/页 | 6. 其他 | | 册/页 |
| 电子文档 | 照片、视频等（根据审计需要提供） | | | | | |

工程主管部门承诺：我单位按程序已经对以上资料进行了审核，相关资料真实完整有效。

经办人（签字）：　　　　项目负责人（签字）：　　　　单位负责人（签字）：

工程主管部门（盖章）：　　　　年　月　日

资料签收人（签字）：　　　　年　月　日

**【例 9－9】** 接例 9－8，为了规范建设工程项目竣工结算送审管理，A 医院制作了“建设工程项目竣工结算审计送审表”，具体如表 9－2 所示。

**表 9－2　　A 医院建设工程项目竣工结算审计送审表**

<table>
<tr><td>工程项目名称</td><td colspan="3"></td><td>工程类别</td><td></td></tr>
<tr><td>项目招标代码</td><td colspan="3"></td><td>送审时间</td><td></td></tr>
<tr><td>项目概况</td><td colspan="5"></td></tr>
<tr><td>医院批复预算金额（万元）</td><td></td><td>工程主管部门</td><td></td><td rowspan="4">联系人及电话</td><td></td></tr>
<tr><td>招标控制价（万元）</td><td></td><td>施工单位</td><td></td><td></td></tr>
<tr><td>合同金额（万元）</td><td></td><td>设计单位</td><td></td><td></td></tr>
<tr><td>送审金额（万元）</td><td></td><td>监理单位</td><td></td><td></td></tr>
<tr><td>工程结算申报变更情况说明</td><td colspan="5">变更追加金额：__________（元），追加率（　　）：__________；或变更减少金额：__________（元），减少率（　　）：__________；或未变更。</td></tr>
<tr><td>已支付合同内工程款（万元）</td><td colspan="2"></td><td colspan="2">合同内结余工程款（万元）</td><td></td></tr>
<tr><td>合同工期（日历天）</td><td></td><td>合同开工日期</td><td></td><td>竣工验收日期</td><td></td></tr>
<tr><td>工程主管部门意见</td><td colspan="5">我单位已严格按照施工图和招标工程量清单对施工单位实际完成合同内、外工程量、变更签证等进行了核对和现场测量，并认真审核了结算资料，施工单位申报的结算项目属实，变更、签证中不存在弄虚作假，化整为零，与施工实际不符，签字、盖章不完备的情况，施工单位所提供的送审资料真实、完整、有效。<br><br>单位盖章：　　　　　　　　单位负责人（签字）：<br>经办人（签字）：　　　　　项目负责人（签字）：<br>年　月　日</td></tr>
<tr><td>备注</td><td colspan="5">1. 工程变更应按医院规定的变更权限和变更程序实施，同一内容、同一地点发生的工程变更或同一类别用于工程的材料（设备）变更，不允许拆分。<br>2. 为便于审计，工程主管部门应要求施工单位按照图纸会审（答疑纪要）、变更、签证、政策性调整和其他分类编制结算。</td></tr>
</table>

**【例 9－10】** 接例 9－9，为了规范建设工程项目竣工结算送审资料管理，A 医院同时对送审资料进行清单式登记管理，并制作了“建设工程项目竣工结算审计资料登记表”，具体如表 9－3 所示。

**表 9－3　　A 医院建设工程项目竣工结算审计资料登记**

| 工程项目名称 | | 送审时间 | | |
|---|---|---|---|---|
| 送审资料（带＊为必备材料，其余视具体情况和审计需要提供，复印件须加盖原单位公章） | | | | |
| 序号 | 资料名称 | 份/册/页 | 要求 | 备注 |
| 1 | ＊工程施工招标文件 | | 原件 | 主管部门提供 |
| 2 | ＊工程投标文件（商务、技术、施工组织设计） | | | 主管部门提供 |
| 3 | ＊中标通知书 | | 原件 | 主管部门提供 |
| 4 | ＊工程施工合同、补充协议 | | 原件 | 主管部门提供 |
| 5 | ＊盖章齐全的招标工程量清单和控制价 | | 原件 | 审计处提供 |
| 6 | 招标投标编标须知、答疑纪要 | | 原件 | 主管部门提供 |
| 7 | 地质勘察报告 | | | 主管部门提供 |
| 8 | 经审图中心审核的施工图（纸质全套） | | | 主管部门提供 |
| 9 | 建设工程主管部门签字盖章的竣工图（纸质全套） | | | 施工单位提供 |
| 10 | 图纸会审记录 | | 原件 | 主管部门提供 |
| 11 | 变更图纸、洽商资料 | | 原件 | 主管部门提供 |
| 12 | 建设工程变更审批单、建设工程技术核定单、建设工程现场签证单 | | 原件 | 主管部门提供 |
| 13 | 隐蔽工程签证及验收资料（含工程量测量和确认资料） | | 原件 | 主管部门提供 |
| 14 | ＊加盖工程造价人员专用章和单位公章并签批的结算书 | | 原件 | 主管部门提供 |
| 15 | ＊开工报告、竣工验收报告 | | 原件 | 主管部门提供 |
| 16 | 监理日志、施工日志 | | 原件 | 施工单位提供 |
| 17 | 涉及工程质量、造价、工期等变化的纪要、说明等 | | | 施工单位提供 |
| 18 | 建设单位分包工程（若有）招标文件、施工合同 | | 原件 | 相关单位提供 |
| 19 | ＊电子文档（招标和竣工图纸、隐蔽影像、结算书） | | | 相关单位提供 |
| 20 | 其他影响工程结算审计的材料 | | 原件 | 主管部门提供 |
| 工程主管部门承诺：我单位已对施工单位所提供的送审资料进行了审核，所有资料真实、完整、有效。 | | | | |
| 资料送审人（签字）：　　年　月　日 | | 接收人（签字）：　　年　月　日 | | |

【例9－11】A医院委托××工程咨询有限公司进行A医院中西医结合病房改造工程结算审计，经必要审计程序后，出具如下审计报告：

## A医院中西医结合病房改造工程结算审核报告

编号：结审〔202×〕0001号

A医院：

我司受贵院的委托，对“A医院中西医结合病房改造工程”的竣工结算进行了审核，工程竣工结算书、建设单位提供的施工合同、过程记录文件等结算资料均由编制和签章单位负责，我们的责任是对工程结算书的编制是否真实、合理、公允地反映工程造价的实际情况发表审核意见。我们的审核是依据国家法律、法规和工程造价管理部门颁发的文件、规定进行的。在审核过程中，我们依照住房和城乡建设部、国家质检总局联合发布的《建设工程造价咨询规范》（GB/T 51095－2015）、中国建设工程造价管理协会发布的《建设项目工程结算编审规程》（CECA/GC 3－2010），并结合工程的实际情况，实施了我们认为必要的审核程序，现将审核情况报告如下：

### 一、工程概况

1. 工程名称：A医院中西医结合病房改造工程

2. 工程地点：×××

3. 建设单位：A医院

4. 施工单位：×××建筑安装有限公司

5. 承包方式：包工包料

6. 承包内容：拆除工程、电气工程、给排水工程、采暖工程、装饰工程等全部施工

7. 本项目一审单位审定上报结算金额：共计×××元

### 二、审核范围

A医院中西医结合病房改造工程结算审核范围内的全部工作内容。

### 三、审核原则

1. 严格遵循国家相关法律、法规和规章制度，坚持实事求是、诚实信用和客观公正的原则，拒绝任何一方违反法律、行政法规、社会公德、影响社会经济秩序和损害公共利益的要求。

2. 遵循维护国家利益、发包人和承包人合法权益的原则。

3. 遵守职业道德规范，不受干扰，公正、独立地开展咨询服务工作。

**四、审核依据**

1. 建设单位提供的施工合同、已签字齐全的工程签证单。

2. 建设单位提供的施工单位申报的工程结算书。

3.《建设工程工程量清单计价规范》（GB 50500—2013）。

4.《房屋修缮工程工程量清单计价规范》（DB 11/T638—2016）。

5.《××省建设工程计价依据——预算定额》及其相关配套文件。

6.《××省房屋修缮工程计价依据——预算定额》及其相关配套文件。

7. ××省建设工程造价管理处发布的《××省建设工程造价信息》。

8. 本工程相关的规范、图集、计价文件等。

9. 现场实际情况。

**五、审核方法**

1. 审核工程量计算是否符合规则，数量计算是否准确。

2. 审核单位工程定额的选套是否正确，单价是否合理。

3. 审核主材消耗量计算是否准确，主材价格是否符合造价信息或市场正常价格水平。

4. 审核各项取费是否符合相关费率标准。

5. 依据委托方提供的资料对结算进行全面审查。

6. 工程施工现场实际相结合的合同与工程签证的价格等内容审核。

**六、审核说明**

本次审核是在建设单位提供给我司一审单位审定结算资料的基础上进行审核，主要审核说明如下。

1. 拆除工程——踢脚线拆除，送审工程量××米，送审综合单价 13.87 元/米；审定工程量××米，审定综合单价 1.20 元/米；合计审减金额××元。

2. 采暖工程——热镀锌钢管 DN40 送审工程量××米，送审综合单价 80.11 元/米；审定工程量××米，审定综合单价 80.11 元/米；合计审减金额××元。

3. 依据相关规定对报审结算书中的安全文明施工费、企业管理费、规费、利润、税金进行核查与调整。由于分部分项工程费用调整，安全文明施工费及企业管理费、利润、规费、税金等费用随之调整。

**七、审核其他说明**

1. 我司对所提供资料的准确性等其他非我司因素造成的工程量、单价调整不承担责任。

2. 我司与审核报告中的审核对象无任何利益关系，也与有关当事人无任何个人利益关系或偏见，均本着公平公正的原则进行审核工作。

**八、审核结论**

A医院中西医结合病房改造工程送审结算总金额为××元，我司审核结算总金额为××元，审减金额××元。

**九、附件**

1. 工程结算审核定案表
2. 工程结算审核汇总表
3. 工程结算审核明细表
4. 公司资质证书、营业执照（复印件）

××工程咨询有限公司　　　　　　　　造价工程师

202×年×月×日

**【例9-12】A医院202×年新建门诊医技楼改扩建项目竣工验收，经委托第三方社会中介机构实施竣工决算审计，经必要审计程序后，出具如下审计报告：**

## A医院门诊医技楼改扩建项目竣工决算审计报告

A医院：

我们接受贵院委托，于202×年×月×日至202×年×月×日，对A医院门诊医技楼改扩建项目竣工决算进行了就地审计。审计工作按照国家审计准则的规定执行，以贵单位提供的门诊医技楼改扩建项目竣工决算报表及相关资料为基础，依据适用期内的建筑工程定额、取费标准及相关财务制度的规定，实施了现场勘察、检查会计资料和其他证明材料等必要的审计程序。现将审计结果报告如下：

**一、项目基本情况**

（可简要表述项目建设概要）

202×年×月×日，__________（审批机关）以__________（批准文号）文批准该项目立项。202×年×月×日，__________（审批机关）以__________（批准文号）文批准了项目可行性研究报告，批准项目总投资__________万元，资金来源为：__________。202×年×月×日，__________（审批机关）以__________文批准了项目初步设计，主要内容是：__________，建筑面积为__________平方米（相关建设规模情况）。概算总投资__________万元，资金来源为：__________。

该项目于202×年×月开工，202×年×月竣工。项目由__________单位负责设计，__________单位负责施工、__________单位进行监理__________。

__________单位应对所提供的本次审计的会计资料和其他证明材料的真实性、完整性负责。

**二、审计结果和评价**

根据__________单位上报的该项目竣工决算报表反映，至202×年×月×日，该项目完成投资__________万元，其中：建安工程投资__________万元，设备投资__________万元，待摊投资__________万元，其他投资__________万元。

经审计，该项目实际完成投资额为__________万元，其中：建安工程投资__________万元，设备投资__________万元，待摊投资__________万元，其他投资__________万元。项目到位资金__________万元，其中：__________

审计结果表明，被审计单位提供的相关资料基本真实、完整，财务管理基本符合国家相关法律法规的规定，内控制度基本健全、有效。A医院在该项目建设过程中，能够执行基建程序，按照相关规定实行项目工程招投标制、工程监理制和合同管理制；制定了A医院门诊医技楼工程进度质量及安全文明施工保障措施，使工程项目的建设有据可依、有章可循；实行了工程计量与支付的多级审批复查制度，并使之程序化，对杜绝提前支付和重复计量等发挥了较好作用。

**三、审计发现的主要问题**

（一）建安工程超概算__________元

202×年×月，__________发展改革委员会《关于A医院门诊医技大楼工程初步设计的批复》（__________〔202×〕25号），批复A医院门诊医技楼项目建安工程概算投资__________元，但批复中人防工程和物流传递系统概算__________万元并未建设，实际完成建安工程投资__________元，超概算__________元，超出概算__________%。

（二）审计核减工程价款__________元

经审计，该项目的主体工程、室内精装修工程、屋面花架及幕墙工程、钢结构工程、安装工程、多联机空调工程、室外工程等核减工程价款__________元。

（三）财务管理及会计核算方面的问题

1. ____________________________________________

2. ____________________________________________

## 四、审计建议

（一）______________________________

1. ______________________________

2. ______________________________

（略）

××会计师事务所

202×年×月×日

**【例9－13】** A医院3号院住院楼加固改造工程项目全过程跟踪审计项目委托××工程管理有限公司实施。202×年12月31日，××工程管理有限公司出具如下审计报告：

### A医院3号院住院楼加固改造工程项目202×年全过程跟踪审计报告

A医院：

我们受贵院委托，对3号院住院楼加固改造工程项目进行全过程跟踪审计工作。服务的范围和内容如下。

1. 对在审计实施中遇到的重大问题应及时报告；需派出符合项目需求的专业人员实施项目审核审计，保证现场常驻工地代表不低于2人（至少有1人为注册造价工程师，土建、安装专业各1名），并根据项目的需要，将适时增配人员。

2. 项目执行过程中配备的相关专业负责人必须在现场，不能随意更换主要负责人，如需更换主要负责人，须书面申请，甲方同意后方可更换。

3. 审查和评价开工前阶段内部控制管理、基本建设程序、设计勘察管理等各项工作。

4. 审查和评价施工阶段进度款审核、询价、招投标管理、合同管理、物资设备管理、工程造价管理（不含总包工程量清单、控制价审计工作）以及工程安全、质量、进度管理等工程管理的全过程；参加隐蔽工程取证及现场签证取证、对转包及违法分包进行纠正。

5. 对于专业分包中招标清单、控制价及招标文件等进行审核，并提出审计意见。

6. 审查和评价竣工阶段竣工验收管理等工作，开展竣工结算审核。

7. 项目实施过程中其他需要审计配合的相关工作，中标单位应完全配合招标人及建设单位。

8. 以月度为单位出具项目工作月报，以季度为单位出具工程项目阶段工作正式报告和管理建议书，以年度为单位出具汇总报告；在要求的时间内出具工程结算审核报告。

现对 3 号院住院楼加固改造工程项目 202×年度项目进展及工作情况进行汇报。汇报内容如下。

**一、项目概况**

1. 工程概况：3 号院住院楼加固改造工程项目位于__________。本工程系加固改造工程，总的用地面积__________平方米，总建筑面积__________平方米。全部建筑面积均需加固改造，现状房屋主要包括 A 楼、B 楼两座主体建筑，以及锅炉房、食堂、配电室、门卫及车库等附属设施，现有停车位__________个。

2. 截至 202×年 12 月 31 日工程形象进度：

A 楼

（1）拆除完成__________%；

（2）土方开挖、土方回填、余方弃置、夯实完成__________%；

（3）砖墙砌筑完成__________%；

（4）现浇混凝土满堂基础（集水坑）、现浇混凝土墙（集水坑）、现浇混凝土无梁板（集水坑）、混凝土垫层铺设、现浇混凝土矩形柱、现浇混凝土异形柱、现浇混凝土矩形梁、现浇混凝土过梁、现浇混凝土有梁板、预制混凝土其他构件安装、现浇混凝土设备基础、基础加固、梁加固的钢筋绑扎、模板支撑、混凝土浇筑完成__________%；

（5）墙面钢筋绑扎、喷射混凝土完成__________%；

（6）粘贴碳纤维复合材料加固一层、二层（地面和顶面）完成__________%、梁完成__________%；

（7）金属结构工程完成__________%；

（8）建筑装饰里面的二次结构（砖墙砌筑；现浇混凝土构造柱、现浇混凝土过梁、现浇混凝土压顶、叠合梁、现浇混凝土池槽、小型构件的钢筋绑扎、模板支撑、混凝土浇筑）完成__________%；

（9）地下室加固外墙防水、地下室底板防水、集水坑的墙面涂膜防水完成__________%；

（10）墙体保温隔热层新做完成__________%、屋面保温隔热层完成__________%；

（11）墙面和顶面抹灰完成__________%；

（12）客房隔墙新做__________%；

（13）A楼强、弱电工程墙面开关插座、配管工程预留预埋完成至__________%；

（14）A楼消防工程墙面预留预埋套管完成至__________%，消火栓完成剔凿洞口；

（15）A楼给排水、暖通工程墙面套管预留预埋完成至__________%（不含管道及其他设备）；

（16）A楼雨水管完成安装__________%；卫生间打孔完成__________%；

（17）A楼样板间暖通盘管机安装完成__________%；

（18）A楼样板间给排水安装完成__________%；

（19）A楼样板间消防安装完成__________%；

（20）A楼样板间消防排烟安装完成__________%；

（21）A楼样板间电气安装完成__________%；

（22）A楼样板间弱电安装完成__________%。

B楼（土建）

Ⅰ段

（1）土方开挖、土方回填、余方弃置、夯实完成__________%；

（2）砖墙砌筑完成__________%；

（3）现浇混凝土墙（窗井）、混凝土垫层铺设、现浇混凝土有梁板、现浇混凝土池槽、小型构件、现浇混凝土设备基础、基础加固、现浇混凝土过梁的钢筋绑扎、模板支撑、混凝土浇筑完成__________%；

（4）墙体钢筋绑扎、喷射混凝土完成__________%；

（5）金属结构完成__________%；

（6）桩基完成__________%。

Ⅱ段

（1）土方开挖、土方回填、余方弃置、夯实完成__________%；

（2）砖墙砌筑完成__________%；

（3）现浇混凝土满堂基础、现浇混凝土集水坑、现浇混凝土无梁板、现浇混凝土垫层铺设、现浇混凝土矩形梁、现浇混凝土过梁、现浇混凝土墙、现浇混凝土有梁板、现浇混凝土池槽、小型构件、现浇混凝土设备基础、基础加固的钢筋绑扎、模板支撑、混凝土浇筑完成＿＿＿＿＿%；

（4）墙体钢筋绑扎、喷射混凝土完成＿＿＿＿＿%；

（5）金属结构完成＿＿＿＿＿%；

（6）桩基完成＿＿＿＿＿%。

建筑装饰：

（1）拆除完成＿＿＿＿＿%；

（2）地下室翻建窗井外墙、地下室加固外墙防水、地下室非加固外墙防水、地下室原窗井砌体外墙、地下室窗井底板防水完成＿＿＿＿＿%。

B楼（安装）

（1）B楼强、弱电工程墙面开关插座、配管工程预留预埋完成至＿＿＿＿%；

（2）B楼消防工程墙面预留预埋安装完成至＿＿＿＿＿%，消火栓箱完成剔凿洞口；

（3）B楼给排水、暖通工程墙面预留预埋套管完成至＿＿＿＿＿%（不含管道及其他设备）；

（4）B楼通风空调预留预埋套管完成至＿＿＿＿＿%。

**二、项目资金使用情况**

截至目前，已支付施工总承包工程预付款＿＿＿＿＿元，工程进度款累计支付＿＿＿＿＿元，支付的金额符合合同约定，并与工程实际进度相匹配，两项金额累计支付＿＿＿＿＿元，占合同签约价的＿＿＿＿＿%。

全过程管理公司累计支付＿＿＿＿＿元，占合同金额的＿＿＿＿＿%；监理费累计支付＿＿＿＿＿元，占合同金额的＿＿＿＿＿%；设计费累计支付＿＿＿＿＿元，占合同金额的＿＿＿＿＿%；跟踪审计费累计支付＿＿＿＿＿元，占合同金额的＿＿＿＿＿%；招标代理费累计支付＿＿＿＿＿元，占合同金额的＿＿＿＿＿%；招标控制价审核费用累计支付＿＿＿＿＿元，占合同金额的＿＿＿＿＿%；可行性研究报告编制费累计支付＿＿＿＿＿元，占合同金额的＿＿＿＿＿%；招标代理（设计）费累计支付＿＿＿＿＿元，占合同金额的＿＿＿＿＿%；A楼屋面梁结构检测支付金额＿＿＿＿＿元，占合同金额的＿＿＿＿＿%；施工扰民、民扰费支付＿＿＿＿＿元；以上均符合合同约定。

**三、截至202×年12月31日变更洽商、签证审核情况及其他情况说明**

1. 专业工程暂估价——幕墙工程

专业工程暂估价——幕墙工程经过多渠道询价，各参建方沟通，控制价最终审定价格为__________元。

2. 专业工程暂估价——锅炉房移位工程

专业工程暂估价——锅炉房移位工程依据锅炉房移位工程深化设计图、清单预算，人工及材料按照202×年11月造价信息，信息价上没有的材料价格参考广材网市场价和市场询价，控制价最终审定价格为__________元。

3. 专业工程暂估价——燃气工程

专业工程暂估价——燃气工程依据燃气工程深化设计图、清单预算，人工及材料按照202×年11月造价信息，信息价上没有的材料价格参考燃气公司提供的专用设备材料价格，控制价最终审定价格为__________元。

4. 暂估价材料——配电箱

暂估价材料——配电箱经过实地考察两家配电箱生产厂家的生产规模、能力、厂家授权、元器件的寿命周期、售后服务等，暂估价认价总价为__________元。

5. 重计量——电气工程

重计量——电气工程、消防电工程施工图算量已完成，目前正进行审计与施工单位核对阶段。

6. 现场签证审核意见

截至202×年12月31日，签证单A楼三四层砌体脱落墙体补砌、A楼原加砌块砌筑门洞拆除后灰砂砖补砌、A楼电梯井道窗洞口封堵砌筑3份已出具审核意见，施工单位申报金额__________元，审定金额__________元，审减金额__________元，建设单位临建租赁由于资料不足已返还施工单位。

7. 其他情况说明

由于本项目邻近__________中学，中考（202×年6月24—26日）、高考（202×年6月7—10日）期间停工，累计停工14天。

**四、截至202×年12月31日，跟踪审计工作汇报如下：**

1. 熟悉项目前期资料，包括立项文件、可行性研究报告、招标文件等，了解并掌握本项目的建设工程合同、施工图纸及工程现场情况；

2. 建立项目资金使用计划表、建立合同管理、建立项目费用支付情况表，有效地建立项目台账进行跟踪审计工作；

3. 实时掌握并跟踪现场进展情况，做好项目每笔费用支出的审核工作，做到有依有据；

4. 积极与各参建单位沟通交流，梳理项目审核流程，有效推进项目的进展，对项目资金使用进行合理合规性审查；

5. 每周按时参加项目监理例会，掌握现场施工进度，对涉及工程费用包括设计变更、洽商、现场签证等内容提供审核意见；

6. 对重大设计变更、洽商，做好费用估算，以及涉及的主要材料及设备进行询价，为业主决策提供相关依据；

7. 做好每个月、每季度的跟踪审计工作汇报以及对现场相关资料的收集、整理、归档等工作。

**五、截至 202×年 12 月 31 日，202×年项目总结**

现场跟踪审计人员应本着严格管理、热情服务、秉公执行、一丝不苟的原则，使本工程建设达到“质量优、安全好、进度快、投资省、效益高”的目的，认真、勤奋地工作，为业主提供咨询、策划意见，全面实现业主的建设意图和咨询服务工作的目标。

在全过程跟踪审计项目部工作人员在履行其义务时，应遵守国家法律和行政法规，全面维护业主委托的项目合法权益，应严格执行本公司管理制度中制定的质量、环境与职业健康安全服务宗旨，为业主提供高效、优质服务。

本着以上原则，主要体现以下内容：

1. 保证审核时间的有效性，积极主动并有效完成职责范围内的审核工作，出具审核文件保证成果质量；

2. 有效地梳理项目施工过程的资料，保证过程资料的真实性、有效性，按照相关资料整理规程进行整理、归档；

3. 建立项目跟踪审计人员的服务队伍，明确人员的职责范围，加强与各参加单位的沟通联系，有效地为项目提供优质服务；

4. 了解和掌握最新的工程建设政策、法规、技术规范和标准、新材料、新工艺，并将这些知识用于全过程跟踪审计服务过程中，提高服务水平。

总结：我方将严格按照合同的约定，履行合同内应尽的义务，全面实施跟踪项目审计工作，积极与业主沟通交流，推进项目实施进度，有效合理地控制项目总造价，圆满完成业主委托的项目跟踪审计工作。

××工程管理有限公司

编制人：×××

202×年 12 月 31 日

【例9－14】为了规范医院重大建设工程项目全过程跟踪审计，进一步规范审计项目委托社会审计管理，提高建设工程项目全过程跟踪审计工作质量，防范审计风险，促进廉政建设，A医院审计处对经公开招标入围的社会审计机构按年度进行考核，考核结果作为次年建设项目任务分配的重要依据。具体考核办法如表9－4所示。

**表9－4　　A医院全过程跟踪委托审计考核评分表**

| 序号 | 评估指标 | | | | 满分 |
|---|---|---|---|---|---|
| | 一级 | 二级 | 三级 | 评估细则 | |
| 一、人员情况（10分） | | | | | 10 |
| 1 | 人员配备情况（4分） | 总联络人 | | 总联络人为社会审计机构单位负责人（副总经理及以上）2分，其余不得分 | 2 |
| | | 项目组成员人数 | | 3人以上2分，3人1分，否则0分 | 2 |
| 2 | 主审人员的执业资格（6分） | 项目负责人 | | 造价师2分，否则0分 | 2 |
| | | 专业主审人员执业资格要求 | | 土建主审人员是造价师2分；安装主审人员是造价师2分 | 4 |
| 二、组织管理（20分） | | | | | 20 |
| 1 | 项目的组织管理（4分） | 审计方案和服务计划 | 完整性 | 内容完整2分，一般1分，否则0分 | 2 |
| | | | 针对性 | 针对性强2分，一般1分，否则0分 | 2 |
| 2 | 工作态度及能力（16分） | 人员稳定性 | | 审计过程中，乙方无故调整项目组成员，出现一次扣2分 | 2 |
| | | 人员出勤情况 | 项目负责人 | 项目负责人应按时参加各种会议，缺勤一次扣1分 | 2 |
| | | | 驻场工程师 | 驻场工程师应在工作日进驻施工现场，审计处现场抽查，缺勤一次扣1分 | 2 |
| | | 人员配合度 | | 接受审计处的管理和监督2分，一般1分，不配合0分 | 2 |
| | | 专业能力 | | 能力强2分，一般1分，不能胜任0分 | 2 |
| | | 工作主动性 | | 及时向审计处汇报工作进展情况和发现的问题4分，一般1—3分，否则0分 | 4 |
| | | 沟通协调能力 | | 积极主动与医院建设管理部门、监理、施工等单位进行沟通协调得2分，一般1分，否则0分 | 2 |

续表

<table>
<tr><th rowspan="2">序号</th><th colspan="4">评估指标</th><th rowspan="2">满分</th></tr>
<tr><th>一级</th><th>二级</th><th>三级</th><th>评估细则</th></tr>
<tr><td colspan="5">三、审计过程及结果（64 分）</td><td>64</td></tr>
<tr><td rowspan="3">1</td><td rowspan="3">设计概算审核报告（5 分）</td><td colspan="2">及时性</td><td>审核结果根据要求按时提交 2 分；延期 1 天，扣 1 分</td><td>2</td></tr>
<tr><td colspan="2">准确性</td><td>审核结果准确 2 分；出现审核错误或漏项，酌情扣分</td><td>2</td></tr>
<tr><td colspan="2">审计意见或建议</td><td>提出有建设性的审计意见或建议 1 分</td><td>1</td></tr>
<tr><td rowspan="3">2</td><td rowspan="3">清单及招标控制价审核报告（10 分）</td><td colspan="2">及时性</td><td>审核结果根据要求按时提交 4 分；延期 1 天，扣 1 分</td><td>4</td></tr>
<tr><td colspan="2">准确性</td><td>审核结果准确 4 分；出现审核错误或漏项，根据情况每项扣 1—2 分</td><td>4</td></tr>
<tr><td colspan="2">审计意见或建议</td><td>提出有建设性的审计意见或建议 2 分</td><td>2</td></tr>
<tr><td rowspan="2">3</td><td rowspan="2">进度款审核报告（6 分）</td><td colspan="2">及时性</td><td>收到进度款申请后 3 日内（节假日顺延）出具全过程跟踪审计报告，按时提交 2 分，延期 1 次，扣 1 分</td><td>3</td></tr>
<tr><td colspan="2">准确性</td><td>审核结果准确 3 分；出现审核错误，根据情况每项扣 1—2 分</td><td>3</td></tr>
<tr><td rowspan="3">4</td><td rowspan="3">结算审核报告（15 分）</td><td colspan="2">及时性</td><td>审核结果根据要求按时提交 5 分；延期 1 天，扣 1 分</td><td>5</td></tr>
<tr><td colspan="2">准确性</td><td>审核结果准确 5 分，出现审核错误，根据情况每项扣 1—2 分</td><td>5</td></tr>
<tr><td colspan="2">审计意见或建议</td><td>提出有建设性的审计意见或建议得 3 分；当竣工结算造价与施工合同约定造价有较大差异时，未进行差异分析并提供分析报告扣 2 分</td><td>5</td></tr>
<tr><td rowspan="5">5</td><td rowspan="5">其他内容及报告（28 分）</td><td colspan="2">审计项目进度周报</td><td>每周一（节假日顺延）及时向审计处上报“项目进展情况表”，出现一次未报扣 1 分</td><td>2</td></tr>
<tr><td colspan="2">全过程审计记录</td><td>详细 4 分，一般 2 分，否则 0 分</td><td>4</td></tr>
<tr><td rowspan="3">审计月报</td><td>完整性</td><td>根据建设工程实施情况，对工程建设各阶段的业务和管理活动进行分析和评价，内容完整 2 分，否则 0 分；提出有建设性的审计意见或建议加 2 分</td><td>4</td></tr>
<tr><td>及时性</td><td>次月 5 日前（节假日顺延）出具审计月报，按时提交 2 分，延期 1 次，扣 1 分</td><td>3</td></tr>
<tr><td>准确性</td><td>审核结果准确 3 分；出现审核错误，根据情况每项扣 1—2 分</td><td>3</td></tr>
</table>

续表

| 序号 | 评估指标 | | | | 满分 |
|---|---|---|---|---|---|
| | 一级 | 二级 | 三级 | 评估细则 | |
| 5 | 其他内容及报告（28分） | 全过程跟踪审计报告 | 完整性 | 对工程建设各阶段的业务和管理活动进行总体分析和评价。内容完整3分，否则0分；提出有建设性的审计意见或建议加2分 | 5 |
| | | | 及时性 | 结算审计完成后一周内（节假日顺延）出具全过程跟踪审计报告，按时提交2分，延期1天，扣1分 | 2 |
| | | | 准确性 | 审核结果准确3分；出现审核错误，根据情况每项扣1—2分 | 3 |
| | | 审计资料退还 | | 合同约定期限内，未将审计报告、全部审计资料和审计日志送交审计处的，扣2分 | 2 |
| 四、纪律监督（6分） | | | | | 6 |
| 1 | 工作纪律（2分） | | | 未经审计处同意，在工程类审计工作中擅自组织相关单位对审计项目内容进行核对的，扣2分 | 2 |
| 2 | 保密规定（2分） | | | 违反保密规定，泄露审计信息，给医院造成损失和不良影响的，扣2分 | 2 |
| 3 | 工作责任（2分） | | | 无正当理由拒绝接受审计业务的，扣2分 | 2 |
| | 总分 | | | | 100 |

注：社会审计机构存在以下情形之一时，医院有权解除合同并取消其资格，审计结果不予采纳，审计费用不予支付。

（1）提供的审计（审核）报告严重失实、审计结论不准确，并且拒绝进行重新审计或纠正的；

（2）对可能存在的重大舞弊以及违纪违法行为未能及时告知，导致审计结果不客观的；

（3）转包或分包委托审计业务的；

（4）社会审计机构拒绝完成医院安排的审计业务，或无正当理由未能在规定期限内完成审计业务的；

（5）社会审计机构违背合同约定或相关规定，审计处多次责令纠正，仍屡犯不改或拒绝纠正的；

（6）违反保密协议，泄露医院信息，给医院造成损失和不良影响的；

（7）社会审计机构的审计人员违反清正廉洁有关规定的。

# 第十章 重大政策落实情况审计

## 第一节　重大政策落实情况审计概述

### 一、重大政策落实情况审计的概念

重大政策落实情况审计，是指内部审计机构依法对本单位贯彻落实国家重大政策措施和宏观调控部署情况，主要是贯彻落实的具体部署、执行进度、实际效果等进行监督检查。

### 二、重大政策落实情况审计的目的

内部审计机构在重大政策开始执行或者执行过程中的某个时点提前介入，实施动态的审计监督，以资金、项目、政策和重大改革任务推进情况为抓手，通过揭示重大政策措施和宏观调控部署贯彻落实中存在的问题，分析问题产生的原因，推动国家重大决策部署和政策措施落实到位，促进政策落地生根和不断完善。

### 三、重大政策落实情况审计的组织形式

重大政策措施落实情况审计可以独立实施，医院内部审计机

构可以专门组织开展重大政策措施落实情况审计。同时，由于重大政策措施落实情况审计的对象和内容涵盖重大项目建设推进、大额资金管理使用、医院综合改革、社会民生改善、经济风险防范等诸多方面，在实际审计工作中，也可以与其他审计类型结合统筹开展。

## 四、重大政策落实情况审计的特点与难点

### （一）审计范围涉及面广点多

医院政策落实情况审计涉及内容较多，包括医药卫生体制改革、分级诊疗体系构建、公共卫生、城市医联体和紧密型县域医共体建设、绩效考核与薪酬分配、分级分层分流的重大疫情救治体系、医保支付方式改革、医药价格动态调整机制改革、药品和耗材集中采购等，审计内容点多面广，审计人员把握审计重点难度较大，要求审计人员熟悉和掌握医疗、经济、管理、医保、价格、法律、工程等方面知识，但目前医院内部审计人员的知识结构和专业技能还比较单一，大多只懂得传统的财经、投资、计算机等专业知识，对相关政策法规的储备有限，严重阻碍了对政策落实情况审计的理解与判断。

### （二）政策种类繁多，更新调整较快

重大政策落实情况审计涉及国家和地方出台的各类政策法规，不仅涵盖《中华人民共和国审计法》《国务院关于加强审计工作的意见》等审计常用的法律法规，还包括政府和部委发布的各项政策文件以及卫生健康委、医疗保障局、发展改革委、财政部等相关部门单位发布的部门法规等。随着经济社会发展和医学进步，各项政策在执行过程中不断变动调整、更新较快。实施审计项目时，要求审计人员熟悉和掌握的信息量很大，对审计人员政策性、专业性和技术性要求都很强。审计人员只有在充分掌握政策依据、熟读工作方案、明确工作重点的基础上，才能达到事半功倍效果。

### （三）审计理念新，审计方式变化大

重大政策落实情况审计是对国家重大政策措施制定、落实和执行情况持续开展的审计监督活动，是新时代审计发挥国家治理作用的重要体现。因此，重

大政策落实情况审计不只是对财务收支状况进行审查，更重要的是要求审计人员从参与国家治理的角度思考问题，从更加宏观的层面来把握方向。这就要求医院内部审计人员转变审计理念，扭转思想上认识上的偏差，充分运用战略性、宏观性思维思考问题，牢固树立全局化、全面化、系统化的审计意识。

#### （四）审计对象多，组织实施难度大

政策措施的出台本身具有很强的综合性和宏观性，每一项重大政策落实、执行可能涉及医院多个职能部门，甚至还可能涉及与医院有业务合作关系的其他外部单位，审计对象的复杂多变对医院内审项目组织方式和人力资源整合提出了更高要求。

### 五、重大政策落实情况审计的方法和程序

重大政策落实情况审计的方法可以采用调查、询问、访谈、审核、观察、计算和分析性复核等方法。根据审计重点和内容的不同，重大政策落实情况审计可以选择与之相适应的一种或几种审计方法来组合实施，以达到或实现审计目标。关于审计方法和审计实施程序，第五章已有详细介绍，本节不再赘述。

## 第二节　重大政策落实情况审计的内容

2018 年 5 月，习近平总书记在中央审计委员会第一次会议上提出了“加大对党中央重大政策措施贯彻落实情况跟踪审计力度”的要求，结合医疗行业特点，医院重大政策措施落实情况审计的内容主要包括四大方面。

### 一、贯彻执行重大政策措施的部署安排情况

#### （一）部署安排的及时性和务实性

重点审计被审计单位（部门）是否按照中央、国家等相关决策部署，结合自身实际，为其所在单位（部门）贯彻执行重大政策措施进行了部署和具体安排，是否组织制订了实施方案。相关部署和制订实施方案是否及时，内容是否

具体务实，是否存在召开会议、下发文件等形式上的部署措施多而实质性的落实举措少的问题，是否存在不作为、慢作为、乱作为的情况。

### （二）实施方案的遵循性、健全性和可行性

重点审计贯彻落实重大政策措施实施方案的内容是否符合党和国家重大政策和决策部署的要求，是否存在贯彻执行政策措施打折扣、做选择、搞变通的情况；实施方案是否明确了贯彻执行重大政策措施的时间表、路线图和阶段性目标；是否在结合单位（部门）实际制定出台贯彻执行重大政策措施的配套政策措施方面作出了具体工作安排，如包括专门制定或修改完善相关的发展规划、工作计划、规章制度；建立相应领导、管理和监督机制；提供资金、机构人员、场地和物资保障等。实施方案是否做到工作任务、措施方法、职责分配、质量要求具体明确，具体措施具有可操作性。

### （三）实施方案制订是否通过适当的程序

重点审计为制订贯彻执行重大政策措施的实施方案是否充分开展了调查研究、充分进行了论证和广泛征求意见；是否采用了集体决策、审批控制或其他适当的决策程序，确保方案内容符合法律法规、上级决策部署和被审计单位（部门）发展实际。

## 二、贯彻执行重大政策措施具体安排的落实情况

1. 重点审计是否认真落实了贯彻执行重大政策措施的实施方案，确定方案的相关工作制度机制和具体措施是否得到执行，责任是否落实到位；是否存在方案落实过程中的打折扣、做选择、搞变通的现象；是否存在表态多、调门高、行动少、落实差等形式主义、官僚主义现象，避免简单依据是否及时召开会议、及时下发文件等形式上的措施评价实施方案落实情况。

2. 重点审计是否建立监督机制。是否建立贯彻执行过程评价分析机制，结合执行目标和效果及最新政策变化，及时有效纠正有偏差的措施；是否建立并落实监督检查机制，明确监督检查责任、内容和频次要求，对具体措施执行情况实施了有效的监督检查，并逐级汇报贯彻执行过程中遇到的问题及建议；是否建立了责任追究机制，对贯彻执行不力造成不良影响的责任人追究到位。

## 三、贯彻执行重大政策措施具体安排的实施效果

1. 重点审计贯彻执行重大政策措施实施方案确定的工作任务、时间进度、完成目标等是否达到了预设的标准。

2. 重点审计通过落实贯彻执行重大政策措施的实施方案，被审计单位（部门）的工作是否符合了党和国家出台重大政策措施的预期；是否结合行业特点、内外部环境等情况创新性地开展工作，取得良好的政策落实效果；是否形成可推广可复制的推动经济社会发展进步的良好实务。

3. 重点审计重大政策措施落实对被审计单位（部门）的影响，是否做到在不损害国家利益、公众利益的前提下，维护了被审计单位（部门）的持续发展，确保某些政策措施落实给单位（部门）带来的成本上升、利润减少等不利影响降到了可承受的限度之内，均衡国家、集体、职工、社会、群众、患者等多方利益，推动医院健康可持续高质量发展。

## 四、贯彻执行重大政策措施过程中存在的主要问题

### （一）揭示政策落实过程中存在的主要问题

重大政策改革任务落实情况，关注促进医院高质量发展、绩效考核、薪酬分配、医保支付方式改革、分级诊疗、人才培养等重大政策是否落实到位，检查是否存在不作为、乱作为、假作为等庸政懒政怠政问题；重大项目完成情况，关注重大项目规划、立项、审批、建设、竣工验收、运营等各环节任务分解和落实情况，促进项目科学规划，严格管理，有效推进。在揭示问题的同时，应当注重反映相关政策措施落实过程中的体制机制障碍，包括与其他正在执行的制度法规的不衔接、不配套问题，揭示相关问题以及可能出现的风险隐患。

### （二）分析研究提出政策建议

注意收集、研究和核实被审计单位（部门）及其他相关人提出的意见建议，及时向上级有关政府主管部门报告。

### （三）反映整改情况

针对重大政策落实情况审计发现的问题，深入解剖问题所涉及的各个环节并分析原因，落实各环节的责任主体，并在审计实施过程中和下一阶段重大政策落实情况审计中督促有关单位及人员加强问题整改、落实责任追究。

## 第三节　重大政策落实情况审计案例

党中央一直高度重视卫生健康工作，强调要持续深化医药卫生体制改革，均衡布局优质医疗资源，改善基层基础设施条件，更好地服务人民群众健康。为此，我国医院始终坚持以人民健康为中心，把加强医疗机构能力建设作为深化医改的重要内容，推进医院综合改革和高质量发展，构建有序的就医和诊疗新格局，持续改善基本医疗卫生服务公平性、可及性。为助力各项政策落地生根，医院需要积极开展重大政策落实情况审计。由于此项工作在医院内部审计实务运用中尚处于起步阶段，本节以A医院为例，尝试性讲解如何进行重大政策落实情况审计实务操作。

**【例10－1】**为认真贯彻落实党中央对审计工作的部署要求，扎实推进党和国家重大政策落实情况审计工作，A医院结合自身实际，制定了《A医院重大政策落实情况审计实施办法（试行）》，详见本书附录部分，此处略。

**【例10－2】**接例10－1，为全面深入贯彻习近平总书记关于疫情防控工作的重要指示精神，落实落细党中央、国务院关于疫情防控工作的重大决策部署，充分发挥审计监督职能作用，服务保障打赢疫情防控阻击战，A医院审计处根据医院安排，牵头组织开展全院疫情防控有关政策落实情况的审计监督工作。为确保本次审计工作顺利实施，A医院审计处制订了审计实施方案。具体如下：

**A医院202×年重大政策落实情况审计实施方案**

按照医院工作部署，为做好202×年国家重大政策措施落实情况审计工作，根据《中华人民共和国审计法》《关于内部审计工作的规定》（审计署令第11号）、《卫生计生系统内部审计工作规定》（国家卫生和计划生育委员会令第16号）《关于做好新型冠状病毒感染肺炎疫情防控财政资金和捐赠款物审计监督工作的通知》《A医院重大政策落实情况审计实施办法（试行）》等，特制订本实施方案。

## 一、审计目标

202×年是全面贯彻党的二十大精神的开局之年，是实施“十四五”规划承上启下的关键一年，政策落实审计要贯彻落实党中央对统筹推进新冠疫情防控和经济社会发展工作的重大举措。我国仍然面临境外疫情输入和本土疫情传播扩散的双重风险，防控形势依然严峻复杂，要坚持“人民至上、生命至上”，坚持“外防输入、内防反弹”总策略和“动态清零”总方针不动摇，统筹疫情防控和经济社会发展，坚决落实“四早”，做到早发现、快处置、防外溢。重点审计监督疫情防控重大决策部署和政策措施落实情况，疫情防控资金物资筹集及分配使用等，促进政策落实扎实有效。

## 二、审计对象和范围

审计对象为医院及所属部门和下属单位。审计时间范围为202×年各季度贯彻落实国家重大政策措施情况。

## 三、审计重点

（一）疫情防控重大决策部署和政策措施落实情况。重点关注有关决策部署和政策措施的落实情况，是否存在有令不行、有禁不止的情况；关注有无结合医疗卫生机构疫情防控工作实际，抓实抓细各项具体措施的执行，是否切实取得应有的效果。

（二）疫情防控资金物资筹集情况。在全面动态掌握各级财政安排和社会捐赠款物总体情况的基础上，结合疫情防控资金物资的需求，关注医院疫情防控物资储备是否充足；关注各类款物捐赠渠道的合法合规性，接受各类社会团体、社会性单位及个人等的接收捐赠款物的受赠程序和形式是否规范；接收的捐赠物资是否单独进行核算；捐赠物资的分配原则是否合理，去向是否清晰。

（三）疫情防控资金物资分配情况。关注医院内部分配疫情防控资金物资是否遵循集体决策程序；关注分配办法是否科学、合理和细化，有无结合防控工作任务轻重缓急，优先保障重点岗位、重点部门和最急需处；关注分配过程是否公开透明，分配结果是否符合原则要求、是否及时合理。

（四）疫情防控资金物资管理使用情况。关注疫情防控资金物资是否及时足额下拨，有无截留、滞留资金物资的情况；关注疫情防控资金物资是否专项用于疫情防控，有无冒领、挤占、挪用的情况；关注疫情防控资金物资是否节约集约使用，有无损失浪费的情况；关注疫情防控物资采购，有无采购物资价格畸高、质量不合格的情况；关注向医院内部疫情防控重点部门、重点岗位、重点人群拨付的资金物资是否足额到位。

（五）与疫情防控有关财政金融等政策落实情况。重点关注疫情防控专项政府债券资金使用范围及开支情况，有无超范围使用和支出的情况，确保专项债券资金专款专用。

**四、人员安排**

审计组组长：何××

审计组副组长：李××、陈××

审计组成员：张××、杨×、王×、瞿××、尚××

**五、时间安排**

审计工作时间：202×年×月×日—202×年×月×日

**六、工作要求**

（一）高度重视，组织有力。政策落实情况是医院内部审计的规定动作和经常性审计任务。医院全体干部职工要把思想和行动统一到党中央、国务院重大决策部署上来，把促进国家重大政策措施贯彻落实作为当前审计工作的重中之重，做到责任分工明确、人员保障到位、工作有效衔接、成果反映及时。

（二）精心组织，确保质量。加强项目组织实施管理，审计过程应明确和落实审计质量控制责任，确保实现预定的审计工作目标。审计报告中既要反映本单位（部门）执行的重大政策措施的总体情况，揭示不作为、慢作为、假作为等的问题，更要注重总结好的经验、做法和积极整改正面典型事例。

（三）严明纪律、文明审计。审计组要严格在法定职责权限范围内开展审计工作，既要敢于碰硬，又要善于解决问题。要严格遵守廉政纪律、保密纪律、审计工作纪律，做到审计程序合法，审计方式遵法，审计标准依法，审计保障用法。要切实做到文明审计，坚持客观公正、平等待人、以理服人，充分听取被审计单位和有关方面意见。

A医院审计处

202×年×月×日

**【例10－3】**接例10－2，根据审计实施方案，A医院审计处制定下发审计通知，并公告如下：

**关于202×年度重大政策落实情况审计的公告**

根据《中华人民共和国审计法》《关于内部审计工作的规定》（审计署令

第11号)、《卫生计生系统内部审计工作规定》(国家卫生和计划生育委员会令第16号)《关于做好新型冠状病毒感染肺炎疫情防控财政资金和捐赠款物审计监督工作的通知》等，按照医院审计计划，经院党委审计委员会批准，审计处自202×年×月×日起至202×年×月×日止，组织开展202×年度重大政策落实情况审计。

审计主要内容是：疫情防控重大决策部署和政策措施落实情况、疫情防控资金物资及专项资金管理和使用情况。

在审计期间，欢迎广大干部群众如实反映有关情况，提出意见和建议，并对审计工作和审计人员执行纪律情况予以监督。

审计组组长：何××

审计组副组长：李××、陈××

审计组成员：张××、杨×、王×、瞿××、尚××

联系电话：××××

邮箱：××××

A医院审计处

202×年×月×日

**【例10-4】** 接例10-3，审计组经必要审计程序后，形成审计报告如下。

## 202×年度重大政策落实情况审计报告

院相关部门（单位）：

按照医院党委审计委员会工作部署，为做好202×年国家重大政策措施落实情况审计工作，根据《中华人民共和国审计法》《关于内部审计工作的规定》(审计署令第11号)、《卫生计生系统内部审计工作规定》(国家卫生和计划生育委员会令第16号)《关于做好新型冠状病毒感染肺炎疫情防控财政资金和捐赠款物审计监督工作的通知》《A医院重大政策落实情况审计实施办法(试行)》等工作要求，我们组成由何××担任组长，李××、陈××担任副组长，张××、杨×、王×、瞿××、尚××为成员的审计组，实施了我院202×年度重大政策落实情况审计。现将审计结果报告如下。

### 一、审计概况

审计组自202×年×月×日起至202×年×月×日止，对202×年度我院疫情防控重大决策部署和政策措施落实情况、疫情防控资金物资及专项资金管理和使用情况等组织开展政策落实情况审计。审计结果表明，我院始终坚持“人民至上、生命至上”，坚持“外防输入、内防反弹”总策略和“动态清零”总方针不动摇，统筹疫情防控和经济社会发展，坚决落实“四早”，认真落实国家重大政策措施，并取得了较好的成效。但审计也发现___________等问题。

**二、审计发现的主要问题**

（一）疫情防控重大决策部署和政策措施落实情况

（略）

（二）疫情防控资金物资筹集情况

（略）

（三）疫情防控资金物资分配情况

（略）

（四）疫情防控资金物资管理使用情况

（略）

（五）与疫情防控有关财政金融等政策落实情况

（略）

**三、审计建议**

1. 为推动疫情防控政策措施落实，建议审计提早介入。

（略）

2. 加强应急物资规范管理，持续优化工作机制。

（略）

3. 强化审计整改闭环管理，加强部门协同。

（略）

A 医院审计处

202×年×月×日

**【例 10-5】**接例 10-4，为强化审计整改工作责任，增强审计整改工作的严肃性，提升审计整改工作质量和效果，A 医院结合自身实际，制定了《审计整改工作办法（试行）》，详见本书附录部分，此处略。

**【例 10-6】**接例 10-5，为切实落实审计整改工作责任，提升审计整改工作质量和效果，A 医院实行“问题清单”“整改清单”和“销号清单”等“三单”式问题整改工作机制。具体表单格式如表 10-1、表 10-2、表 10-3 所示。

表 10－1　　　　A 医院审计整改发现问题清单

审计项目：

被审计单位：

| 问题清单序号 | 与报告对应关系 | 涉及单位名称 | 问题摘要 | 涉及金额 | 处理意见或整改建议 |
|---|---|---|---|---|---|
| | | | | | |
| | | | | | |
| | | | | | |
| | | | | | |
| | | | | | |

填表人：　　　　整改第一责任人：　　　　日期：　　　　联系电话：

表 10－2　　　　A 医院审计整改结果清单

审计项目：

被审计单位：

| 问题清单（对应表 10－1 相关内容） | | | | 整改结果清单 | | | | | | |
|---|---|---|---|---|---|---|---|---|---|---|
| 问题清单序号 | 与报告对应关系 | 单位名称 | 问题摘要 | 已整改 | 正在整改 | | | 尚未整改 | | |
| | | | | 整改措施 | 已采取措施 | 下一步措施 | 完成时限 | 主要原因 | 整改措施 | 完成时限 |
| | | | | | | | | | | |
| | | | | | | | | | | |
| | | | | | | | | | | |
| | | | | | | | | | | |

填表人：　　　　整改第一责任人：　　　　日期：　　　　联系电话：

表 10－3　　　　A 医院审计整改结果检查与对账销号清单

审计项目：

被审计单位：

| 问题清单 | | 整改检查结果 | | 整改类型 | | | | | | | | 是否销号 | 销号时间 |
|---|---|---|---|---|---|---|---|---|---|---|---|---|---|
| 序号 | 摘要 | 检查时间 | 检查方式 | 已整改 | | | 正在整改 | | 尚未整改 | | | | |
| | | | | 纠正问题 | 完善制度 | 完成时间 | 主要原因 | 完成时限 | 主要原因 | 责任人 | 完成时限 | | |
| | | | | | | | | | | | | | |
| | | | | | | | | | | | | | |
| | | | | | | | | | | | | | |
| | | | | | | | | | | | | | |
| | | | | | | | | | | | | | |

填表人：　　　　整改第一责任人：　　　　日期：　　　　联系电话：

# 第十一章 大型医用设备绩效审计

## 第一节 大型医用设备绩效审计概述

### 一、大型医用设备绩效审计的概念

大型医用设备绩效审计，是指内部审计机构和内部审计人员对购置大型医用设备各事项的经济性、效率性和效果性进行监督、评价和鉴证的行为。

经济性，是指设备管理使用过程中获得一定数量和质量的产品或者服务及其他成果时所耗费的资源最少；效率性，是指设备管理使用过程中投入资源与产出成果之间的对比关系；效果性，是指设备管理使用目标的实现程度。

根据实际情况和需要，大型医用设备绩效审计可以同时对设备管理使用的经济性、效率性和效果性进行审查和评价，也可以只侧重某一方面进行审查和评价。

### 二、大型医用设备绩效审计的范围

根据《大型医用设备绩效专项审计指引（试行）》，大型医用设备绩效审计应当聚焦纳入监督管理考核范围的设备，包括使用技术复杂、资金投入量大、运行成本高、对医疗费用影响大且纳入目录管理的大型医疗器械，纳入财政预算绩效管理的医用设备，以及根据单位内部管理需要纳入监督考核的医用设备。

## 三、大型医用设备绩效审计的目的

大型医用设备绩效审计主要是立足于现代医院精细化管理的要求以及管理制度开展的，通过对大型医用设备采购及管理使用过程中是否经济、高效或有效执行有关政策进行审计检查，对被审计对象实现既定目标的程度和所造成的各种影响进行报告，为医院内部决策提供相关的评价意见，发现并分析审计对象在经济性、效率性、效果性方面存在问题的迹象或绩效不佳的领域，以帮助被审计对象进行整改，从而降低医用设备配置风险，避免出现设备闲置浪费的问题。

## 四、大型医用设备绩效审计的依据

《大型医用设备配置与使用管理办法（试行）》（国卫规划发〔2018〕12号）将大型医用设备分为甲、乙两类；《医疗器械监督管理条例》（国务院第739号令）明确国家对医疗器械按照风险程度实行分类管理；《医疗器械临床使用管理办法》（国家卫健委8号令）对各级各类医疗机构临床使用医疗器械的监督管理工作做了明确规定；《医疗卫生机构医学装备管理办法》（卫规财发〔2011〕24号）对医学装备管理机构与职责、采购、使用及处置等相关管理有明确要求；《关于加强公立医院运营管理的指导意见》（国卫财务发〔2020〕27号）、《公立医院全面预算管理制度实施办法》（国卫财务发〔2020〕30号）、《行政事业单位内部控制规范（试行）》（财会〔2012〕21号）、《公立医院内部控制管理办法》（国卫财务发〔2020〕31号）等均强调强化资产使用效益的分析和追踪评价。因此，在开展大型医用设备绩效审计时，除了执行我国内部审计的法律法规、准则制度，参照中国内部审计协会颁布的《第2202号内部审计具体准则——绩效审计》等相关准则外，还应当熟悉和掌握上述医疗设备相关的国家及行业相关文件及医院有关的制度文件等。

## 五、大型医用设备绩效审计的方法和程序

大型医用设备的绩效审计的程序与其他审计程序相同，此处不再赘述。除常规审计方法以外，大型医用设备绩效审计方法，还可以运用数量分析法、因素分析法、本量利分析法等。常规方法在第五章第四节已经进行介绍，此处不再赘述。此处仅对其他新增方法进行介绍。

### （一）数量分析法

数量分析法即对经营管理活动相关数据进行计算分析，并运用抽样技术对抽样结果进行评价的方法。内部审计中通常比较常用的数量分析方法主要有线性规划、投入产出法、层次分析法、回归分析法和网络计划法等具体分析评价方法。

### （二）比较分析法

比较分析法，即通过分析、比较数据间的关系、趋势或者比率获取审计证据的方法。使用比较分析法时，要注意对比指标之间的可比性，这是用好比较分析法的必要条件，否则就不能正确地说明问题，甚至得出错误的结论。在绩效审计中运用比较分析法时，可以采用本期与前期相比、实际与计划相比、本单位数据与行业平均水平或最好水平相比，以此来分析和评价审计对象绩效水平，从而发现问题，评价其运行状况。

### （三）因素分析法

因素分析法，即查找产生影响的因素，并分析各个因素的影响方向和影响程度的方法。因素分析法包括连环替代法和差额计算法，二者的分析结果是一致的。

1. 连环替代法

连环替代法是将分析指标分解为各个可以计量的因素，并根据各个因素之间的依存关系，依次用各因素的比较值（通常即实际值）替代基准值（通常为标准值或计划值），据以测定各因素对分析指标的影响。

例如，设某一分析指标 M 是由相互联系的 A、B、C 三个因素相乘得到，报告期（实际）指标和基期（计划）指标为：

报告期（实际）指标 $M_1 = A_1 \times B_1 \times C_1$

基期（计划）指标 $M_0 = A_0 \times B_0 \times C_0$

在测定各因素变动指标对指标 M 的影响程度时可按顺序进行：

基期（计划）指标 $M_0 = A_0 \times B_0 \times C_0$…………（1）

第一次替代 $A_1 \times B_0 \times C_0$…………（2）

第二次替代 $A_1 \times B_1 \times C_0$…………（3）

第三次替代 $A_1 \times B_1 \times C_1$…………（4）

分析如下：

（2）－（1）可以分析出 A 变动对 M 的影响。

（3）－（2）可以分析出 B 变动对 M 的影响。

（4）－（3）可以分析出 C 变动对 M 的影响。

将各因素变动综合起来，可以得出总的影响：

$\Delta M = M_1 - M_0 = (4) - (3) + (3) - (2) + (2) - (1)$

（2）差额计算法。

差额计算法是根据各项因素的实际数与基数的差额来计算各项因素影响程度的方法，是连环替代分析法的一种简化的计算方法。

例如，某一个财务指标及有关因素的关系由如下公式构成：

实际指标：$Po = Ao \times Bo \times Co$

标准指标：$Ps = As \times Bs \times Cs$

实际与标准的总差异为 $Po - Ps$，$Po - Ps$ 这一总差异同时受到 A、B、C 三个因素的影响，它们各自的影响程度可分别由以下公式计算求得：

A 因素变动的影响：$(Ao - As) \times Bs \times Cs$；

B 因素变动的影响：$Ao \times (Bo - Bs) \times Cs$；

C 因素变动的影响：$Ao \times Bo \times (Co - Cs)$。

最后，可以将以上三大因素各自的影响数相加就等于总差异 $Po - Ps$。

虽然差额计算法是连环替代法的简化，但实务中运用连环替代法更多一些，原因是连环替代法与差额计算法相比较而言，更加直观明白。连环替代法是在比较分析所确定的差异的基础上，先确定影响某一经济指标的诸因素，并加以排列；假定一个因素变动，其他因素不变，顺序连环地进行因素替代，据此从量上测定各因素对该经济指标的影响程度。这种方法是经济活动分析或财务分析中常用的方法。

### （四）本量利分析法

本量利分析法，即分析一定期间内的业务量、成本和利润三者之间变量关系的方法。本量利分析法通常也称为盈亏分析法。利用本量利分析法可以计算出盈亏平衡点，又称为保本点、盈亏临界点、损益分界点、收益转折点等。其分析原理是：当产量增加时，销售收入成正比增加，但固定成本不增加，只是变动成本随产量的增加而增加。具体的计算公式为：

盈亏临界点销售量 = 固定成本/（售价 - 单位变动成本）

= 固定成本/单位边际贡献

盈亏临界点销售额 = 固定成本/边际贡献率

安全边际销售额 = 正常销售额 - 盈亏临界点销售额

安全边际销售量 = 正常销售量 - 盈亏临界点销售量

注：安全边际表示盈亏临界点销售量与预计业务量之间的差额，经济含义是指现有的业务量再降低多少，医院将从盈利状态转入亏损状态。从上述公式可以看出，盈亏临界点越低，安全边际额（量）越大，项目盈利的可能性就越大。

### （五）专题讨论会

专题讨论会，即通过召集组织相关管理人员就经营管理活动特定项目或者业务的具体问题进行讨论的方法。

### （六）标杆法

标杆法，即对经营管理活动状况进行观察和检查，通过与组织内外部相同或者相似经营管理活动的最佳实务进行比较的方法。

### （七）成本效益（效果）分析法

成本效益（效果）分析法，即通过分析成本和效益（效果）之间的关系，以每单位效益（效果）所消耗的成本来评价项目效益（效果）的方法。

### （八）数据包络分析法

数据包络分析法，即以相对效率概念为基础，以凸分析和线性规划为工具，应用数学规划模型计算比较决策单元之间的相对效率，对评价对象作出评价的方法。

### （九）目标成果法

目标成果法，即根据实际产出成果评价被审计单位或者项目的目标是否实现，将产出成果与事先确定的目标和需求进行对比，确定目标实现程度的方法。

### （十）公众评价法

公众评价法，即通过专家评估、公众问卷及抽样调查等方式，获取具有重要参考价值的证据信息，评价目标实现程度的方法。

## 第二节　大型医用设备绩效审计的内容

医疗设备的合理使用是医院提升经济效益的重要方式，也是提升医疗效率的有效途径。大型医用设备使用技术复杂、资金投入量大、购置和运行成本高、对医疗费用影响大，因此，管理使用要求很高。根据《大型医用设备绩效专项审计指引（试行）》，应重点从内部控制测试、采购管理、资产管理、绩效管理、财务管理、档案管理等方面开展大型医用设备绩效审计。

### 一、内部控制测试

设计和实施内部控制测试时，应重点关注以下内容：

（1）机构与职责。

查阅内设机构及职能设置文件、会议纪要等，了解机构设置、职责分工及落实情况。包括是否明确归口管理部门，是否履行职责；是否建立健全议事决策机制、岗位责任制、内部监督等机制，其中岗位责任制是否明确岗位办理业务和事项的权限范围、审批程序和责任。

（2）人员管理。

查阅岗位职责等资料，访谈相关人员，了解关键岗位人员管理情况。包括大型医用设备使用人员是否具备相应资质、能力；设备采购预算编制与审定、采购需求制定与内部审批、招标文件准备与复核、合同签订与验收、验收与保管、增减设备执行与审批、设备保管与登记、设备实物管理与会计记录、设备保管与清查等不相容岗位是否相互分离；是否对设备管理关键岗位人员建立培训、评价、轮岗等机制；不具备轮岗条件的是否采取专项审计等控制措施等。

（3）制度建设。

查阅大型医用设备管理制度、业务流程、内部控制评价报告等资料，了解制度体系健全、合规情况。包括是否明确大型医用设备管理范围；是否建立健全大型医用设备管理制度，是否明确配置、采购、安装、验收、使用、维护、维修、盘点、处置、核算、监督、绩效评价等内容；是否符合国家及属地有关规定；是否明确审核审批事项，是否建立授权审批控制；相关制度是否有效执行等。

（4）信息化建设。

查看单位资产管理信息系统及其他相关信息系统，查阅内部控制评价报告等资料，了解信息化建设及运行情况，包括是否建立设备管理系统，是否嵌入内部控制要求；系统是否可以覆盖大型医用设备管理各环节；是否与内部其他相关信息系统互联互通；录入信息是否完整、准确等。

## 二、采购管理情况审计

审计采购管理情况时，应重点关注以下内容：

（1）管理制度。

查阅医用设备管理、采购管理制度，审计是否明确配置论证、采购执行的业务流程、审批权限等管理要求。

（2）配置论证。

查阅大型医用设备采购申请论证资料、相关会议纪要等，审计申请、审核、论证、审批程序及资料是否完备；是否按规定履行政府采购需求管理；是否按规定履行重大经济事项集体决策程序等。

（3）采购执行。

查阅采购文件，审计采购方式、采购程序、信息公开等是否符合有关规定；采购资料内容是否完整、合规；是否按照权限履行审核审批程序等。

（4）采购合同。

查阅中标或成交通知书、采购合同等采购文件，审计各类资料记载单位、数量、金额等信息是否一致；合同要素是否齐全等。

## 三、资产管理情况审计

审计资产管理情况时，应重点关注以下内容：

（1）管理制度。

查阅资产管理制度，审计是否规定验收、出入库、盘点对账、维修维护、处置等业务流程、审批权限等管理要求。

（2）验收管理。

查阅采购合同、送货清单、验收记录并对比分析，审计各类单据记载信息是否一致；是否成立验收小组，按照合同约定开展安装、调试、验收等工作；验收记录内容是否完整；验收完成后是否及时登记入库等。

（3）使用管理。

查阅资产账卡、维修维护记录、医疗器械注册证、产品说明书及采购、维修维护合同等资料，现场查看实物保管情况，审计存放地点是否符合有关规定；是否按照合同约定定期检查、检验、校准、保养、维护；医用设备是否按照注册证规定的范围使用；设备产生的检查收入是否存在与医务人员绩效工资挂钩的情况等。

（4）盘点对账。

查阅盘点记录、资产账等资料，开展监盘，查看资产管理信息系统并对比分析，审计是否定期开展盘点工作；账实、账账是否相符；是否依据盘点结果查明盘盈盘亏原因并按规定处理等。

（5）资产处置。

查阅相关会议纪要、审核审批记录、财务账等资料，审计是否履行重大经济事项集体决策程序，是否按规定报送上级有关部门备案或审批；处置流程是否符合程序；处置收入是否按照政府非税收入等有关规定及时上缴国库等。

## 四、绩效管理情况审计

审计绩效管理情况时，依据批复的预算绩效目标、单位制定的大型医用设备评价指标等，结合单位实际情况选取指标。

（1）工作效率。

现场查看设备使用情况，查阅使用记录、设备管理信息系统数据，了解设备启用日期、每日运行时间、工作量，计算开机率、年功效利用率等，审计设备是否闲置、低效运转等。

开机率 = 实际开机时间 ÷ 应工作时间 ×100%

年功效利用率 = 年实际工作量 ÷（日满负荷工作量 × 年开机天数）×100%

（2）收费执行。

查看医院管理信息系统（HIS 系统）、电子病历系统，对比分析收费数据、业务数据，审计收费项目和收费标准执行是否合规；是否存在多收或少收等情况。

（3）运营效益。

查看 HIS、财务管理等信息系统中设备收入和成本数据，计算设备投资回收期和收支结余率等，审计是否达到预期目标。

设备投资回收期 = 现金净流量累计为正值前一年的年限 + 现金净流量累计为正值当年年初未收回的投资额 ÷ 该年现金净流量

设备收支结余率 =（设备项目总收入 − 设备运营总支出）÷ 设备项目总收入 ×100%

（4）社会效益。

调查检查或术前等候时间、患者满意度等，计算大型医用设备检查阳性率等，审计是否达到预期目标。

大型医用设备检查阳性率 = 大型医用设备检查阳性数 ÷ 同期大型医用设备检查人次数 ×100%

（5）科教效益。

查阅相关科研教学成果、论文著作、成果转化等资料，了解科研教学任务完成情况，审计是否达到预期目标。

（6）生态效益。

审计在购置、使用和处置等各环节是否遵守环境保护、环境影响评价、放射性污染防治、水污染防治、医疗废物管理相关法律法规；是否受到相关行政处罚等。

## 五、财务管理情况审计

审计财务管理情况时，查阅批复预算、会计账簿、会计凭证、采购合同等资料，重点关注大型医用设备采购预算是否纳入年度部门预算；是否按规定开展预算绩效自评，评价结果是否有效运用；是否按照中小企业款项支付政策及合同约定履行付款义务；是否按照国家及属地规定、合同约定收付履约保证金等。

### 六、档案管理情况审计

审计设备档案管理情况时，查看设备管理信息系统及档案，重点关注是否按照台（件）建立设备管理档案，记录采购、安装、验收、使用、维护、维修、质量控制等事项信息；采购文件是否按规定期限保管等。

## 第三节　大型医用设备绩效审计案例

医疗设备一般都具有资金投入量大、资金周转周期长、运行成本高、更新换代快等特点，因此，对医疗设备管理进行审计，综合分析评价设备管理使用情况就显得尤为重要。本节以 A 医院为例，详细讲解如何进行大型医用设备绩效审计实务操作，供读者参考借鉴。

**【例 11－1】** 为规范大型医用设备购置与管理，优化资源配置，提高资金使用效益，A 医院结合自身实际，制定《A 医院大型医用设备绩效审计实施办法（试行）》，详见本书附录部分，此处略。

**【例 11－2】** 医疗设备是 A 医院的主要资产，按照医院工作安排，审计处组织开展 202×年大型医用设备绩效审计。审计处编制大型医用设备绩效审计实施方案如下：

**A 医院 202×年大型医用设备绩效审计实施方案**

大型医用设备是医院资产管理工作的重要组成部分，为进一步规范我院大型医用设备的管理，按照医院安排，由我处牵头组成审计组，对我院 202×年大型医用设备管理和使用情况进行绩效审计，具体安排如下：

**一、编制依据**

立足于《中华人民共和国国家审计准则》《中华人民共和国审计法实施条例》《中华人民共和国审计法》《政府会计制度》《卫生计生系统内部审计工作规定》《大型医用设备配置与使用管理办法（试行）》《大型医用设备配置许可

管理目录》《医疗器械监督管理条例》《医疗卫生机构医学装备管理办法》（卫规财发〔2011〕24号）等，编制本方案。

**二、审计目的**

通过本次审计，完成具有客观性、独立性的监督与评价活动，借助对经营活动和内部控制的真实性、合法性和有效性进行分析与评价来促进组织目标的实现，发现医用设备采购及管理过程中的薄弱环节，提出审计意见和建议，对规范采购活动、防范盲目采购造成国有资产损失和浪费，确保医院的营运收益及资产的保值增值。

**三、审计范围**

202×年以来新增100万元以上的大型医用设备。

**四、审计涉及部门**

资产管理处、财务处、信息中心、相关临床与医技科室等。

**五、审计内容及重点**

纳入审计范围的大型医用设备的采购决策、设备价格的合理性、设备验收及合同执行、设备的使用、设备的付款、设备的绩效评价等情况。

**六、审计实施步骤**

（一）初步了解医院医用设备的总体情况

通过查阅固定资产明细账及使用部门台账，初步掌握大型医用设备的数量、分布科室及总金额，从中选取价值较大、使用效益有提升空间、收入及成本能够明确计量的医用设备作为审计重点。

（二）收集审计所需要的资料

深入设备使用科室、资产管理处、财务处、信息中心等相关部门，收集审计所需要的资料。

（三）运用评价指标

分析数据、评价绩效情况，评价主要从经济效益、社会效益两个方面来分析，具体采用定量分析方法与定性分析方法，在绩效审计过程中综合运用财务会计、成本会计、管理会计、财务管理、审计、信息技术、数理统计等管理类学科的相关知识，必要时采用经济模型进行论证。

（四）初步提出提高绩效的建议

审计应结合设备绩效数据分析的结果，向有关专家开展咨询，走访科室，了解存在问题的原因，针对不同情况，提出操作性强且能提高绩效的建议和意见。

（五）出具审计报告

提出审计报告征求意见稿，审计报告应包括医用设备的基本情况、设备效益分析情况、存在问题及审计建议和意见。

（六）跟踪问效

审计应对审计建议的落实情况进行跟踪问效，并及时将审计结果执行报告医院管理层。对审计建议落实不到位的科室，应在医院范围内进行通报。

**七、预期审计效果**

（1）使医院资源配置得到优化；（2）最大化规避医疗设备中的风险；（3）促进社会效益和经济效益提升；（4）防止设备闲置以及毫无目的地采购。

**八、审计时间及人员分工**

（一）审计时间安排

1. 审前调查阶段：202×年×月×日—202×年×月×日。相关科室加深对项目情况的了解，同时开展资料收集工作，编制审计工作方案。

2. 审计实施阶段：202×年×月×日—202×年×月×日，立足于此项目的进展情况，根据审计分工内容展开审查核实，202×年×月×日前完成审计取证工作及工作底稿，并交审计组汇总研判。

3. 审计报告阶段：完成现场审计工作后，审计主审以审计工作底稿为基础，对审计意见进行制定，就审计问题与各科室负责人沟通确认，在202×年×月×日前完成审计意见草拟工作，交审计组长审阅。审计组在202×年×月×日前召开研判会议对审计报告终稿定稿。

（二）审计人员分工

审计组组长：陈××

审计组成员：李×（主审）、付××、张××、王×

审计组组长作为审计现场业务、安全、保密、廉政等工作的首要责任人，其主要职责是：对审计组起草的审计报告等审计文书进行组织编制与审核，审核审计证据以及审计工作底稿，监督和指导审计组成员的工作，组织开展审计工作，审定审计实施方案，配置和管理审计组资源等。

主审根据审计组组长委托和审计分工，将督促审计组成员工作、协助组织开展现场审计、审计查证审计事项、组织审计项目归档等职责切实落到实处。

审计组其他成员配合主审完成各项审计相关工作。

**九、审计注意事项**

1. 严格遵守审计工作纪律以及审计职业道德；

2. 将廉政纪律切实做好，做到保密、公正、客观和独立；

3. 在开展审计工作的过程中必须实事求是，严禁弄虚作假，禁止出现以权谋私的现象；

4. 审计组内部及时沟通，必要时向分管院领导请示汇报。

A 医院审计处

202×年×月×日

**【例 11－3】** 接例 11－2，审计组对 A 医院 202×年以来新增 100 万元以上的大型医用设备进行绩效审计。审计组发出审计通知如下：

**A 医院关于开展 202×年大型医用设备绩效审计的通知书**

各相关科室：

为进一步规范我院大型医用设备的管理，提高资金使用效益，以更好地服务于患者和临床诊疗活动，按照《卫生计生系统内部审计工作规定》（国家卫生和计划生育委员会令第 16 号）及《关于印发进一步加强卫生健康行业内部审计工作若干意见的通知》（国卫财务发〔2022〕9 号）等关于积极推进绩效审计工作的要求和 202×年审计工作计划，现定于 202×年 4 月 1 日起对我院 202×年以来新增 100 万元以上的大型医用设备进行绩效审计，审计内容包括设备的采购决策、设备价格的合理性、设备验收及合同执行、设备的使用、设备的付款、设备的绩效评价等情况。

本次审计涉及的临床医技部门共 7 个：影像科、检验科、超声科、介入科、骨外科、手术室、眼科等，请上述 7 个设备使用科室对运行管理情况进行自查，认真做好相关表格、数据和支撑材料的收集、整理工作，并撰写大型医用设备运行绩效考评自查报告。资产管理处、财务处、信息中心等相关部门协助提供审计所需的其他相关资料。请上述各相关科室将相关材料（盖章），以书面形式于 202×年 3 月 31 日上午 11 点前报医院审计处，相关材料电子版请发送至×××@163. com 邮箱。

所需提交 202×年 1 月以来的相关资料清单如下：

1. 科室关于大型医用设备管理的规章制度

2. 设备申请购买及相关论证报告

3. 设备购买经费预算和明细账

4. 科室内部、医院医学装备委员会讨论记录

5. 院长办公会、党委会等会议讨论记录及重大事项有关决议

6. 设备招标采购有关资料

7. 设备采购合同、设备验收及付款等有关资料

8. 设备运行绩效考评自查报告

9. 其他相关资料

审计组组长：陈××

审计组成员：李×（主审）、付××、张××、王×

A医院审计处

202×年×月×日

**【例11-4】** 接例11-3，审计组按照审计实施方案要求如期完成审计。结合审计过程中发现的问题，A医院审计处撰写完成大型医用设备绩效审计报告提交医院领导机构。审计报告如下：

## 关于202×年大型医用设备绩效审计的工作报告

××（领导机构）：

按照《中华人民共和国审计法》《国务院关于加强审计工作的意见》《关于内部审计工作的规定》《卫生计生系统内部审计工作规定》《医疗卫生机构医学装备管理办法》及《关于印发进一步加强卫生健康行业内部审计工作若干意见的通知》等规定，为进一步规范医院大型医用设备的管理，根据医院工作安排，我们组成审计组，对医院202×年以来新增100万元以上的大型医用设备进行绩效审计。审计内容包括设备的采购决策、设备价格的合理性、设备验收及合同执行、设备的使用、设备的付款、设备的绩效评价等情况。本次审计涉及的临床医技部门共7个：影像科、检验科、超声科、介入科、骨外科、手术室、眼科等。审计组深入各临床医技部门进行实地查验，现将审计情况报告如下。

### 一、基本情况

本次审计的7个临床医技部门202×年以来新增100万元以上的大型医用设备共21台（套），总金额6 968.60万元。其中：影像科大型仪器设备数量3台，总金额3 817.69万元；检验科大型仪器设备数量5台，总金额864.91万元；骨外科大型仪器设备数量2台，总金额278.04万元；超声科大型仪器设备数量5台，总金额795.36万元；介入科大型仪器设备数量2台，金额492.90

万元；手术室大型仪器设备数量 2 台，金额 465 万元；眼科大型仪器设备数量 2 台，金额 254.70 万元。

## 二、审计评价

各被审计临床医技部门负责人对此次审计工作给予了高度重视、支持和配合，大部分临床医技部门的负责人、大型仪器设备使用人、保管人分工明确，前期自查工作认真扎实，使此次审计工作得以顺利进行。审计组通过听取汇报和实地查验相结合的方式对全部大型仪器设备进行了逐台审计。大部分临床医技部门管理比较规范，大型仪器设备管理制度比较健全，运行绩效较好，但是，审计中也发现有些大型仪器设备仍存在管理不到位、使用绩效不高的情况。例如：

（1）手术室超高清内窥镜系统（设备价值 320 万元）于 202×年购置后使用绩效一般：电子记录缺失，通过抽查手术室记录本上的内容，未能在设备电脑中找到对应的使用记录数据；能够熟练操作设备的人员数量严重不足，目前可全程独立操作该设备的人数仅 1 人；设备管理工作曾出现中断；因设备使用人变更，对设备的使用情况记录也造成了中断，现任设备负责人难以查明之前的设备使用情况；202×年购置时的项目申请资料未保存，以致现任管理人无法查明项目申请书中的内容。

（2）眼科手术显微镜（设备价值 135 万元）自 202×年 2 月购置以来，由于仪器主要使用人何×老师攻读博士后，导致设备使用效率极低，几乎没有开展相关的教学任务，也没有相应的科研成果和社会服务。

（3）检验科冷冻超薄切片机自 202×年 9 月购置以来，因冷冻超薄切片机的需求不多、样本量不足，导致仪器使用率低下。

此次 7 个分项审计报告中共列举存在问题 35 条、提出审计处理意见和建议 35 条，通过有针对性的问题提出和整改，有效促进了全院大型仪器设备管理的规范化。

## 三、审计中发现的问题

1. 医院管理层面的问题

（1）数据共享水平低。本次被审部门中除检验科部分设备可以做到数据共享外，其余部门的多数大型设备相关数据均未做到在全院范围内的开放共享，不利于提高大型仪器设备的使用效率，不利于使用流程的规范化和使用信息的公开透明化，不利于相关使用记录的档案收集、保存和管理工作实现数据化。

（2）设备闲置问题。我院的大型仪器设备建设分院级和部门两级建设模式。少数科室为了满足自身需要，提出申购时，未经过充分论证，设备购入后存在闲置、工作量不足的问题。

（3）精细化管理仍存在不足。202×年以来，我院购置了大量的医疗设备，但现有的设备资产管理系统过于简单，已经无法满足现代医院医疗设备的资产管理与运营、供应商管理、效益分析、设备维护、更新与淘汰的更高要求，医院必须要通过物联网、互联网等手段保障医疗设备的运行效率，实现对医疗设备的精细化、全程化、科学化与规范化管理，优化医院的医疗设备资源配置，将设备的最大潜力充分地发挥出来，对医疗设备进行全程监控可追溯管理，规范医疗耗材的流转，避免产生风险。

2. 各使用单位层面的问题

（1）设备闲置问题。有的临床科室为了自身使用方便等原因，申请购买前论证不充分，审批流程不规范，购买后新业务新技术开展不足，造成个别大型仪器设备使用效率低下的问题。如骨关节镜仪维持了约50%的使用效率，部分设备甚至更低。

（2）档案管理不规范。大型仪器设备具体使用人档案管理意识不强，平时未注重将相关支撑材料及时收集入档，导致审计时支撑材料迟迟不能提交。如检验科相关设备验收支撑材料提供延迟；手术室因资料缺失，无法核对其绩效目标是否达到。

（3）设备验收不规范。有的科室设备验收操作不规范，通常是科室负责人或设备采购人员来负责完成，且验收报告单上出现代签名情况，对于设备质量也仅检查外观是否完好无损，并未查验设备性能，特别是对价值高、精密度高的大型设备，没有专业的人员在场，验收程序起不到真正的目的，容易出现设备质量问题使医院遭受损失。

（4）人员培训不到位。经现场调查了解到，有的科室仍有工作人员还未完全掌握新购置医疗设备的操作方法，因不当使用而引起的医疗器械不良事件高发，无形中为医院增添了不少使用成本。如新购入的价值上千万元的日本磁共振设备，个别工作人员因未掌握操作技巧使其出现故障，而又因不在保修范围内不得不聘请国外专家前来维修，一次维修费接近20万元，加剧了医疗资源的浪费。

**四、审计处理意见和建议**

1. 医院层面

（1）加快推进大型仪器设备信息化共享。医院应统筹规划院内信息化建设，加快智慧医院建设步伐，加快推进大型仪器设备信息化共享工作，将大型仪器设备相关数据做到在全院范围内的开放共享，做到使用流程的规范化和使用信息的公开透明化，规范相关使用记录的档案收集、保存和管理工作实现数据化。

（2）加强大型仪器设备投资前可行性论证。严格落实《医疗卫生机构医学装备管理办法》（卫规财发〔2011〕24号）文件要求，对设备单价在50万元及以上的医学装备计划，必须进行严格的可行性论证，论证内容应当包括配置必要性、社会和经济效益、预期使用情况、人员资质等。论证的程序是先由申请使用科室在科室内部组织全科职工论证，之后提交职能部门论证评价，经过上述论证后提交医学装备委员会论证，经过上述充分论证分析后，再提交院长办公会和党委会审议决策，尽量避免重复建设、购置不当导致使用效率低下的情况发生。

（3）加强医院资产精细化管理。医疗设备的装备程度是医院提供医疗服务的重要保障，是医院现代化程度的一个重要标志。针对我院现有的设备资产管理系统过于简单，已经无法满足现代医院医疗设备的资产管理与运营、供应商管理、效益分析、设备维护、更新与淘汰的更高要求的实际情况，建议对现有的设备资产管理系统进行升级改造。

2. 各临床医技科室层面

（1）避免设备闲置。建议各科室申请购买设备前应进行充分论证，严格执行院内设备购置审批流程，设备购买后，要积极开展新业务新技术，指定专人做好设备日常管护，避免设备闲置浪费。

（2）注重档案管理。各临床医技科室应提高大型仪器设备档案管理的意识，注重相关使用管理支撑资料的收集保存、装档记录，以便随时查阅核对，掌握设备运行绩效。

（3）加强设备验收管理。重视做好大型医用设备验收工作，认真查验设备性能，特别是对价值高、精密度高的大型设备，应有专业人员在场，确保验收程序发挥有效作用。

（4）加强人员培训。科室负责人应注重科内人员的技术培训，形成人才梯队，有计划地安排工作人员学习掌握新购置医疗设备的操作方法，避免因不当使用而引起的医疗器械不良事件和设备故障。

特此报告。

A医院审计处

202×年×月×日

【例 11－5】A 医院 202×年购入一台 3.0T 核磁设备，购置金额为 1 685 万元，设备投入使用 2 年，设备折旧年限 6 年，银行贷款利率 5%。按照医院 202×年内部审计工作安排，A 医院审计处对该台设备使用情况进行绩效审计。经必要审计程序后，形成如下绩效审计结果报告：

## 关于 A 医院核磁设备绩效审计情况的报告

××（领导机构）：

根据内部审计工作安排，我们对医院 202×年购入的 3.0T 核磁设备进行了绩效审计。现将有关情况汇报如下：

### 一、审计方法

在审计过程中我们主要运用指标分析法，分析指标包括经济效益、社会效益、技术产出等三个方面，经济效益评价指标选择投资回收期、资产周转率、次均服务成本等三项指标，社会效益评价指标包括平均每台设备年诊疗量、年开机率、年开机利用率、年有效利用率、预约平均等候时间等，选取检查阳性率单项指标为技术产出评价指标。

### 二、经济效益分析

1. 投资回收期。采用列表法来分析该核磁设备的动态投资回收期，计算结果见表 11－1。

表 11－1　　医院 3.0T 核磁设备运行现金流量情况表

| 名称 | 第一年 | 第一年 | 第二年 | 第三年（预计） | 第四年（预计） | 第五年（预计） |
|---|---|---|---|---|---|---|
| 服务人次 | | 10 585 | 12 305 | 12 920 | 13 566 | 14 244 |
| 服务收入（万元） | | 767.42 | 892.11 | 936.70 | 983.54 | 1 032.69 |
| 成本合计（万元） | | 549.28 | 665.13 | 765.13 | 765.13 | 765.13 |
| 其中：设备折旧（万元） | | 330.83 | 330.83 | 330.83 | 330.83 | 330.83 |
| 投资总额（万元） | －1 985 | | | | | |
| 净收益（万元） | | 218.14 | 226.98 | 171.57 | 218.42 | 267.56 |
| 当期经营现金流量（万元） | | 548.97 | 557.81 | 502.40 | 549.25 | 598.39 |
| 复利现值系数（5%） | | 0.9524 | 0.9070 | 0.8638 | 0.8227 | 0.7835 |
| 当期经营现金流量现值（万元） | －1 985 | 522.84 | 505.93 | 433.97 | 451.87 | 468.84 |
| 累计经营现金流量现值（万元） | －1 985 | －1 462.16 | －956.23 | －522.26 | －70.39 | — |

第一年成本合计549.28万元，其中：固定成本473.10万元（设备折旧330.83万元，其他固定资产折旧67.90万元，人力成本47.89万元，房屋折旧9.23万元，水电费17.25万元，维保费0万元）；变动成本76.18万元（专用材料费46.02万元，其他卫生材料12.46万元，办公用品及其他消耗品3.1万元，维修费14.6万元）。

第二年成本合计665.13万元，其中：固定成本570.68万元（设备折旧330.83万元，其他固定资产折旧66.78万元，人力成本46.74万元，房屋折旧9.23万元，水电费17.10万元，维保费100万元）；变动成本94.45万元（专用材料费61.12万元，其他卫生材料14.97万元，办公用品及其他消耗品3.16万元，维修费15.2万元）。

第三年至第五年成本合计数，在第二年实际发生数665.13万元的基础上，再增加维保费100万元/年，暂未考虑其他成本增长因素。

设备投资回收期＝最后一项为负值的累计净现金流量对应的年份＋(最后一项为负值的累计净现金流量绝对值÷下年度净现金流量)＝4＋(70.39÷468.84)≈4.15（年）

通过上述计算，设备投资回收期约为4.15年，低于预计使用6年，因此，该项大型设备MRI的购置和运作是可行的。

2. 资产周转率。资产周转率是衡量医院资产管理效率的重要指标。

第一年的设备资产周转率＝本期设备收入/本期设备平均净值＝767.42/(1 985＋1654.17)＝767.42/3 639.17＝0.211

第二年的设备资产周转率＝本期设备收入/本期设备平均净值＝892.11/(1 654.17＋1 323.34)＝892.11/2 977.51＝0.230

通过上述计算可看出，3.0T核磁设备利用更加充分，运用效率有所提高。

3. 次均服务成本。直接成本是与该台设备直接发生的成本，间接成本为医院行政后勤管理成本分摊到该设备的成本。第一年与该台设备有关的直接成本为549.28万元、间接成本为52.36万元，第二年与该台设备有关的直接成本为665.13万元、间接成本为55.72万元。

第一年次均服务成本＝年设备总成本/年服务总人次＝(5 492 800＋523 600)/10 585＝568.39（元）

第二年次均服务成本＝年设备总成本/年服务总人次＝(6 651 300＋557 200)/12 305＝585.82（元）

从上述计算结果可看出，3.0T 核磁设备次均服务成本呈上升趋势，第二年次均服务成本比上年增加了 17.43 元。

## 三、社会效益分析

1. 年服务人次。医院 3.0T 核磁设备实际服务人次相关统计分析见表 11－2。

**表 11－2　　医院 3.0T 核磁设备实际服务人次统计表**

| | 服务总人次（人） | 门急诊服务人次（人） | 住院服务人次（人） | 门急诊服务人次占总服务人次比例（%） | 住院服务人次占总服务人次比例（%） |
|---|---|---|---|---|---|
| 第一年 | 10 585 | 5 103 | 5 482 | 48.21 | 51.79 |
| 第二年 | 12 305 | 6 422 | 5 583 | 52.19 | 45.37 |

可见，自医院引进新的核磁设备后，门急诊和住院的检查服务人次都有所增加，在一定程度上缓解了患者核磁检查需求，缩短了检查等待时间。

2. 开机率。医院核磁工作室采用轮休制，设备开机天数为全年全天候开机，即按年 365 天进行计算，开机时间为每天 24 小时（不含设备停机检修时间）。

开机率＝日均开机时间×年实际开机天数/年标准开机时数×100%＝(24×365)/365×24＝100%

3. 年开机利用率。

第一年开机利用率＝(设备年检查人数×人均占机时间)/(日均开机时间×年实际开机天数)×100%＝(10 585×0.3)/(12×250)×100%＝(3 175.5/3 000)×100%＝105.85%

第二年开机利用率＝(12 305×0.3)/(12×250)×100%＝(3 691.5/3 000)×100%＝123.05%

注：人均占机时间按 20±2 分钟计算，约为 0.3 小时。

4. 预约平均等候时间。经访谈相关工作人员，因接待、登记等服务流程改进，医院核磁预约平均等候时间，第二年比第一年平均缩短 0.5 天。

## 四、技术产出指标

医院本次绩效评价选取检查阳性率单项指标为技术产出评价指标。经现场查阅资料，医院核磁检查阳性率为：第一年 79.1%，第二年 81.5%。检查阳性率高于 70%，说明该台设备对于帮助医生对病人的病情进行准确判断发挥了重要的辅助诊断作用。

**五、总体评价意见**

基于上述对投资回收期、资产周转率、次均服务成本、服务人次、年开机率、年开机利用率、预约平均等候时间、检查阳性率等各项指标的分析，资产周转率逐年提高，服务人次逐年上升，次均服务成本小幅上升，预约平均等候时间逐步缩短，检查阳性率高于70%。综合现场查阅资料和个别访谈结果，我们认为，我院引入3.0T核磁设备运行总体情况良好。依据该设备投入使用2年的相关运行数据，预计5年内可回收成本。

A医院审计处

202×年×月×日

注：本例中，为了帮助读者更好地理解和掌握经济效益分析、社会效益分析等指标的计算，所以，在上述绩效审计结果报告中给予详细保留计算过程。实务工作中，各医院可以结合自身单位实际情况，对绩效审计结果报告予以简化处理。

# 第十二章 医用耗材审计

## 第一节　医用耗材审计概述

### 一、医用耗材审计的概念

医用耗材审计是指由内部审计机构对根据国家相关法律、法规和政策，以及医院相关规章制度，对医院医用耗材管理情况和使用的真实性、合法性及效益性进行监督和评价。

### 二、医用耗材审计的范围

医用耗材是经药品监督管理部门批准的使用次数有限的消耗性医疗器械。在医院内部审计实务中，由于高值医用耗材具有直接作用于人体、对安全性有严格要求、临床使用量大、价格相对较高等特点，因此，高值医用耗材应当列为医院内部审计的重点内容之一。高值医用耗材种类繁多，具体应当遵照国家及属地管理要求，结合被审计单位实际，确定审计范围和内容。

### 三、医用耗材审计的目的

医用耗材审计的目的，是督促有关部门（单位）加强医用耗材管理，评价其在保证医疗质量和医疗安全的前提下，是否厉行节俭，有效降低医用卫生耗材占比，从而揭示医用卫生耗材管理使用中存在的问题，并提出改进意见及建议，提高医用卫生耗材管理使用效益和效果，减少其损失与浪费。从患者角度来看，医用耗材规范化管理可以降低医疗费用，减轻患者经济负担，缓解“看病贵”的问题，同时能确保产品质量安全，提高患者满意度。

## 四、医用耗材审计的依据

医用耗材根据国家药监局印发的《医疗器械分类目录》明确管理级别为Ⅰ级、Ⅱ级和Ⅲ级，医用耗材审计属于业务性较强的专项审计，除了执行我国内部审计的法律法规、准则制度外，还应当熟悉和掌握医用耗材相关的国家及行业相关规定，具体包括：《医疗器械监督管理条例》（国务院令第 739 号）、《一次性使用无菌医疗器械监督管理办法》（国家药品监督管理局令第 24 号）、《医疗器械说明书和标签管理规定》（国家食品药品监督管理总局令第 6 号）、《医疗器械不良事件监测和再评价管理办法（试行）》（国食药监械〔2008〕766 号）、《医疗器械召回管理办法（试行）》（卫生部令第 82 号）、《关于加强植入性医疗器械临床使用监管工作的通知》（国卫办医函〔2013〕61 号）、《关于印发医疗机构医用耗材管理办法（试行）的通知》（国卫医发〔2019〕43 号）以及《治理高值医用耗材改革方案》《国家卫生健康委办公厅关于印发第一批国家高值医用高耗材重点治理清单的通知》等相关规定，在审计任务实施前，内部审计人员必须认真学习以上文件精神，并熟练掌握相关内容。

## 五、医用耗材审计的方法和程序

医用耗材审计的方法可以采用调查、审核、监盘、观察、计算、分析性复核、抽样、询问和穿行测试等方法。根据审计重点和内容的不同，医用耗材审计可以选择与之相适应的一种或几种审计方法来组合实施，以达到或实现审计目标。关于审计方法和审计实施程序，第五章已有详细介绍，本节不再赘述。

# 第二节 医用耗材审计的内容

医用耗材是医院开展医疗服务活动的重要物资，直接影响医疗服务的质量及效果，加强医院医用耗材审计监督，有利于规范医用耗材使用与管理，降低医疗成本、减轻患者就医经济负担。根据《高值医用耗材专项审计指引（试行)》，应重点从内部控制测试、遴选管理、采购管理、库存管理、收费和价格管理、财务管理、使用评价等方面开展高值医用耗材专项审计业务。

## 一、内部控制测试

设计和实施内部控制测试时，应重点关注以下内容：

(1) 机构与职责。

查阅内设机构及职能设置文件、会议纪要等，了解机构设置、职责分工及落实情况。包括是否按规定设立医用耗材管理委员会，是否履行职责；医用耗材管理部门、医务管理部门是否履行职责；是否建立健全议事决策机制、岗位责任制、内部监督等机制，其中岗位责任制是否明确岗位办理业务和事项的权限范围、审批程序和责任。

(2) 人员管理。

查阅岗位职责、轮岗记录等资料，访谈相关人员，了解关键岗位人员管理情况。包括从事医用耗材管理相关工作的人员是否具备与管理工作相适应的专业学历、技术职称；不相容岗位是否相互分离；是否对医用耗材管理关键岗位人员建立培训、评价、轮岗等机制；不具备轮岗条件的是否定期采取专项审计等控制措施等。

(3) 制度建设。

查阅医用耗材管理制度、业务流程、内部控制评价报告等资料，了解制度体系健全、合规情况。包括是否界定高值医用耗材管理范围；是否建立健全医用耗材管理制度，是否明确遴选、采购、库存、收费、财务、信息化建设、使用评价等内容；是否符合国家及属地有关规定；是否明确审核审批事项，是否建立授权审批控制；相关制度是否有效执行等。

（4）信息化建设。

查看耗材管理系统及其他相关信息系统，查阅内部控制评价报告等资料，了解信息化建设及运行情况，包括是否建立耗材管理系统，是否嵌入内部控制要求，是否可以覆盖高值医用耗材管理各环节；是否与内部其他相关信息系统互联互通；录入信息是否全面、完整、准确等。

## 二、遴选管理情况审计

审计遴选管理情况时，应重点关注以下内容：

（1）管理制度。

查阅医用耗材、供货商遴选、耗材准入等管理制度，审计是否规定耗材及供应商遴选和准入的流程、资质要求、审核审批权限等内容，是否明确对耗材目录动态管理的要求等。

（2）准入遴选。

查阅新增耗材准入遴选相关记录、会议纪要、医疗机构医用耗材供应目录（简称“供应目录”）等资料，对比分析集中采购管理平台数据，审计耗材品目信息是否一致；新耗材准入是否按照权限履行审核审批程序，审批结果记录是否完整等。

（3）供应商管理。

查阅供应目录、医疗器械经营企业许可证、企业法人营业执照、授权代理证明、产品注册证及附页等资料，审计供应商及产品资质是否合规、有效，调整审批记录是否完整；实际执行的供应商是否在供应目录范围内等。

（4）目录管理。

查阅供应目录，审计属于国家或省市医用耗材集中采购目录的是否从中遴选，是否包含耗材、供应商等信息，是否定期调整等。

## 三、采购管理情况审计

审计采购管理情况，应重点关注以下内容：

（1）管理制度。

查阅采购管理制度，审计是否规定采购方式、流程、审批权限等内容。

（2）采购执行。

查阅采购申请审批表、采购资料、采购合同及台账等，查看集中采购管理平台，审计集中采购的高值医用耗材是否在规定的平台上采购，成交价格与平台价格是否存在差异；一年内重复多次临时采购的高值医用耗材是否按程序审批并及时纳入供应目录；集中采购目录外高值医用耗材的采购程序、采购方式是否符合有关规定；是否按照权限履行审核审批程序等。

（3）采购合同。

查阅采购合同等资料，审计是否签订采购合同，合同要素、条款是否完整，合同条款是否合理等。

## 四、库存管理情况审计

审计库存管理情况时，应重点关注以下内容：

（1）管理制度。

查阅库存管理制度，审计是否规定验收、出入库、存储转运、盘点对账等内容。

（2）出入库管理。

查阅采购、验收、出入库记录和发票、送货清单并对比分析，审计是否按规定及合同约定开展验收确认；各类单据记载信息是否一致；出入库手续是否完备、合规，耗材是否在效期内；是否按规定保管送货及出入库单据等。

（3）实物管理。

查阅资产账、出入库记录等资料，现场查看实物保管情况，审计各级库房是否安排专人管理并记录明细台账；各级库房、转运消毒中心等交接记录是否完整；是否违规使用供应目录外高值医用耗材等。

（4）盘点对账。

查阅盘点记录、资产账等资料，开展监盘，查看耗材管理信息系统、医院管理信息系统（HIS 系统）并对比分析，审计是否指定专人定期盘点对账；账实、账账是否相符；是否依据盘点结果查明盘盈盘亏原因并按规定处理等。

## 五、收费和价格管理情况审计

审计收费和价格管理情况时，应重点关注以下内容：

（1）管理制度。

查阅收费和价格管理制度，审计是否规定收费和退费流程、审批权限、成本测算及控制、调价管理、价格公示、费用清单等内容。

（2）政策落实。

查看并对比分析耗材管理信息系统、HIS 系统中收费项目数据，审计是否执行国家及属地规定的“零差率”、医保基金使用、价格行为管理等政策，是否存在未经价格管理部门备案或批复的医疗服务项目；医疗服务价格是否及时调整；是否根据巡视巡察、审计、飞行检查等监督检查发现问题及时整改等。

（3）收费合规。

查看耗材管理系统、HIS 系统，对比分析收费、病历、出库记录和耗材条码信息等，审计记载信息是否一致；是否存在重复收费、超范围收费、超标准收费、分解项目收费、串换医用耗材、虚假收费等情况。

（4）退费管理。

查阅费用减免、退费管理等制度、业务流程、业务审批单等资料，查看耗材管理系统、HIS 系统，审计是否按照权限履行审核审批程序，事由是否合理，单据内容是否完整等。

## 六、财务管理情况审计

审计财务管理情况时，查阅部门预算文件、会计账簿、会计凭证、采购合同、资产账、盘点记录等资料，重点关注高值医用耗材采购是否纳入年度部门预算；是否按照中小企业款项支付政策及合同约定履行付款义务；相关信息是否一致；是否及时进行账务处理；是否定期与耗材管理部门核对账务。

## 七、使用评价情况审计

审计使用评价情况时，查阅内部制度和出入库、病历、收费记录等资料，重点关注内部制度是否规定高值医用耗材临床应用质量安全事件报告、不良反应监测、重点监控、超常预警和评价等内容，执行是否有效；相关信息记录是否完整、一致，是否可追溯等。

### 八、其他事项审计

医用耗材审计还应当关注采用供应链延伸服务（SPD）模式管理高值医用耗材的相关风险。查阅内部制度、服务合同、财务账簿、会计凭证、会议纪要等资料，查看相关信息系统，访谈相关人员，了解单位使用 SPD 模式的决策情况，对配送商、供应商的监管措施及执行情况，相关信息系统安全性、数据所有权归属等情况。

审计采购方式是否适当，合同是否约定单位、配送商、供应商的权利义务、违约责任等内容，是否强制供应商使用相关信息系统；是否按规定及合同约定结算货款和服务费；单位工作人员是否参与耗材验收；发票是否真实、准确，是否符合“两票制”改革导向等。

## 第三节　医用耗材审计案例

在医院的日常运行中，医用耗材的提供是不可或缺的基础环节，医用耗材支出是医院运行成本的重要组成部分，因此，发挥内部审计对医用耗材的监督十分重要，对规范医院耗材采购、管理和使用等行为，降低群众就医负担，促进医院持续健康发展具有重要意义。本节以 A 医院为例，详细讲解如何进行医用耗材专项审计实务操作，供读者参考借鉴。

**【例 12－1】** 为加强医用耗材管理，促进医用耗材合理使用，提高资金使用效益，A 医院结合自身实际，制定了《A 医院医用耗材审计实施办法（试行）》，详见本书附录部分，此处略。

**【例 12－2】** 植入类耗材属于Ⅲ类医疗器械，相对于普通低值耗材而言，植入类耗材分属各专科使用，单位价值高且植入人体，对人体具有潜在危险，对其安全性、有效性必须严格控制。按照医院工作部署，A 医院审计处牵头组织开展植入类耗材专项审计。审计处编制的植入类耗材专项审计实施方案如下：

**A医院202×年植入类耗材专项审计实施方案**

植入类耗材管理是医院管理工作的重要组成部分，为进一步规范我院植入类耗材的管理，按照医院工作部署，结合工作实际，由我处牵头组成审计组，对我院202×年植入类耗材管理和使用情况进行专项审计，具体安排如下：

**一、实施目的**

通过此项审计的开展，对我院相关科室在植入类医用耗材在管理和使用方面业务活动的合法性、合规性、效率性进行审计，降低医疗费用，减轻患者看病就医经济负担，提高医疗资源利用率，促进医院植入类耗材内部规范化管理。

**二、审计对象**

植入类耗材的申请、采购、验收入库、出库、结算、使用、销毁等各业务流程的管理。

**三、审计期间及审计范围**

审计期间：202×年1月1日—202×年12月31日

审计范围：全院各相关科室，包括但不限于资产管理处（招标采购办、物资供应中心）、财务处、手术室、介入科等。

**四、审计依据**

植入类耗材审计属于业务性较强的专项审计，应参照的法律基础及政策依据除了会计、审计、招投标方面的以外，还应包括：《医疗器械监督管理条例》（国务院令第739号）、《一次性使用无菌医疗器械监督管理办法》（国家药品监督管理局令第24号）、《医疗器械说明书和标签管理规定》（国家食品药品监督管理总局令第6号）、《医疗器械不良事件监测和再评价管理办法（试行）》（国食药监械〔2008〕766号）、《医疗器械召回管理办法（试行）》（卫生部令第82号）、《关于加强植入性医疗器械临床使用监管工作的通知》（国卫办医函〔2013〕61号）、《关于印发医疗机构医用耗材管理办法（试行）的通知》（国卫医发〔2019〕43号）等。

**五、人员安排**

审计组长：张×

审计组员：王×、李×、何×

**六、时间安排**

审计工作时间：202×年3月4日—202×年4月5日

**七、审计内容**

审计组以植入类医用卫生耗材管理使用情况的真实性、合规性为基础，结合审前调查情况，确定审计重点内容：

1. 审查植入类耗材相关管理制度的落实情况，有无违反医疗卫生及医用耗材管理等有关法律法规、规章的情形。

2. 审查植入类耗材采购流程的合规性。医用耗材准入是否经过临床科室、相关职能部门严格论证，论证是否充分合理，采购申请是否实现授权审批控制，是否存在无审批自行采购的现象。采购工作记录是否翔实，耗材招标采购流程是否规范，相关资料是否齐全完备。采购合同条款是否明确、齐全、内容完整，合同签约方以及耗材名称、规格、价格等是否与中标结果一致，注册名、规格是否与提供的医疗器械注册证一致；对方提供的资质是否齐全，经营资格、范围和有效期限是否合法有效。

3. 审查植入类耗材一级、二级库的管理。审查医用卫生耗材分类、领用、建账、保管等管理环节是否健全，账物是否相符，有无积压、过期、丢失。查看是否严格落实医用耗材临床应用登记制度，植入类耗材是否严格做到“一物一码”，现场抽查其可追溯性。审查医用耗材临床使用评价制度落实情况。

4. 审查植入类耗材收费合规情况，有无违规收费、术中加价，增加患者负担的情形。

5. 其他需审计的事项。

**八、审计方式**

现场审计与抽样审计结合。

**九、检查要求**

审计组将依照各项相关制度和规定，依照本方案独立地开展本次专项检查工作，并在检查过程中加强沟通协调，征求各方意见，保证检查结果真实有效，为领导决策提供参考依据。

A医院审计处

202×年×月×日

**【例12-3】** 接例12-2，审计组按照审计实施方案要求如期完成审计，结合审计工作底稿及审计调查结果，审计组撰写完成审计报告征求意见稿，经征求意见修改完善后提交审计处，审计处继续核实问题，充分酝酿沟通，根据存在的问题提出相关工作建议，形成植入类耗材专项审计报告提交医院领导机构，具体如下：

**A 医院 202×年植入类耗材专项审计报告**

××（领导机构）：

为进一步规范我院植入类耗材的管理，按照医院工作部署，结合实际，我处牵头组成审计组，于 202×年 3 月 4 日—202×年 4 月 5 日，完成了我院 202×年植入类耗材专项审计，现将有关情况报告如下：

**一、审计实施基本情况**

（一）审计实施目的

通过此项审计的开展，对我院各科室在植入类医用耗材在管理和使用方面业务活动的合法性、合规性、效率性进行审计，降低医疗费用，减轻患者看病就医经济负担，提高医疗资源利用率，促进医院植入类耗材内部规范化管理。

（二）审计对象

植入类耗材的申请、采购、验收入库、出库、结算、使用、销毁等各业务流程的管理。

（三）审计期间及审计范围

审计期间：202×年 1 月 1 日—202×年 12 月 31 日

审计范围：全院各相关科室，包括但不限于资产管理处（招标采购办、物资供应中心）、财务处、手术室、介入科等。

（四）审计依据

《医疗器械监督管理条例》（国务院令第 739 号）、《一次性使用无菌医疗器械监督管理办法》（国家药品监督管理局令第 24 号）、《医疗器械说明书和标签管理规定》（国家食品药品监督管理总局令第 6 号）、《医疗器械不良事件监测和再评价管理办法（试行）》（国食药监械〔2008〕766 号）、《医疗器械召回管理办法（试行）》（卫生部令第 82 号）、《关于加强植入性医疗器械临床使用监管工作的通知》（国卫办医函〔2013〕61 号）、《关于印发医疗机构医用耗材管理办法（试行）的通知》（国卫医发〔2019〕43 号）等及其他内部审计相关制度、准则等。

## 二、植入类耗材管理现状

医院设立了医学装备部，负责对全院的医学设备和医用耗材进行归口统一管理。医学装备部负责全院医用耗材的采购、库存、供应、配送等事务的管理。医学装备部设有主任、副主任各1名，医用耗材管理具体分为采购组和库管组，采购组设有资质审核岗、招标采购岗、票据管理岗，库管组设有出入库管理岗、物流配送岗。

植入类高值耗材的采购具有特殊性，医生需要在手术过程中才能确定具体使用的型号，而在备货的过程中需要准备充足的耗材给医生备选，因此这部分耗材在我院采用的是“虚入实出”的方法。在手术前，医生根据病人情况向装备部提交植入类高值耗材的备货计划，装备部进行汇总并通知供应商，供应商接到通知后，必须在手术前进行货物配送，如果涉及需要消毒的耗材还应交由供应室进行消毒处理再送至手术室，手术完成后，医生确认最终使用的耗材品种和数量，医院根据实际使用量同供应商进行结算。

医院医学装备部下设一级库（总库房）、二级库（科室库房），一级库对全院医用耗材进行总体管理，手术植入类材料纳入二级库进行库存管理，即手术植入类材料二级库房对医用耗材的入库、出库、核销、配送进行管理。

## 三、审计发现的主要问题

在植入类耗材专项审计过程中，审计组发现存在如下问题。

### （一）植入类耗材采购流程亟须改进

1. 耗材采购论证不充分，新增耗材准入管理不完善。目前，医院新增耗材的采购申请是由使用科室提交，虽然经过一系列的签字审批过后才能进行招标采购，但由于医用耗材具有专业性、特殊性等特点，这一系列的审批流程只能对供应商的资质以及产品的合法性进行基本判断，无法对这些医用耗材进入医院的合理性、适用性、安全性、经济性等因素进行进一步评估，并没有真正起到准入把关的作用。同时，医院缺少专门的部门或者组织对医用耗材的进入医院进行统一管理。

2. 采购环节风险大。由于医用耗材的专业性较强，因此在医院的新增医用耗材采购过程中，发起的临床使用科室话语权较强，实施采购的医学装备部话语权相对较弱，容易出现供应商“围猎”使用科室的现象。对于高值耗材，特别是手术植入类的高值耗材，供应商为了保证自己供应，专门派驻了“跟台”人员，长期驻扎于手术室，负责确认耗材的具体使用情况，这些人员长时间与一线主刀医生接触且缺乏有效的监督，使得医院廉洁风险、医疗纠纷风险的概率大大增加。

3. 采购合同签订与执行方面。采购合同条款不严谨，部分合同违约责任不清。经现场抽查发现，个别合同在执行过程中，甚至出现耗材名称、规格、采购价格等与中标结果不一致的情况。

4. 审核供应商资质把关不严。在审计组现场抽查审计过程中，发现1家供应商医疗器械注册证过期，未及时提供合法有效的注册证到医院相关科室备案。

（二）植入类耗材管理使用流程存在缺陷

1. 二级库房管理形同虚设，核销环节缺失。医院二级库房，用于存放从总库房申领的所有医用耗材，一般由科室护士长进行管理。护士长没有受过库房管理的专业训练，仅根据过往经验制订科室的采购计划，缺乏科学依据，容易导致库存水平偏高。另外，由于信息系统功能缺失，没有二级库房管理功能，更没有根据病人耗材实际使用情况进行耗材的库存核销，二级库房的日常库存管理只能靠手工完成，跑冒滴漏、账实不符的情况比较严重，还容易造成患者安全隐患。此外，由科室护士长单独对二级库房进行管理，缺乏有效的监督，存在比较高的廉洁风险。

2. 配送环节没有全覆盖，库房管理有待提高。医院仅对手术室二级库房安排了一个配送人员进行配送，其他医用耗材没有设置配送人进行配送，由临床医护人员自行前往库房取货，一方面浪费了临床护理人员宝贵的时间，另一方面无法对医用耗材配送和供应过程进行监督管理。此外，受库房场地、设施的限制，没有现代化库房管理手段和设备设施对库房管理进行支持。特别是总库房，医用耗材种类繁多，采用科室自行领用方式，造成送货、领货相关人员众多，人流、物流混杂，在出库环节效率低下，很容易出现差错。

（三）供应商管理松散，缺少供应商评价机制

医院同供应商的关系主要停留在以交易为目的，以价格做衡量标准的传统的短期合作关系，并没有意识到与供应商建立长期的战略合作关系的重要性。因此，目前医院供应商数量较多，采购行为分散，很难形成规模化、集约化的采购优势。同时，医院虽然有供应商的资料数据库，但是并没有建立供应商评价体系，在整个医用耗材的流通过程中，只能对供应商和其产品的资质、品规、数量进行简单的核对管理，无法对供应商的诚信状况、供货价格、产品质

量、配送情况进行具体、客观、全面、科学的综合评价，导致在对供应商的管理中处于弱势地位，不利于同供应商一起构建以医院为核心的供应链的良好持续发展。



**四、审计建议**

针对上述问题，审计组提出如下工作建议。

（一）调整完善医用耗材管理组织架构

由于医院医用耗材统一归口于医学装备部进行管理，采购权和管理权集中在一起，医学装备部在耗材管理上既当“运动员”又当“裁判员”，存在较高的廉洁风险。因此，有必要对医用耗材管理的组织结构进行调整，建议成立医用耗材管理委员会。医用耗材管理委员会的日常工作由指定的医用耗材管理部门和医务管理部门分工负责。

（二）进一步明确责任，加强医用耗材管理

1. 明确医用耗材管理委员会的主要职责。

（略）

2. 加强医疗质量控制，建议指定医务管理部门，负责医用耗材的临床使用、监测、评价等专业技术服务日常管理工作，尤其是重点监控植入类耗材的临床使用情况，纳入医疗质量控制体系。

（三）加强供应商管理，建立供应商评价指标体系

建立医用耗材准入指标体系，对进入医院的医用耗材严格把关，建议从供应商信用综合评价、供应商供货能力评价、供应商供应行为评价、供应商服务质量评价等四个维度建立供应商评价指标体系（见表12－1），促进医院医用耗材管理步入科学化、规范化轨道。

**表12－1　　供应商评价指标体系**

| 一级指标 | 二级指标 | 备注 |
| --- | --- | --- |
| 供应商信用综合评价 | 是否采取行贿的方式进行不正当竞争 | |
| | 是否私自将耗材出售给患者在医院使用 | |
| | 是否私自配送未经医院审计的医用耗材 | |
| | 是否未经装备部订货，私自送货至临床科室 | |
| | 是否未经装备部备案，私自将耗材送给临床试用 | |
| | 是否有其他信誉不良、违法违规行为 | |

续表

| 一级指标 | 二级指标 | 备注 |
|---|---|---|
| 供应商供货能力评价 | 资质证明材料是否齐全完整、合法有效 | |
| | 是否拥有与配送业务相适应的仓储能力、冷藏设备及配套服务 | |
| | 是否具有与配送医用耗材相适应的质量管理和专业技术人员 | |
| 供应商供应行为评价 | 抽查产品是否合法合规合要求 | |
| | 所供应的产品价格是否高于中标价 | |
| | 配送产品是否存在与清单不符的情形，是否存在配送产品未达到验收标准（如外包装损坏、效期太近等）的行为 | |
| | 植入、介入类高值耗材是否按要求粘贴条形码 | |
| 供应商服务质量评价 | 配送的产品是否与注册证一致、是否与购买合同一致 | |
| | 是否能够做到按时按量送货、货物完好性 | |
| | 销售员的专业知识水平、所提供产品信息的准确性、产品价格保证等 | |
| | 是否服从医院其他管理规定 | |

特此专报。

A 医院审计处

202×年×月×日

# 第十三章 采购管理审计

## 第一节 采购管理审计概述

### 一、采购管理审计的概念

采购管理审计是指医院内部审计机构依据有关法律、法规、政策及相关标准，按照一定的程序和方法，对采购活动的当事人实施采购的真实性、合法性、合规性和效益性进行的独立审查、监督和评价。

### 二、采购管理审计的范围

采购管理审计的范围包括政府采购，政府采购限额标准以下且集中采购目录以外的货物、服务、工程采购（以下简称“限额以下且目录以外采购”）。审计组应当遵照国家及属地管理要求，结合被审计单位实际，确定审计范围和内容。

政府采购，是指各级国家机关、事业单位和团体组织，使用财政性资金采购依法制定的集中采购目录以内的或者采购限额标准以上的货物、工程和服务的行为。

## 三、采购管理审计的目的

采购管理内部审计的目的在于审查采购活动的真实性、合法性和效益性，促使相关部门或者单位提高采购资金的使用效益。真实性是指采购行为应当实际存在，不得虚列采购项目。合法性是指采购行为应当符合《中华人民共和国预算法》《中华人民共和国政府采购法》等法律、法规的各项规定。效益性是指采购行为应当获取最优的价格质量比。

通过采购管理内部审计，排查医院采购各环节是否合理有效的监控和管理，从而有效规避风险，纠正不规范的操作和程序，提升医院在采购环节的工作效率，减少不必要的损失，提高采购质量和服务，提升医院运营管理水平。

## 四、采购管理审计的依据

采购管理审计除了执行我国内部审计的法律法规、准则制度外，还应当熟悉和掌握采购管理相关的国家及行业相关规定，具体包括：《中华人民共和国政府采购法》《中华人民共和国政府采购法实施条例》（国务院令第658号）、《中华人民共和国招标投标法》《中华人民共和国招标投标法实施条例》（国务院令第613号）、《政府采购货物和服务招标投标管理办法》（财政部令第87号）、《财政部关于促进政府采购公平竞争优化营商环境的通知》（财库〔2019〕38号）、《政府采购非招标采购方式管理办法》（财政部令第74号）、《政府采购框架协议采购方式管理暂行办法》（财政部令第110号）、《政府采购信息发布管理办法》（财政部令第101号）、《政府购买服务管理办法》（财政部令第102号）、《政府质疑和投诉办法》（财政部令第94号）、《政府采购竞争性磋商采购方式管理暂行办法》（财库〔2014〕214号）、《政府采购需求管理办法》（财库〔2021〕22号）、《政府采购促进中小企业发展管理办法》（财库〔2020〕46号）、《关于加强政府采购活动内部控制管理的指导意见》（财库〔2016〕99号）以及《行政事业性国有资产管理条例》（国务院令第738号）、《行政事业单位内部控制规范（试行）》（财会〔2012〕21号）、《公立医院内部控制管理办法》（国卫财务发〔2020〕31号）等，在审计任务实施前，内部审计人员应认真学习以上文件，熟练掌握相关内容。

## 五、采购管理审计的类型

采购管理审计一般可以采取以下几种方式。

### （一）程序性审计

医院内部审计机构通过调查了解内控制度、实地观察、穿行测试等审计方法，对采购业务的相关内部控制制度的健全性和有效性进行评价。

1. 业务流程和内控制度的健全性评价

通过观察和询问，了解梳理采购的业务流程，对医院建立的资质认证、供应商管理、预算及计划管理、采购方式、采购管理、合同管理、质量管理等方面的制度性流程的健全性进行评价。

2. 各环节制度执行的有效性评价

抽取一定数量的采购业务，按照业务环节对其内控有效性进行符合性测试，重点关注采购业务中的立项、供应商选择和价格确定等主要风险点，是否制定相应的控制措施并有效执行。

3. 采购业务后评估的评价

检查业务部门是否定期对已完成采购项目的采购计划、采购渠道、采购价格、采购质量、采购成本、协议或合同签约履行情况等业务进行专项评估和综合分析，对其采购业务后评估的效果进行评价。

### （二）全过程跟踪审计

内部审计可以参与采购活动的全过程审计监督工作。事前审计主要是对采购预算金额、栏标价以及合同签订前的审计；事中审计主要对政府采购过程进行监督，发挥决策发起中的立项论证作用，从内审的角度给出一些决策的参考意见；事后审计是在采购工作完成后进行实质性审计、总体评价等。

### （三）价格报审

采购部门在计划、预算范围内采取非招标方式组织的货物及服务采购，医院内部审计机构应对非招标方式采购的价格进行审计，这是对非招标采购关键环节的审计。

### （四）实质性抽查审计

医院内部审计机构按照重要性原则抽取一定比例的采购业务，对其管理制度的完善性、决策程序的合规性和实施程序的规范性进行审计。

### 六、采购管理审计的方法和程序

采购管理审计需要结合不同的审计内容选择与之相适应的一种或几种审计方法和审计程序，从而完成审计目标。常见的审计方法和审计程序在第五章已经介绍，本节不再赘述。

## 第二节　采购管理审计的内容

医院采购品种繁多、采购方式复杂、采购涉及相关科室较多，为有效开展政府采购内部审计，充分发挥内部审计监督职能，遏制和预防可能发生的采购过程中违纪违规行为，更为有效地提升采购质量，根据《采购管理专项审计指引（试行）》，应重点从内部控制测试、政府采购、限额以下且目录以外采购、采购核算、采购后续管理等方面开展采购管理专项审计业务。

### 一、内部控制测试

设计和实施内部控制测试时，应重点关注以下内容：

（1）机构与职责。

查阅内设机构及职能设置文件、会议要等，了解机构设置、职责分工及落实情况。包括是否明确归口管理部门及权限划分，是否履行职责；是否建立健全议事决策机制、岗位责任制、内部监督等机制。其中岗位责任制是否明确岗位办理业务和事项的权限范围、审批程序和责任。

（2）人员管理。

查阅岗位职责、轮岗记录等资料，访谈相关人员，了解关键岗位人员管理情况。包括从事采购管理工作的人员是否具备相应资质、能力；采购需求制定与内部审批、采购文件编制与复核、合同签订与验收等不相容岗位是否相互分离；是否建立政府采购多人参与、在岗监督、离岗审查和项目责任追溯制度；是否对采购管理关键岗位人员建立培训、评价、轮岗等机制；不具备轮岗条件的是否定期采取专项审计等控制措施等。

（3）制度建设。

查阅采购管理制度、业务流程、内部控制评价报告等资料，了解制度体系健全、合规情况。包括是否建立健全政府采购、限额以下且目录以外采购管理制度，且涵盖货物、服务、工程等内容；是否明确采购预算、需求、计划、方式、程序、合同、验收、结算、供应商管理、信息公开、档案、监督评价、争议处理、委托代理、政策功能、所属单位采购管理等要求；是否符合国家、属地及上级单位有关规定；是否明确审核审批事项，是否建立授权审批控制；相关制度是否有效执行等。

（4）信息化建设。

查看采购管理系统，查阅系统操作记录、内部控制评价等资料，了解人员身份验证、岗位业务授权、系统操作记录、电子档案管理等功能建设及执行情况。

## 二、政府采购审计

审计政府采购管理情况时，应重点关注以下内容：

（1）采购当事人管理。

查阅采购人法人证书、采购合同、供应商营业执照、资质资格证明、违法记录、采购代理机构委托代理协议等资料，审计是否为政府采购活动；采购人、供应商、采购代理机构等采购当事人是否属于《政府采购法》适用对象，是否具备履约能力；是否按规定选定采购代理机构，是否存在应委托未委托集中采购代理机构等情形，委托代理协议是否符合法定要求；审查供应商是否具备参加政府采购活动的条件，是否存在关联交易、串通舞弊、不正当竞争、转包、违法分包以及谋取不正当利益等违法情形。

（2）需求管理。

查阅采购需求调查记录等文件资料，审计需求要素是否完整、准确、合规，是否符合采购项目特点和实际，是否依据部门预算（工程项目概预算）确定；是否按规定开展需求调查；是否对规定的采购项目开展需求论证；是否开展一般性需求审查；应当开展重点审查的，是否审查非歧视性、竞争性、采购政策、履约风险等；采购需求与采购文件等有关内容是否一致等。

（3）实施计划管理。

查阅政府采购实施计划等资料，审计实施计划内容是否完整；采购包划分是否合理；供应商资格条件是否与采购标的、履约能力直接相关，是否存在歧视性条件等；采购方式是否合规，符合条件但未公开招标的是否依法取得批准；定价方式是否合理，是否在采购估算价值额度内合理设置采购最高限价；评审方法是否客观、合规；合同类型和文本是否依规使用标准合同文本；履约验收方案是否完整、合理、合规；风险处置措施和替代方案是否存在应当设置而未设置的情形；政策功能落实是否按规定执行；时间安排是否有序合理；实施计划文本是否经单位内部审核后报同级财政部门备案等。

（4）预算管理。

查阅政府采购预算、部门预决算、采购文件、会计账簿等资料，审计预算编制是否准确完整填报，是否存在与部门预算、采购计划等不一致情况；预算执行是否存在超预算或无预算执行情况，是否存在超预算采购的情况；预算调整是否按照规定报同级财政部门审核批准，是否存在未批先行情况，是否相应调整采购实施计划等。

（5）组织形式管理。

查阅采购文件、会计账簿、批量集中采购计划、协议供货目录等资料，审计集中采购是否按规定办理，采购手续是否合规；定点采购是否合规；协议供货是否规范执行，供货数量是否符合相关规定。

（6）方式管理。

查阅采购需求、采购文件等资料，审计公开招标采购是否符合规定，采购标的是否有详细的技术规格标准、服务具体要求，公开招标限额标准以上货物服务工程采购是否采用公开招标方式等；竞争性谈判、竞争性磋商、询价、单一来源采购是否合规，是否存在化整为零规避公开招标、使用竞争性磋商方式采购一般货物、竞争性谈判和竞争性磋商方式混用等情况；实施框架协议采购的，是否按照集中采购代理机构、主管预算单位规定的执行方式、采购流程完成采购；采购方式变更是否符合财政部门相关规定等。

（7）程序管理。

查阅评标文件、记录，谈判文件、询价通知书，采购档案等资料，审计公开招标是否按照规定程序执行，招标文件等材料是否真实完整规范，招标文件提供期限、开标时间、中标公告时间等是否符合时间性要求，评标委员会构成是否规范等；竞争性谈判是否按照规定成立谈判小组并制定谈判文件，邀请供应商是否规范，谈判文件、记录、成交通知书等是否真实完整规范；竞争性磋商是否按规定成立磋商小组并制定磋商文件，邀请供应商是否规范，磋商文件、记录、成交通知书等是否真实完整规范；询价是否按照规定程序执行，询价通知书、记录、成交文件等内容是否完整规范；单一来源采购是否按照规定程序执行，采购原因及说明、论证意见、公示文件、协商记录文件等是否真实完整规范；专家抽取是否按照规定方式执行等。

（8）合同管理。

查阅政府采购合同台账、档案、会计账簿等资料，审计是否按照中标、成交通知书确定的事项签订采购合同，是否实质性响应采购需求全部内容；合同定价是否合理；核实变更、中止、解除合同原因是否正常，是否履行相关审核审批程序；追加与合同标的相同的补充采购合同是否超过原合同采购金额的10%；履约保证金、质量保证等缴纳和退还是否合规，履约保证金是否超过国家及属地规定的比例等。

（9）信息公开管理。

查阅采购公告等采购文件，审计采购意向、采购公告和资格预审公告、采购预算、采购结果、采购更正、采购合同、单一来源方式采购、政府购买服务信息等是否公开；公开渠道、内容、时间是否符合要求等。

（10）验收管理。

查阅采购合同、书面验收意见等采购文件，审计验收组织是否按照要求组建验收小组且符合不相容岗位相互分离要求，委托采购代理机构履约验收是否对验收结果书面确认；验收方式是否由 2 人以上共同办理履约验收，是否邀请实际使用人参与验收，第三方专业机构及专家等参与验收的是否形成书面验收意见，政府提供公共服务项目是否邀请服务对象参与验收、出具意见并公告验收结果；验收过程是否按照合同约定对每一项技术、服务、安全标准的履约情况进行确定；验收报告是否列明各项标准的验收情况及总体评价，是否由验收各方共同签署，验收结果是否与资金支付和履约保证金返还条件挂钩等；验收责任是否对验收合格项目按照合同约定及时结算，是否对验收不合格项目及违法违规情形按照相关法律法规及合同约定及时处理等。

（11）付款管理。

查阅成交结果、采购合同、合同台账、验收意见、会计账簿、履约保证金和质量保证金台账、往来款项对账记录等资料，审计是否按照合同约定付款，提前或滞后付款原因是否合理；合同原件等付款资料是否齐全，涉及合同调整是否根据补充合同付款；是否符合预算一体化资金支付、公务卡支付结算等规定，履约保证金和质量保证金是否按原渠道退回；票据是否符合财政、税务相关规定；是否符合单位审批流程和权限规定，是否存在超范围支出事项等。

（12）争议管理。

查阅书面质疑、采购合同、采购文件等资料，审计供应商询问是否及时做出答复；供应商质疑处理是否在收到书面通知后，按照相关规定规范做出答复等；供应商投诉处理是否在投诉处理期按照时间要求暂停采购活动；政府采购涉及控告和检举的，是否得到及时处理等。

（13）监督管理。

查阅采购内部控制评价报告、权力运行监控检查、政府采购自查、外部审计巡视等监督检查报告，审计监督机制是否由审计纪检部门共同参与；监督内容是否完整规范；监督措施是否公开纪检部门电话，是否畅通问题反馈和受理渠道等；监督整改是否针对监督检查提出的采购管理问题整改到位，是否建立长效机制等。

（14）政策功能管理。

查阅采购文件、采购合同、会计账簿等资料，审计正版软件采购是否纳入政府采购预算和计划，计算机办公设备购置是否符合采购要求等；进口产品采购是否未经批复或备案擅自采购；节能产品采购是否属于政府采购清单范围，是否落实优先采购或强制采购要求；信息安全产品采购是否属于国家相关目录，是否获得国家信息安全认证等；中小企业采购是否收取中小企业声明函、残疾人福利性单位声明函或监狱企业证明文件，是否预留采购份额或给予价格扣除优惠；脱贫地区农副产品采购是否落实国家乡村产业振兴有关政策；绿色建材采购是否符合相关实施指南的要求等。

（15）专项管理。

查阅会计账簿、采购合同、会议纪要等资料，审计公务机票采购是否属于规定范围内情形，是否优先选择国内航空公司，是否按程序确定公务机票服务商，是否超标准购买等；会议定点采购是否在党政机关定点场所举办现场会议，电子结算单和费用原始明细单据等是否真实，是否与会议通知、签到表、年度会议计划、会议费预算等相关内容一致等；疫情防控便利化采购是否建立健全紧急采购内控机制，是否执行分级授权审批，是否按规定留存疫情防控采购项目相关文件等；医用高值耗材采购是否建立准入遴选机制，目录内采购是否在阳光采购平台集中采购，目录以外采购是否符合相关采购规定，临时采购是否按规定审批，验收是否规范等；药品采购是否属于集中采购范围，采购方式是否符合规定，采购合同要素是否明确，是否存在违规网下采购、拖欠货款、虚假发票等情况。

## 三、限额以下且目录以外采购审计

审计限额以下且目录以外采购时，应重点关注以下内容：

（1）采购执行。

查阅采购预算、申请审批表、投标书或报价函、中选通知书等采购文件，审计采购方式是否符合单位内部规定，采购程序是否规范，是否按照权限履行审核审批等。

（2）采购合同。

查阅采购合同及台账等资料，审计合同要素是否齐全，是否存在未经授权对外签订合同的情况；印章管理是否符合单位内部规定；合同执行偏差、缓慢、纠纷等原因是否合理等。

（3）采购验收。

查阅出入库记录、验收报告等资料，审计是否由指定部门或专人对所购物品的品种、规格、数量、质量和其他相关内容进行验收，并出具验收证明；是否按照合同约定对供应商进行履约评价等。

（4）采购监督。

查阅内部控制评价报告、权力运行监控报告等资料，审计是否对采购部门职责履行、采购计划执行、采购合同履约等开展内部监督检查，是否对采购权力运行进行监控，是否对采购内部控制进行评价等。

## 四、采购核算审计

审计采购核算时，应重点关注以下内容：

（1）采购结算。

查阅采购合同、验收意见、会计账簿、会计凭证等资料，审计是否按照合同约定履行付款，是否符合中小企业款项支付等政策要求，是否及时取得真实、准确的发票；是否按照权限履行审核审批等。

（2）会计核算。

查阅会计账簿、资产账、会计凭证等资料，审计相关记载信息是否一致；会计核算是否正确；是否定期盘点，进行账账、账实、账表核对等。

### 五、采购后续管理审计

审计采购后续管理时，应重点关注以下内容：

（1）档案管理。

查阅采购需求、采购实施计划等采购文件（含电子档案），审计档案保管、交接是否完整规范，是否符合规定的保管期限等。

（2）绩效管理。

查阅政府采购信息统计报表、内部控制报告、预算绩效报告、部门决算、政府财务报告、卫生财务年报等资料，审计采购预算资金是否实现既定采购目标，是否保障完成相应履职任务，是否促进实现相关经济效益和社会效益，是否提高服务对象满意度，是否存在闲置浪费、质次价高、低配高价等情况。

## 第三节　采购管理审计案例

医院采购品种涉及医疗器械、药品、试剂、耗材等，是医院内部资金支出的重要组成部分，因此，采购管理内部审计是医院内部审计的重要内容。本节以A医院为例，详细讲解如何进行采购管理专项审计实务操作，供读者参考借鉴。

**【例13－1】**按照医院审计工作计划，A医院组织开展政府采购专项审计。为此，审计处组建了审计组，并制定了《A医院202×年政府采购专项审计实施方案》，明确了审计目的、时间区间和审计范围等内容。具体如下：

**A医院202×年政府采购专项审计实施方案**

政府采购管理是医院运营管理工作的重要组成部分，鉴于医院采购活动频繁且采购规模大，为进一步规范我院政府采购管理，按照医院工作安排，由我处牵头组成审计组，对我院医院 202×年政府采购进行专项审计。

**一、实施目的**

通过此项审计的开展，对我院政府采购业务活动的合法性、合规性、效率性进行审计，查找出医院内部政府采购方面存在的问题并给出改进的建议。

**二、审计对象**

招标采购办及相关科室。

**三、审计范围**

202×年 1 月 1 日—202×年 12 月 31 日期间的政府采购管理工作。

**四、审计依据**

政府采购审计应参照的法律基础及政策依据包括《审计署关于内部审计工作的规定》《中华人民共和国政府采购法》《中华人民共和国政府采购法实施条例》（国务院令第 658 号）、《政府采购货物和服务招标投标管理办法》《关于加强政府采购活动内部控制管理的指导意见》（财库〔2016〕99 号）等。

**五、人员安排**

审计组长：王×

审计组员：陈×、李×、何×、张×、杨×

**六、时间安排**

审计工作时间：202×年 4 月 1 日—202×年 4 月 30 日

**七、审计内容**

1. 政府采购预算管理是否规范：主要关注政府采购预算是否完整、是否存在无预算或超预算采购行为。

2. 政府采购制度与政策执行是否规范：主要关注政府采购是否存在违反集中采购目录、采购限额标准和采购方式规定，采取化整为零等方式规避政府集中采购问题。

3. 政府采购支出是否透明，流程管理是否规范：主要关注政府采购是否存在采购程序不符合规定，是否存在虚假招标、擅自变更中标结果、随意追加合同，单一来源采购项目是否按规定报批，是否存在协议供货和网上竞价不规范等问题。

4. 政府采购政策功能实现程度，是否存在权力异化问题：主要关注政府采购是否存在未经批准采购进口产品、未按规定采购节能环保产品等问题。

5. 政府采购招投标是否合规：主要关注政府采购是否存在招标方式不合

规，医疗设备、信息系统、工程设计监理和土建等未公开招投标，政府采购招标中是否设置排斥条款，是否存在围标串标问题，是否存在政府采购合同签订后违规转包分包问题。

6. 其他需审计的事项。

**八、审计方式**

现场审计与抽样审计结合。

**九、审计要求**

审计组将依照各项相关制度和规定，依照本方案独立地开展本次专项检查工作，并在审计过程中加强沟通协调，征求各方意见，保证审计结果真实有效，为领导决策提供参考依据。

审计处

202×年3月5日

**【例13-2】** 接例13-1，审计组下发了政府采购专项审计通知书，具体如下：

## A医院关于开展202×年政府采购专项审计通知书

招标采购办及相关科室：

为进一步规范我院政府采购管理，提高资金使用效益，对医院政府采购各环节进行合理有效的监控和管理，提高采购质量和服务，提升医院运营管理水平，按照医院安排，现定于202×年4月1日起对我院202×年1月1日—202×年12月31日期间的政府采购管理工作进行专项审计。

本次审计的主要对象为招标采购办，根据审计需要，审计过程中会涉及其他相关科室。请上述科室对政府采购管理情况进行自查，认真做好相关表格、数据和支撑材料的收集、整理工作，撰写执行政府采购情况自查报告。请将相关材料（盖章），以书面形式于202×年3月30日上午11点前报医院审计处，相关材料电子版请发送至×××@163.com邮箱。

所需提交相关资料清单如下：

1. 政府采购有关法律、法规和规章制度，年度政府集中采购目录、部门集中采购目录、政府采购限额标准等。

2. 单位部门预算、决算资料，主要包括项目预算、政府采购预算；年度政府采购计划。

3. 政府采购相关文件，包括部门内部政府采购的相关请示、签报，报送政府采购主管部门的申请文件及批复文件，委托采购文件，政府采购文本文件，招标公告，评标过程记录，中标通知和公告，采购合同、协议及其管理台账等；向主管部门报送的政府采购统计表及相关电子表等。

4. 医院内部有关政府采购的管理制度，采购业务流程、采购审批流程、签订合同权限；采购预算和采购计划是否按医院内部议事规则报批的相关资料。

5. 采购的相关凭证，包括请购单、报价单、采购订单或采购合同、验收单、退货单、不良品检查结果等。

6. 相关会计账簿及凭证。债权债务余额明细、账龄及相关说明，资金支付记录及相关凭证，货物验收及登记管理记录对账单、发票、相关收付款凭证等，审计期间存货的盘点资料。

7. 供应商管理台账，包括营业执照、医疗器械生产许可证、医疗器械经营许可证、相关产品注册证及附件、产品授权委托书、医用耗材销售人员的身份证明资料等，以及供应商评价相关资料。

8. 采购岗位设置、人员构成、具体职责及相关权限等。

9. 采购相关的工作总结。

10. 其他相关资料。

审计组长：王×

审计组员：陈×、李×、何×、张×、杨×

联系电话：××××

邮箱：××××

A 医院审计处

202×年×月×日

**【例 13-3】** 接例 13-2，在获取了上述相关材料之后，审计组对 A 医院的政府采购体系实施了内部控制测试，测试的目标是审查 A 医院内部是否严格按照《中华人民共和国政府采购法》《中华人民共和国政府采购法实施条例》等法规、政策设置了可信赖的内控体系，以保障政府采购工作有序地进行。测试内容包括政府采购岗位设置与人员分工、账务处理与稽查、原始记录和文件保存、采购申请与审批和实施、财务处理与资金支付等。测试主要是采用查询、分析及与采购人员沟通的方式进行。同时，审计组还到相关科室调阅了与采购内部控制相关的资料，包括采购操作流程、岗位设置、人员分工、决策文件、部分会议文件，并以此作为考察内部控制的基础。内部控制测试结果显示，A 医院政府采购内部控制制度整体上是可靠的。测试工作表格参考样式如表 13－1 所示。

**表 13－1　　政府采购控制测试参考表格**

被审计单位：　　索引号：　　页次：

项目：控制测试——采购与付款流程——控制测试（请购测试）　　编制人：　　日期：

财务报表截止日/期间：　　复核人：　　日期：

测试目标：通过控制测试，确定采购与付款流程中与请购材料有关内部控制活动是否有效执行。

| 序号 | 样本业务类别 | 业务内容 | 请购单 | | | | | | | 主要控制点执行情况的检查 | | | | | | |
|---|---|---|---|---|---|---|---|---|---|---|---|---|---|---|---|---|
| | | | 日期 | 编号 | 货物名称 | 规格 | 经办部门 | 审批部门 | 申购数量 | 申购单价 | 1 | 2 | 3 | 4 | 5 | …… |
| 1 | | | | | | | | | | | | | | | | |
| 2 | | | | | | | | | | | | | | | | |
| 3 | | | | | | | | | | | | | | | | |
| 4 | | | | | | | | | | | | | | | | |
| 5 | | | | | | | | | | | | | | | | |
| 6 | | | | | | | | | | | | | | | | |
| 7 | | | | | | | | | | | | | | | | |
| 8 | | | | | | | | | | | | | | | | |
| 9 | | | | | | | | | | | | | | | | |
| 10 | | | | | | | | | | | | | | | | |
| 11 | | | | | | | | | | | | | | | | |
| 12 | | | | | | | | | | | | | | | | |
| 13 | | | | | | | | | | | | | | | | |
| 14 | | | | | | | | | | | | | | | | |

检查点说明：
检查点 1：采购申请经适当审批，正式采购订单必须完整、有效；
检查点 2：所有采购均已按规定编制请购单，采购订单经适当审核和正确录入；
检查点 3：定期审核并跟踪长期未关闭的采购订单；
检查点 4：收货信息经适当审核和正确录入；
检查点 5：入库物资经适当质量检验；
检查点 6：适当的职责分离。

测试说明：

测试结论：经测试，我们认为采购与付款流程中采购材料等有关的内部控制活动是【有效的/无效的】。

**【例 13－4】** 接例 13－3，审计组按照审计实施方案要求如期完成审计，审计组根据审计工作底稿等撰写政府采购内部审计报告，提交领导机构。具体如下：

## A 医院 202×年政府采购专项审计报告

××（领导机构）：

为进一步规范我院政府采购管理，按照医院工作部署，我们于 202×年 4 月

1 日—202×年 4 月 30 日，对招标采购办 202×年 1 月 1 日—202×年 12 月 31 日的政府采购管理工作进行专项审计，现将有关情况报告如下：

**一、审计实施基本情况**

（一）审计实施目的

通过此项审计的开展，对我院政府采购业务活动的合法性、合规性、效率性进行审计，查找出医院内部政府采购方面存在的问题并给出改进的建议。

（二）审计对象和范围

招标采购办 202×年 1 月 1 日—202×年 12 月 31 日的政府采购管理工作。

（三）审计依据

政府采购审计应参照的法律基础及政策依据包括《审计署关于内部审计工作的规定》《中华人民共和国政府采购法》《中华人民共和国政府采购法实施条例》（国务院令第 658 号）、《政府采购货物和服务招标投标管理办法》《关于加强政府采购活动内部控制管理的指导意见》（财库〔2016〕99 号）等。

**二、政府采购管理现状**

医院招标采购办负责全院医疗设备、信息系统、基础设施建设及日常耗用品的采购工作。招标采购办设有主任、副主任各 1 名，共有工作人员×名。招标采购办内部设有招标采购岗、票据管理岗等。

医院 202×年 1 月 1 日—202×年 12 月 31 日期间的政府采购预算为××万元，其中：医院信息系统建设××万元，通用设备采购××万元，电教室装修××万元，医疗设备采购××万元，医用耗材、药品及其他××元。

**三、审计发现的主要问题**

1. 采购项目立项论证质量不高。虽然医院比较重视对采购项目的立项论证工作，但是立项论证质量高低良莠不齐，例如，医院××科室购买设备论证只有 A4 纸的一半，论证内容及格式不规范，且存在对某某品牌带有明显倾向性。

2. 采购方式选择不当。例如，医院规定××万元以上项目应该公开招标，空调按需在某线上平台进行采购，每次采购 1—10 台不等，同一供应商，202×年共计采购××万元，此行为不符合规定。由于相关部门没有提前做好物资购买预判，导致存在化整为零规避公开招标的风险。

3. 服务合同履约不严。合同履行过程中，因合同履行监管不严，或未能采取有效措施，导致医院利益受损的情况依然存在。例如，医院层流净化外包服务合同中规定日常驻扎医院的常规工作人员为 2—3 名，审计组人员进行突击检查时，发现只有一名常驻工作人员，与合同不符。

## 四、审计建议

针对上述问题，审计组提出如下工作建议：

1. 加强政府采购业务学习培训，提升政府采购人员的综合素质和业务能力。不断健全内部监管机制，加大对政府采购行为的监督指导力度，严格按照政府采购程序进行政府采购，坚决杜绝违反政府采购行为的发生。强化制度建设，提前做好谋划，加强工作沟通，确保将政府集中采购目录以内和采购限额标准以上的采购做到应采尽采。

2. 加强合同履约监管。建议设置专门的合同管理员，明确合同管理员的具体职责，及时记录合同执行情况，定期对医院的经济合同进行清理，提示相关人员和对方单位及时履行合同，避免合同违约，同时针对服务合同制定相关定期或不定期检查细则，及时发现问题，按合同违约条款进行处理，维护医院相关权益。

3. 加强采购需求管理，做好采购论证工作。财政部发布的《政府采购需求管理办法》（财库〔2021〕22 号）中明确指出“采购需求管理应当遵循科学合理、厉行节约、规范高效、权责清晰的原则”，如果需求管理出问题，会导致后面一系列“过度采购”问题，所以医院应加强对采购申请的审核和论证，确定合理的采购需求，编制严格的采购计划，建议制作统一的立项论证表格，对采购方式、供应商参加采购活动的资格条件、采购标的数量、功能、性能、材质、安全、服务等相关参数等要求用表格的形式固化下来，规范采购需求论证工作，具体如表 13－2 所示。

**表 13－2　　A 医院采购项目需求论证报告**

论证时间：________　　论证地点：________

| | | | | | |
|---|---|---|---|---|---|
| 项目名称 | | | | | |
| 项目预算金额（元） | | | 论证专家人数 | | |
| 专家成员 | 姓名 | 工作单位/部门 | 专业类别 | 职称 | 备注 |
| | | | | | |
| | | | | | |
| | | | | | |
| | | | | | |
| | | | | | |

续表

| 论证内容 | 拟定内容 | 专家（专业人员）论证意见 | |
|---|---|---|---|
| 拟采用的采购方式 | 公开招标□询价口<br>竞争性谈判□竞争性磋商口<br>单一来源口 | | |
| 供应商参加采购活动的资格条件 | | | |
| 采购标的数量、功能、性能、材质、安全、服务等相关参数、标准是否按法律法规、相关主管部门规定的强制性标准、要求执行 | | | |
| 采购的技术、服务要求是否有实质性要求 | | | |
| 评审方法和评审标准 | | | |
| 采购项目履约时间、地点和方式 | | | |
| 采购项目验收方法和标准 | | | |
| 风险管控措施 | | | |
| 其他需要论证的事项 | | | |
| 专家组（专业人员）签字 | | | |
| 归口管理部门意见 | 负责人签字： | | 盖章： |

备注：1. 需求论证时，采购项目的业务归口管理部门提供该项目的技术参数、商务需求、评分标准等作为论证资料附后。

2. 专家（专业人员）论证意见可以在论证资料上进行修改，所有涉及内容修改的页面，需论证专家签字确认。

特此专报。

A 医院审计处

202×年×月×日

# 第十四章 内部控制审计

## 第一节　内部控制审计概述

### 一、内部控制审计的概念

内部控制审计，是指医院内部审计机构依照法律法规和医院规章制度对医院及下属单位内部控制制度的健全性、合理性和运行的有效性作出的审查和评价。

根据《公立医院内部控制管理办法》（国卫财务发〔2020〕31 号）规定，内部控制是指在坚持公益性原则的前提下，为了实现合法合规、风险可控、高质高效和可持续发展的运营目标，医院内部建立的一种相互制约、相互监督的业务组织形式和职责分工制度；是通过制定制度、实施措施和执行程序，对经济活动及相关业务活动的运营风险进行有效防范和管控的一系列方法和手段的总称。也就是说，内部控制既是一种业务组织形式和职责分工制度，也是防范风险的方法和手段。

### 二、内部控制审计的目的

内部控制审计的目的是检查并评价内部控制的合法性、充分性、有效性及适宜性，有效防范舞弊和预防腐败、提高资源配置和使用效益。

医院及内设机构、所属单位的责任是建立、健全内部控制并使之有效运行。审计部门的责任是对内部控制设计和运行的有效性进行审查和评价，出具客观、公正的审计报告，促进医院改善内部控制及风险管理，因此，内部控制审计是对医院内部控制系统的再监督。

## 三、内部控制审计的原则

内部控制审计应当遵循下列原则：

（1）全面性原则。

审计工作应当包括内部控制的设计与运行全过程，涵盖医院及所属部门、单位的各种业务。

（2）重要性原则。

审计应当以风险为导向，突出重点，关注影响控制目标的高风险领域、重要业务部门、重大业务事项、关键控制环节和风险点。

（3）客观性原则。

审计应当准确揭示医院主要经济活动、重大业务的风险状况，如实反映内部控制设计的健全性与执行的有效性，客观评价内部控制缺陷。

（4）及时性原则。

审计要按照规定的时间间隔持续进行，当管理环境等发生重大变化时，要及时进行再评价。

## 四、内部控制审计的分类

内部控制审计应当以风险评估为基础，根据风险发生的可能性和对单位整体或某个控制目标造成的影响程度，确定审计的范围和重点。

### （一）按审计范围分类

医院内部控制审计按其范围，可分为全面内部控制审计和专项内部控制审计。全面内部控制审计是对医院层面各类经济活动的内部控制，包括内部环境、风险评估、控制活动、信息与沟通、内部监督五个要素所进行的全面审计。专项内部控制审计是对医院某项经济活动或经济活动的某个环节、内部控制的某个要素进行的专门审计。

### （二）按审计目的分类

医院内部控制审计按其目的，可分为设计的有效性审计和运行的有效性审计。

1. 内部控制设计的有效性审计，主要侧重以下方面：

（1）合法合规性。

内部控制的建立是否符合《行政事业单位内部控制规范（试行）》《公立医院内部控制管理办法》及国家相关法律法规的规定。

（2）全面性。

内部控制的建立是否覆盖了医院及内设机构、所属单位经济活动的全过程，各相关部门、内部控制关键岗位和相关工作任务。

（3）重要性。

内部控制的建立对重要经济活动和经济活动的重大风险是否给予足够关注，并建立相应的控制措施。是否重点关注了医院的各关键部门和岗位、重大政策落实、重点专项执行和高风险领域。

（4）适应性。

内部控制的建立是否根据国家相关政策、医院经济活动的调整和自身条件的变化，适时调整内部控制的关键控制点和控制措施。

2. 内部控制运行的有效性审计，主要侧重以下方面：

（1）各项经济业务控制在审计期内是否按规定运行；

（2）各项经济业务控制是否得到持续、一致的执行；

（3）相关内部控制机制、内部管理制度、岗位责任制、内部控制措施是否得到有效执行；

（4）执行业务控制的相关人员是否具备必要的权限、资格和能力。

## 五、内部控制审计的方法和程序

内部控制审计工作方法包括个别访谈、问卷调查、专题讨论、穿行测试、实地查验、抽样和比较分析等。通过这些方法的综合运用，充分收集审计证据，验证被审计单位内部控制设计和运行是否有效，研究分析内部控制缺陷并提出改进建议。常见的审计方法和审计程序在第五章已经介绍，本节不再赘述。

### 六、其他注意事项

1. 内部控制审计应当对单位的内部控制进行全面评价，并在此基础上关注关键环节、重要事项和高风险领域的内部控制。

2. 内部控制审计每年至少开展一次。当医院外部环境、经济活动或管理要求等发生重大变化时，还应适时开展。可通过专项审计的形式进行，也可结合其他审计或相关检查工作灵活开展。必要时，可以聘请院内、院外专家参与或委托社会审计组织承担相关审计工作。

## 第二节 内部控制审计的内容

近年来，财政部陆续印发了《行政事业单位内部控制规范（试行）》（财会〔2012〕21 号）、《财政部关于全面推进行政事业单位内部控制建设的指导意见》（财会〔2015〕24 号）、《公立医院内部控制管理办法》（国卫财务发〔2020〕31 号）等文件，推动各级各类行政事业单位开展单位内部控制建设工作。卫生健康行业有鲜明的行业特色，特别是医院作为非营利性单位，业务活动复杂，资金规模大，亟须深入推进内部控制建设工作，规范内部经济和业务活动，强化内部权力运行制约。根据《内部控制评价工作指引（试行）》，内部控制审计评价的内容主要包括单位层面内部控制评价和业务层面内部控制评价。

### 一、单位层面内部控制评价

单位层面内部控制评价，是针对医院整体内部控制设计的有效性和运行的有效性所进行的审计评价。开展单位层面内部控制评价时，应重点关注以下内容：

#### （一）机构与职责

查阅内设机构及职能设置文件、内部控制机制文件、会议纪要等资料，评价单位内部控制工作机制、机构设置、职责分工及落实情况。包括是否明确内部控制职能部门或牵头部门的设置及履职情况；是否明确其他内设机构的设置及职责分工情况；是否建立健全议事决策机制、岗位责任制、内部监督等机制，其中岗位责任制是否明确所有内部控制关键岗位办理业务和事项的权限范围、审批程序和责任等。

### （二）制度建设

查阅单位内部管理制度、业务流程、风险评估报告等资料，评价内部管理制度建立健全情况，包括是否符合国家相关政策规定；是否覆盖本单位经济活动；重大政策落实、重要经济活动、重大风险、关键部门和岗位是否建立控制措施；是否明确审核审批程序，是否建立授权审批控制；相关制度是否有效执行等。

### （三）关键岗位及人员

查阅岗位职责、轮岗记录、培训记录等资料，访谈相关人员，评价是否明确不相容岗位相互分离；关键岗位人员是否建立培训、评价和轮岗等机制；不具备轮岗条件的是否采取专项审计等控制措施；工作人员是否具备与岗位要求相适应的资格和能力。

### （四）信息化建设

查看单位信息系统管理资料，评价单位信息化建设及运行情况。包括是否明确归口管理部门及职责；信息系统是否嵌入内部控制流程、关键点和不相容岗位要求，是否实施信息安全控制措施；主要信息系统是否实现互联互通、信息共享等。

### （五）监督管理

查阅单位内部控制评价报告、审计报告等监督检查报告，评价内部审计机构和纪检监察部门是否开展内部控制监督等。

## 二、业务层面内部控制评价

业务层面内部控制评价是针对某项业务活动内部控制设计的有效性和运行的有效性所进行的审计评价。开展业务层面内部控制评价时，应重点关注各类经济活动及相关业务活动在评价期内是否按照规定得到持续、一致的执行，是否有效防范重大风险。

### （一）预算业务内部控制评价

开展预算业务控制评价时，应重点关注以下内容：

（1）管理制度。

查阅单位预算管理制度、业务流程等资料，评价内部制度是否涵盖预算编制、审批、执行、调整、决算和绩效评价等内容；是否明确预算管理委员会、归口管理部门、预算执行部门及职责等。

（2）岗位人员管理。

查阅预算管理岗位职责、轮岗记录、培训记录等资料，评价是否明确关键岗位，是否按规定定期轮岗；预算编制与预算审批、预算审批与预算执行、预算执行与预算考核、决算编制与审核、决算审核与审批、财务报告的编制、审核与审批等不相容岗位是否相互分离等。

（3）预决算编制、调整与执行。

查阅预算编制及批复文件（含预算追加调整）、决算报告等资料，必要时开展穿行测试，评价预决算编制、调整及执行情况。包括预算编制、调整和执行是否严格履行审核审批程序；收入支出是否全部纳入单位预算管理；预算编制与资产配置是否一致；是否对照批复预算细化分解预算指标；是否按照批复的额度和开支范围执行预算，是否达到序时进度，是否存在无预算或超预算支出、未经批准调整预算等情况；决算编报是否真实、完整、准确、及时，是否分析、上报与预算差异较大情况等。

（4）预算绩效。

查阅预算绩效编制文本、预算绩效报告等资料，评价是否按照规定设置单位项目绩效目标等，自评标准设置是否合理；是否按照规定开展绩效自评，自评结果是否真实、准确；是否开展绩效运行监控，发现问题是否及时纠偏等。

### （二）收支业务内部控制评价

开展收支业务控制评价时，应重点关注以下内容：

（1）管理制度。

查阅单位收支业务管理制度、业务流程等资料，评价内部制度建立健全情况。包括是否明确各类收入、支出的归口管理部门及职责等；是否涵盖收入方面的价格确定、价格执行、票据管理、款项收缴、收入核算，支出方面的预算与计划、范围与标准确定、审批权限与审批流程、支出核算等内容。

（2）岗位人员管理。

查阅收支业务岗位职责、轮岗记录、培训记录等资料，评价是否明确关键岗位，是否按规定定期轮岗；医疗服务收入的价格确认和执行、支出事项申请与审批、支出事项审批与付款、付款审批与付款执行、业务经办与会计核算、款项收付与稽核、款项收付与会计核算等不相容岗位设置是否相互分离等。

（3）收入业务管理。

查看医院管理信息系统（HIS），查阅会计账簿、票据、合同、价格管理相关资料等，评价各项收入是否合规；医疗收入、票据管理、退费管理等关键环节控制是否有效；价格、医保政策执行是否到位；票据、印章使用管理是否合规；是否按规定确认接受捐赠、出租出借等收入；是否存在设立账外账或"小金库"、超越行政许可范围收取额外收入等情况。

（4）支出业务管理。

查阅会计账簿、合同、各类支出凭证等资料，评价支出业务管理情况。包括支出是否履行审核审批程序；涉及现金、公务卡、国库集中支付的，是否按照有关规定执行等；支出事项是否履行审核审批程序；是否按规定报销因公出国（境）经费、公务接待费、公务用车购置及运行费、差旅费、会议费、培训费、劳务费等支出，是否存在超范围超标准或未在规定渠道列支相关支出、虚报支出；是否按照规定标准和范围发放津补贴等。

（5）成本管理。

查阅全国卫生财务年报、成本核算及监测相关资料，评价是否按照规定明确成本核算部门、确定成本核算对象、设定成本项目和范围、归集分配业务活动成本、编制成本报告等。

### （三）采购业务内部控制评价

开展采购业务控制评价时，应重点关注以下内容：

（1）管理制度。

查阅单位采购业务管理制度、业务流程等资料，评价是否建立健全货物、服务、工程的政府采购、限额以下且目录以外采购管理制度，明确采购预算与计划、需求申请与审批、过程管理、验收入库等内容；是否明确归口管理部门及职责，内部审计机构不得从事采购或招投标评审；公立医院是否明确药事管理委员会、耗材管理委员会等。

（2）岗位人员管理。

查阅采购业务关键岗位职责、轮岗记录及培训记录等资料，评价采购业务岗位及人员管理情况。包括是否明确关键岗位，是否按规定定期轮岗；采购预算编制与审定、采购需求制定与内部审批、招标文件准备与复核、合同签订与验收、采购验收与保管、付款审批与付款执行、采购执行与监督检查等不相容岗位是否相互分离。

（3）采购业务实施。

查阅采购项目台账、采购文件等资料，通过穿行测试，评价采购需求、采购组织、采购合同、履约验收、质疑投诉答复、信息公开、档案管理等环节是否按规定执行；集中采购目录内或者限额标准以上的货物、工程和服务是否执行政府采购政策；公立医院是否按照规定执行药品、耗材等集中采购政策等；是否存在化整为零规避公开招标、未按规定执行开标评标程序、未按规定开展采购需求调查、未按规定时间和内容签订采购合同等情况。

### （四）资产业务内部控制评价

开展资产业务控制评价时，应重点关注以下内容：

（1）管理制度。

查阅单位资产管理制度、业务流程等资料，评价资产管理制度建立健全情况。包括制度涉及的资产业务种类是否满足单位管理需要，是否涵盖资产购置、保管、使用、核算、处置等环节，明确出租出借、对外投资、所属单位监管、无形资产、在建工程等内容。

（2）岗位人员管理。

查阅关键岗位职责、轮岗记录、培训记录等资料，评价关键岗位及人员管理情况。包括是否明确关键岗位，是否按规定定期轮岗；增减资产执行与审批、资产保管与登记、资产实物管理与会计记录、资产保管与清查等不相容岗位是否相互分离等。

（3）资产日常管理。

查阅各类资产账、会计账簿、产权证书、清查盘点记录、维修保养记录等资料，通过访谈、穿行测试、监盘等，评价货币资金等流动资产是否按规定核查盘点，银行账户管理是否合规，应收及预付款项是否及时清理，是否及时与第三方支付平台对账结算等；非流动资产验收入库、保管与使用、维护保养及维修管理、借用代管试用管理、贵重及特殊资产管理等是否履行内部制度规定，是否存在出入库手续办理不及时不齐全、资产闲置或低效运转、账实不符、未定期盘点清查资产、未确认无形资产等情况；公立医院是否按照有关规定使用管理毒麻精放等特殊药品、高值医用耗材；是否按照规定确定资产出租出借方式、价格和期限，是否实行公开竞价招租，是否存在未经批准将国有资产无偿提供他人使用等情况。

（4）对外投资管理。

查看国家企业信用信息平台，查阅资产账、会计账簿、合同、会议纪要等资料，通过访谈、穿行测试等，必要时延伸审计被投资单位，评价是否履行审核审批程序；使用非货币性资产开展对外投资是否履行资产评估程序，是否存在利用财政资金对外投资的情形，是否存在买卖期货股票，购买企业债券和投资基金等情形；对外投资的可行性研究与评估、对外投资决策与执行、对外投资处置的审批与执行等不相容岗位是否相互分离；是否按规定记录对外投资的价值变动和投资收益；是否对被投资单位监督管理等。

（5）资产处置管理。

查阅资产处置批复文件、会计账簿、会议纪要、行政处罚决定书等相关资料，评价资产处置是否履行审核审批权限；是否按规定办理资产评估手续、确定处置方式和价格；处置收入是否按规定上缴国库；是否按照规定报废资产，核销盘亏、毁损、非正常损失资产；是否按照规定处置医疗废物，是否存在因处置不当，受到行政处罚等情况。

### （五）基本建设业务内部控制评价

开展基本建设内部控制评价时，应重点关注以下内容：

（1）管理制度。

查阅单位基本建设管理制度、业务流程等资料，评价内部制度是否涵盖立项、设计、概预算、招标、建设和竣工决算等内容；是否明确建设项目决策机构、归口管理部门、相关部门职责权限；是否明确工程建设监理、建设项目全过程跟踪审计等内容。

（2）岗位人员管理。

查阅关键岗位职责、轮岗记录、培训记录等资料，评价是否明确关键岗位，是否按规定定期轮岗；项目建议和可行性研究与项目决策、概预算编制与审核、项目实施与价款支付、竣工决算与竣工审计等不相容岗位是否相互分离等。

（3）项目日常管理。

查阅基本建设项目台账，项目立项审批资料、采购文件、施工合同、洽商变更单、进度款支付报告、竣工验收报告、结算审计报告、竣工决算报告、项目档案等资料，通过访谈、穿行测试，评价是否按照批复的概预算实施基本建设项目，是否严格履行审核审批程序，是否存在截留、挤占、挪用、套取建设项目资金的情形；是否按照合同约定和工程价款结算程序支付工程款；预留质量保证金是否符合国家规定；是否按照规定开展工程审计；是否及时办理竣工结算和财务决算，是否存在转固不及时、资本性支出按照费用处理等情况。

### （六）合同业务内部控制评价

开展合同业务控制评价时，应重点关注以下内容：

（1）管理制度。

查阅单位合同管理制度、业务流程等资料，评价是否涵盖合同订立、审核与审批、履行与变更、解除、争议与纠纷处理、档案管理、印章管理等内容；是否明确应当签订合同的经济活动范围和条件；是否明确归口管理部门及职责，内部审计机构不得从事合同归口管理等内容。

（2）岗位人员管理。

查阅关键岗位职责、轮岗记录、培训记录等资料，评价是否明确关键岗位，是否按规定定期轮岗；合同签订与合同审批、合同签订与付款审批、合同执行与付款审批、合同签订与合同用章保管等不相容岗位是否相互分离等。

（3）合同日常管理。

查阅合同台账、合同文本、内部审核审批记录、授权委托书、纠纷处理记录、验收记录等资料，通过访谈、穿行测试等，评价是否履行审核审批程序；合同要素是否齐全，是否符合有关规定，是否存在先履约后签订合同的情形；合同履行是否执行过程监管，是否存在未按照合同约定履行的情形；合同台账登记是否完整；是否按照规定变更、中止、解除合同等。

（4）债权债务管理。

查阅会计账簿、合同、账龄分析报告、会议纪要等资料，评价是否按时支付中小企业款项；是否按照合同约定管理债权债务，是否定期清理并编制账龄分析报告；是否履行审核审批程序；坏账审批及处理是否符合内部规定等。

### （七）科研教学业务内部控制评价

开展科研教学业务控制评价时，应重点关注以下内容：

（1）管理制度。

查阅单位科研、教学管理制度、业务流程等资料，评价科研业务方面是否涵盖科研项目申请、立项、执行、调整、结题验收、成果保护与转化、资金管理等内容，是否落实科研“放管服”政策；教学业务方面是否涵盖教学项目申请、立项、执行、调整、结业考核、资金管理、绩效评价等内容。

（2）岗位人员管理。

查阅关键岗位职责、轮岗记录、培训记录等资料，评价是否明确科研业务项目预算编制与审核、项目审批与实施、项目资金使用与付款审核、项目验收与评价等不相容岗位相互分离；是否明确教学业务预算编制与审核、教学资金使用与付款审批等不相容岗位相互分离。

（3）科研项目管理。

查阅科研项目台账、项目任务书、预算、合同、会计账簿等资料，评价是否履行审核审批程序；项目立项论证是否充分；是否按照批复预算和合同约定使用科研资金，是否按照规定的开支范围、用途和标准执行，是否专款专用，是否存在挤占、挪用科研资金，承诺的配套资金未及时足额到位，违规转拨科研资金等情况；项目结题验收后，是否按规定统筹结余资金；科研项目台账登记是否完整；科研成果形成资产的，是否按规定及时入账等。

（4）教学项目管理。

查阅教学项目台账、项目任务书、预算、合同、会计账簿等资料，评价是否履行审核审批程序；项目立项论证是否充分；是否按照批复预算使用教学项目资金，是否按照规定的开支范围、用途和标准执行，是否专款专用，是否存在挤占、挪用教学项目资金，承诺的配套资金未及时足额到位，违规转拨教学项目资金等情况；项目台账登记是否完整；教学成果形成资产的，是否按规定及时入账等。

这里需要说明的是，公立医院开展医疗、临床试验、互联网医疗、医联体、信息化建设业务等内部控制评价、风险评估，需参考《公立医院内部控制管理办法》（国卫财务发〔2020〕31号），此处略。



## 第三节 内部控制审计案例

内部控制建设是医院管理的重要组成内容，是通过管理流程和业务流程的设计和梳理，加强医院运营风险防范和管控。因此，需要不断加强医院的内部控制审计监督，促进医院持续健康发展。本节以A医院为例，详细讲解如何进行内部控制专项审计实务操作，供读者参考借鉴。

**【例14-1】** 为规范内部控制审计行为，防范内部控制审计风险，提高内部控制审计质量，A医院结合自身实际，制定了《A医院内部控制审计实施办法》，详见本书附录部分，此处略。

**【例14-2】** 按照医院内部审计计划安排，A医院拟于202×年3月开始，对医院内部控制体系设计和执行情况进行审计。该项目采用自审的方式，根据工作流程，A医院审计处组建了审计组，并编制审计方案如下：

### A医院202×年内部控制审计工作方案

根据医院202×年内部审计工作计划，按照医院内部控制审计实施办法有关要求，特制订如下工作方案。

**一、审计依据**

《行政事业单位内部控制规范（试行）》《中国内部审计准则》《公立医院内部控制管理办法》《内部控制评价工作指引（试行）》等国家有关规定、医院《内部控制管理手册》及《内部控制评价手册》。

**二、审计目标**

通过对医院单位层面和业务层面的内部控制审计，检查我院内部控制建设的合理性、有效性，进行内部控制风险评估，旨在进一步加强和规范内部控制建设，强化内部控制意识，提高风险管理水平，增强业务、财务和管理信息的真实性、完整性和及时性，促进院内各部门严格遵守国家法律法规和医院制定的各项规章制度，推动医院发展战略和运行目标的实现。

**三、审计内容及方法**

医院层面，采取调查问卷等形式进行，主要针对单位的内部环境、风险评估、控制活动、信息与沟通、内部监督等要素的设计与运行情况进行审查。

业务层面，通过内部控制测试底稿等形式，主要针对十二项流程，即预算管理、收支管理、采购管理、资产管理、工程项目管理、合同管理、医疗业务管理、科研项目管理、教学管理、互联网医疗业务、医联体业务、信息化建设等具体内部控制活动的设计与运行情况进行审查。

**四、工作程序**

1. 制订审计工作方案（2月20日至2月25日）

根据医院内部监督情况和管理要求，内部控制审计组分析医院运行管理过程中的高风险领域和重要业务事项，制订科学合理的工作方案，明确审计范围、工作任务、人员组织、审计方法等相关内容，编制院内各部门层面内控评价问卷和业务层面的内部控制评价测试底稿，报经医院主管领导批准后实施。

2. 各部门自我评价（2月25日至3月15日）

院内各部门为医院内部控制建设和实施主体，部门负责人负主体责任，直接负责本部门的内部控制自我评价工作。各部门要根据实际，指定熟悉内部控制管理的人员为自我评价的直接责任人，负责本部门自我评价底稿的记录和自我评价报告的起草工作。

院内各部门对照自我评价工作底稿，对本部门各项业务内部控制的设计和执行情况进行全面评价，并整理归档相关设计和运行的证据材料。

（1）各部门对照内部控制管理手册完成自我评价工作底稿。

自我评价工作底稿是各部门开展自我评价工作进行流程改进的方法和依据，是在评价过程中，用以记录执行过程、内容及支撑评价结果的一系列工作文档。

各部门对照自我评价工作底稿中的控制点对本部门的控制设计和控制执行情况逐项检查。对于年度内多次发生的控制事项，应检查是否按流程一贯执行；对于没有建立的制度，考虑是否需要补充；对于虽无工作底稿中提到的制度或控制措施，但有相应的替代措施，应考虑替代措施是否为最优控制措施，是否应进一步改进和加强规范管理。

（2）各部门编制自我评价报告。

各部门编制的自我评价报告应包含的要素有：负责编撰自我评价报告的部门；部门职责及岗位设置情况；自我评价负责人；年度内部控制建设及风险管控情况；年度内部控制检查监督工作开展情况；发现的流程管控缺陷；改进建议及提出相应的改进措施；明确改进负责人以及改进的计划完成时间；内部控制评价期后事项披露等。报告撰写人、单位负责人签字确认，以确保自我评价工作的准确性和真实性。自我评价报告还应当附上自我评价工作底稿，作为自我评价总结的依据和原始记录。

3. 汇总自我评价报告（3月15日至3月25日）

根据各部门报送的自我评价报告，内部控制审计组对各单位的自我评价报告和工作底稿填报的真实性、准确性、完整性进行复核、分析和汇总，对发现的各类缺陷做重点分析。

4. 内部控制审计（3月25日至4月15日）

内部控制审计组对院内各单位的自我评价工作进行检查审核，综合运用抽样法、穿行测试法、实地查验法等评价方法对内部控制设计和运行的有效性进行检查测试，对自评中发现的各类缺陷做重点测试，按要求填写测试工作底稿，记录相关测试结果，评价相关内部控制设计与运行情况，确保自我评价的工作质量。

5. 认定内部控制缺陷（4月15日至4月25日）

内部控制审计组综合运用个别访谈、调查问卷、专题讨论、穿行测试、实地查验、抽样和比较分析等方法，收集医院内部控制设计与运行的有效性的相关证据，对内部控制缺陷进行初步认定。

内部控制审计组编制内部控制缺陷认定汇总表，结合日常监督和专项监督发现的内部控制缺陷及其持续改进情况，对内部控制缺陷及其成因、表现形式和影响程度进行综合分析和全面复核，提出认定意见，并以适当的形式向领导机构报告。重大缺陷由领导机构予以最终认定。

对于发现的重大缺陷，要求有关责任部门及时采取应对措施，将风险控制在可承受度之内，并按医院的有关规定追究有关单位或相关人员的责任。

医院在下一年度的内部控制检查评价中或组织专项检查对上一年度的缺陷整改情况进行检查，以确认整改工作的效果以及控制措施运行的有效性。

6. 编制内部控制审计报告（4月25日至4月30日）

审计小组结合工作底稿和缺陷的整改情况，按照规定的格式、内部、时间等要求，编制医院内部控制审计报告。

7. 内部控制缺陷的整改（4月25日至5月15日）

对于发现的内部控制缺陷，各部门要制订整改方案，明确整改的目标、内容、程序、时间、负责人等，针对无法解决的控制缺陷应说明原因，审计小组对整改方案提出意见。院长办公室对内部控制审计提出的意见和建议落实情况进行督办。医院党委组织部将内部控制审计结果纳入领导干部选拔任用的参考。医院纪检监察机构对审计发现的违纪违法问题进行处理。

8. 修订完善内部控制体系（5月15日至5月30日）

整改期满后，内部控制牵头部门负责组织修订完善《内部控制管理手册》《内部控制评价手册》等。

**五、工作要求**

1. 高度重视，加强领导。各部门要高度重视内部控制评价审计工作，部门负责人为第一责任人，成立本部门自我评价小组。

2. 对照标准，认真自评。各部门要对照《公立医院内部控制管理办法》及医院《内部控制管理手册》，对涉及本部门的内容进行自我评价，认真撰写自我评价报告。

3. 客观公正，依规审计。审计人员应自觉遵循职业道德规范，认真履行职责，实事求是，客观公正，廉洁自律，严守秘密，严格执行“八不准”规定，如实反映测试中发现的问题，及时与相关部门进行沟通。

4. 审计过程要全程接受群众监督。纪委监督电话：××××

A医院审计处

202×年×月×日

**【例14－3】**接例14－2，按照工作流程，A医院审计处发出审计通知如下：

**关于开展202×年度医院内部控制审计的通知**

医院各部门：

根据《中华人民共和国审计法》《国务院关于加强审计工作的意见》《关于内部审计工作的规定》（审计署令第11号）、《行政事业单位内部控制规范（试行）》（财会〔2012〕21号）和《公立医院内部控制管理办法》（国卫财务发〔2020〕31号）《内部控制评价工作指引（试行）》等文件要求，为促进我院各部门有效推进内部控制建设与实施，按照医院内部审计工作计划，经医院领导批准，我处拟开展全院内部控制审计工作，现将有关事项通知如下。

**一、工作目标**

本次审计围绕重要经济业务和高风险领域，重点检查各部门相关内部管理制度、内部控制措施、岗位责任制是否得到有效执行，积极梳理部门间是否存在责任划分不明晰、业务衔接不顺畅等制约管理责任落实的突出矛盾和问题。通过“以审促建”的方式，推动医院内部控制建设工作再上新台阶。

**二、审计内容**

医院层面，主要针对医院的内部环境、风险评估、控制活动、信息与沟通、内部监督等要素的设计与运行情况进行审查。

业务层面，主要针对十二项流程，即预算管理、收支管理、采购管理、资产管理、工程项目管理、合同管理、医疗业务管理、科研项目管理、教学管理、互联网医疗业务、医联体业务、信息化建设等具体内部控制活动的设计与运行情况进行审查。

**三、工作安排**

请全院各部门按照本次《202×年度内部控制审计自查任务清单》撰写《内部控制建设自评报告》，自评报告请结合任务清单逐项回答相关内部控制机制建立及实施情况，并以附件形式提供制度、表单等相关支撑材料，于202×年3月15日前提交审计处。

附件：××（部门）内部控制自我评价报告（模板）

A医院审计处

202×年×月×日

**附件：**

## ××（部门）内部控制自我评价报告

根据《行政事业单位内部控制规范（试行）》和《公立医院内部控制管理办法》的有关规定，按照《202×年度内部控制审计自查任务清单》要求，结合本部门业务工作情况，通过对医院××年×月至××年×月评价期内的内部控制记录资料，本着客观、公正、公平的原则，对医院内部控制的设计与运行的有效性进行评价，并形成本评价报告。

**一、本部门概况**

（介绍本部门的主要工作职责、人员设置及分工等）

**二、评价范围和期间**

（一）评价范围

纳入本次评价范围的评价项目××项、控制点××个。业务和事项的内部控制涵盖了本单位管理的主要方面，不存在重大遗漏。

（二）评价期间

根据××规定或要求，我们确定本次评价检查期间为××年×月至××年×月。

**三、评价依据和评价过程**

（一）评价依据

1.《行政事业单位内部控制规范（试行）》（财会〔2012〕21号）

2.《公立医院内部控制管理办法》（国卫财务发〔2020〕31号）

3. 国家有关法规、规章等规定

4. A医院《内部控制管理手册》和《内部控制评价手册》

（二）评价过程

（简述评价工作实施程序及时间，采取的评价方法、检查的资料范围等）

**四、评价结论和评价结果**

（一）内部控制缺陷

通过本次自评，本单位评价期内共存在××个内部控制缺陷，其中执行性缺陷××个，设计缺陷××个。

执行性缺陷：

1. ××管理流程

缺陷描述：××内容、审批缺失（描述缺陷具体内容）

原因分析：

整改方案：

2. ……

3. ……

（二）评价结论

经评价，……

评价结论：（对医院内部控制是否有效进行评价，制度是否健全合理，执行是否有效，是否存在重要缺陷等)。

**五、内部控制体系修订意见及信息化需求**

××部门

××年×月×日

**【例 14－4】**接例 14－3，审计组分析内部控制自我评估报告等审计资料，实施现场审查，进行审计取证、测试，经编写审计工作底稿、复核认签、征求意见等程序后，形成内部控制专项审计报告报医院领导机构，具体如下：

**A 医院 202×年度内部控制专项审计报告**

××（领导机构）：

根据《行政事业单位内部控制规范（试行)》（财会〔2012〕21 号)、《公立医院内部控制管理办法》（国卫财务发〔2020〕31 号）和《中国内部审计准则》等国家有关规定的要求，为促进我院各部门有效推进内部控制建设与实施，按照医院内部审计工作计划，审计处于×月×日至×月×日，围绕医院层面和业务层面两大方面，重点检查各部门相关内部管理制度、内部控制措施、岗位责任制是否得到有效执行，积极梳理部门间是否存在责任划分不明晰、业务衔接不顺畅等制约管理责任落实的突出矛盾和问题，推动医院内部控制建设工作再上新台阶，现将结果报告如下。

**一、基本情况**

在医院层面上，就医院的内部环境、风险评估、控制活动、信息与沟通、内部监督等五个方面进行审查，不同程度地存在控制文档不全、风险控制措施不到位、文件制度不适应等不符合管理要求的现象，发现缺陷 12 项，其中设计缺陷和执行缺陷各 5 项、两种缺陷都存在的 2 项，认定重要缺陷 7 项、一般缺陷 5 项。审计结果表明，在单位层面上，医院整体运行与 202×年评价时相比，仍存在重大风险和重要风险，风险控制能力虽有所增强但效果不显著。

在业务层面，主要针对 12 项流程，即预算管理、收支管理、采购管理、资产管理、工程项目管理、合同管理、医疗业务管理、科研项目管理、教学管理、互联网医疗业务、医联体业务、信息化建设等具体内部控制活动的设计与运行情况进行审查。经审计发现，我院《内部控制管理手册（附录)》中 63 项三级业务流程，有风险的 44 项（“报告”附件二中有一项二级流程包含5项三级流程），占70%。“报告”附件二所列40项业务流程缺陷中，设计缺陷4项，执行缺陷26项，两种缺陷都存在的10项，认定重要缺陷14项、一般缺陷26项。审计结果表明，在控制流程的设计和运行中还存在大量的设计和执行缺陷，流程设计不完善、执行性不强的现象仍然存在；控制流程执行不力的现象大量存在。因此，我院加强内部控制，防范各种风险的任务仍然很重。

## 二、具体业务评价及问题

（一）预算业务

该类业务管理共梳理出风险关口7个，关键控制点11个，控制现状中院级制度覆盖9个控制点、控制缺陷9项，其中：需要新建制度1个，修订完善制度7项，此7项属于重要风险，具体如下：

1. 管理机制风险。一是制度中缺少预算绩效评价相关内容，现行的《××医院预算管理办法》中有预算编制、审批、执行、调整、决算相关内容，但缺失预算绩效评价有关内容。二是管理机构职责不明确。预算管理委员会、预算牵头部门、预算归口管理部门和预算执行部门的职责不明确，预算管理相关工作全部交给财务部门，没有真正实现全员和全过程参与。

2. 预算编制风险。一是预算编制缺乏和医院人事部门、资产管理部门以及临床科室的沟通交流，存在着预算编制和预算执行脱节的问题。医院本身的业务活动众多，单纯依靠财务部门，很难对一些专业的业务数据进行合理分析，如住院人数预算、不同类别医疗收入预算、住院人次费用预算等，在缺乏对应科室及部门参与的前提下，预算编制难以获得准确可靠的数据信息，编制出的预算方案也缺乏合理性，并不能被有效地贯彻执行。二是预算编制方法不合理，预算项目不够精细，预算编制粗糙，约束力严重不足。

3. 预算执行风险。预算制度执行不严格，存在预算支出环节经常出现超出预算、少数预算项目调整随意、预算调整未经过预算管理委员会批准等问题。

4. 预算考核与监督风险。一是归口管理部门对下拨经费使用情况的监控考核缺失，我院现行制度中没有对归口管理部门加强归口经费管理的具体条款规定；二是尚未建立预算执行和决算审计制度，从我院实际运作管理情况来看，全口径预算执行情况和决算审计从未纳入医院内部审计工作范畴，从而导致预算业务的监督评价机制缺失。

5. 信息系统风险。一是预算管理信息系统尚未启用，预算信息化管理程度较低。二是沟通协调机制缺失，医院内部各科室和部门之间，没有能够做好有效的沟通和交流，信息传递不及时，信息共享不到位，影响了预算的编制和执行效果。

（二）收支业务

该类业务管理共梳理出风险关口__________个，关键控制点__________个，控制现状中院级制度覆盖__________个控制点，控制缺陷__________项，其中：需要新建制度__________项，属于重要风险，具体如下：

（略）

（三）采购业务

该类业务管理共梳理出风险关口__________个，关键控制点__________个，控制现状中院级制度覆盖__________个控制点，控制缺陷__________项，其中：需要新建制度__________项，属于重要风险，具体如下：

（略）

（四）资产业务

该类业务管理共梳理出风险关口__________个，关键控制点__________个，控制现状中院级制度覆盖__________个控制点，控制缺陷__________项，其中：需要新建制度__________项，属于重要风险，具体如下：

（略）

（五）基本建设业务

该类业务管理共梳理出风险关口__________个，关键控制点__________个，控制现状中院级制度覆盖__________个控制点，控制缺陷__________项，其中：需要新建制度__________项，属于重要风险，具体如下：

（略）

（六）合同业务

该类业务管理共梳理出风险关口__________个，关键控制点__________个，控制现状中院级制度覆盖__________个控制点，控制缺陷__________项，其中：需要新建制度__________项，属于重要风险，具体如下：

（略）

（七）医疗业务

该类业务管理共梳理出风险关口__________个，关键控制点__________

个，控制现状中院级制度覆盖__________个控制点，控制缺陷__________项，其中：需要新建制度__________项，属于重要风险，具体如下：

（略）

（八）科研业务

该类业务管理共梳理出风险关口__________个，关键控制点__________个，控制现状中院级制度覆盖__________个控制点，控制缺陷__________项，其中：需要新建制度__________项，属于重要风险，具体如下：

（略）

（九）教学业务

该类业务管理共梳理出风险关口__________个，关键控制点__________个，控制现状中院级制度覆盖__________个控制点，控制缺陷__________项，其中：需要新建制度__________项，属于重要风险，具体如下：

（略）

（十）互联网医疗业务

该类业务管理共梳理出风险关口__________个，关键控制点__________个，控制现状中院级制度覆盖__________个控制点，控制缺陷__________项，其中：需要新建制度__________项，属于重要风险，具体如下：

（略）

（十一）医联体业务

该类业务管理共梳理出风险关口__________个，关键控制点__________个，控制现状中院级制度覆盖__________个控制点，控制缺陷__________项，其中：需要新建制度__________项，属于重要风险，具体如下：

（略）

（十二）信息化建设

该类业务管理共梳理出风险关口__________个，关键控制点__________个，控制现状中院级制度覆盖__________个控制点，控制缺陷__________项，其中：需要新建制度__________项，属于重要风险，具体如下：

（略）

**三、审计建议**

（一）预算管理方面

1. 修订现行的《××医院预算管理办法》。一是补充完善预算绩效评价有关内容，确保医院预算管理制度既涵盖预算编制、审批、执行、调整、决算，又包括绩效评价相关内容。二是明晰预算管理委员会、预算牵头部门、预算归口管理部门和预算执行部门的职责，并注意督促预算管理各层级履职尽责到位，真正实现全员和全过程参与。

2. 加强预算编制管理。一是建议进一步明确预算编制工作流程及编制依据，明确预算编制责任主体，预算编制牵头部门应注意和医院人事部门、资产管理部门以及临床科室的沟通交流，积极组织相应科室及部门参与预算编制，确保预算编制数据信息可靠真实，预算方案更加合理有效。二是建议财务部门编制预算项目应进一步细化，以利于加强后期管控。

3. 进一步规范预算执行与调整程序。一是建议完善相关制度，明确预算执行考核机制，严控预算超支现象；二是建议明确预算调整执行程序和审批权限，杜绝预算调整未经过预算管理委员会批准的现象，维护预算调整制度的权威性。

4. 强化预算考核与监督风险。一是现行制度中应增加归口管理部门对下拨经费使用情况的监控考核有关条款，加强归口经费管理使用管理考核评价；二是建议制定《××医院预算执行和决算审计办法》，明确将全口径预算执行情况和决算审计纳入医院内部审计工作范畴，加强预算业务监督评价。

5. 信息系统风险。一是建议尽快启用预算管理信息系统，并加强应用培训，提高应用预算信息化管理水平。二是建议每季度召开一次预算工作协调会议，完善医院内部沟通协调机制，促进信息共享。

（二）收支管理方面

（略）

（三）采购管理方面

（略）

（四）资产管理方面

（略）

（五）基本建设管理方面

1. 基建工程。

2. 修缮工程。

（六）合同管理方面

（略）

（七）医疗业务管理方面

（略）

（八）科研管理方面

（略）

（九）教学管理方面

（略）

（十）互联网医疗管理方面

（略）

（十一）医联体管理方面

（略）

（十二）信息化建设管理方面

（略）

附表：

1. 内部控制活动——预算业务（见表14-1）
2. 内部控制活动——收支业务
3. 内部控制活动——采购业务
4. 内部控制活动——资产业务
5. 内部控制活动——基本建设业务
6. 内部控制活动——合同业务
7. 内部控制活动——医疗业务
8. 内部控制活动——科研业务
9. 内部控制活动——教学业务
10. 内部控制活动——互联网医疗业务
11. 内部控制活动——医联体业务
12. 内部控制活动——信息化建设业务

A医院审计处

202×年×月×日

**附表案例：**

**表 14-1 “内部控制活动——预算业务”风险点梳理**

| 序号 | 风险关口 | 关键控制点 | 控制现状 | 控制缺陷 | 风险等级 | 审计意见 |
|---|---|---|---|---|---|---|
| 1 | 预算管理机制与制度 | 管理制度内容全面 | 院级制度：202×年出台《××医院预算管理办法》 | 制度中缺少绩效评价相关内容 | 重要 | 完善制度，增加绩效评价相关内容 |
| 2 | | 管理组织架构及职责清晰明确 | 预算管理相关工作全部交给财务部门，没有真正实现全员和全过程参与 | 预算管理委员会、预算牵头部门、预算归口管理部门和预算执行部门的职责不清 | 重要 | 完善制度，明晰预算管理各层级职能职责 |
| 3 | | 预算业务关键岗位不相容 | 《××医院预算管理办法》第十一条 | — | — | — |
| 4 | 预算编制 | 编制依据合法 | 《××医院预算管理办法》第三条 | — | — | — |
| 5 | | 编制基础数据充分 | 部分支出项目及数据主要参考上年执行结果，部分职能科室未参与预算编制 | 存在着预算编制和预算执行脱节的问题 | — | 完善制度，明确预算编制工作流程及编制依据 |
| 6 | | 编制方法适当 | 增量法、零基法 | — | — | — |
| 7 | 预算审批与下达 | 预算审批权限明确 | 《××医院预算管理办法》第八条 | — | — | — |
| 8 | | 审批分解与下达程序规范 | 《××医院预算管理办法》第十六条 | — | — | — |
| 9 | | 下达及时 | 《××医院预算管理办法》第十六条 | — | — | — |
| 10 | 预算执行与调整 | 执行严谨 | 《××医院预算管理办法》第十七条 | 制度执行不严格，支出环节经常出现超出预算的情况 | 重要 | 完善制度，明确预算执行考核机制，严控预算超支现象 |
| 11 | | 预算调整依据充分 | 《××医院预算管理办法》第二十四条 | 制度执行不严格，少数预算调整随意 | 重要 | 完善制度，明确预算调整执行程序和审批权限 |
| 12 | | 预算调整程序严格 | 《××医院预算管理办法》第十七条 | 预算调整未经过预算管理委员会批准 | 重要 | |

续表

| 序号 | 风险关口 | 关键控制点 | 控制现状 | 控制缺陷 | 风险等级 | 审计意见 |
|---|---|---|---|---|---|---|
| 13 | 决算 | 决算信息真实、完整、准确 | 《××医院预算管理办法》第六条 | — | — | — |
| 14 | 考核与监督 | 责权利匹配的绩效考核 | 《××医院预算管理办法》第二十九条 | 现行制度中没有对归口管理部门加强归口经费管理的具体条款规定 | 重要 | 完善制度，加强下拨经费使用情况的监控考核 |
| 15 | | 预算执行与决算审计 | 全口径预算执行情况和决算审计从未纳入医院内部审计工作范畴 | 尚未建立预算执行和决算审计制度 | 重要 | 新建制度 |
| 16 | 信息系统 | 预算管理信息系统 | | 预算管理信息系统尚未启用 | 重要 | 建议启用预算管理信息系统 |
| 17 | | 内部沟通协调畅通 | 医院内部各科室和部门之间，没有能够做好有效的沟通和交流 | 沟通协调机制缺失 | 重要 | 完善制度，明确部门与部门之间定期沟通机制 |

注：本例仅展示“内部控制活动——预算业务”风险点梳理，其余的“内部控制活动——收支业务”等11项业务风险点梳理表格略。

# 第十五章 转移支付资金审计

## 第一节 转移支付资金审计概述

### 一、转移支付资金审计的概念

转移支付资金审计是指内部审计机构和内部审计人员对中央或省转移支付资金的管理和使用等情况进行的审核、稽查和评价。

转移支付的主要目的在于均衡政府之间的公共服务水平，其可以利用财政体系将资金从纵向和横向的角度实施平衡转移。转移支付包括一般性转移支付和专项转移支付。一般性转移支付主要是对地方的财力补助，不指定用途，地方可自主安排支出。专项转移支付是指国家为完成一定的宏观政策目标和发展战略规划，并对地方政府代理国家事项予以补贴而建立的，是带有条件的专门补贴资金，也称专项资金。

### 二、转移支付资金审计的目的

转移支付资金审计的目的是确保转移支付资金的真实性、合法性、效益性，同时对转移支付资金的整体规模、内部结构、使用方向和使用效益等进行全面了解，从而找到转移支付资金管理与资金使用期间存在的问题，并针对这些问题提出解决方法。

### 三、转移支付资金审计的方法和程序

转移支付资金审计的方法可以采用调查、审核、监盘、观察、函证、计算、分析性复核、抽样和询问等方法。根据审计重点和内容的不同，转移支付资金审计可以选择与之相适应的一种或几种审计方法来组合实施，以达到或实现审计目标。关于审计方法和审计实施程序，第五章已有详细介绍，本节不再赘述。

### 四、其他注意事项

1. 转移支付资金审计只对某项资金的收支活动进行审查，一般不需要涉及被审计单位的其他财务收支活动。

2. 转移支付资金审计，一般由医院内部审计机构归口管理。确因审计力量不足，也可以委托社会中介机构实施审计。

## 第二节　转移支付资金审计的内容

转移支付资金种类多、数额大、范围广，并且多数是关系到群众切身利益的民生资金，事关经济发展及社会的和谐稳定。结合医疗卫生行业转移支付资金的规模越来越大、占财政收支的比重也越来越大的实际情况，医院内部审计在审计实践中应突出以下审计内容。

### 一、审查内部控制制度建立情况

1. 审查是否建立了预算编制、审批、报告、调整、追加审批等方面的制度；是否严格落实国库集中支付、政府采购等制度。

2. 审查是否按各自职能建立了内部控制制度，各项制度是否健全、完善，

是否做到了分工负责、权责分明；会计记录、财务信息和业务管理文件是否健全、完整、真实，是否妥善保管。



## 二、审查各项政策、制度的落实和执行情况

1. 审查部门预算制度落实执行情况。审查预算编制是否符合《中华人民共和国预算法》和国家其他法律、法规的规定，预算编制是否科学、完整；本级预算报告和报表是否逐项列示了转移支付资金，有无应编不编或编制不全问题；是否按批复的预算及时足额拨付，预算调整是否按规定程序执行。

2. 审查政府采购制度执行情况。是否编报政府采购预算和采购计划，特别是一些政府集中采购目录内的项目是否实行了集中采购；自行采购的商品是否经过批准，采购行为是否规范，有无违反规定规避政府采购“化整为零”的问题。

3. 审查国库集中支付制度建立和执行情况。

## 三、审查转移支付资金管理使用情况

1. 查清上级下达转移支付资金规模、种类、结构及项目构成等总体情况。按照转移支付资金的政策要求，审查政策落实情况，涉及公共卫生、县级医疗服务能力提升、疫情防控、健康扶贫、精神卫生、应急救灾等专项资金要重点监督检查。

2. 审查是否将专项资金按照规定的时间及时足额拨付，用款单位是不是严格按照申请目的和用途来使用专项资金，有没有做到专款专用，以及有没有出现弄虚作假骗取专项转移支付资金的重大问题，有无随意调拨、挤占、挪用和擅自改变资金用途问题。

3. 审查专项资金配套情况，有无应配套未配套的问题，分析配套资金不到位对项目是否有影响，影响到什么程度，并通过量化指标进行说明。

4. 审查当年应完工建设项目的数量和实际完工数量，通过对比，对未完工项目进行重点分析，逐项查明原因，并查明专项资金去向，有无被挤占、挪用和损失浪费问题。

5. 审查专项资金运用的绩效状况，是否存在由于管理不当和决策失误等因素而导致资金损失耗费的问题，是否存在贪污挪用等违法违纪问题。

6. 资产购置是否按国家和医院规定执行，是否通过相关验收，是否纳入医院固定资产统一管理。

7. 对资金投入比较大的建设项目进行重点审查，从项目的立项决策环节、资金拨付环节和资金使用环节进行全面检查，重点检查项目的申请立项、资金申请报告、可行性论证、实施方案、项目批复、资金下达、资金拨付、项目招投标、合同、项目实施、竣工验收、项目决算等环节。通过对项目申请金额、工程规模、工程质量与资金批复金额、实施方案的批复情况的比较，分析立项的合理性和批复的可行性、科学性；通过对工程决算金额、完成的工作量与批复的专项资金金额和质量、数量进行比较，监督检查完工后项目是否存在减少资金、缩减规模、降低标准等问题，是否存在损失浪费问题，质量是否达到设计要求，经济效益和社会效益是否达到设计标准，并对转移支付资金使用的绩效情况进行评价，作出评价结论。

8. 转移支付资金的会计核算是否规范，是否单独核算，会计资料是否完整。

9. 结转资金是否与结转项目一致，结转项目原因是否正当，有无截留挤占问题。

## 第三节　转移支付资金审计案例

转移支付在贯彻落实国家重大政策、保障民生方面起着至关重要的作用。由于医院承担了大量的为民服务工作，也取得了相当数额的转移支付资金。为此，结合医院实际，本节以A医院为例，详细讲解如何进行转移支付资金内部审计实务操作，供读者参考借鉴。

**【例15－1】**为规范医院转移支付资金使用管理，提高资金使用效益，A医院结合自身实际，制定了《A医院转移支付资金审计实施办法（试行）》，详见本书附录部分，此处略。

**【例15－2】**为迎接国家审计部门对中央转移支付资金使用情况开展的专项审计调查，A医院决定组织开展转移支付资金内部审计，以全面了解和掌握相关情况，更好地配合国家审计部门工作。为此，A医院成立了由张×担任组长，王×、何×担任审计人员的转移支付资金专项审计组，制订了审计实施方案，并发出如下工作通知：

## A 医院关于配合做好中央转移支付专项审计调查工作的通知

医院各部门（单位）：

按照国家审计署的安排，由审计署驻××和××特派员办事处组成工作组，将于202×年8月起对中央转移支付资金使用情况进行专项审计调查，审计调查工作即将展开。为全面了解和掌握相关情况，更好地配合上级开展此次审计调查工作，经医院研究决定，自即日起，对我院中央转移支付资金使用情况开展专项内部审计。现就有关事项通知如下：

**一、审计调查范围**

这次审计调查主要是对我院202×年1月至202×年6月分配、管理、使用中央转移支付资金情况和与转移支付有关的预决算情况进行专项审计，根据工作需要，可能追溯到以前年度。除了对院本级实施审计调查之外，还将延伸审计调查疫情防控医护用品管理和资金使用情况。

**二、审计调查的目的、重点和主要内容**

这次审计调查以推动细化中央转移支付支出预算、提高资金分配的透明度、提高资金使用效益和完善资金分配的决策机制为目标，重点审计调查中央转移支付结构的科学性、合理性及对地方财政运转的影响；中央转移支付预算管理的规范性及对地方预算管理的影响；中央专项转移支付资金分配的科学性、公平性、合理性及对中央政策目标实现和资金使用效益的影响；中央转移支付资金地方配套及对地方财政管理的影响。主要内容包括中央转移支付资金预算、决算、结转、项目设置、分配、地方配套、资金拨付、使用效益情况以及中央有关部门下达资金的管理使用情况。

**三、资料要求**

各专项资金归口管理部门负责组织协调项目负责人及相关单位，积极配合审计组开展专项资金审计工作。归口管理部门、项目负责人及相关单位应按照审计通知的要求及时向审计组报送与审计事项相关的资料，对所提供资料的真实性、完整性负责，并作出书面承诺。应提供的资料如下：

（1）有关专项资金管理办法等规章制度；

（2）有关项目论证、立项、申报、审批、合作协议等资料；

（3）有关预算及调整批复等资料；

（4）有关项目的组织管理情况及经费收支明细账、决算报告；

(5) 有关项目的招标资料及采购合同等，资产的管理及使用情况报告；

(6) 有关项目的结题申请、验收报告、绩效自评报告；

(7) 有关部门对项目进行检查、评估形成的报告、意见等；

(8) 其他相关资料。

以上资料请于本通知下发之日起3天内送至我院审计处。联系人：××，联系电话：××。

**四、其他要求**

这次审计调查是对我院近年来对转移支付和专项资金管理、分配、使用等情况的一次全面审查，各院区、各科室一定要高度重视，端正态度，积极配合做好专项审计调查工作。

A医院

202×年×月×日

**【例15-3】**接例15-2，审计组拟定审计方案，实施审计，根据审计资料编制审计工作底稿并形成审计确认单，由相关责任部门及责任人签字。审计组根据审计工作底稿撰写审计报告征求意见稿，征求归口管理部门及相关部门意见，根据征求意见内容进行修改完善后，形成审计报告，报医院领导机构。具体如下：

**A医院转移支付资金专项审计报告**

××（领导机构）：

按照医院工作安排，根据《中华人民共和国审计法》《关于内部审计工作的规定》（审计署令第11号）、《卫生计生系统内部审计工作规定》（国家卫生和计划生育委员会令第16号）等规定，我们自202×年×月×日起至202×年×月×日，对我院202×年1月至202×年6月分配、管理、使用中央转移支付资金情况和与转移支付有关的预决算情况进行专项审计。现将审计情况报告如下：

**一、基本情况**

202×年1月至202×年6月，我院共收到转移支付资金合计__________元，其中：__________。转移支付资金支出合计__________元，其中：__________。转移支付资金支出结余计__________元，其中：__________。

## 二、审计情况

（一）项目管理内部控制制度情况

针对转移支付资金，我院制定了专项资金管理办法等制度，可见，我院内部控制制度健全，执行有效。

（二）项目预算编制情况

我院的__________项目的论证、立项、审批程序符合国家和医院有关规定；项目资金均按规定纳入预算管理；项目资金预算批复金额__________元，实际到位__________元，剩余__________元尚未到位。项目配套资金金额__________元，已足额配套到位。项目资金预算调整按规定程序执行。

（三）项目资金预算执行及财务收支情况

1. 项目资金收入情况

按预算同口径，项目资金收入金额为__________元，预算收入完成率为__________%，收入预算执行情况较好。具体项目详见表 15－1。

**表 15－1　　　　项目资金收入预算执行情况**

| 序号 | 项目 | 预算数 | 执行数 | 完成率（%） | 备注 |
|---|---|---|---|---|---|
| 1 | | | | | |
| 2 | | | | | |
| | …… | | | | |
| 合计 | | | | | |

2. 项目资金支出情况

项目资金总支出金额为__________元，预算支出完成率为__________%。具体项目详见表 15－2。

**表 15－2　　　　项目资金支出预算执行情况**

| 序号 | 项目 | 预算数 | 执行数 | 完成率（%） | 备注 |
|---|---|---|---|---|---|
| 1 | | | | | |
| 2 | | | | | |
| | …… | | | | |
| 合计 | | | | | |

注：项目执行数栏需项目在备注中详细注明支出的具体用途、形成资产等信息。

（四）项目资产情况

使用项目资金购置资产，均严格执行政府采购有关制度进行采购，相关资产验收手续齐备，资产有关档案及材料由专人保管，资产已纳入医院固定资产统一管理。

（五）项目资金的效益性

项目资金使用严格执行专款专用管理要求，无挪用、挤占等情形。资金使用的绩效目标情况如表15－3所示。

表15－3　项目资金支出绩效指标完成情况

| 序号 | 项目名称 | 绩效目标数 | 实际完成数 | 完成率（%） | 未完成原因 |
|---|---|---|---|---|---|
| 1 | | | | | |
| 2 | | | | | |
| | …… | | | | |
| 合计 | | | | | |

## 三、审计评价

（略）

## 四、审计发现的问题及建议

（略）

××医院审计处

202×年×月×日

# 第十六章 合同管理审计

## 第一节 合同管理审计概述

### 一、合同管理审计的概念

合同管理审计是指由医院内部审计机构对合同的签订、执行过程和结果进行的审计监督、检查、评价和咨询活动。

这里的合同是指与经济活动有关的合同。医院合同的主要类型包括：药品、医疗器械、医用耗材等采购合同；医疗设备购置合同；大宗物资及一般服务类项目采购合同；工程建设项目合同；专业服务类项目合同；房屋、场地租赁合同；科研及成果转化合同；捐赠合同及其他合同等。

### 二、合同管理审计的目的

合同管理审计的目的是通过审查合同的合法性、合规性，完整性，以及合同管控制度实施的有效性，把握合同立项、签订、履行中的关键控制点，发现和堵塞管理漏洞，有效防范和规避合同风险，维护医院合法权益。

### 三、合同管理审计的意义

1. 依法维护合同当事人的合法权益。开展合同审计，有助于保证合同本身合法、合规，更好地维护市场秩序，促进经济发展，保护市场主体合法权益。

2. 帮助完善合同条款，避免潜在的经济纠纷。这是合同管理与合同审计的共有职能，通过合同的合法性、合规性、合理性和严密性的审查，依法维护单位的合法权益。

3. 强化单位内部控制机制，加强相关业务部门责任，避免经营风险。如对于单位的重大投资合同，通过审查其是否符合单位经营方针、政策，有无充分的项目可行性分析和相关审查，可减少决策的失误。

### 四、合同管理审计的方法和程序

合同管理审计的方法可以采用调查法、审核法、询问法、观察法、抽样法、流程图法、测试表法、分析法等。根据审计重点和内容的不同，合同管理审计可以选择与之相适应的一种或几种审计方法来组合实施，以达到或实现审计目标。关于审计方法和审计实施程序，第五章已有详细介绍，本节不再赘述。

## 第二节　合同管理审计的内容

合同管理审计是医院内部审计监督管理的重要组成部分，也是院内风险防控常用且重要的管理手段。根据《合同管理专项审计指引（试行）》，应重点从内部控制测试、合同签订、合同履约、合同结算、合同档案管理等方面开展合同管理专项审计业务。

### 一、内部控制测试

设计和实施内部控制测试时，应重点关注以下内容：

（1）机构与职责。

查阅内设机构及职能设置文件、会议纪要等，了解机构设置、职责分工及落实情况。包括是否明确归口管理部门，是否履行职责；是否建立健全议事决策机制、岗位责任制、内部监督等机制，其中岗位责任制是否明确岗位办理业务和事项的权限范围、审批程序和责任。

（2）制度建设。

查阅合同管理制度、业务流程、内部控制评价报告等资料，了解制度体系健全、合规情况。包括是否建立健全合同管理制度，是否明确签订合同的经济活动范围和条件，是否明确签订、变更、转让、履约、结算、用印、档案（保管期限等）、监督审查、纠纷协调等管理要求；是否明确审核审批事项，是否建立授权审批控制；合同签订与合同审批、合同签订与付款审批、合同执行与付款审批、合同签订与合同用章保管等不相容岗位是否相互分离；是否符合国家、属地及上级单位有关规定；相关制度是否有效执行等。

（3）信息化建设。

查看合同管理信息系统及其他相关信息系统，查阅内部控制评价报告等资料，了解信息化建设及运行情况。包括是否建立合同管理信息系统，是否嵌入内部控制要求；录入信息是否完整、准确；系统是否覆盖合同管理各环节，是否有效监控合同履行情况；是否与其他相关信息系统互联互通；是否采取有效的安全措施等。

## 二、合同签订管理审计

审计合同签订管理情况时，查阅合同文本、审核审批记录、预算、采购资料、会议纪要等资料，重点关注各类资料记载单位、金额等信息是否一致；合同要素是否齐全，是否符合《中华人民共和国民法典》合同编第四百七十条等有关规定；合同标的是否符合合同约定，其中采购合同与采购资料是否一致；对方单位是否具备符合项目需求的资质及能力；是否履行单位重大经济事项集体决策程序；是否按照权限履行审核审批程序，是否存在拆分合同、先履约后签订合同、先签订后审批合同、未经批准签订或变更合同等情况；是否在规定时限内签订合同等。

## 三、合同履约管理审计

审计合同履约管理时，查阅合同文本、相关成果、验收材料等资料，查看合同管理信息系统或台账，重点关注单位是否对合同履行情况实施有效监控；是否按照有关规定及合同约定组织验收；无法依照原合同约定履行的，是否采取变更或解除合同等应对措施；因对方单位原因造成经济损失的，是否及时追回资金、提出经济赔偿等。

审计中发现合同属于《中华人民共和国民法典》第一百四十七条至第一百五十一条等情况的，应当按程序及时报告并建议单位按照有关规定执行变更或撤销程序。

## 四、合同结算管理审计

审计结算管理情况时，查阅会计账簿及凭证、结算资料、合同文本等，重点关注结算是否符合中小企业款项支付等规定；是否根据合同履行情况办理价款结算和账务处理等。

## 五、合同档案管理审计

审计档案管理情况时，查阅合同档案，查看合同管理信息系统，是否包含合同文本、审核审批记录、会议纪要、采购资料、裁判文书及合同变更、解除等资料；归口管理部门是否定期进行统计、分类和归档，登记合同订立、履行和变更情况等。

## 六、其他事项审计

审计中需要结合不同类型合同特点，还应重点关注以下内容：

（1）采购合同。

政府采购补充合同的采购金额是否超过原合同采购金额的 10%；进口科

研设备采购合同是否约定免税条款；医疗器械、药品采购合同是否约定不良事件处理和责任划分条款；医疗器械、药品等采购合同是否约定临期或过期货物的退换程序；毒麻精放类药品采购合同是否约定交接程序和责任划分条款等；物业、保安、保洁等服务采购合同是否约定服务内容、服务期限、服务验收等。维修保养服务采购合同是否约定维修或更换低值易耗品的费用及承担方等。

（2）科研及成果转化合同。

是否约定合同标的产权归属、产权保护、侵权责任等，是否约定成果登记、转化程序、收益分配、异议处理等；是否约定科技人员奖励和报酬方式、数额及时限。

（3）捐赠合同。

接受捐赠合同是否违规约定捐赠与采购挂钩，合同约定是否涉及营利性活动、商业贿赂或不正当竞争。对外捐赠合同是否明确标的名称、金额、数量、捐赠用途等。

（4）房屋租赁合同。

出租合同标的是否经过审批或备案，约定的租金是否明显低于同一或相似条件市场价格，合同是否约定租金收取、费用结算、违约责任等。租入合同约定内容是否符合采购有关规定等。

（5）信息系统建设合同。

合同是否约定建设周期、软件所有权、维保期限、后续培训、售后服务、数据安全、验收标准等内容。

（6）建设项目合同。

勘察设计合同是否约定工作内容、进度、质量和技术标准等内容，付费标准是否符合有关规定；监理合同是否约定工程监理单位按规定履行职责；造价咨询合同是否约定酬金及计取方式、服务范围和工作内容等；施工合同是否约定工程范围、建设工期、工程质量、工程价款、竣工结算原则、计费标准、隐蔽工程、工程变更、质量保证期、违约责任等；约定的工程质量保证金是否符合国家及属地涉企保证金有关规定，建设工程进度款是否符合建设工程价款结算有关规定等。

（7）医疗服务合作合同。

医联体、医共体服务合作合同是否明确管理模式、运行机制、激励机制，是否约定合作内容、医疗服务范围、绩效与利益分配、医疗损害风险和责任分担等。

## 第三节　合同管理审计案例

合同管理审计作为医院管理体系的重要组成部分，是现代医院不可缺少的一种管理工具，也是医院经济合同合法合规、有序高效运行的有力保障。本节以A医院为例，详细讲解如何进行合同管理专项审计实务操作，供读者参考借鉴。

**【例16－1】**为加强合同管理，规范医院对外签订、履行经济合同的行为，维护医院合法权益，A医院结合自身实际，制定了《A医院经济合同审计办法》，详见本书附录部分，此处略。

**【例16－2】**为有效改善医院合同管理，切实防范合同管理风险，按照年度内部审计工作计划，A医院拟对202×年度合同管理情况开展专项审计。A医院审计处组建审计组，并制订了审计实施方案。具体如下：

### A医院202×年合同管理情况审计实施方案

合同管理是医院管理工作的重要组成部分，为切实防范合同管理风险，按照医院工作部署，结合实际，特制订202×年度合同管理情况审计实施方案如下：

**一、实施目的**

通过对我院合同管理业务活动的合法性、合规性、效率性进行审计，促进规范经济合同管理、避免经济损失、加强对经济合同的监督、维护医院合法权益、提高医院经费的使用效益。

**二、审计对象**

经济合同的签订、履行情况和归档等各业务流程的管理。

**三、审计期间及审计范围**

审计期间：202×年×月×日—202×年×月×日

审计范围：医院本部及下属二级单位（部门）签订的所有合同金额在30 000元以上的经济合同、资产处置合同、资产出租出让及使用合同等全部纳入检查范围，包括各类工程合同、各类货物采购合同、各类服务合同等，含合同签订、履行、变更、验收、终止、执行等过程中形成的全部资料。

## 四、审计依据

《中华人民共和国合同法》《中华人民共和国审计法》《审计署关于内部审计工作的规定》《内部审计具体准则》等有关国家法律、法规。

## 五、审计内容

本次合同审计的主要内容包括：经济合同内部控制情况、经济合同签订程序情况、经济合同履行情况和经济合同归档情况等方面。

## 六、合同审计检查的方法和步骤

此次审计检查具体分为四个阶段：

（一）自查自纠阶段（自×月×日至×月×日）

医院本部及下属二级单位（部门）按照医院部署，认真组织自查，自查面要达到100%并填写“合同自查情况汇总表”，按要求准备合同审计检查的材料，发现问题要主动上报并立即自觉纠正。要在规定时间内准备好合同审计检查的材料，自查报告和“合同自查情况汇总表”由部门（单位）负责人签字、部门盖章，各部门（单位）负责人对自查自纠工作负完全责任。

（二）自查材料审查提交阶段（自×月×日至×月×日）

医院本部及下属二级单位（部门）按照合同审计检查要求提供资料。

（三）检查阶段（自×月×日至×月×日）

1. 医院组成两个审计组，依据合同审计业务规范展开合同审计：

（1）工程类合同审计组。

组长：×××

成员：×××、×××、×××

主要任务：对工程项目、维修、改变项目合同进行检查、评价、建议；对发现的问题进行调查；对需要进行责任追究的，提出责任追究建议；编写合同审计工作报告。

（2）货物与服务类合同审计组。

组长：×××

成员：×××、×××、×××

主要任务：对设备、货物、服务及医院资产（有形资产、无形资产）使用项目合同进行检查、评价、建议；对发现的问题进行调查；对需要进行责任追究的，提出责任追究建议；编写合同审计工作报告。

2. 检查形式

采取普遍性检查与重点抽查相结合，对每一个部门（单位）提交的资料逐一核对、核查。对重点抽查合同直接进行调查取证或延伸审计，重点抽查面不低于30%。

（四）整改阶段（×月×日至×月底）

此次检查采取边查边整改，针对检查中发现的问题，根据相关法律、法规、政策和医院规定，及时建立健全各项规章制度，要求风险防控责任落实到具体人，制度约定的责任追究办法具体到人。进入×月对整改情况进行检查。

A医院审计处

202×年×月×日

**【例16－3】**接例16－2，审计组进一步梳理合同管理的主要阶段和关键业务环节，确定各阶段的关键工作内容和参与主体责任，以业务流程和阶段目标为主线，识别合同管理过程中的关键风险点，确定审计重点。审计组最终确定了合同签订、合同履行和合同完成三个业务阶段中的合同调查、谈判、文本拟定、审批、签订、履行、变更、价款支付、归档、纠纷处理、维权等11个关键环节，并对上述关键环节的风险点及审计重点进行梳理，编制《A医院合同管理关键风险点和审计要点表》，如表16－1所示。

**表16－1　A医院合同管理关键风险点和审计要点**

| 管理阶段 | 关键环节 | 关键风险点 | 审计要点 |
|---|---|---|---|
| 合同签订阶段 | 合同调查 | 未开展前期研判或调查不充分，致使合同履行存在风险，单位利益受损 | 合同调查是否充分，是否对合同对方开展调查或履行恰当的调查程序 |
| | 合同谈判 | 谈判事项未经集体决策；谈判中存在权力寻租行为，作出不当让步，损害单位利益；未形成谈判记录 | 合同谈判是否采取联席制度或聘请相关专家谈判，是否建立责任追究制度，谈判的重要事项和各方意见是否进行记录并妥善保存 |
| | 合同文本拟定 | 合同拟定随意、合作事项描述不清、故意或疏漏关键条款，导致单位利益受损 | 是否采用标准合同文本，重大经济合同是否聘请法律顾问或第三方技术专家审查合同条款 |
| | 合同审批 | 未按规定的审批程序提交相关部门审批，审批不严格或未按审批意见执行 | 是否建立会审制度，是否严格审核合同条款和格式等重要信息 |
| | 合同签订 | 缺乏合同签订用印管理，签订主体不规范，审签流程倒置 | 合同签订是否明确授权审批和签署权限并严格执行签署权限，合同专用章保管是否规范 |

续表

| 管理阶段 | 关键环节 | 关键风险点 | 审计要点 |
| --- | --- | --- | --- |
| 合同履行阶段 | 合同履行情况监控 | 未对合同履行进行过程控制，发现风险不采取积极应对措施 | 是否明确相关责任人在合同履行过程中的责任，是否建立合同履行定期调查制度，检查分析合同履行情况及效果，敦促对方积极履行合同 |
| | 合同变更 | 合同变更、解除等不按照程序提交相关部门审批 | 是否建立合同履行监督审查制度，有无不按照规定的程序办理合同的变更、解除等程序导致单位利益受损的情况 |
| | 合同价款支付 | 未按照合同规定的期限、金额和方式付款，导致单位经济利益遭受损失或面临诉讼的风险 | 是否跟踪合同履行情况，是否按照合同规定的期限、金额和方式付款 |
| | 合同登记归档 | 合同登记归档缺乏制度管理，没有统一编号，未及时归档，或归档不规范，合同材料损毁遗失 | 合同及相关资料的登记、流转和保管是否规范 |
| | 合同纠纷处理 | 合同订立、履行过程中，出现合同纠纷问题，处理不当 | 在合同订立、履行过程中，出现合同纠纷问题时是否处理得当 |
| 合同完成阶段 | 合同维权处理 | 未积极收集证据进行维权处理 | 合同终止时及终止后，出现对方违约行为时是否按照合同约定追究对方的违约责任，是否充分收集对方违约行为的证据维护医院权益 |

**【例 16－4】** 接例 16－3，在具体识别合同管理过程中的关键风险点，确定审计重点的基础上，审计组采取多部门数据对比分析、全过程数据全面分析、穿行测试流程分析等方法对合同管理的合法性、规范性及制度有效性进行审查和评价。

审计组采用的审计技术方法如下：

1. 多主体提取数据进行对比分析

所谓多主体数据提取，就是对同一业务不同责任主体的合同文本数据进行对比分析，根据文本记录差异，发现执行偏差，以此审查合同业务管理流程中是否存在未按规定程序提交审批、审批后未按审批意见修改、签订后未按合同执行等问题。由于在合同业务流转过程中，合同履行部门、归口部门、审签部门、相关职能部门分别形成合同业务文本数据。例如，审计组同时收集合同审查小组的重大合同审查记录、合同履行部门的合同归档记录、财务部门的财务支付凭证等，三方文本数据对比分析发现，某项合同有归档、支付记录，但无合同审查小组的审查记录，进一步核查后发现，该项合同未按规定审批程序，提交合同审查小组会审。另外，审计组通过仔细比对合同文本后发现，合同审查小组会审修改后的合同文本与合同履行部门提供的合同文本在个别条款方面存在差异，进一步核查后发现，部分重大合同未按照合同审查小组的审查意见进行修改和签订。

2. 全过程提取数据进行全面分析

所谓全过程提取数据，就是根据A医院合同业务管理流程图，提取审计期间合同管理全过程形成的合同文本、合同审签单、合同验收单、合同变更材料、合同支付凭证等文本材料，梳理分析关键环节形成的文本数据。基于全过程文本数据收集，开展总体定量分析，基于发现问题所占总样本比率，提炼共性问题，进而揭示合同管理过程中的薄弱环节。例如，审计组在审计过程中，对备案的审签单及合同的审签流程和合同签订情况开展全面审查，发现合同审签流程倒置及合同文本签订不规范等问题发生比例超过10%，进而发现医院合同审签流程存在风险隐患，管控环节流于形式，缺乏制约审核。

3. 开展穿行测试进行流程分析

审计组选取不同性质、标的额的合同业务作为样本开展穿行测试，基于A医院合同业务管理流程图，结合风险点和审计重点清单，从合同业务开始到结束，进行流程分析，对现行合同管理流程进行风险评估，是否存在流程缺陷和制度漏洞。在审查合同业务流程堵点的同时避免了审计盲区。例如，分别抽取合同标的额30万元、30万元至100万元、100万元以上、无合同标的额的协作类合同等分别开展穿行测试后发现，现有的制度流程仅对具有合同标的额的经济类合同进行明确规定，但对于非经济类的合作协议等合同没有明确的流程引导和制度规定，导致社会合作部门、外事部门等的对外合作协议类合同均没有执行审签流程和归口管理，存在重大风险隐患，为合同监管盲区。

**【例16－5】接例16－4，审计组根据审计实施方案，按照规定的审计程序和方法，获取充分、适当的审计证据后，形成审计意见，出具审计报告初稿，提交审计处复核。审计处应将复核后的审计报告书面征求被审计单位意见，被审计单位无异议。审计处将审定的审计报告报批后，出具正式审计报告。具体如下：**

## A 医院 202×年度合同管理情况审计报告

各相关单位（部门）：

为有效改善医院合同管理，切实防范合同管理风险，按照年度内部审计工作计划，审计处牵头组成审计组，对我院 202×年度合同管理情况进行了专项审计。审计的内容包括 202×年 1 月至 12 月，以医院为主体对外签订的各类合同，包括物资采购类合同、服务类合同、工程类合同以及其他合同等。审计的目的是通过对合同全过程的整个业务流程开展风险评估，对合同管理的关键环节和关键风险点进行分析，查找合同业务管理流程中的疏漏，切实防范合同管理风险，提高医院运营管理水平。审计期间，我们通过采取多部门数据对比分析、全过程数据全面分析、穿行测试流程分析等方法对合同管理的合法性、规范性及制度有效性进行审查和评价。现将有关情况报告如下。

**一、合同管理概况**

我院于 201×年制定出台《A 医院经济合同管理办法》，制度实施迄今 14 年，其间修订过 1 次。医院对经济合同实行统一管理、分类归口、归口审查、定期核查，明确相关管理部门职责、分工与权限，规范合同签订程序，不断加强合同签订及归口管理工作。参照《企业内部控制应用指引第 16 号——合同管理》要求，我院原则上将归口各类业务的职能部门定义为该类业务合同的归口管理部门，因此，合同归口管理部门包括人事处、资产处、科研处、教学处、信息中心、后勤处、安保处及其他相关科室。在本次审计过程中，审计组审查了上述科室各类合同 197 件，合同总金额为 3.87 亿元。总体而言，我院合同管理基本规范，各部门职责明确，合同审签和备案程序完备，合同履行正常，但在合同审核、合同签订和归档环节等仍存在不足之处。

**二、审计发现的主要问题**

（一）合同审核环节

1. 个别重大合同（合同标的额 100 万元及以上）未按照规定程序提交合同审查小组会审。个别合同类别、条款及格式发生较大变更后没有再次提交合同审查小组会审，存在审查风险。

2. 部分重大合同采用函电等模式开展会审意见交流和讨论，会审模式应用不够充分，不利于合同会审审定。

3. 部分重大合同的会审意见无存档且未签字确认，不利于归档查询，缺乏责任落实的重要依据凭证。

4. 部分重大合同未按照合同审查小组意见有效执行。

（二）合同签订环节

1. 部分签订的合同未见法定代表人或授权的代表签名。

2. 部分合同签订的时间早于审签单中审核时间，存在审核和签订流程倒置的情况。

3. 个别合同签订主体不规范，与合作单位下属非法人机构签订，存在合同签订风险。

4. 部分医疗合作合同无审签单，存在用印风险，备案的合同文本中有个别合同无审签单。经查询发现合作类别的合同协议由医务部管理且该类合同协议的签订未使用审签单、未向院办提交备案合同，为合同业务管理盲区。

（三）合同登记归档环节

1. 医院层面未形成合同归档统一分类和连续编号制度，不利于医院合同的统筹管理和宏观统计。

2. 部分归口管理部门合同管理混乱，合同归档管理极不规范。体现在：有的归口管理部门无合同编号，合同归档随意；有的归口管理部门统一合同编号，但存在合同编号不连续或编号重复的情况。

3. 合同归档不及时。部分合同未及时备案存档，截至审计时点，有 3 个归口管理部门管理的 201×年合同仍有部分合同未备案存档。

**三、审计建议**

（一）优化流程，完善合同管理体系

建议合同管理体系由原来的“归口管理、分级负责”调整为“统一领导、归口管理、分级负责”。建议专门设立合同综合管理科室及合同管理专员（科室下设在院长办公室），统一管理并指导医院合同事务。医院合同由合同综合管理部门、合同归口管理部门及合同履行部门依职责进行管理，并由合同管理监察部门对合同全过程进行监督，规范和完善医院各类合同的全过程管理。

（二）建章立制，提高审计整改成效

1. 建议医院修订现行的《A 医院经济合同管理办法》，增加关于合同归档工作规范的相关内容，并对合同编号进行统一规定，以利于合同归档规范化管理。

2. 建议将医院合同分类细化为经济类合同和非经济类合同，将审计发现的处于监管盲区的合作类合同纳入非经济类合同统一管理，并出台相关制度或明确管理细则。

3. 建议各归口管理部门结合本次审计发现的问题，举一反三，查缺补漏，持续完善部门相关制度、流程，完善合同归档、合同验收、合同审批等流程。

A 医院审计处

202×年×月×日

**【例 16－6】接例 16－5，A 医院对审计建议经过认真审议后全部予以采纳，并对相关工作及时予以改进，具体开展了以下几个方面的工作：**

第一，及时修订出台新的《A 医院合同管理办法》，将合同分类细化为经济类合同和非经济类合同，将审计发现的处于监管盲区的合作类合同纳入非经济类合同管理，并明确了具体管理细则，同时，新《A 医院合同管理办法》还增设专门章节，补充增加了合同归档有关工作要求，并对合同编号进行了统一的管控规定。增补内容如下所示：

**第六章 合同编号、登记管理**

第十五条 本院实行统一合同编号制度。对外签发的与合同有关的文件编号应当与合同编号一致。

第十六条 合同编号按照下列规定进行编写：

（一）合同的编号共分三个部分，其格式为：第一部分××××第二部分××××第三部分××××。

第一部分××××为签订合同年份的后二位数字和月份二位数字，2201 代表 2022 年 1 月份签订；

第二部分××××为合同流水序号，按合同签订的先后顺序，从 0001—9999；

第三部分××××为业务归口部门，如：人事处为“RSC”，安保处为“ABC”。

（二）变更协议的编号应与原合同一致，但应在原编号末加注/1、/2 等尾标以示区别，并在合同登记台账上加以注明。

第十七条 使用对方提供的合同文本时，无论对方是否编号，都必须按本院合同编号规则编制合同编号。

第二，设立合同管理科及合同管理专员（科室下设在院长办公室），统一管理并指导医院合同事务。明确医院监察室对合同全过程进行监督，规范和完善医院各类合同的全过程管理。

第三，要求各合同归口管理部门结合本次审计发现的问题，举一反三，查缺补漏，持续完善部门相关制度、流程，完善合同归档、合同验收、合同审批等流程。例如，档案室出台《合同归档操作规范》、资产处修订完善了《合同管理与合同验收流程》、科研处修订完善了《科技合作协议类合同审批流程》、院长办公室重新梳理完善了合同审批、签订及印章管理等流程。

第四，为进一步规范医院合同管理，切实防范合同实施过程中的各种风险，医院开展合同管理专题培训活动，将合同管理专项检查发现的问题进行通报，对新出台的合同管理办法进行政策宣讲，增强各部门合同管理意识。

**【例16－7】**根据医院临时工作安排，A医院审计处组成审计组，于202×年×月×日至×月×日，对招标采购办药品采购合同进行专项审计。审计重点是核查药品是否按国家法律法规规定在省集中采购平台采购，关注药品的库房管理情况是否合法合规，审核药品的消耗是否完整计入医疗成本，稽核药品售价是否按照药品零差价政策执行。经过审计，形成《A医院药品采购合同审计报告》如下：

## A医院药品采购合同审计报告

××（领导机构）：

为规范医院药品采购合同管理，防范合同风险，按照医院工作安排，我们组成审计组，于202×年×月×日至×月×日，对招标采购办202×年度药品采购合同管理情况进行了专项审计。现将有关情况报告如下：

### 一、概况

审计组根据医院制定的《A医院药品采购制度》《××省集中采购管理办法》《A医院药品招标采购管理制度》等相关规定，对招标采购办涉及的××家供应商签订药品配送合同进行审计。药学部的年度或季度采购计划基本在××省政府集中采购平台上进行采购。采购品种××个，截至202×年×月×日，药品采购总额××万元。

### 二、审计发现

1. 合同中药品签订明细与实际采购明细不一致，增减变更没及时调整，形成无配送权采购。通过对医院合同与省集采平台采购药品的核查，202×年医院与××家供应商网上集中采购药品超出合同明细范围，包括头孢地尼分散片、二甲硅油散、蔗糖铁注射液等在内的××种药品。

2. 合同签订价格与现有省政府集中采购网（简称“集采网”）价格不一致。从现有价格上看已签订的合同价格与目前集采网上价格不一致，因医院没能提供合同签订时的集采网平台价格明细，无法确定当时签订价格就是集采网上价格。202×年×月，省医疗机构药品集中采购网站公示了布地奈德福莫特罗粉吸入剂、低分子量肝素钙注射液、蔗糖铁注射液等×××种药品调价信息，医院现行采购中除××种相同外，××种签订的药品采购合同价格与集采网价格不一致，由此也造成集采网价格与医院入库价格不一致。

3. 集采网外采购、虚拟采购及名称不同。

（1）个别科室申请使用，集采网无法供应。包括康复科申请购进的白及、冰片、甘草在内的中草药等共计××种；

（2）临床科室必需药品，省集采平台无标或标价无法供应。包括乳酸依沙吖啶注射液、盐酸氯胺酮注射剂、黄体酮注射液等××种药品；

（3）醋酸奥曲肽注射液（限）、来曲唑片（弗隆）等××种药品，202×年年初为省中标药品，但现省标已剔除，医院仍在采购；

（4）胆石利通片等××种药品医院 HIS 系统名称与集采网名称不一致；

（5）川贝枇杷糖浆医保测试时虚设数据至今未做调整。

4. 在药品销售环节（药房管理），医院 HIS 系统未能完全采集到药品的名称、数量、规格型号、价格等消耗明细信息，无法核对部分药品的请领、消耗、结余的准确性。

**三、审计建议**

1. 按照 A 医院合同管理相关办法及规定，合同签订品目及价格变动应及时调整，签订价格要有依据，执行过程中变更要做好备案留存。

2. 按集中采购名称修正医院品目名称，与集采网名称保持一致，保证核算清晰。

3. 严格按照合同执行并遵循政府集中采购平台采购相关规定。

4. 规范二级库（药房）药品明细管理，以确保请领、消耗、结存核算准确、明晰。

5. 多年的医保测试用药品数据要及时修正。

6. 建议加强药品采购合同管理的时效性，增强合同管理意识。

A 医院审计处

202×年×月×日

**【例 16－8】A 医院审计处结合合同常规审计中发现的共性问题，草拟《关于合同签订中涉及“规范性及风险控制”的相关提示》，经医院领导同意后，通过医院 OA 系统发给医院各部门，提醒大家注意纠正。**

## 关于合同签订中涉及“规范性及风险控制”的相关提示

医院各部门：

根据医院合同管理要求，结合我部门在审定各部门（个人）合同过程中发现的一些情况，现整理出在经济合同起草、签订中涉及“规范性及风险控制”的相关问题，望今后予以纠正。

一、涉及的双方权益、事项不对等，如只要求和明确了一方所涉及的违约、期限等。

二、合同未签订，但合同执行已经完成或提前进行（为付款需要而签订合同）。

三、所订合同中总金额已确定，但条款中又涉及可能突破总额的内容，如涉及不可控的赶工费、工期延误等。

四、合同签订和执行中由于无可控制的条款内容，导致最后费用可能大幅度超出总价。

五、合同中的一些提法和用语不准确、不规范，甚至有违规之嫌。如出现“大约、几乎、相当于”等，将劳务费认定为“税后”等。

六、合同中涉及的费用标准无任何依据或依据不充分。

七、合同中数量表述不明确。单位数量是套还是台（件）前后表述不一致。

八、合同中缺少通用条款，如争议处置方式、实施时间、生效时间、未尽事宜另签协议等。

九、合同所涉及的违约责任的内容未详细具体列明，追责时缺乏操作性。

A 医院审计处

202×年×月×日

# 第十七章 经济责任审计

## 第一节 经济责任审计概述

### 一、经济责任审计的概念

经济责任审计，是指内部审计机构、内部审计人员对本单位所管理的领导干部任职期间的经济责任履行情况的监督、评价和建议活动。

经济责任，是指领导干部在本单位任职期间，对其管辖范围内贯彻执行党和国家经济方针政策、决策部署，推动本单位事业发展，管理公共资金、国有资产、国有资源，防控经济风险等有关经济活动应当履行的职责。

### 二、经济责任审计的目的

经济责任审计以推动本部门、本单位科学发展为目标，以干部任职期间本部门、本单位财务收支以及有关经济活动的真实、合法和绩效为基础，重点检查干部守法、守纪、守规、尽责情况，加强对干部行使权力的制约和监督，推进干部经济责任履行和党风廉政建设主体责任，推进医院治理体系和治理能力现代化。

## 三、经济责任审计的对象

经济责任审计的对象是指依据干部管理权限，由医院党委任免和管理的二级单位（部门）党政正职领导干部、主持工作1年以上的副职领导干部以及有经济业务审批权的党政副职领导干部。

医院经济责任审计的对象范围依照干部管理权限确定。医院对所管理的领导干部开展经济责任审计一般由本单位的内部审计机构实施；如有必要，也可以指定或授权所属单位的内部审计机构实施。

## 四、经济责任审计的特征

就医院内部审计工作而言，经济责任审计的实施主体是医院内部审计机构及人员；经济责任审计的对象是医院管理的领导干部、负责人；经济责任审计的职能是对领导干部任职期间的经济责任履行情况进行监督、评价和建议。综合以上，医院经济责任审计具有以下特征。

### （一）项目的委托性

委托性是经济责任审计区别于其他一般审计最明显的特征。医院内审机构开展经济责任审计，要结合医院的实际情况，接受医院干部管理部门的指派或委托，内审机构才能执行此项工作，因此，医院经济责任审计是一种“被动”而非“主动”的审计行为，即经济责任审计表现为一种受托审计。

### （二）审计具有滞后性

经济责任审计是一种事情发生后才会产生的行为。经济责任审计是要看经济责任人履行职责的情况，只能在他们的工作职能履行后才能进行审计，这是由它特有的性质决定的。

### （三）审计对象具有特殊性

为了规避审计风险，医院经济责任审计的内容要按照制定的内容对特定的经济责任人在管理职责范围内履行的情况进行审计。

### （四）审计客体的双重性

经济责任审计是对领导干部的管理和监督，既对“人”，又对“事”，既要面对被审计的领导，还要面对领导管理的单位（部门），难度比较大，要求更高，政策性很强。因此，医院经济责任审计客体包括被审计人及其承担的经济责任，既是对人的审计，也是对事的审计，具有双重性的特点。

## 五、经济责任审计的分类

### （一）按照审计实施的时间分类

按照审计实施的时间，经济责任审计可分为离任审计和任中审计。

1. 离任审计

离任审计是指单位内部管理领导干部任期届满，或者因任期内办理调任、免职、辞职、退休等情形开展的经济责任审计。

2. 任中审计

任中审计是指单位内部管理领导干部任职期间开展的经济责任审计。

随着审计实践的不断深入，客观上要求不断前移监督关口。医院应当提高任中审计的比重，更好地发挥任中审计的过程监督优势，切实将经济责任审计结果与领导班子建设和干部选拔任用工作相衔接，更好地满足干部管理监督需要，增强审计的时效性。

### （二）按照审计实施的方式分类

按照审计实施的方式，经济责任审计可分为进点审计和送达审计。

1. 进点审计

进点审计是指在审计实施阶段，内部审计机构采用现场核实、访谈取证、内部测试、复核分析等一系列完备的执业手段所开展的检查和评价活动。对于医院所属独立法人单位负责人和经济活动体量较大的医院内设机构负责人的进点审计，经批准，可聘请社会第三方机构参与审计项目的实施。

2. 送达审计

送达审计是指以领导干部所在单位（部门）开展自查和领导干部公开述职

等活动为基础，内部审计机构对领导干部所在单位（部门）报送的全部资料，按照规定的要求所进行的检查和评价活动。若有需要，送达审计项目可变更为进点审计。

## 六、经济责任审计的方法和程序

内部经济责任审计具有综合性、全面性以及与个人履职相关等特殊性，单一的审计技术方法难以实现审计目标，需要综合运用各类常规审计方法，以及采用更适合经济责任审计特点的取证和分析方法。实践中，除了审核、观察、监盘、访谈、调查、函证、计算和分析程序等常规审计方法外，经济责任审计经常采用调查访谈、查阅分析、重点核查、归纳提炼等审计方法，并运用信息化手段和大数据分析，获取相关、可靠和充分的审计证据，加强跨行业、跨领域数据的综合比对和关联分析，以实现对被审计领导干部履职情况全面客观评价并揭示问题、认定责任的目标。审计程序包括从审计准备阶段到审计后续阶段等必要步骤。详细的审计方法和审计程序的介绍，本章不再赘述，读者可以参考第五章。

## 七、经济责任认定

内部审计机构针对被审计领导干部任职期间在履行经济责任过程中存在的问题，按照权责一致的原则，根据领导干部职责分工及相关问题的历史背景、决策过程、性质、后果和领导干部实际所起的作用等情况，依法依规、全面客观地认定其应承担的责任。

### （一）责任认定的原则

1. 权责一致原则

按照权责对等的原则，综合考虑相关问题的历史背景、决策过程、性质、后果和被审计领导干部实际所起的作用等实质性要件，界定责任，避免简单依据是否分管、是否开会、是否圈阅等形式要件认定责任。

2. 审慎客观原则

责任认定时要秉持审慎客观的态度，对需进行责任认定的问题做到证据确凿、事实清楚、依据准确。责任认定结果应有充分的审计证据支持。

3. 边界清晰原则

根据被审计领导干部履职范围、任职期间、履职过程和尽职要求确定其责任边界，并对责任范围内的审计发现问题进行责任认定。

4. 重要事项原则

在开展责任认定前，需要按照审计发现问题的重要性划分，确定应进行责任认定的有关事项，即应是由于被审计领导干部对其领导或直接分管的工作，不履行或者不正确履行经济责任，造成国家（单位）利益（资产）损失浪费等后果的，以及违反法律法规、国家（单位）有关规定等重要事项。对审计发现的非重要事项无须认定被审计领导干部应承担的责任。

5. 尽职免责原则

在区分主客观因素的前提下，确定被审计领导干部免责情形，包括被审计领导干部已履职尽职或不可抗力因素等情况下的免责。

### （二）责任认定的类型

参照《党政主要领导干部和国有企事业单位主要领导人员经济责任审计规定》，被审计领导干部对审计发现问题应承担的责任包括直接责任和领导责任。

1. 直接责任

领导干部对履行经济责任过程中的下列行为应当承担直接责任：

（1）直接违反有关党内法规、法律法规、政策规定的。“直接”是指被审计领导干部在履行经济责任过程中，个人直接决定，或者通过主持会议、传签文件、会签文件等方式进行集体研究，在决策过程中起决定性作用；“党内法规”是指党中央以及中央纪律检查委员会、中央各部门和省、自治区、直辖市党委制定的规范党组织的工作、活动和党员行为的党内规章制度的总称；“法律法规”是指我国现行有效的法律、行政法规、司法解释、地方性法规、地方政府规章和部门规章等；“政策规定”是指党政机关制定的关于处理党内和政府事务工作的文件，包括党中央、国务院，上级和本级党委、政府及其部门制定的规定、办法、准则以及行业的规范、条例等。

（2）授意、指使、强令、纵容、包庇下属人员违反有关党内法规、法律法规、政策规定的。被审计领导干部虽然没有上述条款中所述的直接违反的行为，但下属人员直接违反了有关党内法规、法律法规、政策规定，且被审计领导干部存在授意、指使、强令、纵容、包庇情形的，被审计领导干部承担直接责任。其中，“授意”是指告知下属人员自己的意图，要求其照办；“指使”是指挥、支使下属人员行事；“强令”是指用强制的方式命令下属人员行事；“纵容”是指对下属人员的错误行为不加制止，任其发展；“包庇”是指明知下属人员的错误行为而为其掩盖，或者帮助其隐匿、毁灭证据的行为。本项规定的情形，无论是否造成后果，均认定直接责任。

（3）贯彻党和国家经济方针政策、决策部署不坚决不全面不到位，造成所在单位公共资金、国有资产、国有资源损失浪费，公共利益损害等后果的。“不坚决不全面不到位”是指被审计领导干部不重视、不部署或者未采取有效措施推进工作，导致贯彻落实党和国家决策部署不坚决不到位等问题。此情形需结合造成的公共资金、国有资产、国有资源损失浪费，公共利益损害等后果，才能认定为直接责任。实践中，要防止简单依据被审计领导干部及其所在单位是否及时召开会议、是否及时下发文件等形式上的措施来认定责任，而应依据其是否采取了提出明确要求、部署任务分工、确定阶段性目标等实质性的举措推进工作等情况进行认定。

（4）未完成有关法律法规规章、政策措施、目标责任书等规定的领导干部作为第一责任人（负总责）事项，造成所在单位公共资金、国有资产、国有资源损失浪费，公共利益损害等后果的。实践中，可以重点关注目标责任中的重要约束性指标任务的完成情况，关注是否因指标未完成而造成的后果。审计评价时，应当区分约束性指标和引导性、预期性指标，对于未完成引导性、预期性指标的情况，应当结合被审计领导干部采取的具体措施等情况，具体问题具体分析。

（5）未经民主决策程序或者民主决策时在多数人不同意的情况下，直接决定、批准、组织实施重大经济事项，造成所在单位公共资金、国有资产、国有资源损失浪费，生态环境破坏，公共利益损害等后果的。“民主决策”包括但不限于会议、传签文件等集体决策形式。本款规定主要针对被审计领导干部违反规定程序进行决策的情形，包括应当经过民主决策未经过民主决策，或者民主决策时在多数人反对的情况下直接决策，此情形需结合造成的公共资金、国有资产、国有资源损失浪费，公共利益损害等后果，才能认定为直接责任。

（6）不履行或者不正确履行职责，对造成的后果起决定性作用的其他行为。这是兜底情形，对认定直接责任的情况做了引导性定义。

2. 领导责任

领导干部对履行经济责任过程中的下列行为应当承担领导责任：

（1）民主决策时，在多数人同意的情况下，决定、批准、组织实施重大经济事项，由于决策不当或者决策失误造成所在单位公共资金、国有资产、国有资源损失浪费，公共利益损害等后果的。也就是说，在重大经济事项决策形式合规的情况下，因决策不当或者失误造成相关后果的，应认定被审计领导干部承担领导责任。

（2）违反单位内部管理规定造成所在单位公共资金、国有资产、国有资源损失浪费，公共利益损害等后果的。明确审计发现违反内部管理规定的行为时，要结合造成的公共资金、国有资产、国有资源损失浪费，公共利益损害等后果来认定责任。

（3）参与相关决策和工作时，没有发表明确的反对意见，相关决策和工作违反有关党内法规、法律法规、政策规定，或者造成所在单位公共资金、国有资产、国有资源损失浪费，公共利益损害等后果的。这种情形，主要适用于经济责任同步审计中的责任认定。明确被审计领导干部参与相关决策和工作时未发表明确的反对意见，相关决策和工作违法违规违纪或者造成相关后果，即可认定为领导责任。

（4）疏于监管，未及时发现和处理所管辖范围内本级或者下属单位违反有关党内法规、法律法规、政策规定的问题，造成所在单位公共资金、国有资产、国有资源损失浪费，公共利益损害等后果的。这种情形，主要规定被审计领导干部应履行而未履行监管职责，或者履行监管职责不到位，未及时发现和处理本级或者下一级单位的问题，但对于审计发现的三级及以下单位出现的普遍性、典型性、倾向性问题或者与被审计领导干部履行经济责任关联较大的事项，可参照此条认定被审计领导干部应承担的责任。

（5）除直接责任外，不履行或者不正确履行职责，对造成的后果应当承担责任的其他行为。这是兜底情形，对认定为领导责任的情况做了引导性定义。

关于直接责任和领导责任的认定，本节只是列举了一些常见和典型的情形，不可能穷尽所有情形，有的情形强调后果，有的情形不强调后果。这里列举的“后果”，突出了对公共资金、国有资产、国有资源的影响，对医院内部审计而言，造成的损失浪费后果可以不限于对被审计单位掌握的公共资金、国有资产、国有资源，而且“后果”也不限于损失浪费、公共利益损害、会计信息不实等相对直观、易于发现取证的情况，还包括造成的恶劣影响、潜在的经济损失浪费和风险隐患等相对隐蔽但直接影响到经济社会和本单位、被审计单位持续健康发展的情况。实践中，内部审计要坚持从实际出发，注重精准性、有效性，不能简单地、机械地套用上述列举的情形，必须实事求是、审慎客观，具体问题具体分析。同时，认定责任时，对相同职务层次和相同类别领导干部，应注意保持责任认定原则的一致性和可比性。

### （三）责任认定的注意事项

在确定被审计领导干部对审计发现问题应承担的责任时，可依据单位对责任类别情形的有关规定进行区分，主要有以下几个方面。

1. 区分任期内和非任期内的时间界限

从时间上区分前任后任的政绩，划清前任后任的责任，客观公正、实事求是地评价被审计领导干部任期内的经济责任。因前任的行为延续到本期才产生或造成的遗留问题，现任无管理过错的，应属于前任的责任，在认定时应剔除或附加说明。但也要防止"新官不理旧账"，对被审计领导干部在积极处理前任遗留问题、减少或防止扩大不良后果方面有失职问题的，审计仍然要予以揭示并认定责任。

2. 区分被审计领导干部个人决策和领导班子集体决策的界限

判断时应以会议纪要等决策性文件进行认定。对于由被审计领导干部主持相关会议讨论或者以文件传签等其他方式研究，在多数人同意的情况下，决定、批准、组织实施重大经济事项为集体决策，应由被审计领导干部承担领导责任；但上述事项是在多数人不同意的情况下由被审计领导干部决策的，应由被审计领导干部承担直接责任。

3. 区分主观原因和客观原因的界限

由于社会环境或不可抗力等客观原因造成的问题，在被审计领导干部尽职的情况下可予以免责。对由于被审计领导干部个人主观原因造成的问题，如决策失误等，原则上由被审计领导干部个人负责并认定其责任，其中对主观故意，如有意钻政策空子、弄虚作假谋取私利、贪污浪费等行为，应加重问责。为保护领导干部干事创业的积极性、主动性和创造性，对于符合决策程序、未从中谋取不正当利益、党章党规和法律法规无明令禁止、积极主动挽回损失和消除不良影响等情形，各单位可结合实际，确定免责或从轻定责标准和程序，对被审计领导干部予以免责或从轻定责。

# 第二节　经济责任审计的内容

经济责任审计必须聚焦“经济责任”，围绕目标要求，突出工作重点。由于本章所述的经济责任审计的对象仅指由医院党委任免和管理的领导干部，因此，在审计重点内容的确定上，需要充分考虑审计对象的履职特点及其任职期间所在部门（单位）的实际情况，不同部门（单位）负责人经济责任审计的内容各有侧重和不同。

## 一、临床医技部门及基层党组织有关责任人

### （一）贯彻执行党和国家重大政策及决策部署情况

1. 是否严格贯彻执行党和国家、上级部门决策部署和重大财经政策，积极推动本部门事业高质量发展。

2. 是否结合自身实际积极采取了有关落实措施，相关落实措施的具体内容及其分解、组织落实情况、执行进度以及取得的实际效果等，是否存在以会议落实会议，未分解目标任务、无实质性举措等问题。审计中要重点关注禁止性行为的违反情况。

### （二）业务（学科）发展规划制定及执行情况

1. 是否根据医院发展规划和本部门职责，把握本部门工作重点和发展方向，制定本部门业务（学科）发展规划；制定程序是否包括调查研究、科学分析预测和广泛征求意见，遵循民主讨论和部门内部集体决策等程序。

2. 业务（学科）发展规划是否与医院制定的战略规划目标一致，是否综合考虑了医改政策、群众就医需求变化、医学技术发展趋势、医疗行业状况、可利用资源水平和自身优势与劣势等影响因素，是否明确了各阶段的具体目标、工作任务和具体职责。

3. 是否严格执行各项规划，各项规划的阶段性目标任务是否按期保质完成，是否达到预期效果，实现预期目标，是否存在执行不力等情况。

### （三）各项目标任务完成情况

1. 根据任期内医院下达的主要工作任务，遴选与被审计干部经济责任有关的评价指标，对其业绩考核指标完成情况进行核实认定，评价其目标责任制的完成情况。

2. 针对目标责任制落实不力的实际情况，是否进行原因分析并持续改进。

### （四）"三重一大"决策事项和执行情况

1. 是否建立本部门药品、医用耗材、医疗设备引进的内部申请和决策机制，是否存在滥用职权、独断专行、暗箱操作等问题。

2. 是否严格执行科室重大经济事项集体决策制度，是否完善议事决策规则和程序并严格执行，是否存在重大经济事项未纳入科室集体决策等问题。

3. 支部是否参与科室重大决策。

4. 医疗设备等重要资产采购是否履行了规定的论证和决策程序，是否按规定招标并订立合同；是否存在围标、内外串通虚假招投标、中标价格与实际采购价格相差悬殊、出现重大安全事故或因质量问题遭受损失、中标单位或供货单位存在异常等情况；是否存在未列入年度采购计划进行临时采购的情况。

5. 申请购买医用耗材是否经过充分论证，拟购买耗材的产品名称、规格型号、价格、使用成本、产地、品牌、产品功能、临床使用的必要性和可行性、是否进入基本医疗保险使用目录以及预计可能产生的不良事件等是否有相关论证，有无遗漏和论证不充分的情形。

6. 医用耗材是否严格落实二级库管理，是否建立和登记二级库进销存明细账；临床使用医用耗材是否合理、规范；医用耗材使用后是否严格按照医疗废物管理有关规定处理。

7. 是否合理配置并有效使用各类医疗设备，是否存在盲目配置、闲置浪费丢失、坏损等情况；处置医疗设备是否严格履行审批手续，是否存在未经批准擅自处置的行为；是否加强大型医用设备使用、功能开发、社会效益、费用等分析评价工作，加强大型医用设备绩效评价。

### （五）预算执行和财务收支的真实、合法和绩效情况

1. 是否严格遵守和执行国家经济法律法规，依法依规履职。

2. 预算编制是否符合本院的相关规定，是否严格执行预算，预算调整是否履行规定审批程序。

3. 是否认真执行医院各项财务制度，规范各类经济行为，部门的各项收入是否全部纳入医院统一管理，有无私自收费、私设“小金库”的问题；各项支出是否真实、合法，有无弄虚作假、违规违纪、损失浪费等问题；债权债务是否清晰，有无纠纷和遗漏问题；专项资金的使用是否规范。

4. 医疗收费的项目、标准和范围是否合法，新增医疗收费项目是否报经医院价格管理部门及上级主管部门批准，有无擅自增加收费项目、扩大收费范围、提高收费标准等乱收费问题。

### （六）有关内部管理制度的制定和执行情况

1. 检查医疗质量及安全管理、科研教学管理、采购管理、合同管理、资产管理等各项内部管理制度建立、执行和完善情况，是否针对自身实际有切实可行的执行和落实措施，不断提升医疗服务能力，评价其执行成效。

2. 完善内部控制制度和机制的落实情况。零星修缮、设备、耗材、服务的采购是否严格执行国家和医院规定；固定资产是否按规定办理购置、使用、调拨、处置程序，是否定期盘点，确保资产账账、账卡、账实相符，保障医院资产安全、完整。

3. 是否违规接受捐赠，是否存在以部门或个人名义，或者假借单位名义接受利益相关者的捐赠资助，并据此区别对待患者。

4. 合同管理是否规范，对医院授权签订的合同内容的合法、合规和效益性负责。

5. 是否严格执行诊疗项目的内部申请、审核和审批程序；是否加强对临床诊疗活动的监督检查，在诊疗活动中是否按规定向患者说明病情、医疗措施，是否存在以单纯增加医疗收入或谋取私利为目的过度治疗和过度检查，给患者增加不必要的风险和费用负担。

6. 是否严格控制不合理检查、不合理用药的行为；诊疗活动的收费是否与物价项目内涵和医保政策相符合；是否定期分析诊疗服务过程中存在的执行医保、物价政策风险，对存在的问题是否及时组织整改。

7. 是否依法依规合理使用医疗保障基金，遵守医保协议管理。

### （七）党风廉政建设责任和个人遵守廉洁从业规定情况审计

1. 履行党风廉政建设责任情况

是否认真履行党风廉政建设第一责任人职责，是否坚持党建工作和业务工作同部署、同落实、同检查、同考核，认真抓好职责范围内党风廉政建设任务的落实。

2. 本人遵守有关廉洁自律规定、廉洁从业规定情况

是否存在违反中央八项规定及其实施细则精神，是否存在“四风”等问题；是否存在违规经商办企业、违规持股、违规兼职取酬；是否存在超标准配备办公用房、用车，超标准乘坐交通工具，违反公务接待管理规定，违规以考察、学习等名义变相用公款出国（境）旅游，违规利用职权为配偶、子女等特定关系人谋取利益等行为；是否存在接受药品、医疗设备、医疗器械、医用卫生材料等医疗产品生产、经营企业或者经销人员以任何名义、形式给予的回扣；是否存在索取或者收受患者及其亲友的礼品、礼金、消费卡和有价证券、股权、其他金融产品等财物的行为；是否违规接受服务对象安排、组织或者支付费用的宴请或者旅游、健身、娱乐等活动安排；其他违反廉洁纪律规定的行为。

### （八）以往审计发现问题整改情况审计

1. 检查被审计干部对其所在部门的审计整改工作推动是否有力；是否存在对查出问题整改不重视、不部署的情况；对措施落实情况是否进行监督和跟踪，是否存在不落实或落实不彻底的现象。

2. 被审计部门是否按要求及时向医院内部审计机构报告整改情况；整改报告内容是否客观、完整，是否严格按照整改完成标准确认整改状态，有无随意或虚假调整整改状态。

3. 是否对前任遗留问题和遗留事项妥善地进行接续处理，是否认真负责地对以往巡视巡察、审计、检查中发现的问题加以整改落实。

### （九）其他需要审计的内容

1. 其他与经济职责相关的事项。

2. 其他需要审计的事项，例如，被审计干部是党组织负责人的，除了上述

内容外，还应当审计党建工作情况和党费、党建专项经费使用管理情况等。



## 二、临床医技部门以外的其他部门及基层党组织主要负责人

### （一）贯彻执行党和国家重大政策及决策部署情况

1. 是否严格贯彻执行党和国家、上级部门决策部署和重大财经政策，积极推动本部门事业高质量发展。

2. 是否结合自身实际积极采取了有关落实措施，相关落实措施的具体内容及其分解、组织落实情况、执行进度以及取得的实际效果等，是否存在以会议落实会议、未分解目标任务、无实质性举措等问题。审计中要重点关注禁止性行为的违反情况。

### （二）业务发展规划制定及执行情况

1. 是否根据医院发展规划和本部门职责，把握本部门工作重点和发展方向，制定本部门业务发展规划；制定程序是否包括调查研究、科学分析预测和广泛征求意见，遵循民主讨论和部门内部集体决策等程序。

2. 业务发展规划是否与医院制定的战略规划目标一致，是否明确了各阶段的具体目标、工作任务和具体职责；是否主持制订本部门工作计划和具体措施，提升服务能力和水平，推进业务发展，实现任期经济责任目标。

3. 是否严格执行各项规划，各项规划的阶段性目标任务是否按期保质完成，是否达到预期效果，实现预期目标，是否存在执行不力等情况。

### （三）各项目标任务完成情况

1. 根据任期内医院下达的主要工作任务，遴选与被审计干部经济责任有关的评价指标，对其业绩考核指标完成情况进行核实认定，评价其目标责任制的完成情况。

2. 针对目标责任制落实不力的实际情况，是否进行原因分析并持续改进。

### （四）“三重一大”决策事项和执行情况

1. 是否严格执行科室重大经济事项集体决策制度，是否完善议事决策规则

和程序并严格执行，坚持科学民主决策；是否存在滥用职权、独断专行、暗箱操作等问题。

2. 支部是否参与科室重大决策。

3. 重要资产的采购情况。药品、设备、耗材等各项重要资产采购是否履行了规定的论证和决策程序，是否按政府采购有关规定进行招标采购，并规范订立采购合同；是否存在围标、内外串通虚假招投标、中标价格与实际采购价格相差悬殊、出现重大安全事故或因质量问题遭受损失、中标单位或供货单位存在异常等情况；是否存在未按规定在集采平台采购的情况。

4. 重要资产的处置情况。各项重要资产的处置决策程序和内容是否符合国家及有关部门、医院内部管理规定，是否进行可行性论证，是否经医院及上级相关主管部门批准；处置执行是否合法、合规，是否存在人为干预而造成资产损失或流失等行为；处置手续是否完整，实物、价值转移以及会计处理是否符合有关规定。

5. 重要项目的投资、建设和管理情况。检查重要建设项目的决策和监管情况，相关程序合法、合规情况，招投标制度执行情况，以及债务规模及偿债风险等。是否存在盲目上项目，资金缺口大，招标程序不合法、拖延工程结算，超计划、超标准装修等情况。

### （五）预算执行和财务收支的真实、合法和绩效情况

1. 是否严格遵守和执行国家经济法律法规，依法依规履职。

2. 预算编制是否符合本院的相关规定，是否严格执行预算，预算调整是否履行规定审批程序。

3. 医院预算下拨和分配本部门的办公经费、管理费的管理使用情况。

4. 是否认真执行医院各项财务制度，规范各类经济行为，本部门组织筹集的各类收入是否按规定全部纳入医院统一管理；有无私设“小金库”，收受礼金、礼物，滥发钱物，损失浪费及公款私存等问题；各项支出是否真实、合法，有无弄虚作假、违规违纪、损失浪费等问题；债权债务是否清晰，有无纠纷和遗漏问题；专项资金的使用是否规范。

### （六）有关内部管理制度的制定和执行情况

1. 各项与本部门管理职能相适应的经济管理制度、信息公开制度和内部控

制制度是否健全、有效，是否结合本部门管理职能有切实可行的执行和落实措施，并评价其执行成效。

2. 工程、货物、服务的采购是否严格执行国家和医院规定；固定资产是否按规定办理购置、使用、调拨、处置程序，是否定期盘点，确保资产账账、账卡、账实相符，保障医院资产安全、完整。

3. 是否违规接受捐赠，是否存在以部门或个人名义，或者假借单位名义接受利益相关者的捐赠资助，并据此区别对待患者。

4. 合同管理是否规范，对医院授权签订的合同内容的合法、合规和效益性负责。

### （七）党风廉政建设责任和个人遵守廉洁从业规定情况审计

1. 履行党风廉政建设责任情况

是否认真履行党风廉政建设第一责任人职责，是否坚持党建工作和业务工作同部署、同落实、同检查、同考核，认真抓好职责范围内党风廉政建设任务的落实。

2. 本人遵守有关廉洁自律规定、廉洁从业规定情况

是否存在违反中央八项规定及其实施细则精神，是否存在“四风”等问题；是否存在违规经商办企业、违规持股、违规兼职取酬；是否存在超标准配备办公用房、用车，超标准乘坐交通工具，违反公务接待管理规定，违规以考察、学习等名义变相用公款出国（境）旅游，违规利用职权为配偶、子女等特定关系人谋取利益等行为；是否存在接受药品、医疗设备、医疗器械、医用卫生材料等医疗产品生产、经营企业或者经销人员以任何名义、形式给予的回扣；是否参加其安排、组织或者支付费用的宴请或者旅游、健身、娱乐等活动安排；其他违反廉洁纪律规定的行为。

### （八）以往审计发现问题整改情况审计

1. 检查被审计干部对其所在部门的审计整改工作推动是否有力；是否存在对查出问题整改不重视、不部署的情况；对措施落实情况是否进行监督和跟踪，是否存在不落实或落实不彻底的现象。

2. 被审计部门是否按要求及时向医院内部审计机构报告整改情况；整改报告内容是否客观、完整，是否严格按照整改完成标准确认整改状态，有无随意

或虚假调整整改状态。

3. 是否对前任遗留问题和遗留事项妥善地进行接续处理，是否认真负责地对以往巡视巡察、审计、检查中发现的问题加以整改落实。

### （九）其他需要审计的内容

1. 其他与经济职责相关的事项。

2. 其他需要审计的事项，例如，被审计干部是党组织负责人的，除了上述内容外，还应当审计党建工作情况和党费、党建专项经费使用管理情况等。

## 三、下属独立核算的事业单位党政主要负责人

### （一）遵守有关法律法规、贯彻执行上级有关经济工作方针政策和决策部署情况

1. 遵守有关经济法律法规情况。

2. 上级部门有关经济工作要求落实情况。

3. 以前年度审计和检查发现问题的整改情况。

### （二）重大经济决策制度制定、执行情况和效果

1. 重大经济决策制度制定情况。是否制定重大经济决策制度，对重大经济决策的内容、范围和程序等作出明确规定；是否建立决策失误纠错机制和责任追究制度。

2. 重大经济决策程序的执行情况。重大经济决策是否执行民主公开程序；重大经济决策是否经过可行性论证、集体研究、民主科学决策。

3. 重大经济决策的执行效果。重大经济决策事项是否得到有效执行并实现预期目标；对决策事项执行过程中出现的问题是否及时纠正，并落实责任追究制；大额资金支出、对外投资、经济担保、基本建设项目、银行贷款等重大经济事项是否取得成效或造成损失等；重大经济决策事项社会效益和环境效益情况。

### （三）有效的内部控制制度建立和执行情况

1. 预算控制制度建立和执行情况。

2. 不相容岗位分离制度建立和执行情况。

3. 内部授权审批控制制度建立和执行情况。

4. 业务流程控制制度建立和执行情况。是否明确各项经济活动流程中的计划、审批、执行监督等环节要求并严格执行。

5. 资产保护控制制度建立和执行情况。是否建立资产日常管理和定期清查制度，保证资产安全完整。

6. 会计系统控制制度建立和执行情况。是否建立健全单位会计管理制度，强化会计人员岗位责任制，规范会计基础工作。

7. 信息技术控制制度建立和执行情况。

### （四）预算管理情况

1. 全面预算管理实行情况。

2. 预算编制、审批、调整程序是否符合规定。

3. 预算执行情况。是否违规设立、扩大收费项目，是否滞留、截留、挪用上缴财政收入；是否扩大范围、提高开支标准，是否存在无预算、超预算开支。

4. 遵守“三公经费”管理规定情况。

5. 决算编制情况。

6. 预算执行结果的分析和考核情况。

### （五）财务收支管理情况

1. 任期内各年度收入、支出、结余情况。

2. 成本核算与控制情况。

3. 专项经费使用管理情况。

4. 票据使用的规范性。

5. 国家物价政策执行情况。

6. 国家和医院有关财务规章制度规定的开支范围及开支标准执行情况。

### （六）资产保值增值情况

1. 任期内各年度资产、负债、净资产情况。

2. 货币资金的真实性和完整性。

3. 固定资产和存货管理是否规范。

4. 往来款项是否及时清理。

5. 专用基金的计提和使用是否规范。

### （七）对外投资管理情况

1. 对外投资是否经过充分论证并报主管部门和财政部门批准。

2. 对外投资效益情况。

### （八）基本建设、维修项目管理情况

1. 基本建设程序履行情况。是否存在未经批准改变建设内容、规模的情况。

2. 建设资金管理使用的规范性。是否存在骗取、截留、挪用、国家建设资金和虚列项目投资完成额的情况。

3. 竣工项目是否及时组织验收和竣工决算审计。

### （九）采购合法合规情况

1. 制度遵守情况。是否按照《中华人民共和国招标投标法》《中华人民共和国政府采购法》及有关部门和单位的招标、采购管理规定执行。

2. 自行招标、采购流程是否规范。

### （十）对下属单位经济活动监督管理情况

1. 监督管理制度的建立健全情况。

2. 监督管理制度落实情况。是否设置专门的监督管理部门或岗位，有明确工作职责并有效履行。

### （十一）领导干部本人遵守廉政规定情况

1. 制度遵守情况。是否严格执行《中共中央纪委关于严格禁止利用职务上的便利谋取不正当利益的若干规定》《关于卫生系统领导干部防止利益冲突的若干规定》等文件的精神及领导干部廉洁自律有关规定。

2. 其他经济问题。

### （十二）其他需要审计的内容

1. 其他与经济职责相关的事项。

2. 其他需要审计的事项，例如，被审计干部是党组织负责人的，除了上述内容外，还应当审计党建工作情况和党费、党建专项经费使用管理情况等。

## 四、下属独立核算的企业单位党政主要负责人

下属独立核算的企业单位党政主要负责人经济责任审计应当重点检查所在企业经营发展情况、财务收支情况、履行国有资产出资人经济管理和监督职责情况、遵守法律法规和贯彻执行国家有关经济工作方针政策和决策部署情况、制定和执行重大经济决策情况、内部控制建立和执行情况以及遵守有关廉洁从业规定情况等。

### （一）遵守法律法规和贯彻执行国家有关经济工作方针政策和决策部署情况、制定和执行重大经济决策情况

1. 是否严格贯彻执行党和国家、上级部门决策部署和重大财经政策，是否结合自身实际积极采取了有关落实措施。审计中要重点关注禁止性行为的违反情况。

2. 干部在任职期间，企业重大决策、重要人事任免、重大项目安排和大额度资金运作事项（简称“三重一大”事项）的决策规则和程序是否建立健全，经济决策方案是否得到良好的执行以及执行的结果是否达到决策目标要求等内容，明确干部在重大经济决策中应负的责任。

重大经济决策制定和执行情况审计的具体内容包括：

（1）企业是否建立了“三重一大”事项决策机制，制定的基本程序是否符合规定，是否存在未经决策机构集体讨论、由干部个人或少数人决策的问题；

（2）重大经济决策的内容是否符合国家有关法律法规、政策及规定；

（3）重大经济决策是否经国家有关部门核准或审批，所签订协议或者合同内容是否符合企业实际，是否存在损害本企业利益的条款；

（4）重大经济决策方案是否得到良好执行，是否明确了具体的管理部门，是否进行过程监控；

（5）重大经济决策是否存在重大风险，决策方案中有无预防和控制风险转

化为损失的应对措施，决策执行的结果是否达到决策目标要求，是否给企业造成损失或潜在损失等。

### （二）内部控制建立及执行情况

审查被审计干部所在企业内部控制的健全性、适当性和有效性，并结合干部的职责要求确定其在内部控制建立及执行中应承担的责任。应当注意审查以下内容。

1. 内部环境

审查企业治理结构是否合理，机构设置与权责分配是否明确，工作机构是否健全，人力资源政策是否有效制定和实施等。

2. 风险评估

审查企业是否能够及时识别经营活动中与实现内部控制目标相关的内、外部风险，是否采用定性与定量相结合的方法，系统分析风险并合理确定风险应对策略等。

3. 控制活动

审查企业不相容职务分离控制、授权审批控制、会计系统控制、财产保护控制、预算控制、运营分析控制和绩效考评控制等控制措施是否恰当、有效，能否运用控制措施，对各种业务和事项的风险控制在可承受度之内。

4. 信息与沟通

审查企业是否建立信息与沟通制度，内部控制相关信息的收集、处理和传递程序是否明确，内部控制相关信息能否在企业内、外部各方面及时沟通和反馈，是否建立反舞弊机制等。

5. 内部监督

审查企业是否制定内部控制监督制度，是否明确内部审计机构和其他内部机构在内部监督中的职责权限，是否制定内部控制缺陷认定标准，是否定期对内部控制有效性进行自我评价等。

### （三）企业经营发展情况、财务收支情况、履行国有资产出资人经济管理和监督职责情况

企业经营发展情况、财务收支情况、履行国有资产出资人经济管理和监督职责情况的审计，可以重点审查企业财务收支的真实性、合法性和效益性。

1. 财务收支的真实性审计

重点审查干部任职期间企业的财务状况和经营成果是否真实、完整，账实是否相符，会计核算是否准确，合并财务报表范围是否完整等。主要内容包括：

（1）企业财务会计核算是否准确、真实，是否存在财务状况和经营成果不实的问题；

（2）企业财务报表的合并范围、方法、内容和编报是否符合规定，是否存在故意编造虚假财务报表等问题；

（3）企业会计账簿记录与实物、款项和有关资料是否相符；

（4）企业采用的会计确认标准或计量方法是否正确，有无随意变更或者滥用会计估计和会计政策，故意编造虚假利润等问题。

2. 财务收支的合法性审计

重点审查干部任职期间，企业的财务收支管理和核算是否符合国家有关规定。主要内容包括：

（1）企业收入、成本费用的确认和核算是否符合有关规定，有无虚列、多列、不列或者少列收入及成本费用等问题；

（2）企业资产、负债、所有者权益的确认和核算是否符合有关规定，有无随意改变确认标准或计量方法，以及虚列、多列、不列或者少列资产、负债、所有者权益等问题。

3. 财务收支的效益性审计

重点审查企业的盈利能力状况、资产质量状况、债务风险状况、经营增长状况等方面经济指标完成情况。

（1）盈利能力状况审计。主要通过资本及资产报酬水平、成本费用控制水平和经营现金流量状况等反映企业盈利能力的财务指标，审查干部在任职期间企业的投入产出水平和盈利能力。可参考指标包括净资产收益率、总资产报酬率、销售（营业）利润率、成本费用利润率等。

（2）资产质量状况审计。主要通过资产周转速度、资产运行状态、资产结构以及资产有效性等方面的财务指标，审查干部任职期间企业占用经济资源的利用效率、资产管理水平与资产的安全性。可参考指标包括总资产周转率、应收账款周转率、不良资产比率、资产现金回收率等。

在资产质量状况审计中应重点对不良资产进行审计，应当按照干部任期职责、任期时间不良资产产生原因等情况，分清企业不良资产产生的责任。应注意核实干部任期以前存在的不良资产、任期内消化的任期以前的不良资产、任期内新增不良资产以及任期内因客观因素新增的不良资产。其中，客观因素主要是指外部环境、国家政策、自然灾害等，主观因素主要是指决策失误、经营不善等。

（3）债务风险状况审计。主要通过债务负担水平、资产负债结构、或有负债情况、现金偿债能力等方面的财务指标，审查干部任职期间企业的债务水平、偿债能力及其面临的债务风险。可参考指标包括资产负债率、速动比率、现金流动负债比率、带息负债比率、或有负债比率等。

（4）经营增长状况审计。主要通过市场拓展、资本积累、效益增长以及技术投入等方面的财务指标，审查干部任职期间企业的经营增长水平、资本增值状况及持续发展能力。可参考指标包括销售（营业）增长率、资本保值增值率、任期年均资本增长率、销售（营业）利润增长率、总资产增长率等。

### （四）党风廉政建设责任和个人遵守廉洁从业规定情况审计

1. 履行党风廉政建设责任情况

是否认真履行党风廉政建设第一责任人职责，是否坚持党建工作和业务工作同部署、同落实、同检查、同考核，认真抓好职责范围内党风廉政建设任务的落实。

2. 本人遵守有关廉洁自律规定、廉洁从业规定情况

主要审查被审计干部有无违反国家法律法规和廉政纪律，以权谋私，贪污、挪用、私分公款，转移国家资财，行贿受贿和挥霍浪费等行为。主要内容包括：

（1）有无以权谋私和违反廉洁从业规定的问题；

（2）根据人事、纪检监察部门的意见，需要审计查证的事项；

（3）根据群众反映，需要审计查证的问题；

（4）其他违法、违纪问题。

### （五）以往审计发现问题整改情况审计

1. 检查被审计干部对其所在单位的审计整改工作推动是否有力；是否存在对查出问题整改不重视、不部署的情况；对措施落实情况是否进行监督和跟踪，是否存在不落实或落实不彻底的现象。

2. 被审计单位是否按要求及时向医院内部审计机构报告整改情况；整改报

告内容是否客观、完整，是否严格按照整改完成标准确认整改状态，有无随意或虚假调整整改状态。

3. 是否对前任遗留问题和遗留事项妥善地进行接续处理，是否认真负责地对以往巡视巡察、审计、检查中发现的问题加以整改落实。

**（六）其他需要审计的内容**

1. 其他与经济职责相关的事项。例如，应当关注干部贯彻落实科学发展观，推动经济社会科学发展情况；遵守有关法律法规、贯彻执行党和国家有关经济工作的方针政策和决策部署情况；与履行经济责任有关的管理、决策等活动的经济效益、社会效益和环境效益情况等。

2. 其他需要审计的事项。例如，被审计干部是党组织负责人的，除了上述内容外，还应当审计党建工作情况和党费、党建专项经费使用管理情况等。

## 第三节　经济责任审计案例

结合医院实际，按照经济责任审计工作流程，本节以A医院为例，详细讲解经济责任审计在制度建设、工作流程以及审计计划、审计准备、审计实施、后续审计等各个阶段的实务操作，供读者参考借鉴。

**【例17－1】**按照干部管理权限，为了规范医院中层干部经济责任审计工作，健全和完善经济责任审计制度，A医院制定出台了《A医院中层干部经济责任审计实施办法（试行）》，详见本书附录部分，此处略。

**【例17－2】**按照医院党委工作安排，A医院党委组织部拟对部分中层干部开展经济责任审计。为此，组织部发出书面通知，委托审计处对王××等58名同志在任期间的经济行为进行审计，通知书具体如下：

**关于对王××等58名同志进行任期经济责任审计的通知**

审计委托书〔202×〕1号

审计处：

根据《A医院中层干部经济责任审计实施办法（试行）》（×院发〔202×〕×号）及医院其他有关规定，现委托你处对王××等58名同志在任期间的经济行为进行审计，审计期间为202×年1月至202×年1月（三年），请予安排实施。

附件：经济责任审计干部名单

A医院组织部

202×年×月×日

**【例17-3】**接例17-2，A医院审计处按照党委组织部的委托，编制202×年经济责任审计计划如表17-1所示。

**表17-1　A医院202×年经济责任审计项目计划**

| 序号 | 组织部委托书编号 | 被审计人 | 单位 | 职务 | 任期起止 | 审计时间范围 | 审计方式 | 备注 |
|---|---|---|---|---|---|---|---|---|
| | | | | | | | | |
| | | | | | | | | |
| | | | | | | | | |
| | | | | | | | | |
| | | | | | | | | |

填表人：　　　　　　　　　　　　　　　　　填表时间：

**【例17-4】**接例17-3，A医院审计处制订了审计实施方案，审计方案如下所示：

### A医院202×年中层干部经济责任审计工作方案

为切实加强对中层干部经济行为的监督，按照医院党委的部署，根据《中华人民共和国审计法》《党政主要领导干部和国有企业领导人员经济责任审计规定》（中办发〔2010〕32号）及实施细则和《A医院中层干部经济责任审计实施办法（试行）》（×院发〔202×〕×号）的要求，结合我院实际，制订本工作方案。

**一、审计工作目标**

以习近平新时代中国特色社会主义思想为指导，贯彻落实党的二十大和二十届历次全会精神，深入贯彻习近平总书记对审计工作的重要批示精神，切实加强党对审计工作的领导。按照“对事业负责、对干部负责”的原则，对医院中层干部（以下简称“被审计人”）在任期内应负的经济责任履行情况进行审计，客观公正地评价被审计人在管理职责范围内的经济活动中业绩和对存在的问题应负的责任，促使被审计人全面履行经济责任意识，强化内部管理，增强纪律观念，促进廉政建设，提升被审计单位经济决策的科学性和资金的使用效益，并为组织人事部门、纪检监察机关等有关部门考察和使用干部提供参考依据，服务医疗卫生事业持续健康发展。

## 二、审计对象和范围

（一）审计对象

对医院58位被审计人进行任期经济责任审计，详见A医院审计委托书〔202×〕1号（被审计人名单略）。

（二）审计时间范围

审计时间范围是202×年1月至202×年1月（三年），必要时将追溯以前年度或延伸审计其他部门和单位。

## 三、审计主要内容

围绕被审计人履行经济责任情况，通过被审计人任职期间在重大经济事项决策及执行、遵守国家财经法规、内部控制、预算执行与财务收支的真实合法及效益、国有资产管理使用及效益、党风廉政建设责任落实及履行岗位职责等方面情况等，反映被审计人在单位（部门）总体发展中起到的推动作用，取得的主要业绩，并揭示存在的风险隐患和突出问题。

（一）党组织被审计人经济责任审计的主要内容

1. 贯彻执行党和国家重大财经政策和决策部署，履行有关职责，推动部门、单位科学发展情况；

2. 遵守有关法律法规和财经纪律情况；

3. “三重一大”决策制度的建立健全和执行情况；

4. 部门、单位重大管理制度的审议、督查情况；

5. 党建工作情况和党费、党建专项经费使用管理情况，以及厉行节约反对浪费情况；

6. 履行有关党风廉政建设第一责任人职责情况，以及本人遵守有关廉洁自律规定情况；

7. 对以往审计中发现问题的督促整改情况；

8. 其他需要审计的内容。

（二）临床医技、职能部门被审计人经济责任审计的主要内容

1. 贯彻执行党和国家重大财经政策和决策部署，履行有关职责，推动部

门、单位科学发展情况；

2. 遵守有关法律法规和财经纪律情况；

3. 有关目标责任制完成情况；

4. “三重一大”决策制度的建立健全和执行情况；

5. 部门、单位预算执行和财务收支的真实、合法和绩效情况；

6. 其他内部管理情况，包括医疗质量及安全管理、科研教学管理、采购管理、合同管理、资产管理等情况；

7. 部门、单位管理制度的健全和完善，特别是内部控制制度的制定和执行情况，厉行节约反对浪费情况；

8. 履行有关党风廉政建设第一责任人职责情况，以及本人遵守有关廉洁从业规定情况；

9. 对以往审计中发现问题的整改情况；

10. 其他需要审计的内容。

**四、审计风险评估**

本次经济责任审计涉及内容多，覆盖面广，审计时间有限，审计人员相对较少，审计风险相对较高。

为控制审计风险，本次审计以被审计单位及被审计人提供经承诺的相关资料为基础，对取得的证据依法作出评价；对证据不确凿的、法律法规依据不明确的，不作评价；对短期内难以查清的问题，在审计报告的其他需要说明事项中反映事实情况，不作评价。

**五、审计模式和人员分工**

鉴于任务重、时间紧，本次经济责任审计拟采取内部审计与社会审计融合的组织方式，通过购买社会服务方式引进社会审计机构参与经济责任审计项目，审计服务费用按照相关文件规定执行。

实施经济责任审计项目时，医院内部审计人员为主，社会审计人员为辅，综合双方审计人员的审计经验、执业经历、专业、年龄等因素，配备1名内部审计人员和3名社会审计人员组成联合审计组，共5组。联合审计组组长（内部审计人员担任）对社会审计人员工作实行全程监督和管理，借助社会审计人员专业技术力量的同时注重保持内部审计的独立性。

社会审计独立组（社会审计3名人员组成）对审计处处长实施经济责任审计，直接向经济责任审计委托方出具审计报告。

（一）审计组组成

组长：张×

副组长：李×

成员：何×、方×、蔡×、侯×、陈×及社会审计机构×名审计人员

人员分工：

组长负责审计项目的全面工作（不含审计处处长经济责任审计事项）。

副组长根据组长授权负责审计项目的具体组织实施，同时负责审计报告结论的复核、审计工作底稿复核、判断重要性水平、确定审计意见等工作。

审计组成员负责统一规范审计文书、审定审计实施方案、与医院各部门（单位）和社会审计人员之间的联系沟通、审计期间的纪律及廉政监督、编制有关审计工作底稿、审定审计报告初稿和管理意见书、汇总审计资料、出具审计报告、审计档案立卷归档等工作。

社会审计人员负责提供相关审计会议资料、编制初步审计实施方案和审计重点、审计调查取证、编制审计底稿、编制审计确认单、参与审计责任认定、起草审计报告初稿、回复问题清单和审计报告初稿、整理归类审计资料（电子档案移交存档）等。

（二）具体分工情况，详见分组名单。（略）

**六、预定的工作进度及时间安排**

本次审计自202×年×月×日起至×月×日止，具体分为三个阶段。

（一）准备阶段（202×年×月×日——×月×日）

1. 与社会审计机构对接。审计处与经相关程序遴选的社会审计机构明确双方工作职责，组建联合审计组，并对全体审计人员进行行业规则、工作纪律和职业道德等培训。根据审计工作需要，社会审计机构充分考虑本次需要投入的时间、技术和成本等必要因素，做好项目前期准备，社会审计派出人员名单和联系方式向审计处备案。

2. 征询医院相关部门意见。向医院内部相关部门（纪检监察室、巡察办、组织部、督查办和人事处等）发送征询函，了解审计项目相关情况，联合审计组共同讨论研究院内征询部门的反馈意见，初步明确审计方向。

3. 发出审计预通知。向被审计单位发出审计预通知，要求在规定时间内提交审前调查资料，并确定联系人员。

4. 审前调查。结合获取的资料进行研讨，确定必审事项和重点审计事项，

形成审计思路，并根据审计工作方案和审计调查情况编写完成项目实施方案，经审计组组长和副组长共同签名后，由审计处综合科备案。

5. 发出审计通知及公示。向被审计单位及被审计人送达正式审计通知，并抄送组织部。

（二）实施阶段（202×年×月×日——×月×日）

1. 召开审计进点会。送达审计通知3天后，审计组召开审计进点会，开始进入现场审计实施程序。

2. 现场实施审计。收集、查看资料，进行审计取证，编写、整理、复核审计工作底稿，对工作底稿进行签字确认。

（1）收集被审计人任职期间的相关审计资料。

（2）审核内部控制制度。

（3）审核检查有关资料，取得审计证据。

（4）开展审计业务研判会。审计组组长及副组长参加每周一的审计工作分析研判会，各联合审计组组长汇报工作推进情况，各联合审计组汇报审计发现问题、困难以及发现的重大违纪违法问题，会议对照检查审计方案确定目标、任务的完成情况，布置下一阶段审计工作。

（5）完成审计确认单。审计确认单经各联合审计组组长审定后，在现场工作结束1周内，送达被审计单位确认并在规定时间内回复意见。

（6）编制审计工作底稿。根据审计确认单的回复情况，修改完善审计工作底稿，并完成审计工作底稿的一级复核。

（7）编制审计报告初稿。审计小组出具审计报告初稿，联合审计组长对初稿进行复核后，报送审计组组长审核（一级复核）。

（8）各联合审计组组长收集整理经核实的被审计单位及被审计人存在的一些共性、倾向性、典型性问题，以综合报告、信息、要情、专报等形式上报，提升审计成果。

（三）报告阶段（202×年×月×日——×月×日）

1. 审计报告征求意见。审计报告初稿经审批进行必要的修改后形成审计报告征求意见稿；提交审计报告征求意见稿请审计组组长审核，如有必要，审计报告征求意见稿提请院领导审定（二级复核）。

2. 处理回复意见。对征求被审计单位和被审计人的意见进行必要修改和调整。

3. 出具正式审计报告。经审计组长审批形成审计报告、审计结果报告后，召开党委审计委员会会议，由委员会成员集体审议审计报告、审计结果报告，特别是对于审计评价做到集体审议并最终定性，落实责任（三级复核）。经分管院领导和党委审计委员会审批后，出具正式报告。

4. 整理审计结果。梳理审计发现的典型性、普遍性、倾向性问题，以及反复发生的问题，深入研究分析背后的体制性障碍、机制性梗阻、制度性漏洞，将相关审计情况通报党委审计委员会，推动相关单位在各自职责范围内积极运用审计成果。

5. 审计组立卷、整理、筛选、建立审计档案。

**七、回避制度**

为保证审计的公正性和独立性，办理审计事项时如有以下情形，审计人员分组时需要回避：(1) 与被审计人有夫妻关系、直系血亲关系、三代以内旁系血亲以及近姻亲关系的；(2) 与被审计人有经济利益关系的；(3) 与被审计人有其他利害关系。

**八、工作要求**

（一）统一思想，提高认识

审计人员要树立大局意识，增强紧迫感和责任感，切实加强领导，精心组织，周密部署，统筹兼顾、服从调配，做到认识到位、人员到位、措施到位，确保按时保质保量完成审计任务。

（二）严谨细致，提高质量

审计人员在审计工作中，要严格执行审计程序，加强审计进度和审计质量控制，注意审计证据和审计线索的收集，对查出的问题应做到事实清楚，取证充分，客观公正。对尚未有法律法规政策依据难以进行审计评价的事项，应及时向组长汇报。

（三）协调配合，形成合力

审计人员要加强与被审计中层干部沟通，认真听取被审计中层干部的意见，力争达成共识，积极争取支持和配合，为审计工作的顺利开展创造有利条件。审计组成员之间应及时沟通联系，互通情况，重要信息和成果，向组长报告。审计工作进度和成果，分阶段向审计处领导汇报。

（四）勇于担当，务实创新

审计人员要认真学习领会新修订的《党政主要领导干部和国有企事业单位主要领导人员经济责任审计规定》精神，按照规定要求开展审计工作。

（五）严格纪律，清正廉洁

在审计中，审计人员要严格遵守审计“四严禁”工作要求和“八不准”工作纪律，忠于职守，不得以审谋私，审计中如发现重大违纪违规问题，要及时向有关领导汇报，不得擅自处理或隐瞒，严格遵守保密规定，加强对审计现场资料的管理，做到依法审计、廉洁审计。

A 医院审计处

202×年×月×日

**【例 17－5】** 接例 17－4，A 医院审计处向医院内部相关部门（纪检监察室、巡察办、组织部、督查办、人事处、财务处等）发出征询函，征询医院相关部门意见。征询函格式如下：

**经济责任审计征询函**

×经审通〔202×〕×号

××（部门名称）：

根据院党委的安排，审计处将对王××等 58 名同志进行任期经济责任审计，谨请你处（部）根据所了解的情况，就上述同志及其所在单位（部门）在经济管理活动中可能存在的问题，以及你处（部）亟待了解的问题，对我们作出提示。

无论有无提示，均烦请填写提示意见，并于 202×年×月×日前反馈我处。谢谢支持！

A 医院审计处

202×年×月×日

联系人：××　电话：××××

**提 示 意 见**

| |
|---|
| 填写单位（盖章）：<br>负责人（签字）：<br>年　月　日 |

注：上述提示意见如填写不下，请另附页。

【例 17－6】接例 17－5，A 医院审计处分别拟定并下达审计通知书，具体如下所示：

## 关于对××同志进行任期经济责任审计的通知

××（被审计干部姓名）同志并××（被审计干部所在单位全称或者规范简称）：

根据医院安排及党委组织部的委托，我处将从 202×年×月起，对××同志进行任期经济责任审计，审计方式为进点审计。现将有关事宜通知如下：

**一、工作程序**

经济责任审计（进点审计）工作分为三个阶段：审前调查阶段、审计实施阶段、审计报告阶段。目前阶段为审前调查阶段，由贵单位提交相关资料经审计组查阅后，我处另行通知召开进点会，再依次进入审计实施、报告阶段，如无特殊情况，全部工作将在三个月左右结束。

**二、审前调查资料**

为确保审计效率和效果，请贵单位（部门）先行提供附件所列的审前调查基本资料，并作出相应的承诺。相关资料请于 202×年×月×日之前提交，并同时将电子版发送至联系人 OA 邮箱（审计处秘书××）。个人承诺书需由被审计干部本人签名，单位（部门）承诺书需由负责人签字并加盖所在单位（部门）公章。

**三、工作联系**

请贵单位（部门）安排领导班子成员和日常接洽人员各一名，以便审计实施过程中的联系与沟通。联系人：××，联系电话：××××。

A 医院审计处

202×年×月×日

**附件 1：**

## 需提供的资料清单

1. 年度工作计划及工作总结；
2. 经济责任人在任期间单位（部门）机构设置、领导班子成员及分工情况；
3. 有关经费管理、使用及效益情况；
4. 固定资产、大型仪器设备的管理、使用及效益情况；
5. 内部控制制度建立健全及其执行情况；
6. 重大经济事项的决策程序和效益情况；

7. 业务发展规划和政策措施的制定、执行和效果情况；

8. 相关的重要会议记录和有关的文件；

9. 单位（部门）内部职工基本信息一览表（姓名、性别、职务、职称、联系方式等）；

10. 与经济活动相关的其他资料。

说明：(1) 请以纸质和电子两种形式提供上述资料；(2) 报送的纸质资料需经主要负责人签字并加盖所在单位（部门）公章。

**附件2：**

## 经济责任审计承诺书（单位/部门）

审计组：

根据《党政主要领导干部和国有企事业单位主要领导人员经济责任审计规定》第二十七条的规定和医院审计处《关于××同志任期经济责任审计的通知》（经审通〔202×〕×号）的要求，我们将按要求积极配合、提供相关资料，并郑重承诺如下：

一、所提供的相关资料（以《资料接交清单》为准）均是真实、完整的。

二、本单位/部门的各项经济业务事项均在本单位/部门所提供的相关资料及财务处相关会计报表、会计账簿、会计凭证及其他资料中真实、完整地反映，无账外账。

三、若不及时、不全面或不真实提供相关资料，由此产生的后果自负。对需要核实的问题进行如实反馈，对难以明确的事项或不能承诺的事项将以书面报告方式专门予以陈述。

对上述承诺，本单位/部门和有关负责人愿意承担《中华人民共和国审计法》《中华人民共和国会计法》《中华人民共和国审计法实施条例》及相关法律、法规、规章规定的有关法律责任。

被审计单位/部门（签章）：

现任主要负责人（签字）：

年　月　日

## 经济责任审计承诺书（个人）

审计组：

根据《党政主要领导干部和国有企事业单位主要领导人员经济责任审计规定》第二十七条的规定和医院审计处《关于××同志任期经济责任审计的通

知》(经审通〔202×〕×号)的要求,我将按要求提交《述职报告》和其他相关资料,并积极配合审计工作,并郑重承诺如下:

一、本人所提供反映个人遵守国家财经法规、遵守领导干部廉政规定的情况,以及审计范围涉及的其他业务、财务资料,均是真实的、完整的。

二、对本人难以明确的事项和不能承诺的事项将以报告方式专门予以陈述。

三、若不及时、不全面或不真实提供相关资料,因此产生的后果由我本人承担。

对上述承诺,本人愿意承担党纪、政纪规定的有关责任和《中华人民共和国审计法》《中华人民共和国会计法》《中华人民共和国审计法实施条例》规定的有关法律责任。

承诺人(本人签字):

年　月　日

**【例17-7】** 接例17-6,A医院审计处组织召开进点会,进点会通知如下所示:

**关于召开202×年中层干部经济责任审计进点会的通知**

各相关部门、单位:

受组织部委托(审计委托书〔202×〕1号),我处已完成202×年中层干部经济责任审计前期工作,现将有关进点会事项通知如下:

**一、会议时间**

202×年×月×日(星期一)10:00

**二、会议地点**

××院区综合楼6楼报告厅

**三、参会人员**

1. 院领导;

2. 被审计领导干部(见附件)及所在单位(部门)经济责任审计联络员;

3. 审计处全体工作人员。

**四、相关要求**

1. 会议原则上不得请假,确需请假的,按管理权限逐级报批,并将领导签批书面请假条报至审计处备案。

2. 会议期间请严格遵守会场纪律,自觉服从相关管理。

附件：被审计领导干部名单（略）

中共A医院委员会审计委员会办公室

A医院审计处

202×年×月×日

**【例17－8】** 接例17－6，被审计干部及其所在单位（部门）以及其他有关单位（部门）按审计组要求如期提供被审计中层干部履行经济责任审计所需的相关资料，同时，被审计干部向审计组提交经济责任审计述职报告，述职报告的格式如下：

## ××〔姓名〕同志述职报告

**一、基本情况**

（略）

本部分主要包括：（1）本人任职时间；（2）任职期间主管、分管工作的内容及职责。

**二、主要业务工作开展情况**

（略）

本部分主要包括：（1）任期内贯彻执行党和国家有关经济方针政策和决策部署、推动所在单位（部门）各项事业发展，所采取的主要措施、取得的成效以及获得的荣誉奖励；（2）任期内重大经济决策事项、决策过程及其执行效果；（3）任期内各项工作任务目标完成情况；（4）重要规章制度及内部控制制度的制定、完善和执行情况；（5）任职前和任期内重大经济遗留问题及其处理情况等内容。

**三、党风廉政建设情况**

（略）

本部分主要包括任期内履行推动所在单位（部门）党风廉政建设职责和个人遵守廉洁从业规定的情况。

**四、存在的不足和需要改进的方面**

（略）

**五、其他需要说明的情况**

（略）

述职人：××（本人签字）

202×年×月×日

【例 17－9】接例 17－8，审计组分别根据工作分工现场实施审计，通过收集、查看资料，进行审计取证，编写、整理、复核审计工作底稿，对工作底稿进行签字确认。在此基础上，审计组编制审计报告初稿，经征求被审计单位（部门）和被审计人的意见进行必要修改和调整后，形成审计报告送审稿。经批准，出具正式审计报告。本例提供心内科科主任何××的审计报告，具体如下：

## 关于心内科主任何××同志任期经济责任审计的报告

×院经审报〔202×〕×号

何××同志及心内科：

根据中华人民共和国审计署第 11 号令《审计署关于内部审计工作的规定》第三条和《第 2205 号 内部审计具体准则——经济责任审计》第三条的规定，受医院党委组织部的委托（审计委托书〔202×〕1 号），经批准，审计处派出审计组，自 202×年×月×日至×月×日，对心内科主任何××同志 202×年 1 月至 202×年 1 月（三年）履行经济责任情况进行审计。何××同志及所属部门和其他有关单位对所提供资料的真实性、完整性负责，并对此作出书面承诺，审计处的责任是依法独立实施审计并出具审计报告。

### 一、基本情况

（一）科室概况

1. 科室基本情况及主要职责

心内科创建于 1958 年，是××省临床重点专科、卫生部首批冠脉介入培训基地、××医科大学硕博士培养点、国家级心血管病博士后流动工作站，在医疗、教学、科研等方面达到了国内先进水平。

2. 科室机构设置

心内科开设冠心病、高血压、心力衰竭、心律失常、血脂异常、血栓病、女性冠心病等专病门诊。住院病床共××张，重症监护病床××张。设有心功能室、超声心动室、心电图室、心导管室及心血管基础研究室。

3. 科室人员情况

科室现有主任医师×人，副主任医师××人、主治医师××人、住院医师××人、技师××人。现有护理人员××人。

4. 科室内控情况

先后制定出台《心内科科务会议相关规定》《心内科绩效分配方案》《心内科科研资助办法》《心内科医师培训制度》《心内科仪器设备管理制度》《心内科仪器、设备使用与保养制度》《心内科科务公开工作制度》《心内科一次性医用消耗品管理制度》《心内科药品管理制度》《心内科感染管理制度》《心内科护理文书记录与保管制度》等制度；202×年修订《心内科工作制度》《心内科工作人员病室管理制度》《心内科知情同意书制度》《心内科患者转出（院）制度》《心内科交接班制度》《心内科抢救工作制度》《心内科医嘱制度》《心内科多重耐药菌医院感染管理制度》《心内科消毒隔离制度》《心内科毒麻药品管理制度》《心内科科室病历管理制度》等制度，并形成修订后的《心内科制度汇编》。

（二）何××同志任职及分管工作情况

202×年1月至202×年1月，何××同志任心内科主任，主持科室全面工作，负责科室业务、教研及行政管理等工作。

（三）审计范围和方法

本次审计的时间范围是202×年1月至202×年1月（三年）。审计对象范围包括医院所属的各相关部门（单位）。

本次审计运用检查、观察、询问、调查和分析等方法，对各部门（单位）提供的会计报表、会计账簿、会计凭证等会计资料以及有关经济活动的合同、文件等资料开展审计和审计调查。调阅相关被审计人履行经济责任有关的会议纪要等资料，采取个别谈话形式，并参考任期内的各项检查及党委巡察的检查结果。

**二、何××同志履行经济责任主要业绩情况**

审计结果表明，何××同志202×年1月至202×年1月担任心内科主任以来，在医院党委行政的正确领导下，认真履职。主要工作情况如下。

（一）临床工作取得佳绩

各项业务指标完成较好，年均完成各类心脏介入手术××××余台，门诊量、出院人次、床位使用率稳步增长；平均住院日降至×天；药占比、耗占比持续降低。详见附件“主要财务业务数据表”。

（二）学科建设取得新突破

心内科始终坚持创新发展，谋求技术新高地。一是首次完全独立开展PISMRA技术，成功治疗两位梗阻性肥厚型心肌病的患者，逐渐形成自己的手术流程和规范。二是完成省内首例在持续性心房颤动射频消融术中实施无水乙醇消融 Marshall 韧带的手术、例肾上腺静脉采血（AVS）、首例 Astra™ 3TMRI（核磁共振）兼容起搏器植入等。三是科室在经股动脉 TAVR 手术上愈加成熟，手术量明显升高，心脏瓣膜介入团队受邀参加 202×年第×届中国结构性心脏病周的手术直播。参播病例获得“最强黑马奖”。

（三）科研教学取得新成效

在科研方面，积极申报各级科研课题共计××项，获得国家级立项×项，省级立项×项，发表科研论文××篇，其中 SCI 论文×篇，中华牌北大核心×篇，科技核心×篇。国际检索及分析机构 Healsan Consulting LLC 公布了一项关于心血管科 202×年发表的 SCI 论文大数据分析报告显示，心内科在“2020 年全球研究最活跃机构”排行第×位，202×年 SCI 论文发表数量居全国×位，刘×教授入选“202×年中国最活跃学者”。在教学方面，李×医师荣获医学教育教学优秀带教老师，获得临床医学博士后“临床小讲课比赛”一等奖，并获得“优秀临床医学博士后”称号。王×医师在首届住院医师病例汇报大赛上获一等奖。

## 三、审计结果

经对心内科和财务处等部门提供的 202×年 1 月至 202×年 1 月的会计资料及相关材料进行审计，未发现何××同志有重大违反国家财经法规的行为。

审计期间，审计组未接到群众举报或反映与何××同志有关的违法违纪行为。

## 四、审计评价

根据本次审计结果，依据《第 2205 号 内部审计具体准则——经济责任审计》的规定，对何××同志任职期间经济责任履行情况评价如下：

何××同志在任期内能够贯彻执行党和国家、卫生健康部门重大财经政策和决策部署，认真履行有关职责，推动科室及医院事业发展；遵守有关法律法规和财经纪律；有效达成责任目标；建立健全科室“三重一大”决策制度，并有效执行；单位预算执行规范，财务收支真实、合法，绩效较好；医疗质量和安全管理、科研教学管理、采购管理、合同管理、资产管理等规范、有序；逐步健全和完善单位管理制度，加强内部控制制度建设与执行，厉行节约反对浪费；在本次审计涉及的事项中未发现何××同志存在违反廉洁从业规定的问题。

附件：《主要财务业务数据表》（略）

A医院审计处

202×年×月×日

**【例17-10】** 接例17-9，本例提供A医院资产管理处处长陈××的审计报告，具体如下：

### 关于资产管理处处长陈××同志任期经济责任审计的报告

×院经审报〔202×〕×号

陈××同志及资产管理处：

根据中华人民共和国审计署第11号令《审计署关于内部审计工作的规定》第三条和《第2205号 内部审计具体准则——经济责任审计》第三条的规定，受医院党委组织部的委托（审计委托书〔202×〕1号），经批准，审计处派出审计组，自202×年×月×日至×月×日，对资产管理处处长陈××同志202×年1月至202×年1月（三年）期间履行经济责任情况进行审计。陈××同志及所属部门和其他有关单位对所提供资料的真实性、完整性负责，并对此做出书面承诺，审计处的责任是依法独立实施审计并出具审计报告。

**一、基本情况**

（一）科室概况

1. 科室基本情况及主要职责

资产管理处是医院资产全生命周期综合管理的职能部门，负责医院资产的配置规划、购置审批、技术评估、材料准入、招标委托、合同签订、资产采购、安装验收、仓储供应、使用监管、效益分析、运营维护、计量校验、在用调配、报废处置以及档案管理等工作。

2. 科室机构设置

资产管理处下设招标采购办、医学装备部、物资供应中心、维修服务中心、固定资产管理科等。

3. 科室人员情况

资产管理处现有工作人员××人，其中：招标采购办×人，医学装备部×人，物资供应中心×人，维修服务中心×人，固定资产管理科×人，上述科室分别各设主任（科长）1人。资产管理处现有高级工程师×人、工程师××人。

4. 科室内控情况

先后主持制定完善医院层面医学装备、医用耗材、物资仓储管理等规章制度，如《医疗器械不良事件监测管理制度》《大型设备使用及维修保养管理》《生命支持急救设备日保养、月检查保障管理制度》《医疗设备申购、论证、审批管理制度》《医疗器械供方资质审核及评价管理制度》《医疗设备维修配件采购管理规定》《卫生耗材分类管理规定》《应急物资管理制度》等，并形成修订后的《资产管理制度汇编》，完善医院内部制度建设，同时，制定完善了科室内部《处务公开制度》《资产管理处内部绩效分配办法》等制度。

（二）陈××同志任职及分管工作情况

202×年1月至202×年1月，陈××同志任资产管理处处长，全面主持资产管理处工作，负责领导资产管理处日常行政管理工作。

（三）审计范围和方法

本次审计的时间范围是202×年1月至202×年1月（三年）。审计对象范围包括医院所属的各相关部门（单位）。

本次审计运用检查、观察、询问、调查和分析等方法，对各部门（单位）提供的会计报表、会计账簿、会计凭证等会计资料以及有关经济活动的合同、文件等资料开展审计和审计调查。调阅相关被审计人履行经济责任有关的会议纪要等资料，采取个别谈话形式，并参考任期内的各项检查及党委巡察的检查结果。

**二、总体评价**

从审计情况看，陈××同志任职期间，深入贯彻执行党和国家、卫生健康部门重大财经政策和决策部署，认真履行有关职责，积极推动科室及医院事业发展；遵守有关法律法规和财经纪律；有效达成责任目标；建立健全“三重一大”决策制度，并有效执行；各项预算执行规范，财务收支真实、合法，绩效较好；采购管理、合同管理、资产管理等规范、有序，不断健全和完善单位管理制度，加强内部控制制度建设与执行，厉行节约反对浪费，较好地履行了经济责任。在本次审计涉及的事项中，未发现陈××同志存在违反党风廉政、廉洁从业规定的问题。但本次审计也发现，陈××同志在履行经济责任中存在一些不足和问题，需进一步改进。

## 三、陈××同志履行经济责任主要业绩情况

陈××同志202×年1月至202×年1月担任资产管理处处长以来，在医院党委行政的正确领导下，认真履职。主要工作情况如下：

（一）实行卫生材料精细化管理。通过加强新材料准入规范化管理、实行物资材料分类分批竞争性谈判、规范修订物资字典、全面实行高值耗材网上采购、实施高值耗材二级库管理等措施，卫生材料管理更加科学规范、经济效益突显，202×年仅检验试剂一项就为医院年节约采购成本××万元。

（二）推进仓储管理标准化建设。开展了仓库改造计划，就现有区域进行了合理划分，加强危化品仓储管理，物资分类储放，岗位流程优化再造，不断提高医院物资供应效率及资产安全水平。设置合理库存，有效避免库存积压、资金占用过多的现象。

（三）转变设备运营保障支持模式。一是转变维修模式。按影像、急救、通用家电等设备类型划分专业维修方向，对病床、家具等低技术要求的设备实行维修业务外包，技术资源得以更加高效利用。提升自修比重，减少外修次数，202×年至今节约维修费用××万元，大幅度降低了维修及买保费用，为医院医疗设备安全、经济、高效运行提供了更加强有力的技术支持和运营保障。二是加大设备质控及巡检力度，实行入院设备质控验收，建立起以呼吸机、监护仪、输液泵、除颤仪、电器安全五大模块为基础的质量控制体系，确保医院器械安全可靠。三是建立电路板实验室，通过分析电路工作原理、检测电路板故障等方式潜心研究、攻坚克难，逐步摸清电路板的基本故障，打破电路板一坏就换的固定模式，为医院节省维修资金××万元。

（四）人才队伍建设取得新突破。提高医疗设备运营维护技术水平，加大对医工人员的支持力度，鼓励医工人员大胆创新工作，提供多方面的展示平台，在设备维修技术方面获得较好成绩。202×年，医工人员刘×、张×荣获“全国技术能手称号”；202×年6月，在全省卫生健康系统医学工程人员技能竞赛中，唐×、严×等4名技术人员在委直属医疗机构中团体总分排名第一，个人单项获得两项第一、两项第二的好成绩；202×年11月，严×在第×届“中国好医工”中国优秀临床医学工程师评选活动中获得CT、MRI及普放设备组第一名，并被评为“中国优秀临床医学工程师全国十佳”称号，进一步扩大了资产管理处在国内业界的影响力。

## 四、审计发现的主要问题和责任认定

（一）“三重一大”决策事项和执行情况

1. 部分药品未通过集采平台采购。经审计，发现存在的问题是：202×年至202×年，招标采购办不同程度存在未通过省药品集中采购平台采购药品的情况。经审计抽查，202×年，A医院全部药品采购金额××万元，未通过省药品集中采购平台自行采购药品金额××万元（已剔除麻醉、精神类药品××万元），占当年全部药品采购金额的×%。上述行为违反了《医疗机构药品集中采购工作规范》第三十二条之“医疗机构原则上不得购买药品集中采购入围药品目录外的药品”和第三十八条“医疗机构在药品集中采购活动中，不得有下列行为：（一）不参加药品集中采购活动，或以其他任何方式规避集中采购活动”的规定。

2. 进口设备采购行为不规范。经审计，发现存在以下问题：（1）自行指定进口设备采购代理公司，且代理费明显高于正常取费标准。（2）部分进口设备采购合同约定付款比例过高。上述行为违反了《中华人民共和国招标投标法》关于进口设备采购的有关规定。

（二）有关内部管理制度的制定和执行情况

1. 制度未及时更新。少数制度制定依据未及时更新，与现有医疗行业有关规定不符。比如，《医疗器械物资采购管理制度》部分表述与2021年新修订的《医疗器械监督管理条例》不符。

2. 采购合同管理不规范。一是个别合同签订流程倒置，签订时间早于采购审批时间；二是个别合同订立不规范，对应合同条款前后不一致。

3. 国有资产管理需加强。一是部分新购入的固定资产未按规定粘贴标签，未做到实物和账面资产一一对应；二是少数医疗设备购买论证不充分，设备购入后使用效率低，存在资产闲置的情况；三是部分仪器设备维修流程倒置，维修审批晚于维修验收日期。

## 五、审计意见和建议

1. 药品集中采购是国家医药卫生体制改革的重要举措之一，对于从源头上治理医药购销中的不正之风，规范医疗机构药品购销工作，减轻患者医药费用负担具有重要意义，为此，建议资产管理处制定完善关于落实国家药品集中采购的相关管理制度，督促招标采购办、物资供应中心进一步规范药品集中采购流程，严格执行国家关于医疗机构药品集中采购的各项规定。

2. 规范进口设备采购行为。一是严格执行《中华人民共和国招标投标法》，规范进口设备采购程序；二是依法制定相关管理规定，严格按照代理费取费标准取费，严格履行合同条款等，切实提高资金使用效益；三是资产管理处对上述有关问题认真进行自查，如有违纪违规行为，依法依规追究相关责任人责任。

3. 加强业务学习，密切关注行业内最新法律法规，及时修订完善院内各项规章制度。

4. 加强合同签订流程的管理，经审批后再签订合同，以避免不必要的风险。加强合同订立环节的审核，确保合理地使用格式条款，避免不必要的损失。对合同履行情况实施有效监控，按照合同约定条款履行。

5. 加强固定资产管理，严格按照《A医院固定资产管理实施细则》规定执行，增强固定资产管理意识，对未贴标签的资产及时贴上标签，使得固定资产可明确辨认和识别。对闲置的资产，进行统筹安排使用，降低资产闲置率，以盘活存量资产，充分发挥资产效能。加强仪器设备维修审批管理，严格遵守医院相关规定，仪器设备发生故障时，先申请，待审批通过后方可进行维修。

A医院审计处

202×年×月×日

**【例17－11】** 接例17－10，A医院审计处建立审计整改台账，对审计整改情况进行集中和动态管理。审计组在出具审计报告时，提出《经济责任审计发现问题清单》，具体表单格式如表17－2所示。

**表17－2　　经济责任审计发现问题清单**

审计项目：
被审计单位：

| 问题清单序号 | 与报告对应关系 | 涉及单位名称 | 问题摘要 | 涉及金额 | 法规依据 | 责任界定 | 责任界定依据 | 处理意见或整改建议 |
|---|---|---|---|---|---|---|---|---|
| 1 | | | | | | | | |
| 2 | | | | | | | | |
| 3 | | | | | | | | |
| 4 | | | | | | | | |
| 5 | | | | | | | | |
| 6 | | | | | | | | |

【例 17－12】接例 17－11，本例示范如何撰写经济责任审计结果报告，具体如下：

## 关于资产管理处处长陈××同志任期经济责任审计结果报告

×院经审结报〔202×〕×号

院党委审计委员会：

根据中华人民共和国审计署第 11 号令《审计署关于内部审计工作的规定》第三条和《第 2205 号 内部审计具体准则——经济责任审计》第三条的规定，受医院党委组织部的委托（审计委托书〔202×〕1 号），经批准，审计处派出审计组，自 202×年×月×日至×月×日，对资产管理处处长陈××同志 202×年 1 月至 202×年 1 月（三年）履行经济责任情况进行审计，陈××同志任职期间，主持资产管理处全面工作，负责领导资产管理处日常行政管理工作。

### 一、总体评价

从审计情况看，陈××同志任职期间，深入贯彻执行党和国家、卫生健康部门重大财经政策和决策部署，认真履行有关职责，积极推动科室及医院事业发展；遵守有关法律法规和财经纪律；有效达成责任目标；建立健全“三重一大”决策制度，并有效执行；各项预算执行规范，财务收支真实、合法，绩效较好；不断健全和完善医院资产管理制度，加强内部控制制度建设与执行，厉行节约反对浪费，较好地履行了经济责任。在本次审计涉及的事项中，未发现陈××同志存在违反党风廉政、廉洁从业规定的问题。但本次审计也发现，陈××同志在履行经济责任中存在一些不足和问题，需进一步改进。

### 二、陈××同志履行经济责任主要业绩情况

陈××同志 202×年 1 月至 202×年 1 月担任资产管理处处长以来，履行经济责任取得的主要业绩包括：

（一）实行卫生材料精细化管理。通过加强新材料准入规范化管理、实行物资材料分类分批竞争性谈判、规范修订物资字典、全面实行高值耗材网上采购、实施高值耗材二级库管理等措施，卫生材料管理更加科学规范、经济效益凸显，202×年仅检验试剂一项就为医院年节约采购成本××万元。

（二）推进仓储管理标准化建设。开展了仓库改造计划，就现有区域进行了合理划分，加强危化品仓储管理，物资分类储放，岗位流程优化再造，提高

了医院物资供应效率及资产安全水平。设置合理库存，有效避免库存积压、资金占用过多的现象。

（三）转变设备运营保障支持模式。通过按影像、急救、通用家电等设备类型划分专业维修方向，提升自修比重，202×年至今节约维修费用××万元，大幅度降低了维修及买保费用。加大设备质控及巡检力度，建立起以呼吸机、监护仪、输液泵、除颤仪、电器安全五大模块为基础的质量控制体系，并打破电路板一坏就换的固定模式，为医院节省维修资金××万元。

（四）人才队伍建设取得新突破。鼓励医务人员大胆创新工作，先后多次荣获“全国技术能手称号”“中国好医工”“中国优秀临床医学工程师全国十佳”等荣誉称号及全省卫生健康系统医学工程人员技能竞赛团体总分排名第一的好成绩，业界影响力不断增强。

**三、审计发现的主要问题和责任认定**

（一）“三重一大”决策事项和执行情况

1. 部分药品未通过集采平台采购。经审计，发现存在的问题是：202×年至202×年，招标采购办不同程度存在未通过省药品集中采购平台采购药品的情况。经审计抽查，202×年，A医院全部药品采购金额××万元，未通过省药品集中采购平台自行采购药品金额××万元（已剔除麻醉、精神类药品××万元），占当年全部药品采购金额的××%。上述行为违反了《医疗机构药品集中采购工作规范》第三十二条的“医疗机构原则上不得购买药品集中采购入围药品目录外的药品”和第三十八条“医疗机构在药品集中采购活动中，不得有下列行为：不参加药品集中采购活动，或以其他任何方式规避集中采购活动”的规定。

此问题主要是招标采购办、物资供应中心工作人员责任心不强，未及时跟进政策学习，落实上级及医院工作要求不到位所致，资产管理处陈××同志对此问题负有领导责任。

2. 进口设备采购行为不规范。经审计，发现存在以下问题：（1）自行指定进口设备采购代理公司，且代理费明显高于正常取费标准。（2）部分进口设备采购合同约定付款比例过高。上述行为违反了《中华人民共和国招标投标法》关于进口设备采购的有关规定。

此问题主要是招标采购办工作人员业务不熟，对国家政府采购及招投标相关管理规定学习不到位，政策把握不准，未严格执行进口设备采购操作流程及要求等所致，招标采购办对此问题负有直接责任，资产管理处陈××同志对此问题负有领导责任。

（二）有关内部管理制度的制定和执行情况

1. 制度未及时更新。少数制度制定依据未及时更新，与现有医疗行业有关规定不符。比如，《医疗器械物资采购管理制度》部分表述与2021年新修订的《医疗器械监督管理条例》不符。

此问题主要是未密切关注行业内最新法律法规，及时组织修订完善院内各项规章制度所致，资产管理处陈××同志对此问题负有直接责任。

2. 采购合同管理不规范。一是个别合同签订流程倒置，签订时间早于采购审批时间；二是个别合同订立不规范，对应合同条款前后不一致。

此问题主要是未严格执行合同签订流程，未严格进行合同审核把关所致，资产管理处陈××同志对此问题负有领导责任。

3. 国有资产管理需加强。一是部分新购入的固定资产未按规定粘贴标签，未做到实物和账面资产一一对应；二是少数医疗设备购买论证不充分，设备购入后使用效率低，存在资产闲置的情况；三是部分仪器设备维修流程倒置，维修审批晚于维修验收日期。

此问题主要是未严格执行《A医院固定资产管理实施细则》规定所致，资产管理处陈××同志对此问题负有领导责任。

附件：陈××同志重要问题责任清单

A医院审计处

202×年×月×日

**附件：**

**陈××同志重要问题责任清单**

本次经济责任审计共发现重要问题5个，其中陈××同志应承担直接责任的问题1个，承担领导责任的问题4个，现将重要问题列示如下：

**一、应承担直接责任的主要问题**

制度未及时更新。《医疗器械物资采购管理制度》等少数制度未及时更新，与现有医疗行业有关规定不符。

**二、应承担领导责任的主要问题**

1. 部分药品未通过集采平台采购。经审计抽查，202×年，A医院全部药品采购金额××万元，未通过省药品集中采购平台自行采购药品金额××万元（已剔除麻醉、精神类药品××万元），占当年全部药品采购金额的××%。

2. 进口设备采购行为不规范。一是自行指定进口设备采购代理公司，且代理费明显高于正常取费标准。二是部分进口设备采购合同约定付款比例过高。

3. 采购合同管理不规范。一是个别合同签订流程倒置，签订时间早于采购审批时间；二是个别合同订立不规范，对应合同条款前后不一致。

4. 国有资产管理需加强。一是部分新购入的固定资产未按规定粘贴标签，未做到实物和账面资产一一对应；二是少数医疗设备购买论证不充分，设备购入后使用效率低，存在资产闲置的情况；三是部分仪器设备维修流程倒置，维修审批晚于维修验收日期。

**【例17－13】** 接例17－10，被审计对象根据审计处提供的审计报告和问题清单，按要求组织整改，并在规定时间内提交审计整改报告。本例以A医院资产管理处为例，示范如何撰写经济责任审计整改报告，具体如下：

### 资产管理处处长陈××同志经济责任审计整改报告

审计处、组织部：

我们于202×年×月×日收到医院党委组织部送达的《关于资产管理处处长陈××同志任期经济责任审计的报告》（×院经审报〔202×〕×号）。

我们已经按照《医院内部审计工作规定》的相关要求，落实单位/部门主要负责人的审计整改责任，及时组织召开审计整改专题会议，制定整改措施、分解整改任务。现将具体整改情况说明如下。

**一、审计整改的总体情况**

（略）

**二、针对审计建议已采取的整改措施**

（略）

**三、对有关责任部门和责任人的责任追究处理情况（若有）**

（略）

**四、强化内部管理和完善相关制度情况**

（略）

**五、正在整改或尚未整改事项的原因分析及计划完成时间**

（略）

**六、落实整改的必要证明材料**

（略）

**七、其他有关内容**

（略）

审计发现问题审计整改情况详见《经济责任审计整改结果清单》。

特此报告。

资产管理处

202×年×月×日

**【例 17－14】** 接例 17－13，被审计单位在报送审计整改结果报告时，一并报送经济责任审计整改结果清单，具体表单格式如表 17－3 所示。

**表 17－3　　经济责任审计整改结果清单**

审计项目：
被审计单位：

| 问题清单 | | | | 整改结果清单 | | | | | | |
|---|---|---|---|---|---|---|---|---|---|---|
| 问题清单序号 | 与报告对应关系 | 单位名称 | 问题摘要 | 已整改 | 正在整改 | | | 尚未整改 | | |
| | | | | 整改措施 | 已采取措施和进度 | 下一步措施 | 完成时限 | 主要原因 | 整改措施 | 完成时限 |
| | | | | | | | | | | |
| | | | | | | | | | | |
| | | | | | | | | | | |
| | | | | | | | | | | |
| | | | | | | | | | | |
| | | | | | | | | | | |
| | | | | | | | | | | |
| | | | | | | | | | | |

**【例 17－15】** 接例 17－14，审计处开展审计整改情况跟踪检查时将经济责任审计发现问题清单、经济责任审计整改结果清单两个清单对接，实行对账销号，提出审计整改结果检查与对账销号清单。对审计查出的问题已经整改到位的，予以销号；对整改不到位的，继续督促被审计单位采取措施进行整改直至销号。经济责任审计整改结果检查与对账销号清单具体表单格式如表 17－4 所示。

**表 17－4　　经济责任审计整改结果检查与对账销号清单**

审计项目：
被审计单位：

| 问题清单 | | 整改检查结果及对账销号清单 | | | | | | | | | | | |
|---|---|---|---|---|---|---|---|---|---|---|---|---|---|
| | | 整改检查结果 | | 整改类型 | | | | | | | | 是否销号 | 销号时间 |
| | | | | 已整改 | | | 正在整改 | | 尚未整改 | | | | |
| 序号 | 摘要 | 检查时间 | 检查方式 | 纠正问题 | 完善制度 | 完成时间 | 主要原因 | 完成时限 | 主要原因 | 责任部门或责任人 | 完成时限 | | |
| | | | | | | | | | | | | | |
| | | | | | | | | | | | | | |
| | | | | | | | | | | | | | |
| | | | | | | | | | | | | | |

【**例 17－16**】接例 17－15，经济责任审计报告出具满一年后，A 医院组织相关部门成立督查组，对被审计单位未按计划完成整改导致未销号的重点整改事项，组织开展跟踪督查。督查组在实施督查三日前，向督查的被审计单位送达《经济责任审计整改落实情况督促检查通知书》。具体格式如下：

**关于对××单位（部门）进行经济责任审计整改落实情况督促检查的通知**

××单位（部门）：

根据《A 医院中层干部经济责任审计整改工作办法》，按照医院审计委员会部署，我办将派出督查组，自 202×年×月起，对你单位（部门）×××经济责任审计的整改落实情况进行督促检查。请予配合，并提供有关资料和必要的工作条件。

审计委员会办公室

202×年×月×日

# 参考文献


［1］李蓉．基层审计机关审计项目质量控制要点分析［J/OL］．审计月刊，2016（05）：30－32. DOI：10. 15882/j. cnki. sjyk. 2016. 05. 010.

［2］林宦卿．医院大型医用设备绩效审计路径的探讨［J］．财会学习，2021（31）：107－109.

［3］吴笑梦，杨玉洁，张琳，等．某三级医院大型医用设备使用管理评价实证分析［J］．中国医院管理，2022，42（04）：31－34.

［4］陈晓丽．内审视角下医院经济合同管理提质增效策略［J］．现代医院管理，2021，19（04）：87－90.

［5］鲁红玲．关于一次性医用耗材专项审计的思考［J/OL］．中国市场，2021（19）：169－170. DOI：10. 13939/j. cnki. zgsc. 2021. 19. 169.

［6］刘禹，刘欣菲，鄂恒，等．医用耗材供应商评价管理体系探索［J/OL］．中国医院，2019，23（09）：62－64. DOI：10. 19660/j. issn. 1671－0592. 2019. 09. 19.

［7］黄坚，胡志新，谢建雄，等．信息化在医用耗材效益审计中的应用效果分析［J］．中国医院管理，2018，38（09）：62－63.

［8］安波，王霞．价值增值型审计：医院内部审计的探索与创新［J］．中国内部审计，2018，（03）：68－70.

［9］周倩男．基于内审视角的公立医院政府采购内部控制风险管理探究［J］．财会学习，2022，（35）：164－166.

［10］赵柠．医院合同管理内部控制专项审计案例［J］．中国管理信息化，2021，24（21）：61－63.

［11］王志伟．医院管理学［M］．北京：中国中医药出版社，2017.

附录 医院内部审计相关规定及制度

## 1. 医院内部审计相关规定（国家及行业层面）

### 1.1 审计署关于内部审计工作的规定

（中华人民共和国审计署令第 11 号，自 2018 年 3 月 1 日起施行）

#### 第一章 总 则

**第一条** 为了加强内部审计工作，建立健全内部审计制度，提升内部审计工作质量，充分发挥内部审计作用，根据《中华人民共和国审计法》《中华人民共和国审计法实施条例》以及国家其他有关规定，制定本规定。

**第二条** 依法属于审计机关审计监督对象的单位（以下统称单位）的内部审计工作，以及审计机关对单位内部审计工作的业务指导和监督，适用本规定。

**第三条** 本规定所称内部审计，是指对本单位及所属单位财政财务收支、经济活动、内部控制、风险管理实施独立、客观的监督、评价和建议，以促进单位完善治理、实现目标的活动。

**第四条** 单位应当依照有关法律法规、本规定和内部审计职业规范，结合本单位实际情况，建立健全内部审计制度，明确内部审计工作的领导体制、职责权限、人员配备、经费保障、审计结果运用和责任追究等。

**第五条** 内部审计机构和内部审计人员从事内部审计工作，应当严格遵守有关法律法规、本规定和内部审计职业规范，忠于职守，做到独立、客观、公正、保密。

内部审计机构和内部审计人员不得参与可能影响独立、客观履行审计职责的工作。

## 第二章　内部审计机构和人员管理

**第六条**　国家机关、事业单位、社会团体等单位的内部审计机构或者履行内部审计职责的内设机构，应当在本单位党组织、主要负责人的直接领导下开展内部审计工作，向其负责并报告工作。

国有企业内部审计机构或者履行内部审计职责的内设机构应当在企业党组织、董事会（或者主要负责人）直接领导下开展内部审计工作，向其负责并报告工作。国有企业应当按照有关规定建立总审计师制度。总审计师协助党组织、董事会（或者主要负责人）管理内部审计工作。

**第七条**　内部审计人员应当具备从事审计工作所需要的专业能力。单位应当严格内部审计人员录用标准，支持和保障内部审计机构通过多种途径开展继续教育，提高内部审计人员的职业胜任能力。

内部审计机构负责人应当具备审计、会计、经济、法律或者管理等工作背景。

**第八条**　内部审计机构应当根据工作需要，合理配备内部审计人员。除涉密事项外，可以根据内部审计工作需要向社会购买审计服务，并对采用的审计结果负责。

**第九条**　单位应当保障内部审计机构和内部审计人员依法依规独立履行职责，任何单位和个人不得打击报复。

**第十条**　内部审计机构履行内部审计职责所需经费，应当列入本单位预算。

**第十一条**　对忠于职守、坚持原则、认真履职、成绩显著的内部审计人员，由所在单位予以表彰。

## 第三章　内部审计职责权限和程序

**第十二条**　内部审计机构或者履行内部审计职责的内设机构应当按照国家有关规定和本单位的要求，履行下列职责：

（一）对本单位及所属单位贯彻落实国家重大政策措施情况进行审计；

（二）对本单位及所属单位发展规划、战略决策、重大措施以及年度业务计划执行情况进行审计；

（三）对本单位及所属单位财政财务收支进行审计；

（四）对本单位及所属单位固定资产投资项目进行审计；

（五）对本单位及所属单位的自然资源资产管理和生态环境保护责任的履行情况进行审计；

（六）对本单位及所属单位的境外机构、境外资产和境外经济活动进行审计；

（七）对本单位及所属单位经济管理和效益情况进行审计；

（八）对本单位及所属单位内部控制及风险管理情况进行审计；

（九）对本单位内部管理的领导人员履行经济责任情况进行审计；

（十）协助本单位主要负责人督促落实审计发现问题的整改工作；

（十一）对本单位所属单位的内部审计工作进行指导、监督和管理；

（十二）国家有关规定和本单位要求办理的其他事项。

**第十三条** 内部审计机构或者履行内部审计职责的内设机构应有下列权限：

（一）要求被审计单位按时报送发展规划、战略决策、重大措施、内部控制、风险管理、财政财务收支等有关资料（含相关电子数据，下同），以及必要的计算机技术文档；

（二）参加单位有关会议，召开与审计事项有关的会议；

（三）参与研究制定有关的规章制度，提出制定内部审计规章制度的建议；

（四）检查有关财政财务收支、经济活动、内部控制、风险管理的资料、文件和现场勘察实物；

（五）检查有关计算机系统及其电子数据和资料；

（六）就审计事项中的有关问题，向有关单位和个人开展调查和询问，取得相关证明材料；

（七）对正在进行的严重违法违规、严重损失浪费行为及时向单位主要负责人报告，经同意作出临时制止决定；

（八）对可能转移、隐匿、篡改、毁弃会计凭证、会计账簿、会计报表以及与经济活动有关的资料，经批准，有权予以暂时封存；

（九）提出纠正、处理违法违规行为的意见和改进管理、提高绩效的建议；

（十）对违法违规和造成损失浪费的被审计单位和人员，给予通报批评或者提出追究责任的建议；

（十一）对严格遵守财经法规、经济效益显著、贡献突出的被审计单位和个人，可以向单位党组织、董事会（或者主要负责人）提出表彰建议。

**第十四条**　单位党组织、董事会（或者主要负责人）应当定期听取内部审计工作汇报，加强对内部审计工作规划、年度审计计划、审计质量控制、问题整改和队伍建设等重要事项的管理。

**第十五条**　下属单位、分支机构较多或者实行系统垂直管理的单位，其内部审计机构应当对全系统的内部审计工作进行指导和监督。系统内各单位的内部审计结果和发现的重大违纪违法问题线索，在向本单位党组织、董事会（或者主要负责人）报告的同时，应当及时向上一级单位的内部审计机构报告。

单位应当将内部审计工作计划、工作总结、审计报告、整改情况以及审计中发现的重大违纪违法问题线索等资料报送同级审计机关备案。

**第十六条**　内部审计的实施程序，应当依照内部审计职业规范和本单位的相关规定执行。

**第十七条**　内部审计机构或者履行内部审计职责的内设机构，对本单位内部管理的领导人员实施经济责任审计时，可以参照执行国家有关经济责任审计的规定。

## 第四章　审计结果运用

**第十八条**　单位应当建立健全审计发现问题整改机制，明确被审计单位主要负责人为整改第一责任人。对审计发现的问题和提出的建议，被审计单位应当及时整改，并将整改结果书面告知内部审计机构。

**第十九条**　单位对内部审计发现的典型性、普遍性、倾向性问题，应当及时分析研究，制定和完善相关管理制度，建立健全内部控制措施。

**第二十条**　内部审计机构应当加强与内部纪检监察、巡视巡察、组织人事等其他内部监督力量的协作配合，建立信息共享、结果共用、重要事项共同实施、问题整改问责共同落实等工作机制。

内部审计结果及整改情况应当作为考核、任免、奖惩干部和相关决策的重要依据。

**第二十一条**　单位对内部审计发现的重大违纪违法问题线索，应当按照管辖权限依法依规及时移送纪检监察机关、司法机关。

**第二十二条** 审计机关在审计中，特别是在国家机关、事业单位和国有企业三级以下单位审计中，应当有效利用内部审计力量和成果。对内部审计发现且已经纠正的问题不再在审计报告中反映。

## 第五章 对内部审计工作的指导和监督

**第二十三条** 审计机关应当依法对内部审计工作进行业务指导和监督，明确内部职能机构和专职人员，并履行下列职责：

（一）起草有关内部审计工作的法规草案；

（二）制定有关内部审计工作的规章制度和规划；

（三）推动单位建立健全内部审计制度；

（四）指导内部审计统筹安排审计计划，突出审计重点；

（五）监督内部审计职责履行情况，检查内部审计业务质量；

（六）指导内部审计自律组织开展工作；

（七）法律、法规规定的其他职责。

**第二十四条** 审计机关可以通过业务培训、交流研讨等方式，加强对内部审计人员的业务指导。

**第二十五条** 审计机关应当对单位报送的备案资料进行分析，将其作为编制年度审计项目计划的参考依据。

**第二十六条** 审计机关可以采取日常监督、结合审计项目监督、专项检查等方式，对单位的内部审计制度建立健全情况、内部审计工作质量情况等进行指导和监督。

对内部审计制度建设和内部审计工作质量存在问题的，审计机关应当督促单位内部审计机构及时进行整改并书面报告整改情况；情节严重的，应当通报批评并视情况抄送有关主管部门。

**第二十七条** 审计机关应当按照国家有关规定对内部审计自律组织进行政策和业务指导，推动内部审计自律组织按照法律法规和章程开展活动。必要时，可以向内部审计自律组织购买服务。

## 第六章 责任追究

**第二十八条** 被审计单位有下列情形之一的，由单位党组织、董事会（或者主要负责人）责令改正，并对直接负责的主管人员和其他直接责任人员进行处理：

（一）拒绝接受或者不配合内部审计工作的；

（二）拒绝、拖延提供与内部审计事项有关的资料，或者提供资料不真实、不完整的；

（三）拒不纠正审计发现问题的；

（四）整改不力、屡审屡犯的；

（五）违反国家规定或者本单位内部规定的其他情形。

**第二十九条** 内部审计机构或者履行内部审计职责的内设机构和内部审计人员有下列情形之一的，由单位对直接负责的主管人员和其他直接责任人员进行处理；涉嫌犯罪的，移送司法机关依法追究刑事责任：

（一）未按有关法律法规、本规定和内部审计职业规范实施审计导致应当发现的问题未被发现并造成严重后果的；

（二）隐瞒审计查出的问题或者提供虚假审计报告的；

（三）泄露国家秘密或者商业秘密的；

（四）利用职权谋取私利的；

（五）违反国家规定或者本单位内部规定的其他情形。

**第三十条** 内部审计人员因履行职责受到打击、报复、陷害的，单位党组织、董事会（或者主要负责人）应当及时采取保护措施，并对相关责任人员进行处理；涉嫌犯罪的，移送司法机关依法追究刑事责任。

## 第七章 附 则

**第三十一条** 本规定所称国有企业是指国有和国有资本占控股地位或者主导地位的企业、金融机构。

**第三十二条** 不属于审计机关审计监督对象的单位的内部审计工作，可以参照本规定执行。

**第三十三条** 本规定由审计署负责解释。

**第三十四条** 本规定自2018年3月1日起施行。审计署于2003年3月4日发布的《审计署关于内部审计工作的规定》（2003年审计署第4号令）同时废止。

## 1.2 卫生计生系统内部审计工作规定

（国家卫生和计划生育委员会令 第16号）

### 第一章 总 则

**第一条** 为进一步加强卫生计生系统内部审计工作，建立健全内部审计工作制度，完善内部监督制约机制，提高卫生计生服务效率，促进事业健康发展，根据《中华人民共和国审计法》《中华人民共和国审计法实施条例》《党政主要领导干部和国有企业领导人员经济责任审计规定》《中国内部审计准则》及有关法律法规，结合实际，制定本规定。

**第二条** 卫生计生系统内部审计是指卫生计生系统内部审计机构和审计人员对本系统、本单位实施的一种独立客观的监督、评价和咨询活动，通过运用系统、规范的方法，审查和评价业务活动、内部控制和风险管理的适当性和有效性，以促进单位完善治理，提升管理水平和服务能力。

**第三条** 本规定适用于各级卫生计生行政部门（以下简称各部门）及所属（管）卫生计生单位（以下简称各单位）。

**第四条** 内部审计工作在国家卫生计生委统一指导下，按照行政隶属关系和预算管理关系实行分级负责管理。各部门、各单位内部审计机构负责本单位及所属（管）单位的内部审计，并指导和监督本系统、本地区及所属（管）单位内部审计工作。

**第五条** 各部门、各单位主要负责人对本部门、本单位内部审计工作的有效实施负责。

**第六条** 内部审计工作坚持全面覆盖、应审尽审；实事求是、客观公正；凡审必严、防微杜渐；促进管理、推动改革的工作原则。

**第七条** 内部审计机构应当依法依规接受国家审计机关的业务指导和监督，并积极支持和配合国家审计机关工作。

### 第二章 职责与权限

**第八条** 各部门内部审计机构对本系统内部审计业务指导和监督的主要职责：

（一）制定规章制度；

（二）编制工作发展规划；

（三）建立健全机构设置，加强人员配备；

（四）落实工作职责；

（五）组织质量评估；

（六）开展培训交流；

（七）法律、法规规定的其他职责。

**第九条** 各部门、各单位内部审计机构主要职责：

（一）制定工作办法和流程；

（二）编制年度工作计划；

（三）重大政策执行、事业发展目标完成情况审计；

（四）预算执行和财务收支、工程建设、采购、国有资产管理及其他所有经济活动事项审计；

（五）领导干部经济责任审计；

（六）内部控制评价及风险管理审计；

（七）其他审计。

**第十条** 内部审计机构和审计人员主要权限：

（一）查阅经济活动相关资料及电子数据；

（二）参加或者列席与重要经济活动有关的会议；

（三）对有关业务活动进行现场观察、调查和记录；

（四）向有关单位和个人开展调查和询问；

（五）对可能转移、隐匿、篡改、毁弃的货币资金、会计凭证、会计账簿、财务会计报告及与经济活动有关的资料，经本单位主要负责人批准，予以暂时封存；

（六）对违法违规的行为及时予以揭示；

（七）提出问题整改要求和管理改进建议。

**第十一条** 各部门、各单位内部审计机构应当有计划地开展内部审计工作，实现审计全覆盖。

各部门、各单位对本级和所属重点单位要每年审计，其他审计对象 1 个周期内至少审计 1 次。审计周期由各部门、各单位结合工作规划、管理需要和审计力量合理确定。没有能力自行开展审计的单位应当委托具有相应资质的社会中介机构开展。

当年已经接受相同项目外部审计并且审计结果可以充分运用的单位，当年可以不再安排审计。

**第十二条** 内部审计机构和审计人员发现本单位未及时处理严重违法违规问题、本单位负责人存在严重违法违规问题的，应当及时向上级主管部门反映。

## 第三章 机构与人员

**第十三条** 各部门应当根据国家编制管理相关规定和部门管理需要，设置内部审计机构，配备专职内部审计人员。

**第十四条** 各单位符合下列条件之一的，应当根据国家编制管理相关规定，设置独立的内部审计机构，专职审计人员不少于 2 人：

（一）二级以上医院；

（二）年收入及资产总额均达到 3 000 万元以上；

（三）所属及分支机构较多；

（四）经济活动复杂；

（五）管理工作需要。

**第十五条** 不设立独立内部审计机构的部门和单位，应当指定内设机构安排专职人员履行内部审计职责。

**第十六条** 鼓励探索实行总审计师和审计委派等制度，强化内部审计的独立性和权威性，提高监管质量和水平。

**第十七条** 内部审计机构负责人应当具备中级以上相关专业技术职称或者 5 年以上审计、会计工作经历，其任免应当征求上级主管部门意见。

**第十八条** 内部审计人员应当具备必需的专业胜任能力，并定期接受后续教育培训。

## 第四章 审计实施

**第十九条** 内部审计机构按照单位领导办公会或者党组（党委）会审批后的年度审计工作计划实施。临时增加的专项审计工作按照规定程序审批后实施。

**第二十条** 内部审计机构实施审计应当遵循内部审计准则及相关规定明确

的程序，主要包括：制订工作方案、组建审计项目工作组、下达审计通知书、组织现场审计、制作工作底稿、沟通审计结果、出具审计报告、督促问题整改等。

**第二十一条** 内部审计机构开展领导干部经济责任审计及其他特定审计事项时，应当遵守国家规定的审计程序和要求。

**第二十二条** 内部审计机构根据审计业务的需要，除涉密项目外，可以向社会购买审计服务。应当按照法律法规履行程序，委托具有相应资质的社会中介机构开展内部审计工作，并监督检查审计业务质量。

**第二十三条** 内部审计机构应当采取督导检查、分级复核、质量评估等方式强化审计工作质量控制。

**第二十四条** 内部审计机构应当加强内部审计信息化建设，提高审计能力、质量和效率。

**第二十五条** 内部审计机构应当建立健全审计档案管理制度，并按照有关规定保管档案资料。

**第二十六条** 内部审计人员与被审计单位、被审计单位主要负责人或者审计事项存在利害关系的，应当回避。

**第二十七条** 内部审计人员办理审计事项，应当严格遵守审计职业道德和审计工作纪律，严格执行廉政纪律，做到独立、客观、公正、保密。不得歪曲事实、隐瞒问题，不得利用职权谋取私利。

## 第五章　审计整改

**第二十八条** 被审计单位是审计整改的主体。单位主要负责人作为第一责任人，应当组织单位领导班子集体研究部署审计整改工作，建立职责明确、分工合作的审计整改联席工作机制，明确整改任务与职责。业务直接主管领导负责主管范围内审计整改工作。

**第二十九条** 对内部审计提出的问题和建议，被审计单位应当立行立改、全面整改，落实自查自纠，完善内部管理。

**第三十条** 被审计单位应当在规定时间内逐项完成审计报告反映问题的整改落实，并按时报送审计整改报告。

**第三十一条** 内部审计机构应当对审计整改工作进展、长效机制建设等情况实施指导监督和跟踪检查。

## 第六章　审计结果运用

**第三十二条**　各部门、各单位要建立健全审计通报制度。审计结果及审计整改情况应当经主要负责人批准后在适当范围内通报。

**第三十三条**　各部门、各单位应当将审计结果及其整改落实情况作为开展以下工作的重要参考依据：

（一）党风廉政建设；

（二）被审计单位、领导班子和领导干部年度考核；

（三）被审计单位主要负责人的考核、任免、奖惩；

（四）审计事项相关责任人的个人年度考核；

（五）有关政策规章和制度机制的完善。

**第三十四条**　领导干部经济责任审计结果报告应当归入被审计领导干部本人档案。

**第三十五条**　各部门、各单位要建立健全责任追究制度，依法依规对相关责任人严肃问责，给予相应党纪、政纪处分。

## 第七章　奖励与处理

**第三十六条**　对审计工作成效显著的内部审计机构和履行职责、忠于职守、坚持原则、作出突出成绩的内部审计人员，所在单位和上级主管部门应当按照规定给予表彰或者奖励。

**第三十七条**　内部审计人员因履行职责遭受打击、报复、陷害的，有关部门应当及时给予保护，并依法依规对相关责任人员予以处理。

**第三十八条**　内部审计机构有下列情形之一，由上级部门或者单位责令改正，并依法依规对相关负责人和其他直接责任人员予以处理：

（一）隐瞒审计查出的问题或者提供虚假审计报告的；

（二）泄露国家秘密或者被审计对象商业秘密的；

（三）滥用职权、徇私舞弊、玩忽职守的；

（四）违反国家规定或者单位内部规定的其他情形。

**第三十九条**　被审计单位和相关人员有下列情形之一的，由上级部门或者单位责令改正，并依法依规对直接负责的主管人员和其他直接责任人员予以处理：

（一）拒绝接受或者不配合内部审计工作的；

（二）拒绝、拖延提供与内部审计事项有关资料的；

（三）提供资料不真实、不完整的；

（四）拒绝执行审计处理意见的。

## 第八章　附　则

**第四十条**　各部门、各单位可以根据本规定，结合本地区和本单位实际情况，制定具体规定或者实施办法，并报上级主管部门或者单位备案。

除本规定外的其他卫生计生单位可以根据实际情况参照本规定执行。

**第四十一条**　本规定自2018年1月1日起施行。2006年8月16日原卫生部公布的《卫生系统内部审计工作规定》同时废止。

## 1.3　国家卫生健康委关于印发进一步加强卫生健康行业内部审计工作若干意见的通知

（国卫财务发〔2022〕9号）

各省、自治区、直辖市及新疆生产建设兵团卫生健康委，委直属和联系单位，委预算单位：

为深入贯彻习近平总书记关于医药卫生机构建立内审制度、加强自查自纠的重要指示精神，着力解决目前行业内部审计存在问题，更好发挥内部审计监督作用，我委研究制定了《进一步加强卫生健康行业内部审计工作的若干意见》。现印发给你们，请遵照执行。

国家卫生健康委

2022年3月2日

### 进一步加强卫生健康行业内部审计工作的若干意见

审计是党和国家监督体系的重要组成部分。近年来，全系统认真贯彻《卫生计生系统内部审计工作规定》，不断提升行业内部审计工作水平，为事业发展提供了监督保障。但从全系统看，内部审计工作还存在被弱化、虚化、边缘化，监督作用发挥不到位、不充分等问题。为深入贯彻习近平总书记重要指示精神，充分发挥内部审计“治已病、防未病”作用，根据《中华人民共和国审计法》《中华人民共和国审计法实施条例》，中共中央办公厅、国务院办公厅

《关于建立健全审计查出问题整改长效机制的意见》及有关部门规章，现就进一步加强卫生健康行业内部审计工作提出以下意见。

**一、全面加强党的领导**

党的领导制度是我国的根本领导制度。各单位党组织要发挥把方向、管大局、作决策、促改革、保落实的领导作用，推动和保障单位内部审计工作，讨论决定单位内部审计发展规划、年度审计项目计划、审计工作报告等重大事项。各单位党组织、主要负责人要直接领导审计工作，鼓励有条件的单位设置总审计师协助领导审计工作，协助领导审计工作的同志不得同时分管财务、资产、采购、基本建设、内部控制建立或实施等可能影响审计独立性的工作。内部审计机构要认真贯彻落实重大事项请示报告制度，审计中发现重大问题应当及时向本单位党组织报告。

**二、推动内审机构建设**

各单位要全面落实习近平总书记重要指示精神，从讲政治的高度认识内部审计机构建设的重要性。符合《卫生计生系统内部审计工作规定》第十四条要求、应当设置独立内部审计机构的单位，要根据机构编制相关规定，按程序推动设立内部审计机构、配齐配强内部审计人员。

**三、联动形成监督合力**

各单位要积极发挥党内监督主导作用，加强内部审计与组织人事、纪检监察、巡视巡察等工作的协调联动。要健全审计计划会商机制，编制年度审计项目计划要与干部监督、巡视巡察等工作计划有机衔接。要健全信息共享和成果共用机制，内部审计发现的重大问题线索应当按照干部管理权限和规定程序移送本单位纪检监察部门或上级主管机关、单位，对纪检监察部门提请协助办理的事项要予以支持配合。

**四、聚焦审计监督职责**

各单位内部审计机构要认真履行审计监督主责主业，坚持内部审计独立性和客观性。内部审计人员不得从事本单位财务会计、资产管理、合同归口管理、内部控制的建立或实施、基本建设工程和修缮管理、采购或招投标评审（不包括审计服务采购评审）等可能影响内部审计独立、客观履行审计职责的活动。要坚持依法依规审计，建立健全本单位内部审计制度。要充分发挥“离得近”“看得清”优势，聚焦关键业务和重点环节，着力揭示经济运行风险隐患。要推进审计项目和审计组织方式“两统筹”，组织开展经济责任审计、预算执行和财务收支审计、转移支付资金专项审计，积极推动实施重大政策落实情况审计、重大建设项目全过程跟踪审计、大型医用设备绩效审计和医用耗材、政府采购、内部控制、合同管理等专项审计。

**五、提升审计工作质量**

各单位内部审计机构要加强审计项目全流程质量管理，全面落实《中国内部审计准则》，重点做好方案编制、审计过程实施、发现问题定性、报告撰写与复核、底稿资料归档等环节质量控制，提升内部审计规范化水平，切实防范审计风险。在审计资源不足时，可以委托社会中介机构或专业人员协助开展审计工作，并对采用的审计结果负责。要加强社会中介机构参与审计项目的质量控制，事前履行内部批准程序、明确委托协议内容，事中加强组织管理、保密管理和质量控制，利用社会中介机构成果前探索开展审计质量评价。开展经济责任审计时，不得将项目整体委托其他组织独立实施；外聘人员不得担任审计组组长，不得独立开展外部调查或承担现场廉政监督、经费管理、涉密资料保管等工作。各地卫生健康行政部门要积极发掘优秀内部审计项目，加强示范引领和交流互鉴，探索编制重点领域专项审计标准化操作规程。

**六、建立整改长效机制**

被审计单位负责人是审计整改的第一责任人。被审计单位承担审计整改主体责任，对审计整改结果的真实性、完整性、合规性负责。要健全清单管理机制，根据审计发现问题清单，将审计整改任务分解到部门、责任落实到人，分步形成任务清单、整改清单。要对审计发现问题分类施策推动整改，按照立行立改、分阶段整改、持续整改等要求采取不同整改措施，建立健全审计整改长效机制。

**七、强化审计结果运用**

各单位要健全内部审计结果运用机制，将审计结果及整改情况作为考核、任免、奖惩领导干部和制定政策、完善制度的重要参考。要有效利用内部审计力量和成果，对属管单位内部审计发现且完成整改的问题可以不在审计报告中反映。要健全审计整改约谈和问责机制，明确应当约谈或问责的具体情形。

**八、着力推动科技强审**

各单位要贯彻落实习近平总书记关于科技强审的重要指示精神，运用大数据等现代信息技术，积极支持内部审计信息化建设，消除信息孤岛。各单位应当为内部审计机构查阅财务、资产、采购、医疗、后勤等有关计算机系统及其电子数据提供条件，探索建设集成化的内部审计信息系统，并与其他信息系统互联互通。要坚持以用为本开展数据分析，促进审计工作从现场审计为主向后台数据分析和现场审计并重转变，通过数据对比分析，着力发现苗头性、倾向性问题，强化风险感知预警。要建立健全内部审计数据管理制度，保障数据安全。

**九、加强人才队伍建设**

各单位要鼓励支持内部审计人员参加职业资格考试、职称评聘、高端（领军）人才培养等后续教育，以及审计、会计、法律、信息技术、卫生经济、卫生健康事业管理等相关专业知识培训，努力建设一支信念坚定、为民服务、业务精通、作风务实、敢于担当、清正廉洁的高素质专业化审计干部队伍。内部审计干部要转变审计思路，既要善于发现具体违规问题，也要善于发现系统性、机制性问题，更要注重提出解决问题的方法和路径，发挥审计的建设性作用。

**十、加强组织实施**

各地卫生健康行政部门要进一步提高政治站位，将推动医药卫生机构建立内审制度、加强自查自纠作为一项重要政治任务常抓不懈；要加强对卫生健康行业发展政策、资金和项目的研究，深入开展研究型审计，提高审计工作的前瞻性和建设性。各单位要多措并举提高内审工作水平，扎实做好审计整改，有效防范化解重大风险。各单位内部审计机构要进一步贯彻落实内部审计工作规定，围绕监督主责主业履职尽责，加强对属管单位内部审计的指导和监督，形成全系统内部审计工作合力，为卫生健康事业高质量发展提供监督保障。

## 1.4 国家卫生健康委办公厅关于印发卫生健康行业内部审计基本指引（试行）等7个工作指引的通知

（国卫办财务函〔2023〕416号）

各省、自治区、直辖市及新疆生产建设兵团卫生健康委，国家卫生健康委直属和联系单位、预算单位：

为贯彻落实《进一步加强卫生健康行业内部审计工作的若干意见》（国卫财务发〔2022〕9号），指导和规范各级卫生健康行政部门及属管单位开展审计业务，更好发挥内部审计作用，我委研究制定了《卫生健康行业内部审计基本指引（试行）》等7个工作指引，现予以印发，供各地各单位开展内部审计工作时参考。执行过程中如遇问题请及时反馈至国家卫生健康委财务司。

附件：1. 卫生健康行业内部审计基本指引（试行）
2. 大型医用设备绩效专项审计指引（试行）
3. 高值医用耗材专项审计指引（试行）
4. 采购管理专项审计指引（试行）
5. 建设项目专项审计指引（试行）
6. 合同管理专项审计指引（试行）
7. 内部控制评价工作指引（试行）

国家卫生健康委办公厅

2023 年 11 月 14 日

**附件 1**

## 卫生健康行业内部审计基本指引（试行）

**第一条** 为进一步指导和规范卫生健康行业内部审计工作，提高审计工作质量，根据《审计署关于内部审计工作的规定》《卫生计生系统内部审计工作规定》《进一步加强卫生健康行业内部审计工作的若干意见》等相关规定，结合审计实践，制定本指引。

**第二条** 本指引供各级卫生健康行政部门及属管单位开展审计业务时参考使用。

**第三条** 开展审计业务时，应当遵守职业道德，具备相应的专业胜任能力，履行保密义务，独立、客观、公正地开展审计监督和评价，关注相关经济风险，并对审计质量实施有效控制。严格遵守保密规定，不得泄露在审计中获知的国家秘密、商业秘密、工作秘密、个人隐私和内部信息。

**第四条** 根据年度审计计划确定的审计项目及实施时间，开展审前调查，收集项目资料，评估工作量，统筹审计资源。

**第五条** 编制审计方案，明确审计目标、范围、内容、程序和方法，组建审计组，合理安排人员分工、时间，制定并送达审计通知书。

**第六条** 审计组全面了解审计项目，开展内部控制测试，发现制度是否存在缺失、未执行或执行不严格等情况。

**第七条** 审计组依据项目特点和审计目标综合运用恰当的审计方法，使用现代信息技术，发现审计线索，获取审计证据。审计方法一般包括审核、观察、监盘、访谈、调查、函证、计算和分析程序等。

**第八条** 审计组在审计工作中发现重大的问题线索，及时按程序向单位党组织、主要负责人请示报告。

**第九条** 审计组在审计工作中编制审计工作底稿，记录审计程序，归纳审计证据，形成审计结论。建立审计工作底稿分级复核制度，明确各级复核人员的职责和要求。

**第十条** 审计组汇总分析审计证据，提出审计建议，形成审计报告初稿，经规定程序复核后，征求被审计单位合理意见。研究采纳情况并按程序审定后，出具审计报告，送达被审计单位。

**第十一条** 按照立行立改、分阶段整改、持续整改的要求，督促被审计单位采取措施推动审计整改。

**第十二条** 加强内部审计与纪检监察、巡视巡察、组织人事、财会监督等其他监督力量协作配合，做好问题线索移送、责任追究等工作。

**第十三条** 审计组在项目结束后，及时收集审计材料，按规定归类整理、编目装订、组合成卷和定期归档。具备条件的，可以建立电子审计档案。

**第十四条** 本指引不能替代相关法律法规、部门规章、规范性文件及审计职业判断。对未涉及事项，需参考相关内部审计准则、指南、指引等。

**第十五条** 本指引由国家卫生健康委财务司负责解释。

**附件 2**

## 大型医用设备绩效专项审计指引（试行）

**第一条** 为进一步指导和规范各级卫生健康行政部门及属管单位开展大型医用设备绩效专项审计业务，提高内部审计工作质量，根据《医疗器械监督管理条例》《卫生计生系统内部审计规定》《医疗器械临床使用管理办法》《大型医用设备配置与使用管理办法（试行）》等相关规定，结合审计实践，制定本指引。

**第二条** 大型医用设备绩效审计应当聚焦纳入监督管理考核范围的设备，包括使用技术复杂、资金投入量大、运行成本高、对医疗费用影响大且纳入目录管理的大型医疗器械，纳入财政预算绩效管理的医用设备，以及根据单位内部管理需要纳入监督考核的医用设备。

**第三条** 审计时运用观察、检查、询问、重新计算、重新执行、穿行测试等，开展内部控制测试和实质性程序。

**第四条** 设计和实施内部控制测试时，重点关注以下内容：

（一）机构与职责。查阅内设机构及职能设置文件、会议纪要等，了解机构设置、职责分工及落实情况。包括是否明确归口管理部门，是否履行职责；是否建立健全议事决策机制、岗位责任制、内部监督等机制，其中岗位责任制是否明确岗位办理业务和事项的权限范围、审批程序和责任。

（二）人员管理。查阅岗位职责等资料，访谈相关人员，了解关键岗位人员管理情况。包括大型医用设备使用人员是否具备相应资质、能力；设备采购预算编制与审定、采购需求制定与内部审批、招标文件准备与复核、合同签订与验收、验收与保管、增减设备执行与审批、设备保管与登记、设备实物管理与会计记录、设备保管与清查等不相容岗位是否相互分离；是否对设备管理关键岗位人员建立培训、评价、轮岗等机制；不具备轮岗条件的是否采取专项审计等控制措施等。

（三）制度建设。查阅大型医用设备管理制度、业务流程、内部控制评价报告等资料，了解制度体系健全、合规情况。包括是否明确大型医用设备管理范围；是否建立健全大型医用设备管理制度，是否明确配置、采购、安装、验收、使用、维护、维修、盘点、处置、核算、监督、绩效评价等内容；是否符合国家及属地有关规定；是否明确审核审批事项，是否建立授权审批控制；相关制度是否有效执行等。

（四）信息化建设。查看单位资产管理信息系统及其他相关信息系统，查阅内部控制评价报告等资料，了解信息化建设及运行情况，包括是否建立设备管理系统，是否嵌入内部控制要求；系统是否可以覆盖大型医用设备管理各环节；是否与内部其他相关信息系统互联互通；录入信息是否完整、准确等。

**第五条** 审计采购管理情况时，重点关注以下内容：

（一）管理制度。查阅医用设备管理、采购管理制度，审计是否明确配置论证、采购执行的业务流程、审批权限等管理要求。

（二）配置论证。查阅大型医用设备采购申请论证资料、相关会议纪要等，审计申请、审核、论证、审批程序及资料是否完备；是否按规定履行政府采购需求管理；是否按规定履行重大经济事项集体决策程序等。

（三）采购执行。查阅采购文件，审计采购方式、采购程序、信息公开等是否符合有关规定；采购资料内容是否完整、合规；是否按照权限履行审核审批程序等。

（四）采购合同。查阅中标或成交通知书、采购合同等采购文件，审计各类资料记载单位、数量、金额等信息是否一致；合同要素是否齐全等。

**第六条** 审计资产管理情况时，重点关注以下内容：

（一）管理制度。查阅资产管理制度，审计是否规定验收、出入库、盘点对账、维修维护、处置等业务流程、审批权限等管理要求。

（二）验收管理。查阅采购合同、送货清单、验收记录并对比分析，审计各类单据记载信息是否一致；是否成立验收小组，按照合同约定开展安装、调试、验收等工作；验收记录内容是否完整；验收完成后是否及时登记入库等。

（三）使用管理。查阅资产账卡、维修维护记录、医疗器械注册证、产品说明书及采购、维修维护合同等资料，现场查看实物保管情况，审计存放地点是否符合有关规定；是否按照合同约定定期检查、检验、校准、保养、维护；医用设备是否按照注册证规定的范围使用；设备产生的检查收入是否存在与医务人员绩效工资挂钩的情况等。

（四）盘点对账。查阅盘点记录、资产账等资料，开展监盘，查看资产管理信息系统并对比分析，审计是否定期开展盘点工作；账实、账账是否相符；是否依据盘点结果查明盘盈盘亏原因并按规定处理等。

（五）资产处置。查阅相关会议纪要、审核审批记录、财务账等资料，审计是否履行重大经济事项集体决策程序，是否按规定报送上级有关部门备案或审批；处置流程是否符合程序；处置收入是否按照政府非税收入等有关规定及时上缴国库等。

**第七条** 审计绩效管理情况时，依据批复的预算绩效目标、单位制定的大型医用设备评价指标等，结合单位实际情况选取指标。

（一）工作效率。现场查看设备使用情况，查阅使用记录、设备管理信息系统数据，了解设备启用日期、每日运行时间、工作量，计算开机率、年功效利用率等，审计设备是否闲置、低效运转等。

开机率 = 实际开机时间 ÷ 应工作时间 × 100%

年功效利用率 = 年实际工作量 ÷（日满负荷工作量 × 年开机天数）× 100%

（二）收费执行。查看医院管理信息系统（HIS 系统）、电子病历系统，对比分析收费数据、业务数据，审计收费项目和收费标准执行是否合规；是否存在多收或少收等情况。

（三）运营效益。查看 HIS、财务管理等信息系统中设备收入和成本数据，计算设备投资回收期和收支结余率等，审计是否达到预期目标。

设备投资回收期 = 现金净流量累计为正值前一年的年限 + 现金净流量累计为正值当年年初未收回的投资额 ÷ 该年现金净流量

设备收支结余率 =（设备项目总收入 － 设备运营总支出）÷ 设备项目总收入 × 100%

（四）社会效益。调查检查或术前等候时间、患者满意度等，计算大型医用设备检查阳性率等，审计是否达到预期目标。

大型医用设备检查阳性率 = 大型医用设备检查阳性数 ÷ 同期大型医用设备检查人次数 × 100%

（五）科教效益。查阅相关科研教学成果、论文著作、成果转化等资料，了解科研教学任务完成情况，审计是否达到预期目标。

（六）生态效益。审计在购置、使用和处置等各环节是否遵守环境保护、环境影响评价、放射性污染防治、水污染防治、医疗废物管理相关法律法规；是否受到相关行政处罚等。

**第八条**　审计财务管理情况时，查阅批复预算、会计账簿、会计凭证、采购合同等资料，重点关注大型医用设备采购预算是否纳入年度部门预算；是否按规定开展预算绩效自评，评价结果是否有效运用；是否按照中小企业款项支付政策及合同约定履行付款义务；是否按照国家及属地规定、合同约定收付履约保证金等。

**第九条**　审计设备档案管理情况时，查看设备管理信息系统及档案，重点关注是否按照台（件）建立设备管理档案，记录采购、安装、验收、使用、维护、维修、质量控制等事项信息；采购文件是否按规定期限保管等。

**第十条**　大型医用设备绩效专项审计业务涉及采购、合同、资产、捐赠、财务、绩效审计等内容的，需参考国家有关规定及其他审计指引等。

**第十一条**　本指引由国家卫生健康委财务司负责解释。

**附件 3**

## 高值医用耗材专项审计指引（试行）

**第一条**　为进一步指导和规范各级卫生健康行政部门及属管单位开展高值医用耗材专项审计业务，提高内部审计工作质量，根据《治理高值医用耗材改革方案》《卫生计生系统内部审计工作规定》《医疗机构医用耗材管理办法（试行）》《国家卫生健康委办公厅关于印发第一批国家高值医用耗材重点治理清单的通知》等相关规定，结合审计实践，制定本指引。

**第二条** 高值医用耗材具有直接作用于人体、对安全性有严格要求、临床使用量大、价格相对较高等特点，审计组应当遵照国家及属地管理要求，结合被审计单位实际，确定审计内容。

**第三条** 审计时运用观察、检查、询问、重新计算、重新执行、穿行测试等，开展内部控制测试和实质性程序。

**第四条** 设计和实施内部控制测试时，重点关注以下内容：

（一）机构与职责。查阅内设机构及职能设置文件、会议纪要等，了解机构设置、职责分工及落实情况。包括是否按规定设立医用耗材管理委员会，是否履行职责；医用耗材管理部门、医务管理部门是否履行职责；是否建立健全议事决策机制、岗位责任制、内部监督等机制，其中岗位责任制是否明确岗位办理业务和事项的权限范围、审批程序和责任。

（二）人员管理。查阅岗位职责、轮岗记录等资料，访谈相关人员，了解关键岗位人员管理情况。包括从事医用耗材管理相关工作的人员是否具备与管理工作相适应的专业学历、技术职称；不相容岗位是否相互分离；是否对医用耗材管理关键岗位人员建立培训、评价、轮岗等机制；不具备轮岗条件的是否定期采取专项审计等控制措施等。

（三）制度建设。查阅医用耗材管理制度、业务流程、内部控制评价报告等资料，了解制度体系健全、合规情况。包括是否界定高值医用耗材管理范围；是否建立健全医用耗材管理制度，是否明确遴选、采购、库存、收费、财务、信息化建设、使用评价等内容；是否符合国家及属地有关规定；是否明确审核审批事项，是否建立授权审批控制；相关制度是否有效执行等。

（四）信息化建设。查看耗材管理系统及其他相关信息系统，查阅内部控制评价报告等资料，了解信息化建设及运行情况，包括是否建立耗材管理系统，是否嵌入内部控制要求，是否可以覆盖高值医用耗材管理各环节；是否与内部其他相关信息系统互联互通；录入信息是否全面、完整、准确等。

**第五条** 审计遴选管理情况时，重点关注以下内容：

（一）管理制度。查阅医用耗材、供货商遴选、耗材准入等管理制度，审计是否规定耗材及供应商遴选和准入的流程、资质要求、审核审批权限等内容，是否明确对耗材目录动态管理的要求等。

（二）准入遴选。查阅新增耗材准入遴选相关记录、会议纪要、医疗机构医用耗材供应目录（以下简称供应目录）等资料，对比分析集中采购管理平台数据，审计耗材品目信息是否一致；新耗材准入是否按照权限履行审核审批程序，审批结果记录是否完整等。

（三）供应商管理。查阅供应目录、医疗器械经营企业许可证、企业法人营业执照、授权代理证明、产品注册证及附页等资料，审计供应商及产品资质是否合规、有效，调整审批记录是否完整；实际执行的供应商是否在供应目录范围内等。

（四）目录管理。查阅供应目录，审计属于国家或省市医用耗材集中采购目录的是否从中遴选，是否包含耗材、供应商等信息，是否定期调整等。

**第六条** 审计采购管理情况，重点关注以下内容：

（一）管理制度。查阅采购管理制度，审计是否规定采购方式、流程、审批权限等内容。

（二）采购执行。查阅采购申请审批表、采购资料、采购合同及台账等，查看集中采购管理平台，审计集中采购的高值医用耗材是否在规定的平台上采购，成交价格与平台价格是否存在差异；一年内重复多次临时采购的高值医用耗材是否按程序审批并及时纳入供应目录；集中采购目录外高值医用耗材的采购程序、采购方式是否符合有关规定；是否按照权限履行审核审批程序等。

（三）采购合同。查阅采购合同等资料，审计是否签订采购合同，合同要素、条款是否完整，合同条款是否合理等。

**第七条** 审计库存管理情况时，重点关注以下内容：

（一）管理制度。查阅库存管理制度，审计是否规定验收、出入库、存储转运、盘点对账等内容。

（二）出入库管理。查阅采购、验收、出入库记录和发票、送货清单并对比分析，审计是否按规定及合同约定开展验收确认；各类单据记载信息是否一致；出入库手续是否完备、合规，耗材是否在效期内；是否按规定保管送货及出入库单据等。

（三）实物管理。查阅资产账、出入库记录等资料，现场查看实物保管情况，审计各级库房是否安排专人管理并记录明细台账；各级库房、转运消毒中心等交接记录是否完整；是否违规使用供应目录外高值医用耗材等。

（四）盘点对账。查阅盘点记录、资产账等资料，开展监盘，查看耗材管理信息系统、医院管理信息系统（HIS 系统）并对比分析，审计是否指定专人定期盘点对账；账实、账账是否相符；是否依据盘点结果查明盘盈盘亏原因并按规定处理等。

**第八条** 审计收费和价格管理情况时，重点关注以下内容：

（一）管理制度。查阅收费和价格管理制度，审计是否规定收费和退费流程、审批权限、成本测算及控制、调价管理、价格公示、费用清单等内容。

（二）政策落实。查看并对比分析耗材管理信息系统、HIS 系统中收费项目数据，审计是否执行国家及属地规定的"零差率"、医保基金使用、价格行为管理等政策，是否存在未经价格管理部门备案或批复的医疗服务项目；医疗服务价格是否及时调整；是否根据巡视巡察、审计、飞行检查等监督检查发现问题及时整改等。

（三）收费合规。查看耗材管理系统、HIS 系统，对比分析收费、病历、出库记录和耗材条码信息等，审计记载信息是否一致；是否存在重复收费、超范围收费、超标准收费、分解项目收费、串换医用耗材、虚假收费等情况。

（四）退费管理。查阅费用减免、退费管理等制度、业务流程、业务审批单等资料，查看耗材管理系统、HIS 系统，审计是否按照权限履行审核审批程序，事由是否合理，单据内容是否完整等。

**第九条** 审计财务管理情况时，查阅部门预算文件、会计账簿、会计凭证、采购合同、资产账、盘点记录等资料，重点关注高值医用耗材采购是否纳入年度部门预算；是否按照中小企业款项支付政策及合同约定履行付款义务；相关信息是否一致；是否及时进行账务处理；是否定期与耗材管理部门核对账务。

**第十条** 审计使用评价情况时，查阅内部制度和出入库、病历、收费记录等资料，重点关注内部制度是否规定高值医用耗材临床应用质量安全事件报告、不良反应监测、重点监控、超常预警和评价等内容，执行是否有效；相关信息记录是否完整、一致，是否可追溯等。

**第十一条** 关注采用供应链延伸服务（SPD）模式管理高值医用耗材的相关风险。查阅内部制度、服务合同、财务账簿、会计凭证、会议纪要等资料，查看相关信息系统，访谈相关人员，了解单位使用 SPD 模式的决策情况，对配送商、供应商的监管措施及执行情况，相关信息系统安全性、数据所有权归属等情况。

审计采购方式是否适当，合同是否约定单位、配送商、供应商的权利义务、违约责任等内容，是否强制供应商使用相关信息系统；是否按规定及合同约定结算货款和服务费；单位工作人员是否参与耗材验收；发票是否真实、准确，是否符合“两票制”改革导向等。

**第十二条** 高值医用耗材专项审计业务涉及采购、合同、财务、资产等内容的，需参考国家有关规定及其他审计指引等。

**第十三条** 本指引由国家卫生健康委财务司负责解释。

**附件 4**

## 采购管理专项审计指引（试行）

**第一条** 为进一步指导和规范各级卫生健康行政部门及属管单位开展采购管理专项审计业务，提高内部审计工作质量，根据《中华人民共和国政府采购法》《卫生计生系统内部审计规定》《行政事业单位内部控制规范（试行）》等相关规定，结合审计实践，制定本指引。

**第二条** 本指引所称采购包括政府采购，政府采购限额标准以下且集中采购目录以外的货物、服务、工程采购（以下简称限额以下且目录以外采购）。审计组应当遵照国家及属地管理要求，结合被审计单位实际，确定审计内容。

**第三条** 审计时运用观察、检查、询问、重新计算、重新执行、穿行测试等，开展内部控制测试和实质性程序。

**第四条** 设计和实施内部控制测试时，重点关注以下内容：

（一）机构与职责。查阅内设机构及职能设置文件、会议纪要等，了解机构设置、职责分工及落实情况。包括是否明确归口管理部门及权限划分，是否履行职责；是否建立健全议事决策机制、岗位责任制、内部监督等机制。其中岗位责任制是否明确岗位办理业务和事项的权限范围、审批程序和责任。

（二）人员管理。查阅岗位职责、轮岗记录等资料，访谈相关人员，了解关键岗位人员管理情况。包括从事采购管理工作的人员是否具备相应资质、能力；采购需求制定与内部审批、采购文件编制与复核、合同签订与验收等不相容岗位是否相互分离；是否建立政府采购多人参与、在岗监督、离岗审查和项目责任追溯制度；是否对采购管理关键岗位人员建立培训、评价、轮岗等机制；不具备轮岗条件的是否定期采取专项审计等控制措施等。

（三）制度建设。查阅采购管理制度、业务流程、内部控制评价报告等资料，了解制度体系健全、合规情况。包括是否建立健全政府采购、限额以下且目录以外采购管理制度，且涵盖货物、服务、工程等内容；是否明确采购预算、需求、计划、方式、程序、合同、验收、结算、供应商管理、信息公开、档案、监督评价、争议处理、委托代理、政策功能、所属单位采购管理等要求；是否符合国家、属地及上级单位有关规定；是否明确审核审批事项，是否建立授权审批控制；相关制度是否有效执行等。

（四）信息化建设。查看采购管理系统，查阅系统操作记录、内部控制评价等资料，了解人员身份验证、岗位业务授权、系统操作记录、电子档案管理等功能建设及执行情况。

**第五条** 审计政府采购管理情况时，重点关注以下内容：

（一）采购当事人管理。查阅采购人法人证书、采购合同、供应商营业执照、资质资格证明、违法记录、采购代理机构委托代理协议等资料，审计是否为政府采购活动；采购人、供应商、采购代理机构等采购当事人是否属于《政府采购法》适用对象，是否具备履约能力；是否按规定选定采购代理机构，是否存在应委托未委托集中采购代理机构等情形，委托代理协议是否符合法定要求；审查供应商是否具备参加政府采购活动的条件，是否存在关联交易、串通舞弊、不正当竞争、转包、违法分包以及谋取不正当利益等违法情形。

（二）需求管理。查阅采购需求调查记录等文件资料，审计需求要素是否完整、准确、合规，是否符合采购项目特点和实际，是否依据部门预算（工程项目概预算）确定；是否按规定开展需求调查；是否对规定的采购项目开展需求论证；是否开展一般性需求审查；应当开展重点审查的，是否审查非歧视性、竞争性、采购政策、履约风险等；采购需求与采购文件等有关内容是否一致等。

（三）实施计划管理。查阅政府采购实施计划等资料，审计实施计划内容是否完整；采购包划分是否合理；供应商资格条件是否与采购标的、履约能力直接相关，是否存在歧视性条件等；采购方式是否合规，符合条件但未公开招标的是否依法取得批准；定价方式是否合理，是否在采购估算价值额度内合理设置采购最高限价；评审方法是否客观、合规；合同类型和文本是否依规使用标准合同文本；履约验收方案是否完整、合理、合规；风险处置措施和替代方案是否存在应当设置而未设置的情形；政策功能落实是否按规定执行；时间安排是否有序合理；实施计划文本是否经单位内部审核后报同级财政部门备案等。

（四）预算管理。查阅政府采购预算、部门预决算、采购文件、会计账簿等资料，审计预算编制是否准确完整填报，是否存在与部门预算、采购计划等不一致情况；预算执行是否存在超预算或无预算执行情况，是否存在超预算采购的情况；预算调整是否按照规定报同级财政部门审核批准，是否存在未批先行情况，是否相应调整采购实施计划等。

（五）组织形式管理。查阅采购文件、会计账簿、批量集中采购计划、协议供货目录等资料，审计集中采购是否按规定办理，采购手续是否合规；定点采购是否合规；协议供货是否规范执行，供货数量是否符合相关规定。

（六）方式管理。查阅采购需求、采购文件等资料，审计公开招标采购是否符合规定，采购标的是否有详细的技术规格标准、服务具体要求，公开招标限额标准以上货物服务工程采购是否采用公开招标方式等；竞争性谈判、竞争性磋商、询价、单一来源采购是否合规，是否存在化整为零规避公开招标、使用竞争性磋商方式采购一般货物、竞争性谈判和竞争性磋商方式混用等情况；实施框架协议采购的，是否按照集中采购代理机构、主管预算单位规定的执行方式、采购流程完成采购；采购方式变更是否符合财政部门相关规定等。

（七）程序管理。查阅评标文件、记录，谈判文件、询价通知书，采购档案等资料，审计公开招标是否按照规定程序执行，招标文件等材料是否真实完整规范，招标文件提供期限、开标时间、中标公告时间等是否符合时间性要求，评标委员会构成是否规范等；竞争性谈判是否按照规定成立谈判小组并制定谈判文件，邀请供应商是否规范，谈判文件、记录、成交通知书等是否真实完整规范；竞争性磋商是否按规定成立磋商小组并制定磋商文件，邀请供应商是否规范，磋商文件、记录、成交通知书等是否真实完整规范；询价是否按照规定程序执行，询价通知书、记录、成交文件等内容是否完整规范；单一来源采购是否按照规定程序执行，采购原因及说明、论证意见、公示文件、协商记录文件等是否真实完整规范；专家抽取是否按照规定方式执行等。

（八）合同管理。查阅政府采购合同台账、档案、会计账簿等资料，审计是否按照中标、成交通知书确定的事项签订采购合同，是否实质性响应采购需求全部内容；合同定价是否合理；核实变更、中止、解除合同原因是否正常，是否履行相关审核审批程序；追加与合同标的相同的补充采购合同是否超过原合同采购金额的10%；履约保证金、质量保证等缴纳和退还是否合规，履约保证金是否超过国家及属地规定的比例等。

（九）信息公开管理。查阅采购公告等采购文件，审计采购意向、采购公告和资格预审公告、采购预算、采购结果、采购更正、采购合同、单一来源方式采购、政府购买服务信息等是否公开；公开渠道、内容、时间是否符合要求等。

（十）验收管理。查阅采购合同、书面验收意见等采购文件，审计验收组织是否按照要求组建验收小组且符合不相容岗位相互分离要求，委托采购代理机构履约验收是否对验收结果书面确认；验收方式是否由2人以上共同办理履约验收，是否邀请实际使用人参与验收，第三方专业机构及专家等参与验收的是否形成书面验收意见，政府提供公共服务项目是否邀请服务对象参与验收、出具意见并公告验收结果；验收过程是否按照合同约定对每一项技术、服务、安全标准的履约情况进行确定；验收报告是否列明各项标准的验收情况及总体评价，是否由验收各方共同签署，验收结果是否与资金支付和履约保证金返还条件挂钩等；验收责任是否对验收合格项目按照合同约定及时结算，是否对验收不合格项目及违法违规情形按照相关法律法规及合同约定及时处理等。

（十一）付款管理。查阅成交结果、采购合同、合同台账、验收意见、会计账簿、履约保证金和质量保证金台账、往来款项对账记录等资料，审计是否按照合同约定付款，提前或滞后付款原因是否合理；合同原件等付款资料是否齐全，涉及合同调整是否根据补充合同付款；是否符合预算一体化资金支付、公务卡支付结算等规定，履约保证金和质量保证金是否按原渠道退回；票据是否符合财政、税务相关规定；是否符合单位审批流程和权限规定，是否存在超范围支出事项等。

（十二）争议管理。查阅书面质疑、采购合同、采购文件等资料，审计供应商询问是否及时作出答复；供应商质疑处理是否在收到书面通知后，按照相关规定规范做出答复等；供应商投诉处理是否在投诉处理期按照时间要求暂停采购活动；政府采购涉及控告和检举的，是否得到及时处理等。

（十三）监督管理。查阅采购内部控制评价报告、权力运行监控检查、政府采购自查、外部审计巡视等监督检查报告，审计监督机制是否由审计纪检部门共同参与；监督内容是否完整规范；监督措施是否公开纪检部门电话，是否畅通问题反馈和受理渠道等；监督整改是否针对监督检查提出的采购管理问题整改到位，是否建立长效机制等。

（十四）政策功能管理。查阅采购文件、采购合同、会计账簿等资料，审计正版软件采购是否纳入政府采购预算和计划，计算机办公设备购置是否符合采购要求等；进口产品采购是否未经批复或备案擅自采购；节能产品采购是否属于政府采购清单范围，是否落实优先采购或强制采购要求；信息安全产品采购是否属于国家相关目录，是否获得国家信息安全认证等；中小企业采购是否收取中小企业声明函、残疾人福利性单位声明函或监狱企业证明文件，是否预留采购份额或给予价格扣除优惠；脱贫地区农副产品采购是否落实国家乡村产业振兴有关政策；绿色建材采购是否符合相关实施指南的要求等。

（十五）专项管理。查阅会计账簿、采购合同、会议纪要等资料，审计公务机票采购是否属于规定范围内情形，是否优先选择国内航空公司，是否按程序确定公务机票服务商，是否超标准购买等；会议定点采购是否在党政机关定点场所举办现场会议，电子结算单和费用原始明细单据等是否真实，是否与会议通知、签到表、年度会议计划、会议费预算等相关内容一致等；疫情防控便利化采购是否建立健全紧急采购内控机制，是否执行分级授权审批，是否按规定留存疫情防控采购项目相关文件等；医用高值耗材采购是否建立准入遴选机制，目录内采购是否在阳光采购平台集中采购，目录以外采购是否符合相关采购规定，临时采购是否按规定审批，验收是否规范等；药品采购是否属于集中采购范围，采购方式是否符合规定，采购合同要素是否明确，是否存在违规网下采购、拖欠货款、虚假发票等情况。

**第六条** 审计限额以下且目录以外采购时，重点关注以下内容：

（一）采购执行。查阅采购预算、申请审批表、投标书或报价函、中选通知书等采购文件，审计采购方式是否符合单位内部规定，采购程序是否规范，是否按照权限履行审核审批等。

（二）采购合同。查阅采购合同及台账等资料，审计合同要素是否齐全，是否存在未经授权对外签订合同的情况；印章管理是否符合单位内部规定；合同执行偏差、缓慢、纠纷等原因是否合理等。

（三）采购验收。查阅出入库记录、验收报告等资料，审计是否由指定部门或专人对所购物品的品种、规格、数量、质量和其他相关内容进行验收，并出具验收证明；是否按照合同约定对供应商进行履约评价等。

（四）采购监督。查阅内部控制评价报告、权力运行监控报告等资料，审计是否对采购部门职责履行、采购计划执行、采购合同履约等开展内部监督检查，是否对采购权力运行进行监控，是否对采购内部控制进行评价等。

**第七条** 审计采购核算时，重点关注以下内容：

（一）采购结算。查阅采购合同、验收意见、会计账簿、会计凭证等资料，审计是否按照合同约定履行付款，是否符合中小企业款项支付等政策要求，是否及时取得真实、准确的发票；是否按照权限履行审核审批等。

（二）会计核算。查阅会计账簿、资产账、会计凭证等资料，审计相关记载信息是否一致；会计核算是否正确；是否定期盘点，进行账账、账实、账表核对等。

**第八条** 审计采购后续管理时，重点关注以下内容：

（一）档案管理。查阅采购需求、采购实施计划等采购文件（含电子档案），审计档案保管、交接是否完整规范，是否符合规定的保管期限等。

（二）绩效管理。查阅政府采购信息统计报表、内部控制报告、预算绩效报告、部门决算、政府财务报告、卫生财务年报等资料，审计采购预算资金是否实现既定采购目标，是否保障完成相应履职任务，是否促进实现相关经济效益和社会效益，是否提高服务对象满意度，是否存在闲置浪费、质次价高、低配高价等情况。

**第九条** 采购管理专项审计业务涉及财务、资产、合同、高值医用耗材、药品、建设项目等内容的，需参考国家有关规定及其他审计指引等。

**第十条** 本指引由国家卫生健康委财务司负责解释。

**附件5**

## 建设项目专项审计指引（试行）

**第一条** 为进一步指导和规范各级卫生健康行政部门及属管单位开展建设项目专项审计业务，提高内部审计工作质量，根据《卫生计生系统内部审计工作规定》《基本建设财务规则》《建设工程价款结算暂行办法》等相关规定，结合审计实践，制定本指引。

**第二条** 本指引所称建设项目包括单位作为投资主体或建设主体，在自有土地或新征用地上新建、改扩建、迁建以及应当纳入基本建设投资管理范围的工程。审计组应当遵照国家及属地管理要求，结合单位实际，选择全部过程、部分阶段或重要环节，确定审计内容。

**第三条** 审计时运用观察、检查、询问、现场踏勘、询价、分析性复核等，开展内部控制测试和实质性程序。

**第四条** 设计和实施内部控制测试时，重点关注以下内容：

（一）机构与职责。查阅内设机构及职能设置文件、会议纪要等，了解机构设置、职责分工及落实情况。包括是否明确归口管理部门，是否履行职责；是否建立健全议事决策机制、岗位责任制、内部监督等机制，其中岗位责任制是否明确岗位办理业务和事项的权限范围、审批程序和责任。

（二）制度建设。查阅建设项目管理制度、业务流程、内部控制评价报告等资料，了解制度体系健全、合规情况。包括是否明确建设项目管理范围，是否建立健全进度管理、质量管理、安全管理、投资控制、廉政管理、日常办公等管理制度，且涵盖施工管理、设计管理、物资材料管理等重要环节的操作规程规范；是否符合国家、属地及行业规定；是否明确审核审批事项，是否建立授权审批控制；相关制度是否有效执行等。

（三）人员管理。查阅岗位职责、轮岗记录等资料，访谈相关人员，了解关键岗位人员管理情况。包括从事建设项目管理工作的人员是否具备相应资格、能力；项目建议和可行性研究与项目决策、概预算编制与审核、项目实施与价款支付、竣工决算与竣工审计等不相容岗位是否相互分离；是否对建设项目管理关键岗位人员建立培训、评价、轮岗等机制；不具备轮岗条件的是否采取专项审计等控制措施等。

（四）信息化建设。查看建设项目管理信息系统，查阅系统操作记录、内部控制评价报告等资料，了解人员身份验证、岗位业务授权、系统操作记录、电子档案管理等功能建设及执行情况。

**第五条** 审计建设项目前期决策情况时，重点关注以下内容：

（一）项目建议书管理。查阅项目建议书（含附件）等资料，审计项目立项是否从国家和项目所在地区医疗卫生服务、教学、科研、疾控等设施及工作现状等方面论述项目必要性；编制依据是否充分、合规；内容是否完整，是否包括项目总论、项目建设的必要性与初步可行性、项目功能定位与需求分析、建设规模测算、项目选址及建设条件、建设方案等；资料来源是否真实、完整；建设规模测算、投资估算是否合理，资金来源是否明确；是否经过相关部门审批。

（二）可行性研究报告管理。查阅可行性研究报告等资料，审计项目建设可行性是否经过单位内部充分研究、讨论，医疗、教学、科研、疾控等业务工作空间是否满足需求；编制依据是否充分、合规；可行性研究报告要素及内容是否完整；资料来源是否真实、完整；是否经多方案比较后确定建设方案；投资估算编制是否满足项目建议书批复意见，资金筹措方案是否完善；是否经过相关部门审批；是否满足规划要求。

（三）报批报建管理。查阅建设项目报批报建相关资料，审计建设项目是否取得行政许可文件（含项目选址规划意见书、建设用地规划许可证、工程规划许可证、土地使用审批、环保审批、消防审批、工程质量监督和施工许可证等）；办理程序是否合规，是否存在办理进度缓慢导致项目不能按计划投入使用等情况。

**第六条** 审计建设项目勘察设计情况时，重点关注以下内容：

（一）勘察设计管理。查阅勘察设计采购文件、响应文件、采购合同、勘察报告、设计方案等资料，审计勘察设计采购文件是否完整、合规；勘察设计单位资质是否满足建设项目需要；设计方案是否符合采购文件要求及相关规范；勘察报告、设计方案内容是否完整、合规等。

（二）初步设计和投资概算管理。查阅初步设计方案、投资概算等资料，审计初步设计方案编制单位是否具备相应资质，编制依据是否充分、合规，要素及内容是否完整；医院感染重点部门建设项目是否符合建筑卫生学审查要求，净化、放射性防护、磁屏蔽、反渗透纯水及酸化水供应、医用气体、医疗废弃物处理、医用污水处理等医疗专项设计是否合规；资料来源是否真实、完整；投资概算是否真实、客观地反映项目建设实际需要；是否经过相关部门审批。

（三）施工图设计管理。查阅施工图设计文件等资料，审计施工图设计文件是否完整、规范、准确；施工图预算编制依据是否充分、内容是否完整；施工图设计内容和施工图预算是否符合经批准的初步设计方案、概算及标准，是否严格按照核定的投资概算实行限额设计。

**第七条** 审计建设项目采购情况时，重点关注以下内容：

（一）招标投标管理

1. 查阅招标公告、资格预审文件、招标文件、招标答疑等资料，审计招标方式、范围和程序是否合规；招标文件内容是否符合《中华人民共和国招标投标法》第十九条等规定；是否存在将依法必须进行招标的项目化整为零或以其他任何方式规避招标的行为；是否在规定渠道公开发布招标公告等。

2. 查阅招标工程量清单等资料，审计招标工程量清单编制是否符合《建设工程工程量清单计价规范》及招标文件、设计图纸等要求；清单项目及特征描述是否完整、准确；工程计量是否准确，是否存在多算、漏算、错算等情况；暂列金额、暂估价测算是否合理；清单中给定暂估价的材料、工程设备、专业工程属于依法必须招标的，是否以招标方式选择供应商或专业分包人等。

3. 查阅招标控制价文件，审计招标控制价是否由具有编制能力的建设单位或受其委托的工程造价咨询机构编制；编制依据是否符合要求，编制说明是否完整；工程计量是否准确，定额子目套用是否正确，各项费率计取、主要材料价格取定是否合规。

4. 查阅投标文件，审计投标文件编制是否合规，是否对招标工程量清单等招标文件提出的实质性要求和条件作出响应，是否存在错项、漏项、不平衡报价；投标人是否符合国家或者招标文件规定的资格条件，是否存在《中华人民共和国招标投标法实施条例》第三十九条至第四十二条等规定的情形；投标保证金提交是否合规等。

5. 查阅开标记录、评标报告、中标通知书等资料，审计招标文件提供期限、开标时间、中标公告时间等是否符合时间性要求，评标委员会构成是否规范；开标、评标程序是否合规，是否存在招标人非法限制投标人竞争、招标事项涉嫌串通等情况；是否未按照招标文件规定的标准进行评审；是否违法进行实质性谈判；是否未按规定确定中标人；是否在规定渠道公开发布中标结果；是否未按规定执行废标等。

（二）其他采购方式管理

以竞争性谈判、竞争性磋商、询价或单一来源方式采购的，查阅项目前期报批文件、采购文件、响应文件、评审记录等，审计采购组织管理是否规范，采购方式是否合规，是否存在化整为零规避公开招标等情况；采购程序是否合规，是否存在以不合理的条件对供应商实行差别待遇或者歧视待遇等情况；采购文件是否真实完整规范，是否符合建设项目特点和单位实际需求，是否存在擅自提高经费预算和资产配置等采购标准等情况；响应文件内容是否完整，是否实质性响应采购文件；谈判小组、磋商小组、询价小组等成立、单一来源方式专家抽取是否按规定方式执行等。

**第八条** 审计建设项目合同签订情况时，查阅合同台账、档案、审核审批记录等资料，审计是否按照采购文件、中标、成交通知书等确定的事项签订采购合同；合同要素是否齐全；是否履行相关审核审批、授权委托手续；履约保证金、质量保证金等收取和退还是否合规，履约保证金是否超过国家及属地规定的比例等；合同是否按规定归档等。

另外，审计中需要结合不同类型合同特点，重点关注以下内容：

（一）勘察设计合同。是否明确工作内容（含建设单位需提供的基础资料、设计单位交付的设计成果等）、进度、质量、技术标准、违约责任及相关赔偿、知识产权、保密要求等内容，付费标准是否符合有关规定。

（二）监理合同。是否约定工程监理单位在施工阶段对建设工程质量、进度、造价进行控制，对合同、信息进行管理，对工程建设相关方的关系进行协调，并履行建设工程安全生产管理法定职责；是否明确监理范围和内容，监理单位驻场人员数量、资质、职责、更换情形及流程，监理单位提交资料种类、数量、期限、违约责任及相关赔偿、著作权、保密要求等内容。

（三）造价咨询合同。是否约定酬金及计取方式，是否明确造价咨询的范围、内容、服务类别，造价咨询机构人员数量、资质、职责、更换情形及流程，造价咨询机构提交成果种类、数量、期限、违约责任及相关赔偿、知识产权、保密要求等内容。

（四）施工合同。是否明确工程范围、建设工期、工程质量、工程价款、竣工验收标准，施工单位项目经理的职责资质、更换情形及流程，施工单位人员管理措施，竣工结算原则、计费标准、结算方式，隐蔽工程、工程变更、质量保证期、违约情形及责任、不可抗力等内容，是否存在《最高人民法院关于审理建设工程施工合同纠纷案件适用法律问题的解释（一）》第一条规定的情形等情况；约定的工程质量保证金是否符合国家及属地涉企保证金有关规定，建设工程进度款是否符合建设工程价款结算有关规定等。

（五）材料设备采购合同。是否明确材料设备的规格、型号、技术参数、单价、数量、总价、结算方式、付款方式、包装及运输方式，交货时间、地点、方式，到场验收的标准、流程、时间、地点，材料设备质量标准、质量保证期限、保修方式、风险分担，违约责任及相关赔偿等内容。

**第九条** 审计建设项目施工情况时，重点关注以下内容：

（一）进度款管理。查阅工程管理台账、进度款申请书、计价文件、形象进度说明、进度款报审表、材料设备到场验收清单、监理单位出具的进度款支付证书、造价咨询机构出具的进度款支付意见书等资料，审计进度款资料是否完整，是否履行审核审批程序；进度款支付节点、计价原则和方法是否符合有关规定及合同约定，监理单位、工程管理部门是否出具阶段性或竣工验收报告；施工进度与报审进度是否一致，预付款是否按照合同约定抵扣；涉及工程变更的，是否组织论证，变更签证手续是否齐全、合规，价款调整方式和付款要求是否符合合同约定；工程管理部门是否建立工程管理台账，载明建设项目合同金额、完成产值、进度款支付金额、抵扣情况等。

（二）变更事项管理

1. 变更及签证管理。查阅变更通知单、变更洽谈记录、设计变更图纸、工作联系函、现场签证单、工程量核定单等资料，审计工程变更、签证办理是否及时、合理，内容是否真实、完整、准确；是否履行审核审批程序，是否存在工程管理部门、监理单位未出具审核意见、重复计算不同施工单位签证内容和工作量等情况；施工单位是否按照审批后变更、签证等要求施工。

2. 合同变更管理。查阅合同档案、变更申请、变更审批记录、会议纪要等资料，审计合同变更原因是否合理，变更内容（含合同价格、结算方式、付款方式、工程范围、工期等）是否合规且经各方当事人协商一致；是否履行审核审批程序等。

（三）材料设备管理

1. 查阅材料设备发货单、运输保险单、报关单（进口货物）、合格证、说明书、验收记录、验收报告等资料，审计材料设备验收程序是否合规，是否按照合同约定的品种、规格、数量、质量标准、交货时间等交付使用。

2. 材料设备出现调整、更换或增加等情况时，查阅材料设备变更申请、变更通知书、变更审批表、会议纪要等资料，采用询价核价（按照市场调查取得价格信息进行计算）等方式，审计材料设备变更后价格调整是否合理，合同变更是否履行审核审批程序等。

（四）隐蔽工程管理。查阅隐蔽工程施工工艺、验收记录、文字影像等资料，审计隐蔽工程施工是否与施工图、设计变更、施工规范等内容一致；验收程序是否合规，是否存在先隐蔽后通知等情况；隐蔽材料的质量检测资料是否齐全；是否存在偷工减料、以次充好、替换材质等情况。

（五）索赔费用管理。查阅索赔申请书、索赔支付证书等资料，审计赔偿损失的责任认定及费用是否符合有关规定及合同约定，索赔证据是否完整，索赔程序是否合规等。

（六）竣工验收管理。查阅竣工验收报告、竣工图、设计文件、工程质量检测报告、安全验收报告、监理报告等资料，审计竣工验收程序是否合规，验收资料是否齐全，涉及人防、消防、安防、环境验收的，相关手续是否齐全、有效；是否按照合同约定的范围、质量、进度完工；竣工试运行期间发现的问题是否整改；竣工档案是否完整、规范；是否在建设部门备案并取得备案文件等。

**第十条** 建设项目结算分为过程结算和竣工结算。审计建设项目竣工结算时，重点关注以下内容：

查阅工程结算书（含工程管理部门、监理单位意见等）、施工合同、采购文件、响应文件、施工图、竣工图、工程量计算式、工作联系函、技术资料和技术设备说明书、隐蔽工程记录、开工报告、验收报告、会议纪要等资料，审计工程结算编制依据是否充分；工程计量是否准确，包括施工单位是否按照施工图计算各分部分项工程量并提供计算公式，是否按照合同约定进行工程计量等；各项费率、税金计算基础是否合规；工程造价是否准确，包括工程变更、签证、工程索赔发生的费用、奖励及违约费用的计算是否正确，材料价差调整依据是否充分，合同涉及工程质量、工期、安全文明施工奖罚等内容是否执行到位等。

另外，建设项目符合财政部《关于完善建设工程价款结算有关办法的通知》要求的，可以开展过程结算审计。

**第十一条** 审计建设项目竣工财务决算情况时，重点关注以下内容：

查阅项目立项审批、内部管理文件、采购文件、响应文件、合同档案、工程结算文件、财务决算报表、在建工程明细账等资料，审计竣工财务决算是否按规定时间编报；项目立项审批、招标投标程序、合同签订及履行、资金来源及到位情况是否合规；建筑安装工程费用、与项目相关的设备是否按照合同约定、结算审计确定的金额支付；是否完成债权债务、财产物资的清理；建设单位管理费用列支是否合理，与项目相关的勘察费、设计费、评估费、检测费、监理费、审计费等费用是否按照合同约定、经审核确定的金额支付，土地征用及迁移补偿费是否按照合同约定金额支付、是否记入决算金额，待摊投资归类是否正确、分摊是否准确合理；待核销基建支出和转出投资列支依据是否合理，手续是否完备，内容是否真实、完整，核算是否合规；尾工工程是否真实，预留费用是否合理；确定交付使用资产明细，检查价值分配原则是否合理；财务决算内容是否完整，是否按批准的概算内容执行，是否存在超概算、擅自提高建设标准和扩大建设规模、挤占或者虚列工程成本等情况，是否履行变更审批程序；分析概算执行情况，对比批复概算与项目实际投资，节约或超支原因是否合规、合理。

**第十二条** 建设项目专项审计业务涉及采购、合同、财务、绩效审计等内容的，需参考国家有关规定及其他审计指引等。各单位开展修缮工程、零星工程专项审计的，可以参考使用本指引。

**第十三条** 本指引由国家卫生健康委财务司负责解释。

**附件 6**

## 合同管理专项审计指引（试行）

**第一条** 为进一步指导和规范卫生健康行业行政部门及属管单位开展合同管理专项审计业务，提高内部审计工作质量，根据《中华人民共和国民法典》《卫生计生系统内部审计规定》《行政事业单位内部控制规范（试行）》等相关规定，结合审计实践，制定本指引。

**第二条** 本指引所称合同是指与经济活动有关的合同，重点审计签订、履约、结算、归档等内容。

**第三条** 审计时运用观察、检查、询问、重新计算、重新执行、穿行测试等，开展内部控制测试和实质性程序。

**第四条** 设计和实施内部控制测试时，重点关注以下内容：

（一）机构与职责。查阅内设机构及职能设置文件、会议纪要等，了解机构设置、职责分工及落实情况。包括是否明确归口管理部门，是否履行职责；是否建立健全议事决策机制、岗位责任制、内部监督等机制，其中岗位责任制是否明确岗位办理业务和事项的权限范围、审批程序和责任。

（二）制度建设。查阅合同管理制度、业务流程、内部控制评价报告等资料，了解制度体系健全、合规情况。包括是否建立健全合同管理制度，是否明确签订合同的经济活动范围和条件，是否明确签订、变更、转让、履约、结算、用印、档案（保管期限等）、监督审查、纠纷协调等管理要求；是否明确审核审批事项，是否建立授权审批控制；合同签订与合同审批、合同签订与付款审批、合同执行与付款审批、合同签订与合同用章保管等不相容岗位是否相互分离；是否符合国家、属地及上级单位有关规定；相关制度是否有效执行等。

（三）信息化建设。查看合同管理信息系统及其他相关信息系统，查阅内部控制评价报告等资料，了解信息化建设及运行情况。包括是否建立合同管理信息系统，是否嵌入内部控制要求；录入信息是否完整、准确；系统是否覆盖合同管理各环节，是否有效监控合同履行情况；是否与其他相关信息系统互联互通；是否采取有效的安全措施等。

**第五条** 审计签订管理情况时，查阅合同文本、审核审批记录、预算、采购资料、会议纪要等资料，重点关注各类资料记载单位、金额等信息是否一致；合同要素是否齐全，是否符合《中华人民共和国民法典》合同编第四百七十条等有关规定；合同标的是否符合合同约定，其中采购合同与采购资料是否一致；对方单位是否具备符合项目需求的资质及能力；是否履行单位重大经济事项集体决策程序；是否按照权限履行审核审批程序，是否存在拆分合同、先履约后签订合同、先签订后审批合同、未经批准签订或变更合同等情况；是否在规定时限内签订合同等。

**第六条** 审计合同履约管理时，查阅合同文本、相关成果、验收材料等资料，查看合同管理信息系统或台账，重点关注单位是否对合同履行情况实施有效监控；是否按照有关规定及合同约定组织验收；无法依照原合同约定履行的，是否采取变更或解除合同等应对措施；因对方单位原因造成经济损失的，是否及时追回资金、提出经济赔偿等。

审计中发现合同属于《中华人民共和国民法典》第一百四十七条至第一百五十一条等情况的，应当按程序及时报告并建议单位按照有关规定执行变更或撤销程序。

**第七条** 审计结算管理情况时，查阅会计账簿及凭证、结算资料、合同文本等，重点关注结算是否符合中小企业款项支付等规定；是否根据合同履行情况办理价款结算和账务处理等。

**第八条** 审计档案管理情况时，查阅合同档案，查看合同管理信息系统，是否包含合同文本、审核审批记录、会议纪要、采购资料、裁判文书及合同变更、解除等资料；归口管理部门是否定期进行统计、分类和归档，登记合同订立、履行和变更情况等。

**第九条** 审计中需要结合不同类型合同特点，重点关注以下内容：

（一）采购合同。政府采购补充合同的采购金额是否超过原合同采购金额的10%；进口科研设备采购合同是否约定免税条款；医疗器械、药品采购合同是否约定不良事件处理和责任划分条款；医疗器械、药品等采购合同是否约定临期或过期货物的退换程序；毒麻精放类药品采购合同是否约定交接程序和责任划分条款等；物业、保安、保洁等服务采购合同是否约定服务内容、服务期限、服务验收等。维修保养服务采购合同是否约定维修或更换低值易耗品的费用及承担方等。

（二）科研及成果转化合同。是否约定合同标的产权归属、产权保护、侵权责任等，是否约定成果登记、转化程序、收益分配、异议处理等；是否约定科技人员奖励和报酬方式、数额及时限。

（三）捐赠合同。接受捐赠合同是否违规约定捐赠与采购挂钩，合同约定是否涉及营利性活动、商业贿赂或不正当竞争。对外捐赠合同是否明确标的名称、金额、数量、捐赠用途等。

（四）房屋租赁合同。出租合同标的是否经过审批或备案，约定的租金是否明显低于同一或相似条件市场价格，合同是否约定租金收取、费用结算、违约责任等。租入合同约定内容是否符合采购有关规定等。

（五）信息系统建设合同。合同是否约定建设周期、软件所有权、维保期限、后续培训、售后服务、数据安全、验收标准等内容。

（六）建设项目合同。勘察设计合同是否约定工作内容、进度、质量和技术标准等内容，付费标准是否符合有关规定；监理合同是否约定工程监理单位按规定履行职责；造价咨询合同是否约定酬金及计取方式、服务范围和工作内容等；施工合同是否约定工程范围、建设工期、工程质量、工程价款、竣工结算原则、计费标准、隐蔽工程、工程变更、质量保证期、违约责任等；约定的工程质量保证金是否符合国家及属地涉企保证金有关规定，建设工程进度款是否符合建设工程价款结算有关规定等。

（七）医疗服务合作合同。医联体、医共体服务合作合同是否明确管理模式、运行机制、激励机制，是否约定合作内容、医疗服务范围、绩效与利益分配、医疗损害风险和责任分担等。

**第十条** 合同管理专项审计业务涉及采购、建设项目、财务、资产等内容的，需参考国家有关规定及其他审计指引等。

**第十一条** 本指引由国家卫生健康委财务司负责解释。

附件 7

## 内部控制评价工作指引（试行）

**第一条** 为进一步指导和规范卫生健康行业行政部门及属管单位开展内部控制评价工作，提高工作质量，根据《卫生计生系统内部审计工作规定》《行政事业单位内部控制规范（试行）》等相关规定，结合工作实践，制定本指引。

**第二条** 单位内部控制评价分为内部控制设计有效性评价和内部控制运行有效性评价。内部审计机构应当结合单位实际，从单位层面和业务层面开展本单位内部控制评价。

**第三条** 开展单位层面内部控制评价时，重点关注以下内容：

（一）机构与职责。查阅内设机构及职能设置文件、内部控制机制文件、会议纪要等资料，评价单位内部控制工作机制、机构设置、职责分工及落实情况。包括是否明确内部控制职能部门或牵头部门的设置及履职情况；是否明确其他内设机构的设置及职责分工情况；是否建立健全议事决策机制、岗位责任制、内部监督等机制，其中岗位责任制是否明确所有内部控制关键岗位办理业务和事项的权限范围、审批程序和责任等。

（二）制度建设。查阅单位内部管理制度、业务流程、风险评估报告等资料，评价内部管理制度建立健全情况，包括是否符合国家相关政策规定；是否覆盖本单位经济活动；重大政策落实、重要经济活动、重大风险、关键部门和岗位是否建立控制措施；是否明确审核审批程序，是否建立授权审批控制；相关制度是否有效执行等。

（三）关键岗位及人员。查阅岗位职责、轮岗记录、培训记录等资料，访谈相关人员，评价是否明确不相容岗位相互分离；关键岗位人员是否建立培训、评价和轮岗等机制；不具备轮岗条件的是否采取专项审计等控制措施；工作人员是否具备与岗位要求相适应的资格和能力。

（四）信息化建设。查看单位信息系统管理资料，评价单位信息化建设及运行情况。包括是否明确归口管理部门及职责；信息系统是否嵌入内部控制流程、关键点和不相容岗位要求，是否实施信息安全控制措施；主要信息系统是否实现互联互通、信息共享等。

（五）监督管理。查阅单位内部控制评价报告、审计报告等监督检查报告，评价内部审计机构和纪检监察部门是否开展内部控制监督等。

**第四条** 开展业务层面内部控制评价时，重点关注各类经济活动及相关业务活动在评价期内是否按照规定得到持续、一致的执行，是否有效防范重大风险。

**第五条** 开展预算业务控制评价时，重点关注以下内容：

（一）管理制度。查阅单位预算管理制度、业务流程等资料，评价内部制度是否涵盖预算编制、审批、执行、调整、决算和绩效评价等内容；是否明确预算管理委员会、归口管理部门、预算执行部门及职责等。

（二）岗位人员管理。查阅预算管理岗位职责、轮岗记录、培训记录等资料，评价是否明确关键岗位，是否按规定定期轮岗；预算编制与预算审批、预算审批与预算执行、预算执行与预算考核、决算编制与审核、决算审核与审批、财务报告的编制、审核与审批等不相容岗位是否相互分离等。

（三）预决算编制、调整与执行。查阅预算编制及批复文件（含预算追加调整）、决算报告等资料，必要时开展穿行测试，评价预决算编制、调整及执行情况。包括预算编制、调整和执行是否严格履行审核审批程序；收入支出是否全部纳入单位预算管理；预算编制与资产配置是否一致；是否对照批复预算细化分解预算指标；是否按照批复的额度和开支范围执行预算，是否达到序时进度，是否存在无预算或超预算支出、未经批准调整预算等情况；决算编报是否真实、完整、准确、及时，是否分析、上报与预算差异较大情况等。

（四）预算绩效。查阅预算绩效编制文本、预算绩效报告等资料，评价是否按照规定设置单位项目绩效目标等，自评标准设置是否合理；是否按照规定开展绩效自评，自评结果是否真实、准确；是否开展绩效运行监控，发现问题是否及时纠偏等。

**第六条** 开展收支业务控制评价时，重点关注以下内容：

（一）管理制度。查阅单位收支业务管理制度、业务流程等资料，评价内部制度建立健全情况。包括是否明确各类收入、支出的归口管理部门及职责等；是否涵盖收入方面的价格确定、价格执行、票据管理、款项收缴、收入核算，支出方面的预算与计划、范围与标准确定、审批权限与审批流程、支出核算等内容。

（二）岗位人员管理。查阅收支业务岗位职责、轮岗记录、培训记录等资料，评价是否明确关键岗位，是否按规定定期轮岗；医疗服务收入的价格确认和执行、支出事项申请与审批、支出事项审批与付款、付款审批与付款执行、业务经办与会计核算、款项收付与稽核、款项收付与会计核算等不相容岗位设置是否相互分离等。

（三）收入业务管理。查看医院管理信息系统（HIS），查阅会计账簿、票据、合同、价格管理相关资料等，评价各项收入是否合规；医疗收入、票据管理、退费管理等关键环节控制是否有效；价格、医保政策执行是否到位；票据、印章使用管理是否合规；是否按规定确认接受捐赠、出租出借等收入；是否存在设立账外账或“小金库”、超越行政许可范围收取额外收入等情况。

（四）支出业务管理。查阅会计账簿、合同、各类支出凭证等资料，评价支出业务管理情况。包括支出是否履行审核审批程序；涉及现金、公务卡、国库集中支付的，是否按照有关规定执行等；支出事项是否履行审核审批程序；是否按规定报销因公出国（境）经费、公务接待费、公务用车购置及运行费、差旅费、会议费、培训费、劳务费等支出，是否存在超范围超标准或未在规定渠道列支相关支出、虚报支出；是否按照规定标准和范围发放津补贴等。

（五）成本管理。查阅全国卫生财务年报、成本核算及监测相关资料，评价是否按照规定明确成本核算部门、确定成本核算对象、设定成本项目和范围、归集分配业务活动成本、编制成本报告等。

**第七条** 开展采购业务控制评价时，重点关注以下内容：

（一）管理制度。查阅单位采购业务管理制度、业务流程等资料，评价是否建立健全货物、服务、工程的政府采购、限额以下且目录以外采购管理制度，明确采购预算与计划、需求申请与审批、过程管理、验收入库等内容；是否明确归口管理部门及职责，内部审计机构不得从事采购或招投标评审；公立医院是否明确药事管理委员会、耗材管理委员会等。

（二）岗位人员管理。查阅采购业务关键岗位职责、轮岗记录及培训记录等资料，评价采购业务岗位及人员管理情况。包括是否明确关键岗位，是否按规定定期轮岗；采购预算编制与审定、采购需求制定与内部审批、招标文件准备与复核、合同签订与验收、采购验收与保管、付款审批与付款执行、采购执行与监督检查等不相容岗位是否相互分离。

（三）采购业务实施。查阅采购项目台账、采购文件等资料，通过穿行测试，评价采购需求、采购组织、采购合同、履约验收、质疑投诉答复、信息公开、档案管理等环节是否按规定执行；集中采购目录内或者限额标准以上的货物、工程和服务是否执行政府采购政策；公立医院是否按照规定执行药品、耗材等集中采购政策等；是否存在化整为零规避公开招标、未按规定执行开标评标程序、未按规定开展采购需求调查、未按规定时间和内容签订采购合同等情况。

**第八条** 开展资产业务控制评价时，重点关注以下内容：

（一）管理制度。查阅单位资产管理制度、业务流程等资料，评价资产管理制度建立健全情况。包括制度涉及的资产业务种类是否满足单位管理需要，是否涵盖资产购置、保管、使用、核算、处置等环节，明确出租出借、对外投资、所属单位监管、无形资产、在建工程等内容。

（二）岗位人员管理。查阅关键岗位职责、轮岗记录、培训记录等资料，评价关键岗位及人员管理情况。包括是否明确关键岗位，是否按规定定期轮岗；增减资产执行与审批、资产保管与登记、资产实物管理与会计记录、资产保管与清查等不相容岗位是否相互分离等。

（三）资产日常管理。查阅各类资产账、会计账簿、产权证书、清查盘点记录、维修保养记录等资料，通过访谈、穿行测试、监盘等，评价货币资金等流动资产是否按规定核查盘点，银行账户管理是否合规，应收及预付款项是否及时清理，是否及时与第三方支付平台对账结算等；非流动资产验收入库、保管与使用、维护保养及维修管理、借用代管试用管理、贵重及特殊资产管理等是否履行内部制度规定，是否存在出入库手续办理不及时不齐全、资产闲置或低效运转、账实不符、未定期盘点清查资产、未确认无形资产等情况；公立医院是否按照有关规定使用管理毒麻精放等特殊药品、高值医用耗材；是否按照规定确定资产出租出借方式、价格和期限，是否实行公开竞价招租，是否存在未经批准将国有资产无偿提供他人使用等情况。

（四）对外投资管理。查看国家企业信用信息平台，查阅资产账、会计账簿、合同、会议纪要等资料，通过访谈、穿行测试等，必要时延伸审计被投资单位，评价是否履行审核审批程序；使用非货币性资产开展对外投资是否履行资产评估程序，是否存在利用财政资金对外投资的情形，是否存在买卖期货股票，购买企业债券和投资基金等情形；对外投资的可行性研究与评估、对外投资决策与执行、对外投资处置的审批与执行等不相容岗位是否相互分离；是否按规定记录对外投资的价值变动和投资收益；是否对被投资单位监督管理等。

（五）资产处置管理。查阅资产处置批复文件、会计账簿、会议纪要、行政处罚决定书等相关资料，评价资产处置是否履行审核审批权限；是否按规定办理资产评估手续、确定处置方式和价格；处置收入是否按规定上缴国库；是否按照规定报废资产，核销盘亏、毁损、非正常损失资产；是否按照规定处置医疗废物，是否存在因处置不当，受到行政处罚等情况。

**第九条** 开展基本建设内部控制评价时，重点关注以下内容：

（一）管理制度。查阅单位基本建设管理制度、业务流程等资料，评价内部制度是否涵盖立项、设计、概预算、招标、建设和竣工决算等内容；是否明确建设项目决策机构、归口管理部门、相关部门职责权限；是否明确工程建设监理、建设项目全过程跟踪审计等内容。

（二）岗位人员管理。查阅关键岗位职责、轮岗记录、培训记录等资料，评价是否明确关键岗位，是否按规定定期轮岗；项目建议和可行性研究与项目决策、概预算编制与审核、项目实施与价款支付、竣工决算与竣工审计等不相容岗位是否相互分离等。

（三）项目日常管理。查阅基本建设项目台账，项目立项审批资料、采购文件、施工合同、洽商变更单、进度款支付报告、竣工验收报告、结算审计报告、竣工决算报告、项目档案等资料，通过访谈、穿行测试，评价是否按照批复的概预算实施基本建设项目，是否严格履行审核审批程序，是否存在截留、挤占、挪用、套取建设项目资金的情形；是否按照合同约定和工程价款结算程序支付工程款；预留质量保证金是否符合国家规定；是否按照规定开展工程审计；是否及时办理竣工结算和财务决算，是否存在转固不及时、资本性支出按照费用处理等情况。

**第十条** 开展合同业务控制评价时，重点关注以下内容：

（一）管理制度。查阅单位合同管理制度、业务流程等资料，评价是否涵盖合同订立、审核与审批、履行与变更、解除、争议与纠纷处理、档案管理、印章管理等内容；是否明确应当签订合同的经济活动范围和条件；是否明确归口管理部门及职责，内部审计机构不得从事合同归口管理等内容。

（二）岗位人员管理。查阅关键岗位职责、轮岗记录、培训记录等资料，评价是否明确关键岗位，是否按规定定期轮岗；合同签订与合同审批、合同签订与付款审批、合同执行与付款审批、合同签订与合同用章保管等不相容岗位是否相互分离等。

（三）合同日常管理。查阅合同台账、合同文本、内部审核审批记录、授权委托书、纠纷处理记录、验收记录等资料，通过访谈、穿行测试等，评价是否履行审核审批程序；合同要素是否齐全，是否符合有关规定，是否存在先履约后签订合同的情形；合同履行是否执行过程监管，是否存在未按照合同约定履行的情形；合同台账登记是否完整；是否按照规定变更、中止、解除合同等。

（四）债权债务管理。查阅会计账簿、合同、账龄分析报告、会议纪要等资料，评价是否按时支付中小企业款项；是否按照合同约定管理债权债务，是否定期清理并编制账龄分析报告；是否履行审核审批程序；坏账审批及处理是否符合内部规定等。

**第十一条** 开展科研教学业务控制评价时，重点关注以下内容：

（一）管理制度。查阅单位科研、教学管理制度、业务流程等资料，评价科研业务方面是否涵盖科研项目申请、立项、执行、调整、结题验收、成果保护与转化、资金管理等内容，是否落实科研“放管服”政策；教学业务方面是否涵盖教学项目申请、立项、执行、调整、结业考核、资金管理、绩效评价等内容。

（二）岗位人员管理。查阅关键岗位职责、轮岗记录、培训记录等资料，评价是否明确科研业务项目预算编制与审核、项目审批与实施、项目资金使用与付款审核、项目验收与评价等不相容岗位相互分离；是否明确教学业务预算编制与审核、教学资金使用与付款审批等不相容岗位相互分离。

（三）科研项目管理。查阅科研项目台账、项目任务书、预算、合同、会计账簿等资料，评价是否履行审核审批程序；项目立项论证是否充分；是否按照批复预算和合同约定使用科研资金，是否按照规定的开支范围、用途和标准执行，是否专款专用，是否存在挤占、挪用科研资金，承诺的配套资金未及时足额到位，违规转拨科研资金等情况；项目结题验收后，是否按规定统筹结余资金；科研项目台账登记是否完整；科研成果形成资产的，是否按规定及时入账等。

（四）教学项目管理。查阅教学项目台账、项目任务书、预算、合同、会计账簿等资料，评价是否履行审核审批程序；项目立项论证是否充分；是否按照批复预算使用教学项目资金，是否按照规定的开支范围、用途和标准执行，是否专款专用，是否存在挤占、挪用教学项目资金，承诺的配套资金未及时足额到位，违规转拨教学项目资金等情况；项目台账登记是否完整；教学成果形成资产的，是否按规定及时入账等。

**第十二条** 内部审计机构根据内部控制评价结果，编制内部控制评价报告，内容包括但不限于：真实性声明、总体情况、评价依据、评价范围、评价程序和方法、评价结论等。

**第十三条** 本指引涉及财务、资产、合同、采购、高值医用耗材、大型医用设备绩效、建设项目等内容的，需参考国家有关规定及其他审计指引等。公立医院开展医疗、临床试验、互联网医疗、医联体、信息化建设业务等内部控制评价、风险评估，需参考《公立医院内部控制管理办法》（国卫财务发〔2020〕31 号）。

**第十四条** 本指引由国家卫生健康委财务司负责解释。

## 1.5 卫生部办公厅关于印发医疗机构主要负责人任期经济责任内部审计要点的通知

（卫办规财函〔2013〕199 号）

各省、自治区、直辖市卫生厅局，新疆生产建设兵团卫生局：

为进一步规范经济责任审计工作，提高审计质量，防范审计风险，结合医疗机构特点，我们研究制定了医疗机构主要负责人任期经济责任内部审计要点。现印发给你们，请在实际工作中参考使用。

卫生部办公厅

2013 年 3 月 11 日

### 医疗机构主要负责人任期经济责任内部审计要点

根据《中华人民共和国审计法实施条例》《中共中央办公厅 国务院办公厅关于印发〈党政主要领导干部和国有企业领导人员经济责任审计规定〉的通知》（中办发〔2010〕32 号）精神，结合医疗机构特点，现制定医疗机构主要负责人任期经济责任内部审计要点。本要点适用于各类独立核算的公立医疗机构。各地在使用时应当根据相关法律法规的完善及时调整。

**一、遵守有关法律法规、贯彻执行上级有关经济工作方针政策和决策部署情况**

（一）遵守有关经济法律法规情况。

（二）上级部门有关经济工作要求落实情况。

（三）以前年度审计和检查发现问题的整改情况。

**二、重大经济决策制度制订、执行情况和效果**

（一）重大经济决策制度制订情况。是否制定重大经济决策制度，对重大经济决策的内容、范围和程序等作出明确规定；是否建立决策失误纠错机制和责任追究制度。

（二）重大经济决策程序的执行情况。重大经济决策是否执行民主公开程序；重大经济决策是否经过可行性论证、集体研究、民主科学决策。

（三）重大经济决策的执行效果。重大经济决策事项是否得到有效执行并实现预期目标；对决策事项执行过程中出现的问题是否及时纠正，并落实责任追究制；大额资金支出、对外投资、经济担保、基本建设项目、银行贷款等重大经济事项是否取得成效或造成损失等。重大经济决策事项社会效益和环境效益情况。

**三、有效的内部控制制度建立和执行情况**

（一）预算控制制度建立和执行情况。

（二）不相容岗位分离制度建立和执行情况。

（三）内部授权审批控制制度建立和执行情况。

（四）业务流程控制制度建立和执行情况。是否明确各项经济活动流程中的计划、审批、执行监督等环节要求并严格执行。

（五）资产保护控制制度建立和执行情况。是否建立资产日常管理和定期清查制度，保证资产安全完整。

（六）会计系统控制制度建立和执行情况。是否建立健全单位会计管理制度，强化会计人员岗位责任制，规范会计基础工作。

（七）信息技术控制制度建立和执行情况。

**四、预算管理情况**

（一）全面预算管理实行情况。

（二）预算编制、审批、调整程序是否符合规定。

（三）预算执行情况。是否违规设立、扩大收费项目，是否滞留、截留、挪用上缴财政收入；是否扩大范围、提高开支标准，是否存在无预算、超预算开支。

（四）遵守“三公经费”管理规定情况。

（五）决算编制情况。

（六）预算执行结果的分析和考核情况。

**五、财务收支管理情况**

（一）任期内各年度收入、支出、结余情况。

（二）成本核算与控制情况。

（三）专项经费使用管理情况。

（四）票据使用的规范性。

（五）国家物价政策执行情况。

（六）国家和医院有关财务规章制度规定的开支范围及开支标准执行情况。

**六、资产保值增值情况**

（一）任期内各年度资产、负债、净资产情况。

（二）货币资金的真实性和完整性。

（三）固定资产和存货管理是否规范。

（四）往来款项是否及时清理。

（五）专用基金的计提和使用是否规范。

**七、对外投资管理情况**

（一）对外投资是否经过充分论证并报主管部门和财政部门批准。

（二）对外投资效益情况。

**八、基本建设、维修项目管理情况**

（一）基本建设程序履行情况。是否存在未经批准改变建设内容、规模的情况。

（二）建设资金管理使用的规范性。是否存在骗取、截留、挪用、国家建设资金和虚列项目投资完成额的情况。

（三）竣工项目是否及时组织验收和竣工决算审计。

**九、采购合法合规情况**

（一）制度遵守情况。是否按照《中华人民共和国招标投标法》《中华人民共和国政府采购法》及有关部门和单位的招标、采购管理规定执行。

（二）自行招标、采购流程是否规范。

**十、对下属单位经济活动监督管理情况**

（一）监督管理制度的建立健全情况。

（二）监督管理制度落实情况。是否设置专门的监督管理部门或岗位，有明确工作职责并有效履行。

**十一、领导干部本人遵守廉政规定情况**

（一）制度遵守情况。是否严格执行《中共中央纪委关于严格禁止利用职务上的便利谋取不正当利益的若干规定》《关于卫生系统领导干部防止利益冲突的若干规定》等文件的精神及领导干部廉洁自律有关规定。

（二）其他经济问题。

## 1.6 关于加强和规范建设工程项目全过程审计的通知

（卫规财发〔2009〕39 号）

部属（管）各单位：

随着我国卫生事业的发展，医疗卫生单位的建设投资不断增加，建设规模不断扩大，建设项目已经成为各单位经济活动的重要内容。医疗卫生单位建设工程项目复杂，具有工程造价高、建设周期长、专业技术性强、建设过程中调整变化多等特点，为了有效控制工程成本，提高资金使用效益，根据《审计署关于内部审计工作的规定》《卫生系统内部审计工作规定》等有关规定，各单位的建设工程项目应当开展全过程审计。现将有关要求通知如下：

一、建设工程项目全过程审计是加强内部监管、健全内部控制机制、从源头上预防腐败和治理腐败、促进干部廉洁勤政的重要措施，也是控制工程造价、降低建设成本、提高投资效益的重要手段，各单位要积极组织实施。

二、建设工程项目全过程审计内容包括对建设工程项目投资立项、设计（勘察）管理、招标投标、合同管理、设备和材料采购、工程管理、工程造价、竣工验收、竣工结算、竣工决算、财务管理、后评价等各阶段的检查、控制和评价。

三、建设工程项目全过程审计应以促进控制工程造价和规范工程管理为重点，将技术经济审查、项目过程管理审查与财务审计相结合，做到事前参与、事中控制、事后评价。

四、建设工程项目全过程审计要根据项目的审计任务和内部审计资源情况做好工作安排。大中型建设工程项目可以委托具有相应资质的中介机构进行审计，委托单位要对委托业务实施全过程的管理和监督。委托业务工作应按照《卫生部关于部属（管）单位委托社会审计业务工作管理的通知》要求办理。

五、各单位应结合本通知要求，建立单位领导组织协调、内部审计机构（或具有审计监督职能的部门）牵头、相关部门参加的内部管理机制，积极开展建设工程项目全过程审计。同时，结合本单位工作实际，完善制度和办法，确保建设工程项目全过程审计工作在规范建设工程管理、提高投资效益、促进廉政建设中发挥作用。

二○○九年四月二十八日

# 2. 医院内部审计制度参考（单位内部层面）

## 2.1 A医院内部审计工作规定

### 第一章 总 则

**第一条** 为健全医院内部审计制度，规范内部审计工作，提升内部审计工作质量，根据《审计署关于内部审计工作的规定》（年审计署令第11号）、《卫生计生系统内部审计工作规定》《进一步加强卫生健康行业内部审计工作的若干意见》《卫生健康行业内部审计基本指引（试行）》等规定，结合我院实际，制定本规定。

**第二条** 内部审计是指对本院所属单位（部门）财务收支、经济活动、内部控制、风险管理等实施独立、客观的监督、评价和建议，以促进医院完善治理、实现目标的活动。

**第三条** 医院依照有关法律法规和内部审计职业规范，结合本单位实际情况，建立健全内部审计制度，明确内部审计工作的领导体制、职责权限、工作机构、人员配备、经费保障、审计结果运用和责任追究等；加强医院党委对内部审计工作的领导，建立健全党领导相关工作的体制机制。

### 第二章 内部审计机构和人员

**第四条** 医院设置独立的内部审计机构——审计处，配备审计人员，保障必要的审计经费和条件，支持开展内部审计工作。

审计处在医院党委、院长的直接领导下，依照国家法律、法规、政策以及上级部门和医院的规章制度，独立行使审计监督职权，对公共资金、国有资产、国有资源和领导干部履行经济责任情况、实行审计全覆盖，对审计整改情况进行监督、评价、建议，对医院党委、院长负责并报告工作，同时接受国家审计机关和上级主管部门内部审计机构的指导和检查。

**第五条** 医院成立党委审计委员会，加强党对审计工作的领导，负责部署内部审计工作，审议年度审计工作计划，研究制定内部审计改革方案、重大政策和发展战略，审议决策内部审计重大事项等。

**第六条** 医院保证内部审计工作所需人员编制，严格内部审计人员录用标准，合理配备具有审计、财务、经济、法律、管理、工程、信息技术等专业知识的内部审计人员。内部审计机构负责人应当具备审计、财务、经济、法律、管理等专业背景或工作经历。

**第七条** 医院根据内部审计工作特点，完善内部审计人员考核评价制度和专业技术岗位评聘制度，保障内部审计人员享有相应的晋升、交流、任职、薪酬及相关待遇。

**第八条** 医院支持和保障内部审计人员通过参加业务培训、考取职业资格、以审代训等多种途径接受继续教育，提高专业胜任能力。

**第九条** 内部审计机构的变动和内部审计机构负责人的任免或调动，向上一级内部审计机构备案。

**第十条** 内部审计机构和内部审计人员依法独立履行职责，任何单位和个人不得干涉和打击报复。

**第十一条** 审计处履行内部审计职责所需经费，列入医院预算。

**第十二条** 审计处人员严格遵守有关法律法规和内部审计职业规范，独立、客观、公正地履行职责，保守工作秘密。

**第十三条** 审计处和审计工作人员不得参与可能影响独立、客观履行审计职责的工作，不得参与被审计单位业务活动的决策和执行。

**第十四条** 在不违反国家保密规定的情况下，审计处可以根据工作需要向社会中介机构购买审计服务。内部审计机构对中介机构开展的受托业务进行指导、监督、检查和评价，并对采用的审计结果负责。

## 第三章　内部审计职责权限

**第十五条** 审计处按照国家有关规定和医院工作要求，对医院所属单位（部门）的以下事项进行审计：

（一）贯彻落实国家重大政策措施情况；

（二）发展规划、战略决策、重大措施和年度业务计划执行情况；

（三）财务收支和预算管理情况；

（四）固定资产投资项目情况；

（五）内部控制及风险管理情况；

（六）资金、资产、资源的管理和效益情况；

（七）医疗、教学、科研、后勤保障等主要业务活动的管理和效益情况；

（八）中层干部履行经济责任情况；

（九）上级部门和医院要求办理的其他事项。

**第十六条** 审计处协助医院主要负责人督促落实审计发现问题的整改工作。

**第十七条** 审计处具有下列权限：

（一）要求被审计单位按时报送审计所需的有关资料、相关电子数据，以及必要的计算机技术文档；

（二）参加或列席有关会议，召开与审计事项有关的会议；

（三）参与研究有关规章制度，提出制定内部审计规章制度的建议；

（四）检查有关财务收支、经济活动、内部控制、风险管理的资料、文件和现场勘察实物；

（五）检查有关计算机系统及其电子数据和资料；

（六）就审计事项中的有关问题，向相关单位（部门）和个人开展调查和询问，取得相关证明材料；

（七）对正在进行的严重违法违规、严重损失浪费行为及时向医院主要负责人报告，经同意做出临时制止决定；

（八）对可能被转移、隐匿、篡改、毁弃的会计凭证、会计账簿、会计报表以及与经济活动有关的资料，经医院主要负责人批准，有权予以暂时封存；

（九）提出纠正、处理违法违规行为的意见和改进管理、提高绩效的建议；

（十）对违法违规和造成损失浪费的被审计单位和人员，给予通报批评或者提出追究责任的建议；

（十一）对严格遵守财经法规、管理规范有效、贡献突出的被审计单位和个人，可以向医院党委、行政提出表彰建议。

## 第四章 内部审计管理

**第十八条** 医院党委、行政主要负责人定期听取内部审计工作汇报，加强对内部审计发展战略、年度审计计划、审计质量控制、审计发现问题整改和审计队伍建设等重要事项的管理。内部审计机构负责人及时向医院党委、行政主要负责人报告内部审计结果和重大事项。

**第十九条** 审计处依照审计法律法规、行业准则和实务指南等建立健全内部审计工作规范，并按规范实施审计。

**第二十条** 审计处根据医院发展目标、治理结构、管理体制、风险状况等，科学合理地确定内部审计发展战略、制订内部审计计划。

**第二十一条** 审计处运用现代审计理念和方法，坚持风险和问题导向，优化审计业务组织方式，加强审计信息化建设，全面提高审计效率。

**第二十二条** 审计处着眼于促进问题解决，立足于促进机制建设，对审计发现问题做到事实清楚、定性准确，并在分析根本原因的基础上提出审计建议，通过与相关单位合作促进医院事业发展。

**第二十三条** 审计处加强自身内部控制建设，合理设置审计岗位和职责分工、优化审计业务流程，完善审计全面质量控制。

**第二十四条** 审计处建立健全医院内部审计工作评价制度，促进提升审计业务与审计管理的专业化水平。

**第二十五条** 审计处实施中层干部经济责任审计时，参照执行国家有关经济责任审计的规定。

## 第五章　内部审计结果运用

**第二十六条** 医院建立健全审计发现问题整改机制，明确被审计单位主要负责人为整改责任第一人，完善审计整改结果报告制度、审计整改情况跟踪检查制度、审计整改约谈制度，推动审计发现问题的整改落实。

**第二十七条** 医院建立健全审计结果及整改情况在一定范围内公开制度。

**第二十八条** 医院对审计发现的典型性、普遍性问题，及时分析研究，制定和完善相关管理制度，建立健全内部控制措施；对审计发现的倾向性问题，开展审计调查，出具审计管理建议书，为科学决策提供建议。

**第二十九条** 医院加强内部审计与纪检监察、巡视巡察、组织人事、财会监督等内部监督力量的协作配合，建立信息共享、结果共用、重要事项共同实施、整改问责共同落实等工作机制。

**第三十条** 医院将内部审计结果及整改情况作为相关决策、预算安排、干部考核、人事任免和奖惩的重要依据。

**第三十一条** 对内部审计发现的重大违纪违法问题线索，在向医院党委、行政主要负责人报告的同时，及时向上一级内部审计机构报告，并按照管辖权限依法依规及时移送纪检监察机关、司法机关。

## 第六章　法律责任

**第三十二条**　被审计单位有下列情形之一的，审计处根据情节轻重，可以提出警告、通报批评、经济处理或移送纪检监察机关处理等建议；由医院党委、行政主要负责人责令改正，并对直接负责的主管人员和其他直接责任人员进行处理：

（一）拒绝接受或者不配合内部审计工作的；

（二）拒绝、拖延提供与内部审计事项有关的资料，或者提供资料不真实、不完整的；

（三）拒不纠正审计发现问题的；

（四）整改不力、屡审屡犯的；

（五）违反国家规定或者医院内部规定的其他情形。

**第三十三条**　审计处和内部审计人员有下列情形之一的，由医院对直接负责的主管人员和其他直接责任人员进行处理；涉嫌犯罪的，移送司法机关依法追究刑事责任：

（一）玩忽职守、不认真履行审计职责造成严重后果的；

（二）隐瞒审计查出的问题或者提供虚假审计报告的；

（三）泄露医院秘密或者商业秘密的；

（四）利用职权谋取私利的；

（五）违反国家规定或者医院内部规定的其他情形。

**第三十四条**　内部审计人员因履行职责受到打击、报复、陷害的，医院主要负责人及时采取保护措施，并对相关责任人员进行处理；涉嫌犯罪的，移送司法机关依法追究刑事责任。

## 第七章　附　则

**第三十五条**　本规定由医院审计处负责解释。

**第三十六条**　本规定自公布之日起施行。

## 2.2 中国共产党A医院委员会审计委员会工作规则（试行）

### 第一章 总 则

**第一条** 为规范中国共产党A医院委员会审计委员会（以下简称“审计委员会”）工作，充分发挥党的全面领导优势，形成工作合力，根据《中华人民共和国审计法》《审计署关于内部审计工作的规定》（审计署第11号令）《卫生计生系统内部审计工作规定》（国家卫生和计划生育委员会令第16号）及其他有关法律法规，结合医院工作实际，制定本规则。

### 第二章 机构设置

**第二条** 审计委员会是医院党委在审计领域的议事协调机构，直接受医院党委领导，全面领导医院审计工作，并就审计领域重大事项提请党委会审议。

**第三条** 审计委员会设主任1人、副主任2人、委员若干。其中：党委书记任主任，院长、纪委书记担任副主任，委员由其他有关领导及所属内设机构相关主要负责同志担任。

**第四条** 审计委员会的办事机构为审计委员会办公室，负责日常事务。审计委员会办公室设在审计处，办公室主任由审计处处长兼任。

### 第三章 主要职责

**第五条** 审计委员会的主要职责：

（一）研究贯彻上级党委及审计委员会的决策部署，对医院审计领域重大工作进行总体安排、统筹协调、整体推进和督促落实；

（二）审议决定医院审计改革方案、重大政策和发展战略；

（三）审议决定医院审计发展规划和年度审计计划；

（四）研究审议医院年度财务预算执行与决算审计、重要专项审计等报告；

（五）定期听取医院审计工作汇报，并作出指示和指导；

（六）审议决定医院审计整改、审计结果运用等审计监督其他重大事项；

（七）研究加强审计队伍建设的意见。

## 第四章 会议制度

**第六条** 审计委员会实行集体讨论重大问题制度，每年至少召开一次全体会议，根据工作需要不定期召开专题会议。

**第七条** 审计委员会会议议题由审计委员会办公室根据审计委员会主任、副主任要求研究提出，并报审计委员会主任批准确定。

**第八条** 审计委员会全体会议由审计委员会主任主持。出席会议人员为：主任、副主任、委员。根据会议议题确定列席人员。列席人员名单于会前报审计委员会主任批准确定。

**第九条** 审计委员会专题会议由审计委员会主任或由其委托的负责同志主持。出席会议人员由审计委员会办公室提出意见，报审计委员会主任或由其委托的会议主持人确定。

**第十条** 召开审计委员会会议，到会人数须达到全体成员人数的三分之二及以上，方为有效。

**第十一条** 审计委员会办公室负责在会议举行前通知审计委员会全体成员及列席人员。参会人员因故不能出席的，应事先向审计委员会办公室请假。

**第十二条** 审计委员会会议决议实行少数服从多数原则，会议决议须有三分之二及以上与会人数同意方为有效。若议题内容有可能影响与会成员表决的客观性和公正性，审计委员会办公室应提请该成员予以回避，审计委员会会议不将该成员计入该议题的表决人数。

**第十三条** 审计委员会全体会议和专题会议议定事项，由审计委员会办公室协调督促有关部门落实，落实情况向审计委员会主任、副主任报告。

**第十四条** 审计委员会会议纪要，是审计委员会会议决定事项的依据，由审计委员会办公室根据会议研究的结论性意见整理形成，报审计委员会主任或其委托的会议主持人签发。会议纪要印发审计委员会主任、副主任、委员，以及与会议决定有关的部门和医院领导。

**第十五条** 审计委员会成员对审计事项中需要保密或暂未解密的信息，承担保密责任。

**第十六条** 医院各部门涉及审计的重大事项和情况，应通过审计委员会办公室及时向审计委员会报告。

**第十七条** 审计委员会办公室负责建立完善各成员单位工作协调机制，建立协调会议制度、联络员制度。

## 第五章　附　则

**第十八条**　本规则由审计委员会办公室负责解释。

**第十九条**　本规则自公布之日起施行。

# 2.3　中国共产党A医院委员会审计委员会办公室工作细则（试行）

## 第一章　总　则

**第一条**　为规范中国共产党A医院委员会审计委员会办公室（以下简称审计委员会办公室）工作运行，根据《中国共产党A医院委员会审计委员会工作规则》制定本细则。

## 第二章　机构性质

**第二条**　审计委员会办公室是审计委员会的办事机构，直接受审计委员会领导，负责处理审计委员会日常事务，审计委员会办公室设在审计处。

## 第三章　主要职责

**第三条**　贯彻落实医院党委对审计工作的集中统一领导，协调督促有关部门落实审计委员会决定事项、工作部署和要求；组织研究在审计领域坚持党的领导、加强党的建设工作的具体措施，向审计委员会提出工作建议。

**第四条**　组织研究医院审计工作发展战略、规划、重大决策和改革方案，综合协调推进审计项目实施、审计成果运用等审计监督重大事项，统筹推进审计法律法规、政策制度等建设。

**第五条**　提出年度审计计划，经审计委员会主任批准，提交审计委员会会议审议决定。

**第六条**　提出医院年度财务预算执行与决算审计报告，经审计委员会主任批准，提交审计委员会会议审议决定。

**第七条**　研究处理相关部门向审计委员会提出的重要事项及相关请示，接受相关部门涉及审计的重大事项和情况的报告，研究评估后向审计委员会提出建议。

**第八条** 承担审计委员会会议相关工作，经审计委员会主任批准准备会议议题、议程和材料，整理会议文件，负责会议精神的传达贯彻落实。

**第九条** 负责建立完善审计委员会各成员单位工作协调机制，建立完善协调会议制度、联络员制度。

**第十条** 负责建立完善审计监督重大事项督察督办制度。对审计查出问题整改工作或其他事项进行专项督察。

**第十一条** 负责审计委员会的简报编印、资料管理等工作。

**第十二条** 负责完成医院党委和审计委员会交办的其他事项。

### 第四章 会议制度

**第十三条** 定期或不定期召开会议，贯彻落实医院党委和审计委员会决策部署，以及医院主要领导指示，研究有关问题，推动相关部署落实。

**第十四条** 根据工作需要，召开审计委员会各成员单位联络员会议、专题协调会议、专题研究会议。涉及重要问题的情况，报审计委员会主任审批。

**第十五条** 召开各专题会议的议题根据审计委员会主任指示拟定。

### 第五章 附则

**第十六条** 本细则由审计委员会办公室负责解释。

**第十七条** 本细则自公布之日起施行。

## 2.4 A 医院审计结果运用办法

### 第一章 总 则

**第一条** 为进一步加强审计监督，督促有关单位和相关责任人认真落实审计意见，充分利用审计结果，及时纠正违纪违规行为，切实提高审计效能，根据《卫生计生系统内部审计工作规定》《卫生健康行业内部审计基本指引（试行）》《A 医院内部审计工作规定》以及相关法律法规，结合我院实际，制定本办法。

**第二条** 本规定所称审计结果，是指医院审计处或院方委托的社会审计机构，依据国家有关法律法规，对医院经济活动及相关事项进行审计或审计调查后，形成的结论性审计文书，包括审计报告、审计调查报告、审计意见书、审计建议书、审计移送建议书等。

**第三条** 本规定所称审计结果运用，是指医院有关部门、被审计单位、被审计人及相关责任人根据审计结果对审计事项及时整改，完善制度，规范管理，以及依据审计结果进行评价和考核的行为。

**第四条** 审计结果运用应坚持实事求是、客观公正，审用结合、整改结合，督促落实、注重实效的原则。

**第五条** 本办法适用于除经济责任审计以外的审计结果运用。经济责任审计结果运用办法另行规定。

## 第二章 审计结果运用方式

**第六条** 被审计单位及被审计人落实审计意见和建议，及时整改存在的问题。对在审计期间发现的且能及时整改的问题，被审计单位及相关责任人应立行整改；对审计完成后提出的问题，被审计单位及相关责任人应按规定期限及时按要求整改。

**第七条** 工程项目建设单位按照工程项目的审计意见，与施工单位办理结算。

**第八条** 审计结果涉及的相关单位，根据审计结果的具体情况配合整改。

**第九条** 相关职能部门依其职责权限实施审计结果运用：

（一）医院办公室负责督促相关单位整改落实审计结果，并将审计结果及整改落实情况纳入党风廉政建设主体责任落实情况考核的重要内容。

（二）纪委（监察处）对审计发现的违规违纪问题线索及时组织核查，对于查实的违规违纪问题，依照规定给予责任人纪律处分，并追究相关党组织或个人的领导责任；对涉嫌违法犯罪的党员及时移送有关国家机关依法处理；对需要给予行政处分或其他组织处理的党员，向组织人事部门提出建议。对经济责任审计中发现的党风廉政建设方面存在的苗头性、倾向性、普遍性问题，及时研究分析，提出监察建议，督促改进工作，堵塞漏洞，推进建章立制。

（三）组织部将审计结果及整改落实情况列入单位领导班子、领导干部考核与评价范围，作为评价干部履行经济责任、选拔任用干部的重要参考依据，并将经济责任审计结果存入领导干部的人事档案。

（四）人事处将审计结果及整改落实情况作为该单位年度工作考核、评优评先的参考依据。

（五）财务处将审计结果及整改落实情况作为加强医院财务管理，制定和完善财务规章制度的参考依据。

（六）资产管理处将审计结果及整改落实情况作为加强医院国有资产管理，制定和完善国有资产管理制度的参考依据。

（七）科研处将审计结果及整改落实情况作为加强医院科研项目管理，制定和完善科研项目管理制度的参考依据。

（八）审计处将审计结果及整改落实情况作为后续审计或再次审计的对照依据。

（九）审计结果涉及的其他管理部门，根据审计结果及整改落实情况，制定和完善相关管理制度。

**第十条** 被审计单位应及时在单位内部向领导班子和职工通报领导干部经济责任审计、财务收支审计等审计结果及其整改落实情况。

**第十一条** 按照医院有关规定，以适当的方式，在适当的范围内公开审计结果。

## 第三章 审计结果运用程序与要求

**第十二条** 审计结果应及时送达被审计单位、被审计人及相关部门。对于需要落实到被审计单位及相关部门有关责任人的事项，由被审计单位及相关部门通知有关责任人。

**第十三条** 建立审计整改责任制度。被审计单位、项目主要负责人为审计整改第一责任人，其他相关部门的主要负责人和相关责任人根据审计整改完成情况负相应责任。

**第十四条** 被审计单位、项目的主要负责人必须按照审计意见或建议，对存在的问题认真进行整改，切实落实到位。任期领导对任职期间的经济活动及财务收支情况和结果负责，且应积极配合整改落实工作。

**第十五条** 被审计单位、被审计人及有关部门和相关责任人收到审计报告或审计意见（建议）书后，对其建议或要求整改的问题，应认真分析研究，采取措施进行整改，整改方案须经单位领导班子集体讨论决定，并在收到审计结论性文书之日起30日内将落实审计意见的有关证明材料及执行情况书面说明报送审计处。

**第十六条** 被审计单位、被审计人、有关部门和相关责任人对审计意见如有异议，可按医院相关规定，提出审计复议。复议期间，原审计意见和审计建议应继续执行，经院领导签批的，可暂停执行。

**第十七条** 审计意见整改落实监督检查工作由审计处牵头负责，医院办公室、组织部、纪委（监察处）、人事处、财务处、资产管理处等有关部门根据具体情况协助执行。相关部门及时了解审计意见的落实情况，督促被审计单位认真落实审计意见。

**第十八条** 审计处在审计过程中发现重大违法违纪或经济案件线索，应及时移交纪委（监察处）处理。

在审计完成后，审计结果提到的违纪违规问题，审计处应将相关审计结论性文书及时抄送纪委（监察处）。

**第十九条** 审计处根据被审计单位或被审计人对审计意见的整改落实情况，决定是否实施后续审计工作。

**第二十条** 建立审计整改跟踪检查制度。审计处在出具审计报告并提出审计建议或下达审计整改意见书后 30 日内，对其落实情况进行跟踪检查，对需要重点督办事项，会同有关部门加强督查，对整改的重点和难点问题，要研究分析，查明原因，及时将跟踪检查和督促落实情况向审计结果运用领导小组报告。

## 第四章 责任追究

**第二十一条** 责任追究坚持依法依规、实事求是，权责一致、惩教结合，统一领导、分工负责的原则。

**第二十二条** 医院及医院办公室、组织部、纪委（监察处）、人事处等相关单位对不履行或不正确履行经济管理职责的领导干部，存在严重违反财经法规问题，不认真整改落实审计结果，拒绝、阻碍、不配合审计工作等行为的单位或个人进行责任追究：

（一）在规定期限内对审计意见未进行整改的责任单位和责任人，由医院对其追究主体责任；

（二）对严重违纪、违规的单位负责人和相关人员，由医院给予党纪、政纪处分；

（三）在审计意见整改未执行完毕期间，暂缓对被审计对象所涉及人员的提任与调动；

（四）对不认真整改，拒绝、阻碍、不配合审计工作等行为的单位和个人，取消该单位年度评先、评优资格，取消相关责任人评先、评优和晋职晋级的资格。

**第二十三条** 未经批准擅自公开审计结果的单位或个人，按照医院有关规定追究其相应责任。

## 第五章 附 则

**第二十四条** 本规定由审计处负责解释。

**第二十五条** 本规定自发布之日起执行。

# 2.5 A医院审计整改工作办法（试行）

## 第一章 总 则

**第一条** 为严格落实我院审计整改工作责任，强化审计整改工作的严肃性，提升审计整改工作质量和效果，推动依法治院和规范管理，根据《中华人民共和国审计法》《审计署关于内部审计工作的规定》（审计署令第11号）、《卫生健康行业内部审计基本指引（试行）》等规定，结合医院实际，制定本办法。

**第二条** 本办法所称的审计整改，是指被审计单位（部门）和相关职能部门通过对审计发现问题在规定期限内予以纠正和处理，以达到促进机制优化、制度完善、管理规范的活动。

**第三条** 本办法所称的被审计单位（部门）和相关职能部门，主要是指：接受内部审计或外部审计的被审计单位（部门）；根据审计结果须从源头上完善管理的相关职能部门以及承办移送处理事项的相关部门。

**第四条** 本办法所称的审计结果，是指审计报告提出的问题和审计意见（建议），以及需要执行或处理的审计决定书、审计移送处理书中的相关事项。

**第五条** 审计整改工作应遵循依法依规、及时有效的原则，着力于规范行政行为和权力，推进依规行政、阳光用权，推动医院依法治理的完善，促进医院事业的健康持续发展。

## 第二章　组织领导

**第六条**　医院审计整改工作领导小组（以下简称领导小组）统一领导和组织审计整改工作。主要职责是：

（一）统筹协调重要事项的审计整改督查；

（二）指导协调相关部门的联动整改工作；

（三）审议审计整改督查结果的通报和公开；

（四）审议有关部门提出的追责问责事项；

（五）审计整改工作中的其他重要事项。

以上重要事项，应当报院长办公会审定后实施，属于“三重一大”事项的，还应按相关规定报医院党委会审定。

**第七条**　建立健全审计整改责任制，进一步增强审计整改工作的刚性约束。

审计整改工作的责任主体是被审计单位（部门），被审计单位（部门）党政主要负责人为审计整改工作的第一责任人，负责具体落实审计整改工作。

分管院领导负责督促分管单位（部门）的审计整改落实，被审计单位（部门）负责审计整改具体落实工作，财务处等相关职能部门应当积极配合被审计单位（部门）的审计整改工作，审计处负责审计整改跟踪检查和落实情况的报告，行政办公室负责医院领导对审计整改的批示督办与协调工作。各有关单位和个人各司其职，促进审计结果的有效运用。

**第八条**　由外部审计实施的审计项目，由上级部门或相关业务主管部门下达审计整改通知书并负责整改结果确认，领导小组成员单位配合做好整改进度的跟踪检查和结果报告等工作；由审计处实施的审计项目，审计处负责下达审计整改通知书，并统筹安排整改进度跟踪检查、整改结果确认和整改结果报告等事宜。

## 第三章　整改内容和程序

**第九条**　审计整改的主要内容包括：

（一）对审计处理决定的执行情况；

（二）对审计查出问题的整改措施和审计意见（建议）的采纳情况；

（三）对审计业务文书中要求自行纠正事项的落实情况；

（四）对审计移送处理事项的处理情况；

（五）对医院领导要求整改的批示落实情况；

（六）其他有关整改情况。

**第十条** 审计整改实行以下工作程序：

（一）审计整改报告；

（二）审计整改跟踪检查；

（三）审计整改督查督办；

（四）审计整改结果运用。

## 第四章 审计整改报告

**第十一条** 被审计单位（部门）在收到有关审计报告、审计整改通知书或医院督查督办通知书等文本后，应当对审计发现的问题、提出的意见（建议）或医院领导关于相关问题的批示进行研究与整改，并在规定的时间内呈报审计整改结果书面报告。

将落实审计整改纳入“三重一大”决策机制，将审计整改工作列入本单位（部门）的重要议事日程，成立整改工作小组，明确整改责任人员，制订整改工作方案，明确整改时间表和拟采取的整改措施。

在规定的整改截止期限之内（一般为60天），向审计处或相关业务主管部门报送审计整改结果报告，报告需由被审计单位（部门）负责人签字、单位盖章并附证明资料。

报告内容包括：本单位（部门）审计整改工作开展情况，对审计决定的执行情况，对审计查出问题的整改落实结果，对审计意见（建议）书的采纳情况，尚未整改到位的原因及下一步整改和处理的计划安排，以及其他关于审计整改有效措施和方法等情况。审计建议采纳情况相应的证明材料主要包括：被审计单位（部门）根据审计建议，制定、修改或者废除有关规章制度或政策措施的文件等。

**第十二条** 整改工作涉及的相关职能部门，根据审计整改通知书或医院领导批示的要求，负责在规定的时间内，向审计处或行政办公室反馈对被审计单位（部门）整改督办和涉及本部门整改工作的落实情况。

**第十三条** 审计处负责向医院报告审计整改结果情况。

每年向领导小组提交上一年度审计整改工作的综合报告，报告内容包括年度审计整改工作的基本情况、主要内容、存在的问题以及加强审计整改工作的意见等，并抄报整改涉及的分管院领导和相关业务主管部门。

## 第五章　审计整改跟踪检查

**第十四条**　审计整改跟踪检查工作由审计处负责。在审计实施过程中，鼓励被审计单位（部门）边审边改、即知即改，并在审计中检查整改落实情况。积极促进被审计单位（部门）建立健全规章制度，规范财务管理，提高资金使用效益，确保审计发现的问题有效整改。

**第十五条**　实行“问题清单”“整改清单”和“销号清单”对接机制。审计处在出具审计报告时，提出审计发现问题的清单；被审计单位（部门）在报送审计整改结果报告时，一并报送审计整改结果清单；审计处开展审计整改情况跟踪检查时将两个清单对接，实行对账销号，形成审计整改情况检查报告和审计整改对账销号清单。对审计查出的问题已经整改到位的，予以销号；对整改不到位的，继续督促被审计单位采取措施进行整改直至销号。

**第十六条**　落实专人负责，对责任单位和部门整改情况实施跟踪检查，对被审计单位（部门）的审计整改结果报告加强统计和分析。对未落实审计意见（建议）、未进行纠正、未进一步清查、未进行必要责任追究的事项，深入分析原因，区分主客观原因，分别提出处理意见。

被审计单位（部门）未按照规定期限和要求执行审计决定的，根据情况，采取相应措施：要求被审计单位（部门）做出书面说明；责令其执行；提交行政办公室，列入重点督查督办事项；报告被审计单位（部门）分管院领导；提请领导小组研究解决；移送纪委监察处做出进一步处理；其他措施。

## 第六章　审计整改督查督办

**第十七条**　对屡审屡犯、违纪违规问题严重以及审计整改不力的，医院开展审计整改督查。领导小组办公室对照审计报告，对审计整改结果报告、审计整改情况检查报告进行审核和评估，确定审计整改重点督查对象和事项，编制审计整改督查工作计划。

**第十八条**　经领导小组审定，根据审计整改督查工作计划，医院组成督查组，对审计整改督查对象开展督查，并送达审计整改落实情况督促检查通知书。

督查组由领导小组成员单位、有关部门以及实施审计的相关审计人员组成。

**第十九条**　审计整改督查可以采用下列方法进行：

（一）听取汇报；

（二）召开座谈会；

（三）查阅、审核相关资料；

（四）个别谈话；

（五）检查账册；

（六）其他督查方法。

**第二十条**　审计整改督查结束后，领导小组办公室应将督查情况综合汇总，评估整改总体情况，分析存在的问题，提出相应的意见和建议，形成督查报告，向领导小组报告。审计整改督查报告的主要内容包括：

（一）审计整改督查工作开展情况；

（二）被审计单位（部门）整改情况和其他有关单位推动落实整改情况；

（三）正在整改或未整改的事项及原因；

（四）正在整改或未整改的事项的处理意见；

（五）其他有关内容。

**第二十一条**　行政办公室负责对院领导关于审计工作的批示事项进行督办。根据医院领导的批示，下达督办通知书，依据医院督办工作相关办法督办落实到位。

**第二十二条**　分管院领导和医院有关职能部门应当督促相关责任单位和部门按照规定期限做好审计整改工作，确保审计发现的问题得到有效整改、审计提出的意见（建议）得到有效采纳。

**第二十三条**　对于外部审计作出的审计决定和处理处罚意见，因涉及多个部门需要协同整改的问题、历年整改不到位以及在检查中发现的屡审屡犯等问题，由行政办公室负责牵头相关职能部门，开展专项督查督办工作。

## 第七章　审计整改结果运用

**第二十四条**　建立审计整改会商机制，推进整改工作的有效落实。领导小组成员单位对审计揭示的普遍性、倾向性、苗头性问题，特别是涉及体制机制问题、历史遗留问题和其他疑难问题进行会商，研究解决措施，提出意见建议。

**第二十五条**　完善审计整改联动机制，领导小组各成员单位明确审计整改工作责任，强化审计整改成果运用。

（一）被审计单位（部门）应当运用审计结果，主动对照检查、举一反三，建立健全内部控制运行机制；

（二）组织部门应当将审计结果和审计整改情况，纳入被审计单位（部门）领导班子民主生活会检查范围，应当按照干部管理权限实施审计结果和审计整改情况在干部考核考察中的运用；

（三）纪检部门应当将审计结果和审计整改情况，纳入被审计单位（部门）党风廉政建设责任制检查范围，应当认真核查处理审计移交的问题线索；

（四）组织人事部门应当将审计结果和审计整改情况，纳入被审计单位（部门）年度目标、绩效考核范围，作为领导班子成员年度考核、任职考核的重要依据；

（五）财务部门应当将审计结果、审计整改情况作为加强预算管理和财务管理的重要依据；

（六）审计部门应当将审计结果、审计整改情况进行分析总结并提出建设性意见，按程序进行通报和公开；

（七）各业务主管部门应当对审计结果和审计整改过程中反映的典型性、普遍性、倾向性问题及时进行研究，并将其作为采取有关措施、完善有关制度规定的参考依据。

各有关部门应当将审计整改成果运用情况，及时反馈领导小组办公室。

**第二十六条** 医院试行审计结果通报公开制度。根据实际情况，报领导小组后，可采用印发审计整改情况通报、网站公开发布等方式进行。

审计处定期汇总审计整改情况，对于审计整改效果好的经验和做法，在适当范围内进行表扬和推广；对不积极整改、整改不到位或屡审屡犯的单位（部门）和领导干部予以通报。对拒绝和拖延整改、整改不到位并造成严重后果的，经向医院审计整改工作领导小组汇报研究后在一定范围内予以通报批评。

通报公开的主要内容如下：

（一）年度审计结果和审计整改的汇总情况；

（二）审计整改取得的实际成效和经验做法，以及审计整改过程中出现的典型事例；

（三）拒不整改或屡审屡犯的部门和单位；

（四）其他需要通报公开的事项。

**第二十七条** 发现有下列情形之一的，领导小组办公室应当及时报告领导小组，由医院按规定进行责任追究：

（一）对依法作出的审计处理处罚决定，未认真执行、执行不力或拒不执行的；

（二）对审计发现的问题，未按期整改、整改不到位、拒绝或拖延整改且无正当理由的；

（三）提供虚假资料报告称已整改但实际未整改，或采取欺骗手段报告整改情况时已整改而事后又恢复原状的；

（四）对于移送的问题，无正当理由推诿、拖延而长期不作调查处理等影响审计整改成效的；

（五）其他影响审计整改成效的行为。

**第二十八条** 医院督查组在审计整改督查过程中，发现有整改不力的、屡审屡犯的或无正当理由拒绝整改的，要提出问责建议，追究单位负责人和有关责任人员的责任。

## 第八章 附 则

**第二十九条** 本规定适用于列入医院年度审计计划的内部审计项目和上级部门对医院实施的外部审计项目。

**第三十条** 本规定自公布之日起试行，由审计处负责解释。

# 2.6 A 医院审计档案管理办法

## 第一章 总 则

**第一条** 为了加强我院审计档案管理工作，充分发挥审计档案的作用，根据《第 2308 号内部审计具体准则——审计档案工作》《卫生健康行业内部审计基本指引（试行）》《A 医院档案管理办法》《A 医院内部审计工作规定》等规定，结合医院审计工作实际，制定本办法。

**第二条** 本办法所称审计档案，是指审计处在审计项目实施过程中直接形成的文件材料和与审计项目有关的其他审计档案材料，包括其他单位或人员接受委托、承办或者参与内部审计项目形成的审计档案材料。

**第三条** 审计处的档案管理工作接受上级主管部门和医院综合档案室的指导和监督。

## 第二章 一般原则

**第四条** 在审计活动中，必须使用钢笔或签字笔书写文件和材料（包括拟稿、记录、签署意见等），以确保档案字迹清楚，保存持久。

**第五条** 审计处设兼职档案管理员负责审计档案日常管理工作，确保审计档案的安全并及时移交医院综合档案室。

**第六条** 审计档案的建立，实行谁审计谁立卷，审结卷成，定期归档的责任制度，并实行按职能分类、按项目立卷、按单元排列的立卷方法。

**第七条** 根据审计业务类别，审计档案按工程审计、财务审计、经济责任审计、专项审计等大类归集，按审计项目立卷整理，按完成年度移交存档。跨年度的审计项目在审计终结的年度立卷。跟踪审计项目，按年度分别立卷归档。

**第八条** 审计项目确定后，该审计项目的组长即为负责该项目立卷归档的责任人。审计项目一经实施，该项目主审即应及时收集本项目的文件材料；审计终结时，主审应对本项目形成的全部文件材料进行整理、鉴别和取舍，并按立卷的方法和规则进行组卷，经审计组长复核和审计处兼职档案员检查后，依照有关规定进行案卷的编目和装订。

（一）审计档案页码数应统一编写在每页材料正面的右下角；

（二）卷内目录填写包括顺序号、文件名、页码等内容，卷内目录放在卷首；

（三）备考表填写包括本卷情况说明、立卷人、检查人、立卷时间等内容，备考表放在卷尾；

（四）案卷封面书写包括审计项目名称、审计时间、审计组负责人、保管期限等内容；

（五）审计案卷的装订应去掉金属物，采用三孔一线方法装订，案卷一般不应超过 200 页。

**第九条** 审计业务档案质量的基本要求是：审计业务档案材料应当真实、完整、有效、规范，并做到遵循档案材料的形成规律和特点，保持档案材料之间的有机联系，区别档案材料的重要程度，便于保管和利用。

**第十条** 按照审计法规、审计取证、文书处理的有关规定，对立卷归档的文件材料，应检查有关程序和签批，认定手续等是否完备，不符合要求的应予以补救。

## 第三章　审计档案的范围与排列

**第十一条**　审计档案材料主要包括以下几类：

（一）立项类材料：审计委托书、审计通知书、审前调查记录、项目审计方案等；

（二）证明类材料：审计承诺书、审计工作底稿及相应的审计取证单、审计证据等；

（三）结论类材料：审计报告、审计报告征求意见单、被审计对象的反馈意见等；

（四）备查类材料：审计项目回访单、被审计对象整改反馈意见、与审计项目联系紧密且不属于前三类的其他材料等。

**第十二条**　审计档案材料按下列四个单元排列：

（一）结论类材料，按逆审计程序、结合其重要程度予以排列；

（二）证明类材料，按与项目审计方案所列审计事项对应的顺序、结合其重要程度予以排列；

（三）立项类材料，按形成的时间顺序、结合其重要程度予以排列；

（四）备查类材料，按形成的时间顺序、结合其重要程度予以排列。

**第十三条**　审计档案内每组材料之间按下列要求排列：

（一）正件在前，附件在后；

（二）定稿在前，修改稿在后；

（三）批复在前，请示在后；

（四）批示在前，报告在后；

（五）重要文件材料在前，次要文件材料在后；

（六）汇总性材料在前，原始性材料在后。

**第十四条**　除审计活动中直接形成的档案外，上级部门及医院领导对审计工作的指示、批复及有关规定、办法、通知和医院有关审计工作的规章制度、工作计划、工作总结、请示、报告等文件也由审计处档案管理人员负责归档。

**第十五条**　除纸质审计档案外，在条件允许的情况下，审计处可以为审计项目建立电子审计档案，并保障电子审计档案的真实、完整、可用和安全。

## 第四章　审计业务档案的保管和利用

**第十六条**　审计业务档案收集整理完备后，在次年按要求完成归档工作，移交医院综合档案管理部门。

**第十七条**　审计档案的密级和保密期限遵守医院档案管理规定。

**第十八条**　审计业务档案借用、查阅，一般限定在审计部门，审计部门以外的单位有特殊情况需要查阅、复制审计业务档案或者要求出具审计业务档案证明的，应经审计部门主要负责人审批，并根据医院档案管理的有关规定办理。

**第十九条**　所有审计业务档案及文件副本在送医院综合档案管理部门前，由审计部门档案管理人员负责档案移交手续的登记工作。

**第二十条**　损毁、丢失、涂改、伪造、出卖、转卖、擅自提供审计档案的，由医院依照有关规定追究相关人员的责任；构成犯罪的，移送司法机关依法追究刑事责任。

## 第五章　附　则

**第二十一条**　本办法由审计处负责解释。

**第二十二条**　本办法自发布之日起施行。

# 2.7　A 医院委托社会中介机构审计工作办法（试行）

**第一条**　为规范我院委托社会中介机构审计工作，提高审计质量，防范审计风险，维护医院合法权益，根据《卫生计生系统内部审计工作规定》（国家卫生和计划生育委员会令第 16 号）、财政部《委托会计师事务所审计招标规范》（财会〔2006〕2 号）和《A 医院内部审计工作规定》等有关规定，结合医院实际情况，制定本办法。

**第二条**　本办法所称社会中介机构，是指经国家批准成立的、具有审计资质和独立法人资格、为委托人提供有偿中介服务并承担相应法律责任的财务审计、工程咨询、资产评估等社会专业机构。

**第三条**　本办法所称委托社会中介机构审计（以下简称“委托审计”），

是指医院审计处或有关部门、单位根据上级要求或工作需要，将财务收支、经济责任、清产核资、建设工程、年度财务报表、内部控制等审计业务委托社会中介机构实施的行为。

**第四条** 委托审计遵循“谁委托，谁负责”的原则，医院统一委托的审计业务由医院审计处组织实施；各部门、单位根据工作需要委托的审计业务由其自行组织实施，并承担相应责任。对外委托审计项目要履行必要的集体决策程序。

**第五条** 社会中介机构的选定程序应严格遵守财政部《委托会计师事务所审计招标规范》并按照《A 医院采购管理办法》组织实施。医院统一委托的审计业务采取建立社会中介机构入围库（以下简称“入围库”）并择优选取的方式，入围库由审计处负责日常管理。各部门、单位自行委托审计业务可从医院入围库中选取，也可自行按规定依程序组织采购。

**第六条** 受托社会中介机构应具备但不限于以下基本条件：

（一）取得国家行业主管部门颁发的相应资质且年审合格，连续执业 5 年以上。

（二）具有良好的执业记录和社会信誉，近 3 年内未被国家机关或行业协会处罚或通报，无重大质量问题和违纪违规行为。

（三）擅长事业单位审计业务，具有与委托项目相关的执业经历和经验，内部管理制度健全，能在规定的时限内自行完成全部工作。

（四）社会中介机构从业人员应具备行业主管部门颁发的注册会计师、工程造价师、资产评估师等有效执业资格；应遵守国家法律、法规，专业素质高，职业道德好，并且在近三年内无违纪、违法执业行为。

**第七条** 选定社会中介机构后，委托审计的部门、单位应与社会中介机构签订委托审计业务合同（约定）书，明确审计目标和内容、审计实施时间、执业人员资格、审计质量、保密和廉政要求、审计收费及付款方式、双方的责任和义务以及违约责任等内容。进入入围库的社会中介机构不得无故拒绝承担受托审计项目。

**第八条** 社会中介机构实施审计过程中应严格按委托审计合同（约定）书开展审计业务，保证独立、客观、公正的执业立场，遵守审计准则和职业道德规范。同时，及时向委托部门、单位通报审计工作进展情况和发现的重大问题。

**第九条** 社会中介机构审计结束后，应向委托部门、单位提交审计报告初稿和全部审计证据资料复印件或相关电子文件。委托审计的部门、单位应对社会中介机构提交的审计结果进行复核，如有异议，应提出交换意见，协商一致后出具正式报告。委托审计的部门、单位应积极做好审计发现问题的整改落实以及审计报告和相关资料的归档等后续工作。

**第十条** 委托审计的部门、单位依据合同（约定）书向社会中介机构支付审计费用。工程类审计费用在相关工程项目的建设成本中列支；财经类及其他审计项目审计费从委托审计的部门、单位经费中列支。有关审计费用应纳入医院或部门、单位预算管理。

**第十一条** 存在如下情形之一，委托审计的部门、单位应解除与社会中介机构的合作，终止委托审计业务，停止支付审计费用，取消三年内再次选用的资格（对已入围的取消其本期和下一期入围资格），向行业主管部门反馈有关情况，并依法追究其责任：

（一）社会中介机构未履行委托审计合同约定的义务，未严格按照程序实施审计，且拒绝进行重新审计或纠正的。

（二）社会中介机构转包或由其他中介组织协助承担部分审计工作，或临时聘请非本单位注册的审计人员进行审计工作，且拒绝纠正的。

（三）提供的审计报告严重失实、审计结论不准确、存在应披露而未披露的重大事项，且拒绝进行重新审计或纠正的。

（四）社会中介机构未保守被审计单位的秘密，在委托审计合同约定的业务范围之外使用委托审计业务资料，泄露审计业务资料给医院造成损失和不良影响的。

（五）经对中介机构的审计结果进行质量检查，严重不符合合同约定的质量标准的。

（六）社会中介机构审计人员与被审计单位和人员私下接触，违反审计纪律，谋取不正当利益的。

**第十二条** 医院审计处有权对院内各单位或部门自行委托的审计业务进行监督检查，可随时调阅有关审计资料，对受托社会中介机构进行质量评价，并提出建议。重点检查以下内容：

（一）选用社会中介机构程序的规范性。

（二）受托社会中介机构和人员的独立性与客观性。

（三）审计人员的专业胜任能力和职业谨慎性。

（四）受托社会中介机构的信誉。

（五）审计采用审计程序及方法的适当性；适用审计依据的有效性；获取审计证据的相关性、可靠性和充分性。

（六）其他需要检查的内容。

**第十三条** 医院参与委托审计业务的管理人员要严明纪律，明确责任，不得出现以权谋私和舞弊作假行为，不得泄露有关秘密。受托社会中介机构与被审计对象存在利害关系的，应主动申请回避。

**第十四条** 本规定由审计处负责解释，自发布之日起施行。

## 2.8 A医院预算执行与决算审计实施办法

### 第一章 总 则

**第一条** 为了加强医院预算执行情况与决算的审计监督工作，更好地规范预算、决算行为，保证审计质量，根据《中华人民共和国会计法》《中华人民共和国审计法》《中华人民共和国预算法》、审计署《关于内部审计工作的规定》（审计署令第11号）、《卫生计生系统内部审计工作规定》（国家卫生和计划生育委员会令第16号）等文件精神，结合医院实际，制定本办法。

**第二条** 本办法所称预算，是指医院根据事业发展计划和任务编制的年度财务收支计划。

**第三条** 本办法所称决算，是指医院根据年度预算执行的结果而编制的年度财务决算报告，包括决算报表和决算情况说明书，是反映医院年末财务状况、年度收支情况和事业发展状况的书面总结文件。

**第四条** 本办法所称预算执行与决算审计，是指由医院审计处依法独立对医院预算执行情况与决算的真实性、合法性、效益性进行审查与评价。

**第五条** 医院预算执行情况与决算审计的目的是促进医院规范预算管理，提高预算编制科学性、准确性和透明度，保证医院预算有效执行与决算编制质量，维护医院预算管理严肃性，为医院宏观管理和提高资金使用效益服务。

**第六条** 本办法适用于医院及所属部门和下属单位。

## 第二章　预算执行情况审计内容

**第七条**　预算执行审计是在预算内部控制测评的基础上，对预算管理、收入预算执行和支出预算执行等进行的审查和评价。

**第八条**　医院预算管理情况审计

（一）医院预算管理的内部控制制度和各级经济责任制是否健全，是否有效；

（二）预算编制是否遵循“量入为出，收支平衡”的原则，收入预算是否贯彻积极稳妥的原则，支出预算是否贯彻“统筹兼顾、保证重点、勤俭节约”的原则；

（三）预算编制的方法是否符合国家、上级主管部门和本院的规定；

（四）预算编制是否真实、合法、有效，是否编制超越医院财力的赤字预算，是否报经院长办公会、党委会批准，是否及时上报上级主管部门批复；

（五）预算编制的时间是否充足；

（六）医院对部门预算是否分级编制，是否经规定程序审批，按规定时间下达；

（七）预算调整依据是否充分，预算调整项目是否明确，预算调整是否履行规定审批程序。

**第九条**　医院收入预算执行情况审计

（一）医院预算收入项目是否齐全，分类是否合理，款项是否及时足额到位，有无隐瞒收入、少列收入、推迟或提前确认收入行为；

（二）各项收入是否全部纳入医院预算，实行统一管理、统一核算；

（三）医院是否按预算目标积极组织收入，有上交任务的下属单位或所属部门是否将应上交的预算收入及时足额上交医院，有无隐瞒、截留、挪用、拖欠预算收入或设置“账外账”“小金库”行为；

（四）有无利用应付及暂存、代管项目等过渡性会计科目挂账隐瞒收入或直接列收列支等问题；

（五）收费的项目、标准和范围是否合法并报经有关价格管理部门、主管部门批准，有无擅自增加收费项目、扩大收费范围和提高收费标准等问题，收费是否贯彻“收支两条线”原则，是否使用财政部门统一票据；

（六）是否有切实可行的保证预算收入目标实现的控制措施和办法。

**第十条** 医院支出预算执行情况审计

（一）预算支出是否严格按照预算确定的经费项目、定员定额的指标和支出用途进行开支或拨付经费，是否严格执行国家有关财务制度以及上级主管部门和医院有关财务规章制度规定，是否存在擅自扩大支出范围和提高开支标准的行为；

（二）医院发生的各项支出是否真实、合法，有无随意多列、不列或少列支出，预算支出中有无虚列支出、以领代报代购代管现象，有无挤占、挪用、损失浪费、滥发钱物、利用支出对外投资等行为；

（三）各项支出分类是否合理，是否正确划清各类支出的界限，支出是否真实并严格按计划执行，有无计划外或超计划等问题，是否按照标准考核、监督支出，各项支出的结构是否合理，资金使用效益如何；

（四）专项资金支出是否按特定项目或用途专款专用，有无挤占或虚列行为，会计核算是否合规、正确；

（五）有无利用应收及暂付、应付及暂存、代管项目等过渡性会计科目挂账隐瞒支出或直接列收列支等问题；

（六）预算支出中是否有切实可行的保证预算目标实现的控制措施和办法。

**第十一条** 医院预算执行结果情况审计

（一）收入预算的完成情况如何，各级各类项目实际收入与收入预算的差异及产生的原因；

（二）支出预算的执行情况如何，各级各类项目实际支出与支出预算的差异及产生的原因；

（三）预算收入与预算支出在总额和结构上是否平衡，有无赤字；

（四）预算执行的绩效情况，重点审计基本支出进度是否与有关事业计划完成的进度相协调，项目支出的效益或效果如何，是否达到项目立项的预期效果；

（五）各项预算收入和支出是否真实、合法、合理，预算科目和项目的运用及会计核算是否规范，医院及各部门或单位在预算执行过程中有无重大违规违纪问题，尚存哪些管理薄弱环节和内部控制漏洞。

## 第三章 决算审计内容

**第十二条** 决算审计是对年度决算报表及其资产、负债、净资产、收入和支出的真实性、合法性和效益性进行的审查和评价。

**第十三条** 决算报表审计

（一）医院年度财务决算报告编报的原则、方法、程序、时限是否符合相关财务制度、会计制度的规定及上级主管部门的编报要求，报表是否齐全，内容是否完整，财务决算报告及其反映的经济活动是否真实、合法、有效，能否如实、正确、完整地反映医院年末财务状况和年度收支结果；

（二）医院财务管理与会计核算中的内部控制制度是否健全、有效，会计核算是否符合《中华人民共和国会计法》和医院财务制度、会计制度的规定，是否定期将会计账簿记录与实物、款项及有关报表、资料相互核对，账实、账账、账表是否相符；

（三）财务分析指标是否真实、准确，能否恰当地反映医院的财务状况，收支结果和事业发展情况。

**第十四条** 医院资产情况审计

（一）资产的存在是否真实、完整、有效，资产的管理是否安全，资产的变动是否合法，有无虚列、多列、不列或者少列资产的行为；

（二）货币资金和有价证券的管理和使用是否符合规定，内部控制制度是否健全、有效；银行开户是否合规，有无出租、出借或转让等问题；有无公款私存、挪用、白条顶库、非法融资以及舞弊盗用的情况；定期存款是否合规合理，货币资金是否安全完整；

（三）应收及暂付款项、借出款的发生、增减变化是否真实、合法，是否及时清理结算，有无长期挂账、虚挂账等问题，有无呆账、坏账情况；对确实无法收回的应收及暂付款、借出款是否查明原因、分清责任、按规定程序批准后核销；

（四）财产物资的收发、管理和使用是否真实、合法、安全完整，购置有无计划和审批手续，有无被无偿占用、流失、损失浪费等问题，大宗物资的采购是否建立招标制度和集中采购制度；资产是否按规定入账，内部控制制度是否健全、有效，对固定资产、材料是否进行定期的清查盘点，做到账实相符，盘盈、盘亏是否及时调整和处理；

（五）对外投资是否进行可行性研究，是否履行法定审批程序；以实物对外投资是否按规定进行资产评估；投资款项的发生和增减变化是否真实、合法、完整；是否责成有关部门或专人对投资项目进行监督、管理，是否及时对投资本金和投资收益进行回收，有无投资失误和损失问题，是否建立项目责任制；投资及其收益的会计核算是否恰当、合规；

（六）基建投资竣工交付使用的资产是否按规定及时办理交接，登记入账；

（七）接受捐赠和无偿调入的各种资产，是否按会计准则制度登记入账，是否存在账外资产；

（八）无形资产的取得、管理、核算、转让是否符合规定。

**第十五条** 医院负债情况审计

（一）负债的形成、存在是否真实、合法、完整，有无虚列、多列、不列或者少列负债的行为；

（二）对各项负债包括借入款、应付及暂存款、应缴款项、代管款项等分类和会计核算是否合理、合规，是否按规定权限对各项负债进行处理；

（三）对各项负债是否及时清理，按照规定办理结算，并在规定期限内归还或上缴应缴款项，有无长期挂账现象；

（四）医院为发展举债搞建设是否有偿还来源和能力，是否在可控范围内，有无潜在的财务风险；

（五）是否存在重大担保、抵押、未决诉讼等或有事项。

**第十六条** 医院净资产情况审计

（一）净资产的存在、发生是否真实、合法、完整，有无随意调节收支配比余额；

（二）各项结余的分类是否合理、合规，经营收支结余是否单独反映，会计核算与处理是否符合规定；结余分配及比例是否符合国家的有关规定；

（三）专用基金的设置、分类、结余、增减变化是否合理、合规，会计核算与处理是否符合规定，是否严格按规定的用途使用，使用效果如何，有无挤占或挪用、虚列的行为；各项专用基金的计入、提取及比例是否符合国家的有关规定，是否及时足额到位。

**第十七条** 收入与支出情况审计，比照第九条、第十条内容执行。

## 第四章 审计程序与方法及法律责任

**第十八条** 审计程序与方法及法律责任按照《A 医院内部审计工作规定》相关内容执行。

## 第五章 附 则

**第十九条** 本办法由医院审计处负责解释。

**第二十条** 本办法自发布之日起施行。

## 2.9 A医院财务收支审计实施办法

**第一条** 为了规范医院财务收支审计工作，提高审计工作质量，根据《中华人民共和国会计法》《中华人民共和国审计法》《中华人民共和国预算法》、审计署《关于内部审计工作的规定》（审计署令第11号）、《卫生计生系统内部审计工作规定》（国家卫生和计划生育委员会令第16号）及《A医院内部审计工作规定》，制定本办法。

**第二条** 本办法所称财务收支审计，是指医院审计处或上级主管部门审计机构依法对医院及其所属部门、单位各项资金的筹集、管理和使用以及财产物资管理、使用的真实、合法和效益以及内部控制制度的健全性、有效性进行的审查和评价。

**第三条** 财务收支审计的目的，是促进医院严格执行财经法规和会计准则制度，加强资金和财产物资的管理，提高使用效益，保障各项事业的顺利发展。

**第四条** 财务管理制度审计主要内容

（一）财务管理制度和内部控制制度是否健全、有效；

（二）财务管理体制、设置财务机构、配备财会人员是否符合规定并适应医院发展需要；

（三）会计核算是否符合会计法规和会计准则制度的规定；

（四）单位款项的收付是否按照国库集中收付制度的要求执行。

**第五条** 预算管理审计主要内容

（一）预算编制的原则、方法和审批的程序是否符合规定，各项收入和支出是否全部纳入预算管理，部门预算是否切合实际；

（二）各项收入和支出是否按预算执行，是否真实、合法；

（三）预算调整有无确实的原因和明确的调整项目、数额和说明，是否按规定的程序办理并经批准后执行；

（四）医院为保证预算的完成采取了哪些措施，这些措施是否合法、有效；

（五）收入预算和支出预算最终实际执行结果如何，如与计划差异较大，应当分析其原因是否合理。

**第六条** 会计凭证审计主要内容

（一）记账凭证是否附列全部经过审核无误的原始凭证，金额是否一致；

（二）原始凭证反映的经济业务是否真实、合法，内容是否完整；

（三）会计分录是否正确，摘要是否清晰、明了，凭证填制是否符合规定，内容是否完整；

（四）会计凭证的审核、传递是否符合规定。

**第七条** 会计账簿审计主要内容

（一）账簿设置是否符合有关规定，是否完整、全面；

（二）账簿反映的内容是否真实、完整、准确，记录是否及时、清晰，是否采用正确的更正方法；

（三）账簿反映的经济业务是否与记账凭证相符，总账与明细账、日记账等是否相符；

（四）账簿的启用、交接是否按规定办理。

**第八条** 会计报表审计的主要内容

（一）会计报表的种类、格式、编制方法是否符合规定；

（二）会计报表及其附注反映的内容是否真实、完整、及时、准确；

（三）会计报表是否根据登记完整、核对无误的账簿编制，账表是否相符，报表间具有勾稽关系的数字是否相符。

**第九条** 财务收入审计主要内容

（一）各项收入是否统一管理、统一核算；

（二）是否及时足额到位，有无隐瞒、截留、挪用、拖欠或设置“账外账”“小金库”等问题；

（三）收费的项目、标准和范围是否报经物价部门批准，会计处理是否合规，有无擅自增加收费项目、扩大收费范围、提高收费标准等乱收费、乱集资行为；

（四）各项收费票据是否符合规定，是否按规定使用和核销；

（五）应上缴的资金是否按照国家有关规定及时足额上缴，是否实行“收支两条线”管理；

（六）各项收入的分类是否准确、会计核算和资金管理是否符合相关财务制度、会计制度的规定。

**第十条** 财务支出审计主要内容

（一）各项支出是否真实，是否按预算执行，有无超预算等问题；

（二）各项支出是否严格执行国家和医院有关财务制度规定的开支范围和开支标准，有无虚列支出、以领代报和滥发钱物等问题；

（三）专项资金是否专款专用，核算是否合规；

（四）各项支出的分类是否准确、会计核算是否符合相关财务制度、会计制度的规定，有无会计信息失真等问题；

（五）各项支出所取得的效益如何，有无损失浪费等问题。

**第十一条** 结余及其分配审计主要内容

（一）经营收支结余是否单独反映，会计处理是否合规；

（二）结余分配是否符合国家的有关规定，有无多提或少提职工福利基金等问题。

**第十二条** 专用基金审计主要内容

（一）各项专用基金的提取，以及医院提取或设置的其他基金是否符合国家的有关规定，是否及时足额到位；

（二）各项专用基金的管理是否合规，是否按照规定或捐赠人、捐赠单位限定的用途使用，使用效益如何；

（三）各项专用基金是否设置专门的账户进行核算，核算是否合规。

**第十三条** 医院资产审计主要内容

（一）现金和银行存款的管理和使用是否符合规定，内部控制制度是否健全、有效；银行开户是否经过批准，并按规定使用，有无公款私存等问题；

（二）对应收及暂付款项是否及时清理结算，有无长期挂账等问题，对确实无法收回的应收及暂付款项是否查明原因、分清责任、按规定程序批准后核销；

（三）对存货是否进行定期或不定期的清查盘点，做到账实相符，盘盈、盘亏是否及时调整；

（四）设备、材料、低值易耗品及固定资产的购置有无计划和审批手续；验收、领用、保管、报废、调出、变卖等是否按照规定的程序办理并报有关部门审批、备案，有无被无偿占用和流失等问题；会计核算是否符合规定；是否定期或不定期地进行清查盘点，账实、账账、账表是否相符；

（五）无形资产的管理是否符合规定，转让无形资产是否按规定进行资产评估，收入的处理是否合法、合规；

（六）对外投资是否按规定报上级主管部门和有关管理部门批准或备案，

以实物或无形资产对外投资是否按规定进行资产评估，收益处理是否合法、合规。

**第十四条** 医院负债审计主要内容

（一）对各项负债是否按照不同性质分别管理，核算是否合规；

（二）对各项负债是否及时清理，按照规定办理结算，并在规定期限内归还或上缴应缴款项。

**第十五条** 医院财务决算审计主要内容

（一）年度财务决算编报的原则、方法、程序和时限是否符合财务制度的规定和要求；

（二）年度财务决算包括资产负债表、收入费用表、净资产变动表、现金流量表、预算收入支出表、预算结转结余变动表和财政拨款预算收入支出表及报表附注的内容是否完整，填列的数字是否真实，有无隐瞒、遗漏或弄虚作假等情况；

（三）年度决算所列各项收入和支出是否合法、合规，有无违纪违规问题；

（四）财务决算说明是否真实准确地反映了医院年度财务状况，对本期或下期财务状况发生重大影响的事项是否真实反映；

（五）财务分析的各项指标，包括预算管理指标（预算支出执行率、财政专项拨款执行率）、结余和风险管理指标（业务收支结余率、资产负债率、流动比率）、资产运营指标（总资产周转率、应收账款周转天数、存货周转率）、成本管理指标（门诊收入成本率、住院收入成本率、百元收入药品消耗、百元收入卫生材料消耗）、收支结构指标（人员经费支出比率、公用经费支出比率、管理费用率、药品及卫生材料支出率、药品收入占医疗收入比重）、发展能力指标（总资产增长率、净资产增长率、固定资产净值率）等是否真实、准确；

（六）上级审计机构和医院领导认为需要审计的其他事项。

**第十六条** 实施财务收支审计时，可根据不同情况，采用送达审计、就地审计或送达与就地审计相结合的审计方式；根据需要可采用事前审计、事中审计、事后审计和定期审计的方法。

**第十七条** 在对财务收支进行审计时，财务处应及时提供与审计内容相关的会计资料，并对其真实性、完整性做出书面承诺。

**第十八条** 财务收支审计可以使用社会审计服务，医院审计处或上级主管部门审计机构必要时有权进行抽审。

**第十九条** 本办法由医院审计处负责解释。

**第二十条** 本办法自发布之日起施行。

## 2.10 A医院建设工程项目审计实施办法

### 第一章 总 则

**第一条** 为规范医院建设工程项目审计工作，进一步加强建设工程项目审计监督，防范建设资金使用风险，提高建设资金使用效益，根据现行《中华人民共和国审计法》《审计署关于内部审计工作的规定》（审计署令第11号）、《卫生计生系统内部审计工作规定》等有关文件，结合我院实际情况，制定本办法。

**第二条** 本办法所称建设工程项目是指医院使用财政性资金、自筹资金、接受捐赠等各种资金来源投资的新建、改（扩）建、装饰装修和修缮工程等，包括房屋建筑与装饰工程、通用安装工程、市政工程、园林绿化工程等各类建设工程项目等。

**第三条** 本办法所称建设工程项目审计是通过对建设工程项目业务活动及其内部控制的适当性、真实性、合法性、有效性进行审查，促进合理控制工程造价和有效改善建设工程项目管理的内部审计活动。

**第四条** 建设工程项目审计由审计处负责组织实施，医院各建设工程项目主管部门应予以配合。

### 第二章 组织机构及职责

**第五条** 审计处职责：

（一）根据医院要求，结合建设工程项目的具体情况，制订合适的审计工作方案，对建设工程项目资金使用的真实性、合法性进行审查和评价，也可对建设工程项目相关的立项、勘察、设计、施工、监理、招标代理、供货等活动进行调查；

（二）负责对建设工程项目实施审计监督，对其主要阶段或重要环节的业务管理活动进行检查和评价，向参与建设工程项目管理的部门出具审计结论通知；

（三）依据国家或行业内颁布的有关工程审计业务的规范、标准和意见，以及建筑市场价格水平波动情况，定期发布相关文件指导医院范围内工程审计业务的开展。

**第六条**　基建、后勤保障、资产管理部门等工程项目主管部门职责：

（一）配合审计人员做好各项审计工作；

（二）审核工程项目送审资料的真实性、完整性、有效性；

（三）审核工程项目送审资料是否符合医院基本建设投资计划和修缮工程计划；

（四）安排项目负责人员协同审计处及时解决审计中遇到的问题。

**第七条**　工程造价咨询中介机构职责：

（一）遵照国家和地方的有关法律法规以及医院有关的规章制度，按照合同认真履行工作职责，并对咨询意见承担法律和经济责任；

（二）审计过程中，应及时了解工程建设情况，形成详细的过程审计书面资料；

（三）对工程变更、签证、工程进度款的支付、设备材料价格、索赔费用、政策性调整合同价格、竣工结算等进行审计，提出审计意见或提供咨询意见；

（四）根据需要参与有关材料和设备的市场询价工作，审计材料和设备的价格，并且进行技术经济分析；

（五）定期或不定期向审计处汇报审计工作进展情况和审计工作中发现的问题。

## 第三章　审计方式

**第八条**　建设工程项目审计主要采用的方式：全过程跟踪审计和竣工结算审计。

（一）大型（重点）项目根据医院要求可实施全过程跟踪审计；

（二）对于未列入全过程跟踪审计计划且为单独立项和医院统一采购的单项建设工程项目，实施竣工结算审计。

**第九条**　审计处可自行开展建设工程项目审计，也可委托具有资质的社会中介机构进行审计。

**第十条**　社会中介机构可在医院已经建立的咨询单位库中随机选择或通过单独招标形式确定。

（一）对工程项目实施竣工结算审计的社会中介机构，可在医院已经建立的咨询单位库中随机选择或通过单独招标形式确定；

（二）对工程项目实施全过程跟踪审计的社会中介机构，必须通过招投标形式确定。

**第十一条** 社会中介机构应当严格执行国家、上级部门和医院相关法律法规规定，遵守审计工作纪律，并接受审计处的指导和监督。

**第十二条** 建设工程项目审计应当以促进建设工程项目造价控制和建设工程项目规范管理为重点，将技术经济审查、审计控制和审计评价相结合，将事前审计、事中审计和事后审计相结合。审计处可根据具体情况确定审计方式实施审计。

## 第四章 全过程跟踪审计的内容和程序

**第十三条** 全过程跟踪审计是指对建设工程项目立项决策、勘察设计、施工招标、施工实施、竣工结算、财务决算等各阶段经济管理活动的真实性、合法性、合规性和效益性进行监督、控制和评价。根据重要性和成本效益原则，结合医院实际情况和内部审计资源状况，全过程跟踪审计可为建设工程项目的全部阶段，也可为建设工程项目的部分阶段或关键环节。

**第十四条** 全过程跟踪审计目的是加强事前、事中控制，及时发现问题，开展动态的、恰当的审计监督活动，促进工程投资的有效控制和建设管理水平的改善与提高，从而保证建设工程项目实现优质、按期、高效的建设目标。

对于重大建设工程项目的审计，可根据具体情况另行制定全过程投资管理办法。

**第十五条** 建设工程项目全过程跟踪审计涉及工程价款的，应以招标投标文件和合同中关于工程价款及调整的约定作为审计的基础。

**第十六条** 全过程跟踪审计内容

（一）立项决策阶段

1. 项目立项程序和手续的真实性、合法性、合规性和有效性；

2. 项目建议书、可行性研究报告等的完整性、客观性和有效性，项目建议书、可行性研究报告是否经有效批复并行文下发；

3. 建设方案的合法性、合规性和有效性，是否经过多方案的比较、优选，是否经有效批复；

4. 投资估算是否合理、资金来源是否落实；

5. 其他应列为审计内容的相关业务活动。

（二）勘察设计阶段

1. 勘察、设计等单位资质的真实性和合法性；

2. 勘察、设计招投标文件内容、合同内容以及招投标程序的真实性、合法性、合规性和有效性；

3. 设计方案的选定是否符合规定程序，是否符合可行性研究报告确定的标准和规模；

4. 设计阶段是否采取限额设计、方案优化等控制工程造价的措施；设计项目是否齐全，设计深度是否符合规定；

5. 设计概算与投资估算的符合程度，概算费用构成的准确性、完整性与合理性；

6. 其他应列为审计内容的相关业务活动。

（三）施工招标阶段

1. 施工招标文件（含招标控制价和工程量清单）与施工招标答疑文件内容的真实性、合法性和有效性，其中的暂列金额、暂估价等确定依据是否明确；

2. 招投标执行程序的真实性、合法性、合规性和有效性；

3. 工程承发包行为的合法性、合规性和有效性；

4. 其他应列为审计内容的相关业务活动。

（四）施工实施阶段

1. 施工单位资质的真实性和合法性；

2. 施工合同的真实性、合法性、合规性和有效性，其中的暂估价约定计价计量规则条款的合理性，以及合同的实际履行情况；

3. 大宗材料及设备采购程序和执行结果的真实性和合法性、合规性；

4. 项目预算书、工程量清单组成内容真实性和合法性、合规性；

5. 工程进度款支付的真实性和合法性、合规性；

6. 隐蔽工程施工的真实性和合法性、合规性；

7. 工程变更的真实性、合法性；

8. 索赔费用的真实性和合法性、合规性；

9. 其他应列为审计内容的相关业务管理活动。

（五）竣工结算阶段

1. 工程结算编制依据是否有效，内容是否完整；

2. 结算方式是否正确，是否符合合同约定；

3. 工程设计变更、现场签证内容是否真实，手续是否齐全，资料是否符合要求；

4. 工程量计算是否准确，变更是否存在工程项目和工程量只增不减的情况；

5. 结算单价、费用标准是否响应投标文件和合同条款，结算单价是否准确合理；

6. 合同报价中的未实施项目；

7. 招标文件暂估价中的主要材料及设备价格计价的检查；

8. 招标文件暂估价中的专业工程计价的检查；

9. 其他必要的工程造价审核的内容。

（六）财务决算阶段

建设工程项目竣工财务决算审计参照《A 医院基本建设项目竣工财务决算审计暂行办法》执行。

**第十七条** 全过程跟踪审计程序

（一）审计准备阶段

1. 审计处综合单项建设工程项目的具体情况，进行审计立项，确定审计工作方案，并及时向工程建设单位下达审计通知；

2. 审计处完成社会中介机构的选聘、委托和合同签订等前期工作，社会中介机构根据相关法律、法规、规范、行业标准、合同以及医院要求进行审计，并在审计处的指导和监督下开展审计。

（二）审计实施阶段

1. 对大型（重点）基建工程，审计处根据医院要求有针对性地制订跟踪审计实施方案，确定各阶段关键控制点；

2. 对于审计实施方案中列为关键控制点的业务活动，工程主管部门应严格按照审计要求递交大型（重点）基建工程审计资料；

3. 一般建设工程项目竣工结算审计在项目竣工验收合格后，施工单位方可报送竣工结算书及结算资料，工程主管部门对竣工结算书及相关资料初步审核合格后出具初审意见，填写“A 医院建设工程项目竣工结算审计送审表”和“A 医院建设工程竣工结算审计资料登记表”，审计处在收到完整资料后实施竣工结算审计；

4. 审计处自行审计的项目应及时予以审计，并出具审计意见；

5. 委托社会中介机构审计的，社会中介机构应根据与医院所签订委托合同的约定，认真履行工作职责，对列为关键控制点的审计事项，其审计意见和建议应及时报告审计处，并对审计报告和审计意见承担相应的法律和经济责任。

（三）审计终结阶段

1. 审计处出具的建设工程项目工程竣工结算审计结论是工程款项尾款结算的依据；

2. 审计处根据项目具体情况，可出具阶段性审计咨询报告，如实反映跟踪审计过程中已发现问题，提出相应的审计意见和建议；

3. 相关审计资料整理归档。

## 第五章　审计费用

**第十八条**　建设工程项目委托社会中介机构审计产生的费用按照财政部《基本建设财务规则》（中华人民共和国财政部令第 81 号）列入建设成本，由审计处按规定申请办理支付。

**第十九条**　在医院已经建立的咨询单位库中随机选择社会中介机构进行审计的，审计费用按中介机构入库时投标承诺的标准计取。

**第二十条**　单独通过招标方式选择社会中介机构进行审计的，审计费用按中标结果计取。

## 第六章　附　则

**第二十一条**　本办法由审计处负责解释。

**第二十二条**　本办法自公布之日起施行。

# 2.11　A 医院建设工程项目变更、签证及结算审计管理办法

## 第一章　总　则

**第一条**　为加强医院新建、改（扩）建、装饰装修和修缮工程项目施工过程中变更、签证及结算程序管理，规范工程变更、签证及结算审计行为，保证

工程投资、质量、进度和安全，促进廉政建设，根据现行《中华人民共和国审计法》《中华人民共和国政府采购法》《审计署关于内部审计工作的规定》（审计署令第 11 号）、《卫生计生系统内部审计工作规定》《建设工程质量管理条例》《建设工程监理规范》等有关文件规定，结合我院实际，制定本办法。

**第二条** 医院使用财政性资金、自筹资金和接受捐赠等各种资金来源投资的新建、改（扩）建、装饰装修和修缮工程项目涉及的工程变更、签证及结算审计，均适用本办法。

工程变更是指在合同实施过程中，当合同状态改变时，为保证工程顺利实施所采取的对原合同文件的修改与补充，相应调整合同价格和工期的一种措施。所谓合同状态是指：合同条件、工作范围与合同价格、工期与施工条件三者之间相互协调、相互制约、相互依存的一种状态。

工程签证是指施工过程中出现与合同规定的情况、条件不符的事件时，针对施工图纸、设计变更所确定的工程内容以外，施工图预算或预算定额取费中未包含，而施工过程中确需发生费用的施工内容所办理的签证（不包括设计变更的内容）。工程签证是工程结算的依据。

工程结算审计是指依据施工合同约定的结算方法对施工单位在工程竣工或完成工程进度时向工程主管部门申请办理的工程价款结算的审计。

**第三条** 基建、后勤保障部门是对工程建设、工程变更、签证及结算负有直接责任的主管部门，具体负责组织和实施建设工程变更、签证及结算送审手续的办理。

**第四条** 工程变更、签证应符合相关法律、法规、规章、规范性文件及医院有关规定。工程变更、签证不得改变工程招投标文件及双方签订的施工合同（含补充协议）的实质性条件。

**第五条** 工程变更、签证必须坚持规范程序、严格审批的原则，坚持有利于工程项目在功能、质量、投资方面实施优化的原则。工程变更、签证的结算审计必须遵循客观、公正、公平、合理的原则。

## 第二章 变更、签证管理及审批程序

**第六条** 工程变更、签证的适用范围

（一）工程变更包括合同工作内容的增减、合同工程量的变化、合同外的相关工作等。工程变更的范围一般包括：

1. 设计单位优化、完善设计而导致的设计变更；

2. 施工单位因确保质量、节约造价、缩短工期等原因提出的合理化建议而导致的工程变更；

3. 监理单位因确保质量、节约造价、缩短工期等原因提出的合理化建议而导致的工程变更；

4. 建设单位因房屋功能、布局、装饰装修标准等调整而提出的工程变更。

（二）工程签证分技术核定和现场签证两种情况

1. 技术核定是记录施工图设计责任之外，对完成施工承包义务，采取合理的施工措施等技术事宜，提出的具体方案、方法、工艺、措施等，经发包方和有关单位共同核定的凭证之一。

2. 现场签证是在施工过程中遇到问题时，由于报批需要时间，由发包人现场代表（或其授权的监理人、工程造价咨询人）与承包人现场代表就施工过程中涉及的责任事件所作的签认证明。现场签证的范围一般包括：

（1）在施工过程中发生变更后需要现场确认的工程量；

（2）非施工单位原因导致的人工、设备窝工及有关损失；

（3）符合施工合同规定的非施工单位原因引起的工程量或费用增减；

（4）经工程主管部门确认修改施工方案引起的工程量或费用增减；

（5）其他由于施工条件、合同条件变化等需现场签证的事项。

**第七条** 工程变更、签证前期论证

（一）方案论证。工程主管部门应视具体情况并根据需要组织勘察单位、设计单位、监理单位、施工单位等相关责任单位，共同对变更、签证事项的必要性、合理性、可行性、经济性进行论证，在充分论证并达成一致意见的基础上出具设计变更图纸或变更实施方案。

（二）造价估算。工程主管部门根据设计变更图纸或经相关责任单位会签的实施方案，对工程变更、签证的造价进行估算并出具书面意见。结算时该项变更、签证的工程造价原则上不能突破估算价。

（三）对于工程变更或签证能够单独立项且达到医院规定的公开招标标准的，要单独立项，公开招标，并签订独立合同（或补充协议），不得采用工程变更、签证。

**第八条** 工程变更、签证的管理

（一）工程变更、签证涉及工程质量、工程成本和投资效益，开工前工程主管部门必须认真组织相关单位进行图纸会审和技术交底，提前解决图纸设计或施工组织设计中可能存在的问题，尽量减少施工中的变更和签证；开工后施工单位应严格按照施工图、图纸会审纪要、施工组织设计等有关文件组织施工。

（二）工程变更、签证必须经过充分论证，工程主管部门必须从严审批。凡属下列情况的不予办理工程变更、签证：

1. 施工合同、招投标文件、施工图纸、招标工程量清单和招标控制价中已包含的内容；

2. 可以通过补充协议调整的内容；

3. 因施工单位投标时的不平衡报价或单纯追求经济效益而要求的变更；

4. 因施工单位错误施工或施工组织设计不当导致损失而要求的变更；

5. 未经论证的变更。

（三）工程变更、签证应做到“一事一单、一项一签、及时签批、先签后做”，避免过期补办或化整为零的签证，特殊情况除外，比如抢险、救灾等突发情况或因不可抗力原因引起的非施工单位承担的情况等。特殊情况应在事后10日内补办签证。任何工程一旦进入结算审计阶段，不再接受补办变更或签证手续。所有工程变更、签证必须严格履行签批程序，否则不得作为结算依据。

（四）变更、签证必须按相应权限审核批准，超越权限办理的变更、签证无效。

**第九条** 工程变更、签证审批流程

（一）因设计单位原因变更的，由设计单位出具正式的变更通知单（设计变更图），工程主管部门完善相应审批手续；因施工单位或监理单位原因变更的，最先提出变更的单位需提交合理的变更申请或建议，报其他参建责任单位审批同意后，由工程主管部门报主管院领导签批意见后进入审批程序；因建设单位原因变更的，由工程主管部门向主管院领导汇报后进入审批程序。所有工程变更均需填写“A医院建设工程项目变更审批单”并附相关资料履行审批手续。

（二）工程签证由工程主管部门组织实施。技术核定类签证需填写“A医院建设工程项目技术核定单”，并履行审批手续。现场签证需填写“A医院建设工程项目现场签证单”，并履行审批程序。工程签证涉及的工程材料价格在投标文件与合同中无约定时，通过市场考察询价、竞争性谈判和邀请招标或公开招标等方式确定。工程签证应附原始记录资料。

（三）工程主管部门应根据工程项目采购方式以及变更、签证涉及的估算造价按照相关规定办理审批手续。

1. 对于适用《中华人民共和国招标投标法》及其实施条例的工程项目根据不同金额分别按下列程序审批：

（1）单项变更、签证增加造价估算在 5 万元以内的，在前期相关责任单位论证的基础上经工程主管部门集体研究并形成会议纪要，由工程主管部门负责人审批并加盖部门公章后执行；

（2）单项变更、签证增加造价估算在 5 万元（含）至 15 万元的，在完成上述审批手续后再报主管院领导审批；单项变更、签证增加造价估算在 15 万元（含）至 100 万元的，在完成上述审批手续后再报院长办公会研究决定；单项变更、签证增加造价估算在 100 万元及以上的，在完成上述审批手续后再报党委会研究决定。

（3）对于适用《中华人民共和国政府采购法》及其实施条例的工程项目单项变更、签证且累计变更、签证造价与合同价相比上浮在 10% 以内的根据不同金额参照上述程序审批。

（4）对于适用《中华人民共和国政府采购法》及其实施条例的工程项目单项变更、签证且累计变更、签证造价与合同价相比上浮在 10% 以上的由工程主管部门报主管院领导审批并按照政府采购相关规定办理。

**第十条**　工程变更、签证格式要求

工程变更、签证单应按项目连续编号，统一格式打印、手写无效。工程变更、签证单要求完备规范，签证单上数据翔实准确，记录真实、文字表述无误、图示尺寸准确、技术参数清晰。工程变更、签证单均应在一周内报送审计处审核备案，作为工程结算和付款的依据。

**第十一条**　工程变更、签证的责任追究

（一）经批准的工程变更不得再次进行变更，任何单位或个人不得擅自变更已批准的设计文件，否则由此引起的一切责任和损失由行为人予以承担。

（二）施工单位应严格按照批准的工程变更文件施工，否则由此造成工程投资、工期、质量、安全发生改变的，由施工单位自行承担相应责任并赔偿由此给建设单位带来的相应损失。

（三）因工程勘察、设计、监理等相关单位的过失引起工程变更并造成经济损失的，工程主管部门应要求过失单位承担相应责任并赔偿建设单位相应

损失。

（四）涉及工程造价减少的变更，监理单位和工程主管部门要及时办理工程变更手续，如在工程竣工结算审计中发现应办理但未办理工程变更手续的，要追究监理单位和工程主管部门相关人员责任。

（五）任何单位或个人不得肢解工程、化整为零进行变更、签证，从而规避单独立项、招标，否则相关变更、签证在结算中不予认可，违反相关招标规定的移交医院纪委进行处理。

## 第三章　结算审计的依据与程序

**第十二条**　工程结算审计的流程包括施工单位编制并提交竣工结算书及结算资料、工程主管部门初审、审计处或委托的社会中介机构审计。审计处或委托的社会中介机构提供的审计报告是工程结算的依据。

**第十三条**　施工单位凭签字、盖章完备的“A医院建设工程项目变更审批单”“A医院建设工程项目技术核定单”“A医院建设工程项目现场签证单”原件及相关支撑材料办理竣工结算，否则不予认可。

**第十四条**　施工合同签订时应明确工程竣工结算方式和造价审核咨询费结算规定，确保送审金额真实有效；施工单位应于项目竣工验收合格后及时向工程主管部门提供完整、真实、准确的工程竣工结算资料，确保工程竣工结算按时完成并真实地反映工程实际造价。

施工单位提交的竣工结算书应依照工程施工合同、招标文件、投标文件及相应变更、签证单编制。

委托社会中介机构进行工程竣工结算审计的，当工程结算审减率小于或等于5%时，工程造价审核咨询费由建设单位向社会中介机构支付；当工程结算审减率大于5%时，超出部分的工程造价审核咨询费由施工单位向社会中介机构支付。

工程结算审减率＝审减金额/送审金额×100%

审减金额＝送审金额－审定金额

送审金额＝项目变更增减金额（含合同内外所有变更、签证涉及的工程造价增减）

**第十五条**　工程主管部门初审是对结算资料的真实性、完整性、有效性进行初步审核并出具初审意见。工程主管部门收到施工单位完整的竣工结算书后，应仔细核对结算书申报的内容是否与其提供的支撑材料一致，同时核对施工单位提供的支撑材料是否与工程主管部门整理的原件一致，申报的内容是否属实，在此基础上对施工单位申报的竣工结算资料的真实性、完整性和有效性做出承诺并出具初审意见。工程主管部门审核发现工程变更、签证内容与事实不符或签字、盖章不完备的，不得作为结算依据送审。

**第十六条** 工程主管部门应严格按照以下规定签批后送达审计部门进行审计。

（一）竣工结算书变更造价在 5 万元以内的，由工程主管部门负责人签批并加盖部门公章后报送审计处。

（二）竣工结算书变更造价在 5 万元以上的，除工程主管部门负责人签批并加盖单位公章外还须报主管院领导审批后方可送审计处审计。

**第十七条** 审计部门收到工程主管部门报送的审计资料后，应按审计要求对资料进行验收和核查，确认审计资料齐全、符合审计要求后，应在规定时间内自行完成审计或委托社会中介机构进行审计。

**第十八条** 工程主管部门应严格按照《建设工程价款结算暂行办法》的规定和合同约定，根据审计部门或委托的社会中介机构提交的建设工程结算审计报告，及时办理工程竣工结算价款的手续。

### 第四章　附则

**第十九条** 院内专项维修项目未经过医院统一采购的，竣工结算由工程主管部门负责；医院统一采购的，竣工结算参照前述办法报审计处进行审计。其变更、签证审批权限按照本办法第十条相关规定执行。

## 2.12　A 医院重大政策落实情况审计实施办法（试行）

### 第一章　总　则

**第一条** 为贯彻落实党中央对审计工作的部署要求，扎实推进党和国家重大政策落实情况审计工作（以下简称政策落实审计），加强和规范政策落实审计项目管理，提高审计效能，保证审计质量，根据《中华人民共和国审计法》《国务院关于加强审计工作的意见》、审计署《关于内部审计工作的规定》（审计署令第 11 号）、审计署《国家重大政策措施和宏观调控部署落实情况跟踪审计实施意见（试行）》《卫生计生系统内部审计工作规定》（国家卫生和计划生育委员会令第 16 号）等文件精神，结合医院实际，制定本办法。

**第二条** 政策落实审计要以习近平新时代中国特色社会主义思想为指导，紧紧围绕统筹推进"五位一体"总体布局和协调推进"四个全面"战略布局，坚持稳中求进工作总基调，坚持新发展理念，坚持以供给侧结构性改革为主线，以资金保障、项目落地和任务推进为抓手，突出审计重点，改进审计方式方法，提高审计质量和效率，推动资金高效使用、项目加快实施、政策措施有效落实，促进防范化解重大风险，促进保障和改善民生，促进经济高质量发展，推动国家治理体系和治理能力现代化，充分发挥审计监督的职能作用。

**第三条** 政策落实审计应当遵循下列基本原则：

（一）坚持依法审计。树立法治理念，强化法治思维，依据党的路线方针政策和党中央决策部署，依据国家法律法规和相关制度规定，依照法定职责、权限和程序行使审计监督权，恪守审计权力边界，严格规范获取审计资料、收集审计证据、延伸审计等行为。

（二）坚持问题导向。注重反映经济社会运行中的新情况新问题新趋势，及时揭示影响人民群众利益和国家经济安全的重大问题及风险隐患，严肃揭示弄虚作假、隐瞒实情，以及不作为、慢作为、假作为等庸政懒政怠政问题，积极推动问题整改，促进深化改革，完善相关体制机制制度。

（三）坚持客观求实。认真落实"三个区分开来"的重要要求，全面、客观、辩证看待审计发现的问题，特别是改革发展中出现的新情况新问题，审慎作出评价和结论，鼓励、支持改革发展中的积极探索与创新举措，保护干部担当作为、干事创业的积极性。

**第四条** 本办法适用于医院及所属部门和下属单位。

## 第二章 组织领导

**第五条** 政策落实审计纳入医院年度审计项目计划管理，由医院党委审计委员会统一组织实施。除单独立项的政策落实审计项目之外，医院审计处在组织开展经济责任、财务收支、预算执行等审计项目时，应当关注党和国家重大政策措施落实情况，并将审计发现的问题纳入政策落实审计报告。

**第六条** 政策落实审计应当构建综合协调、专题指导、现场核查的网格化组织体系，实行审计计划统一制定、审计要点统一执行、审计资源统一调配、审计成果统一反映。医院党委审计委员会办公室负责建立综合协调机制，院内其他相关科室建立审计专题指导机制，切实发挥好各科室的专业优势。

**第七条** 医院党委审计委员会办公室设在审计处，职责主要包括：

（一）加强对党和国家重大政策的研究，结合行业和医院实际情况，制订本院政策落实审计工作方案和审计要点；

（二）按照审计工作方案组织开展政策落实审计；

（三）及时向党委审计委员会领导小组报告政策跟踪审计过程中发现的重大情况；

（四）向被审计单位反馈政策落实审计结果。

（五）督促落实整改。

## 第三章 审计对象和内容

**第八条** 政策落实审计的对象，包括医院及所属部门和下属单位等。

**第九条** 政策落实审计围绕党中央、国务院决策部署审计党和国家重大政策措施落实情况，并突出医疗行业特点。

**第十条** 政策落实审计的内容主要包括：

（一）评价贯彻落实的总体情况。

（二）揭示政策落实过程中存在的主要问题。重大政策改革任务落实情况，关注各项重大政策是否落实到位，检查是否存在不作为、乱作为、假作为等庸政懒政怠政问题；重大项目完成情况，关注重大项目规划、立项、审批、建设、竣工验收、运营等各环节任务分解和落实情况，促进项目科学规划，严格管理，有效推进；重点资金保障情况，关注落实政策所需的财政资金、信贷资金等，是否保障到位、是否及时投入使用并发挥效益。在揭示问题的同时，应当注重反映相关政策措施落实过程中的体制机制障碍，包括与其他正在执行的制度法规的不衔接、不配套问题；揭示相关调控部署实施过程中出现的新情况、新问题以及经济运行中可能出现的风险隐患。

（三）总结经验。注意总结反映各部门（单位）在贯彻落实党和国家重大政策措施过程中，取得的好经验好做法。

（四）收集分析研究政策建议。

（五）反映整改情况。针对政策落实审计发现的问题，深入解剖问题所涉及的各个环节并分析原因，落实各环节的责任主体；并在审计实施过程中和下一阶段政策落实审计中督促有关单位加强问题整改、落实责任追究。

## 第四章　审计实施

**第十一条**　政策落实审计应当以1个自然年度为1个审计周期，每个审计周期可按季度划分为4个工作阶段。审计处应当在全面审计基础上，把握每个工作阶段的工作重点。

**第十二条**　政策落实审计应当采取非现场审计与现场审计相结合的方式。每季度的非现场审计原则上安排在该季度最后一个月的上半月，主要开展政策研究、审计调查和数据分析，现场审计从该季度最后一个月的下半月开始，至次月中结束，原则上控制在20个工作日以内。

**第十三条**　审计组应当积极采用务实高效的审计方法，灵活运用座谈、访谈、实地走访等多种方法，广泛听取多方意见，提高审计针对性，对于重点审计事项，应当置于经济社会运行的大背景下进行分析，坚持具体问题具体分析，区分体制机制弊端造成的问题、工作责任不落实造成的问题、条件不具备一时难以解决的问题等，拓展审计的广度和深度。

**第十四条**　审计组应当充分认识大数据审计在政策落实审计工作中的重要性，坚持以用为本，强化大数据审计思维，提高审计监督效能。

## 第五章　审计报告和整改

**第十五条**　医院政策落实审计报告应当采用“一报告三清单”模式，即审计报告、典型经验做法清单、审计发现问题清单和政策建议清单。

审计报告应当包括总体评价、审计情况、审计建议和整改情况等。总体评价既包括正面评价，也包括对审计发现主要问题的简要概括；审计情况按审计专题，对问题进行归类概括反映，单个具体问题纳入审计发现问题清单；审计建议应当围绕审计发现的主要问题，提出有针对性、可操作性建议；整改情况应当反映以前发现问题的整改情况，包括整改较好情况、边审边改情况和未及时整改的问题等。

典型做法经验清单反映各部门（单位）在行业内有推广价值的好经验好做法，包括具体经验做法和成效。列入清单的典型经验做法要紧扣党中央、国务院重大决策部署，在解决重点难点问题上具有典型性、创新性和可复制性，并已经过实践检验，取得较好成效。

审计发现问题清单是发现问题的具体描述，包括问题分类、具体问题和审计意见。问题分类要与报告正文相对应，具体问题表述一般应包括违法违规事实、定性及依据、问题产生原因、责任主体、处理意见及依据、审计建议等。

政策建议清单主要反映经审计核实的被审计单位提出需要出台或修订法律法规政策的意见建议，包括涉及政策方面、提出建议单位、具体建议、需要研究办理的部门等。

**第十六条** 政策落实审计应当做好与同期开展的经济责任、财务收支等审计项目之间的统筹，做到审计成果服务不同审计项目，做到“一审多项”“一审多果”“一果多用”。

**第十七条** 审计组在审计过程中，应对被审计部门（单位）整改情况予以核实，对未整改、整改不到位的，应予以指出，必要时提出问责建议。

## 第六章 审计质量控制和责任

**第十八条** 审计组组长对审计项目的质量负总责，对审计问题事实不清、数据错误、定性不准等事项承担责任；各项目实施单位对未认真履行审核、审理等职责，导致未发现审计报告等材料中存在质量问题承担责任。

**第十九条** 党委审计委员会办公室应当及时向各审计组传达相关部署和要求，掌握审计组的工作进展情况，加强现场审计过程控制，确保政策落实审计工作有序开展。

## 第七章 附 则

**第二十条** 本办法由党委审计委员会办公室负责解释。

**第二十一条** 本办法自印发之日起施行。

# 2.13 A 医院大型医用设备绩效审计实施办法（试行）

## 第一章 总 则

**第一条** 为健全完善大型医用设备绩效审计（以下简称设备绩效审计）制度，优化资源配置，提高资金使用效益，根据《卫生计生系统内部审计工作规定》（国家卫生和计划生育委员会令第16号）、《医疗器械监督管理条例》《医疗器械临床使用管理办法》《医疗卫生机构医学装备管理办法》《大型医用设备绩效专项审计指引（试行）》《大型医用设备配置与使用管理办法（试行）》等有关规定，结合医院实际，制定本办法。

**第二条** 本办法所称设备绩效审计，是指内部审计部门依据有关法规和标准，运用审计程序和方法，对购置大型医用设备各事项的经济性、效率性和效果性进行的审查和评价。

**第三条** 内部审计部门依法独立开展设备绩效审计工作，也可与社会中介机构合作或聘请有关专家协助。

**第四条** 设备绩效审计结果应当纳入年度部门考核或专项项目考核内容，与医院预算安排和政策调整挂钩，作为医院改进预算管理和安排以后年度预算的重要依据。

## 第二章 审计对象和内容

**第五条** 设备绩效审计应当聚焦纳入监督管理考核范围的设备，包括使用技术复杂、资金投入量大、运行成本高、对医疗费用影响大且纳入目录管理的大型医疗器械，纳入财政预算绩效管理的医用设备，以及根据单位内部管理需要纳入监督考核的医用设备。

**第六条** 内部审计部门根据实际工作需要，既可将设备绩效审计单独立项，也可将绩效评价作为预决算审计、财务收支审计、经济责任审计、建设工程审计、专项资金审计等其他审计业务的重要内容。

**第七条** 设备绩效审计的基本内容通常包括：

（一）设备采购管理情况；

（二）设备资产管理情况；

（三）设备绩效管理情况；

（四）设备财务管理情况；

（五）设备档案管理情况；

（六）其他需要审计的事项。

## 第三章 审计实施

**第八条** 内部审计部门每年应当根据医院资产配置情况，合理确定审计项目，编制设备绩效审计项目计划，报经批准后实施。

**第九条**　内部审计部门负责设备绩效审计项目的组织实施，合理配置审计资源。

**第十条**　审计组应当在实施设备绩效审计 3 日前，向被审计单位或者项目组送达设备绩效审计通知书。

**第十一条**　被审计单位和项目组应当按时提供审计所需资料，并对所提供资料的真实性、完整性负责，不得拒绝和阻碍审计人员依法履行审计职责。

**第十二条**　审计组在审前调查的基础上编制审计实施方案。审计实施方案应当围绕设备绩效审计目标确定审计内容、审计重点、绩效评价指标、评价方法、评价标准、审计人员分工以及时间安排等。

**第十三条**　审计组实施设备绩效审计，对相关事项进行审计取证，获取相关、可靠和充分的审计证据，对审计事项进行指标计算、分析和评价，做出审计结论。审计人员应当在审计工作底稿中记录审计程序的执行过程、获取的审计证据，以及做出的审计结论。

**第十四条**　审计组应当在实施必要的审计程序后，及时编制设备绩效审计报告，并书面征求被审计对象的意见。经院领导批准后，由审计部门负责人签发正式的审计报告。

## 第四章　审计评价

**第十五条**　内部审计部门应当根据项目设定的绩效目标，运用科学、合理的绩效评价指标、评价标准和评价方法，对大型医用设备的经济性、效率性和效果性进行客观、公正的评价。

**第十六条**　设备绩效评价指标是衡量大型医用设备绩效目标实现程度的考核工具。绩效评价指标应当充分体现和真实反映项目的绩效、绩效目标的完成情况及评价的政策需要。

**第十七条**　设备绩效评价指标通常包括设备工作效率（如开机率、年功效利用率等）、运营效益（如设备投资回收期、设备收支结余率等）、收费执行、社会效益、科教效益及生态效益等。

**第十八条**　审计组实施绩效评价，应当根据评价对象的具体类型合理选择绩效评价指标。

**第十九条**　绩效评价指标的权重是指标在评价体系中的相对重要程度。确定指标权重的方法通常包括专家调查法、层次分析法、主成分分析法、熵值法等。

**第二十条** 绩效评价标准是指衡量绩效目标完成程度的尺度。审计组应当以评价对象的性质和具体的政策导向为基础，结合行业、规模、历史经验和专家评价意见等确定绩效评价标准。绩效评价标准通常包括计划标准、行业标准、历史标准及其他标准等。

**第二十一条** 绩效评价方法主要采用成本效益分析法、比较法、因素分析法、最低成本法、标杆管理法等。审计组应当立足多维视角和多源数据，根据评价对象的特点和管理要求，可以采用一种或多种方法进行绩效评价。

## 第五章 审计报告

**第二十二条** 设备绩效审计报告应当内容完整、客观公正、表达清晰、结论合理。设备绩效审计报告应当包括以下主要内容：

（一）基本概况；

（二）设备绩效审计的组织实施情况；

（三）绩效评价的内容、评价标准和评价方法；

（四）绩效目标的实现程度；

（五）存在问题及原因分析；

（六）评价结论及建议；

（七）其他需要说明的问题。

**第二十三条** 设备绩效审计报告中反映的合法、合规性问题，除进行相应的审计处理外，还应当侧重从绩效的角度对问题进行定性，描述问题对绩效造成的影响、后果及严重程度。

**第二十四条** 设备绩效审计报告应当注重分析问题产生的根源，兼顾短期目标和长期目标、个体利益和组织整体利益，提出切实可行的建议。

## 第六章 附 则

**第二十五条** 本办法由医院委托审计处负责解释。

**第二十六条** 本办法自发布之日起施行。

## 2.14　A医院医用耗材审计实施办法（试行）

### 第一章　总　则

**第一条**　为加强医用耗材管理，促进医用耗材合理使用，提高资金使用效益，根据《中华人民共和国审计法》《关于内部审计工作的规定》（审计署令第11号）、《卫生计生系统内部审计工作规定》（国家卫生和计划生育委员会令第16号）《医疗机构医用耗材管理办法（试行）》（国卫医发〔2019〕43号）及《A医院内部审计工作规定》等规定，结合医院实际，制定本实施办法。

**第二条**　本办法所称医用耗材，是指经药品监督管理部门批准的使用次数有限的消耗性医疗器械，包括一次性及可重复使用医用耗材。

**第三条**　本办法所称医用耗材审计，是指审计处根据国家相关法律、法规和政策，以及医院相关规章制度，对医院医用耗材管理情况和使用的真实性、合法性及效益性进行监督和评价。

**第四条**　审计处对医用耗材进行审计，能够督促有关部门（单位）加强医用耗材管理，提高资金使用效益。

**第五条**　医用耗材审计，由审计处归口管理。确因审计力量不足，经院领导同意，可委托社会中介机构实施审计。

### 第二章　审计内容

**第六条**　医用耗材审计依据：

（一）国家相关法律、法规、政策；

（二）上级主管部门和医院制定的相关规章制度。

**第七条**　医用耗材审计的主要内容：

（一）医用耗材遴选管理情况；

（二）医用耗材采购管理情况；

（三）医用耗材库存管理情况；

（四）医用耗材收费和价格管理情况；

（五）医用耗材财务管理情况；

（六）医用耗材使用评价情况；

（七）其他需要审计的事项。

## 第三章　审计工作程序

**第八条**　审计处根据工作需要，制定医用耗材审计工作计划并负责安排实施。

**第九条**　成立审计组，在实施医用耗材审计 3 日前向归口管理部门及相关单位送达审计通知书。如有特殊情况，经院领导批准，可以直接持审计通知书实施审计。

**第十条**　医用耗材归口管理部门及相关单位，应当积极配合审计组开展医用耗材审计工作。

**第十一条**　归口管理部门及相关单位应按照审计通知的要求及时向审计组报送与审计事项相关的资料，对所提供资料的真实性、完整性负责，并作出书面承诺。应提供的资料如下：

（一）有关医用耗材管理办法等规章制度；

（二）有关耗材采购的相关资料；

（三）有关耗材的管理和使用情况等资料；

（四）对耗材供应商的管理台账及相关资料；

（五）有关部门对医用耗材项目进行检查、评估形成的报告、意见等；

（六）其他相关资料。

**第十二条**　审计组拟定审计方案，实施审计，根据审计资料编制审计工作底稿并形成审计确认单，由相关单位签字确认。

**第十三条**　审计组根据审计工作底稿撰写审计报告征求意见稿，征求归口管理部门及相关部门意见。归口管理部门自接到征求意见稿之日起 10 日内，将书面意见反馈审计组，逾期即视为无异议。

审计组应对提出的书面意见进行核实，对审计报告做出必要的修改，由审计处审定后按规定签发。

**第十四条**　审计组在审计事项结束后将医用耗材审计资料整理归档。

**第十五条**　针对审计中发现的问题及提出的建议，医用耗材归口管理部门及相关单位应认真分析原因，制订整改方案，落实整改责任人，限期整改，汇总整改情况并向审计处提交审计整改情况书面报告。对审计中揭示的重大违纪、违规行为以及给国家、医院造成重大经济损失的，按照相关规定移交纪检、监察部门。审计结果公开及整改落实具体按照《A 医院审计结果运用实施办法》执行。

## 第四章　附　则

**第十六条**　本办法由审计处负责解释。

**第十七条**　本办法自公布之日起执行。

# 2. 15　A 医院内部控制审计实施办法

## 第一章　总　则

**第一条**　为健全和完善内部控制审计制度，规范内部控制审计行为，防范内部控制审计风险，提高内部控制审计质量，根据《行政事业单位内部控制规范（试行）》《财政部关于全面推进行政事业单位内部控制建设的指导意见》《公立医院内部控制管理办法》（国卫财务发〔2020〕31 号）、《内部控制评价工作指引（试行）》及《A 医院内部审计工作规定》等有关规定，结合医院实际，制定本办法。

**第二条**　本办法所称内部控制，是指医院及所属单位为实现卫生健康事业发展目标，保证经济活动合法合规、资产安全和使用有效、财务信息真实完整，有效防范舞弊和预防腐败，提高各项工作的效率和效果，通过制定制度、实施措施和执行程序，对经济活动风险进行的防范和管控。

**第三条**　本办法所称内部控制审计，是指审计部门对医院及所属单位内部控制设计和运行的有效性进行的审查和评价活动。

## 第二章　一般原则

**第四条**　医院及所属单位的责任是建立、健全内部控制并使之有效运行。审计部门的责任是对内部控制设计和运行的有效性进行审查和评价，出具客观、公正的审计报告，促进医院改善内部控制及风险管理。

**第五条**　内部控制审计应当以风险评估为基础，根据风险发生的可能性和对医院及所属单位控制目标造成的影响程度，确定审计的范围和重点。内部审计人员应当关注串通舞弊、滥用职权、环境变化和成本效益等内部控制的局限性。

**第六条** 内部控制审计应当在对内部控制全面评价的基础上，关注重要业务单位、重大业务事项和高风险领域的内部控制。

**第七条** 内部控制审计应当真实、客观地揭示经济活动的风险状况，如实反映内部控制设计和运行的情况。

## 第三章 审计内容

**第八条** 医院内部控制审计按范围分为单位层面内部控制审计和业务层面内部控制审计。按目的分为设计的有效性审计和运行的有效性审计。

**第九条** 单位层面内部控制审计，是针对医院整体内部控制设计的有效性和运行的有效性所进行的审计，包括对控制环境、风险评估、控制活动、信息与沟通、内部监督等方面的审计。

**第十条** 业务层面内部控制审计是针对某项业务活动内部控制设计的有效性和运行的有效性所进行的审计，包括对预算管理、收支管理、采购管理、资产管理、工程项目管理、合同管理、科研教学管理等业务控制活动的审计。

**第十一条** 内部控制设计的有效性审计，主要侧重以下方面：

（一）合法合规性。内部控制的建立是否符合《行政事业单位内部控制规范（试行）》《公立医院内部控制管理办法》及国家相关法律法规的规定。

（二）全面性。内部控制的建立是否覆盖了医院及所属单位（部门）经济活动的全过程、各相关部门、内部控制关键岗位和相关工作任务。

（三）重要性。内部控制的建立对重要经济活动和经济活动的重大风险是否给予足够关注，并建立相应的控制措施。是否重点关注了医院的各关键部门和岗位、重大政策落实、重点专项执行和高风险领域。

（四）适应性。内部控制的建立是否根据国家相关政策、医院经济活动的调整和自身条件的变化，适时调整内部控制的关键控制点和控制措施。

**第十二条** 内部控制运行的有效性审计，主要侧重以下方面：

（一）各项经济业务控制在审计期内是否按规定运行。

（二）各项经济业务控制是否得到持续、一致的执行。

（三）相关内部控制机制、内部管理制度、岗位责任制、内部控制措施是否得到有效执行。

（四）执行业务控制的相关人员是否具备必要的权限、资格和能力。

## 第四章　审计程序与方法

**第十三条**　根据年度审计工作计划，审计部门既可独立开展内部控制审计，也可将其与财务收支审计、经济责任审计等审计类型结合实施。内部控制审计可采用自审或委托审计方式进行。

**第十四条**　内部控制审计主要包括下列程序：

（一）编制项目审计方案；

（二）组成审计组；

（三）实施现场审查；

（四）认定控制缺陷；

（五）汇总审计结果；

（六）编制审计报告。

**第十五条**　被审计单位应积极配合审计工作。按照审计要求，及时提供审计所需的资料，并对资料的真实性、完整性做出书面承诺。

**第十六条**　审计部门可以适当吸收单位内部相关机构熟悉情况的业务人员参加内部控制审计。

**第十七条**　内部审计人员应当综合运用访谈、问卷调查、专题讨论、穿行测试、实地查验、抽样和比较分析等方法，充分收集组织内部控制设计和运行是否有效的证据。

**第十八条**　内部审计人员编制审计工作底稿应当详细记录实施内部控制审计的内容，包括审查和评价的要素、主要风险点、采取的控制措施、有关证据资料，以及内部控制缺陷认定结果等。

## 第五章　内部控制缺陷认定

**第十九条**　内部控制缺陷按其成因分为设计缺陷和运行缺陷，按其影响程度分为重大缺陷、重要缺陷和一般缺陷。

**第二十条**　设计缺陷，是指缺少为实现控制目标所必须的控制，或者现有控制设计不适当，即使正常运行也难以实现控制目标。运行缺陷是指设计适当的控制没有按设计意图运行，或者执行人员缺乏必要授权或专业胜任能力，无法有效实施控制。

**第二十一条**　重大缺陷，是指一个或者多个控制缺陷的组合，可能导致组织严重偏离控制目标。重要缺陷，是指一个或者多个控制缺陷的组合，其严重程度和经济后果低于重大缺陷，但仍有可能导致组织偏离控制目标。一般缺陷，是指除重大缺陷、重要缺陷之外的其他缺陷。

**第二十二条** 缺陷标准的认定，应按照定量标准和定性标准相结合的原则，根据医院实际情况确定。定量标准一般以其对财务报表的影响程度来确定，也可以针对非财务报告相关的内容设定具体的指标。定性标准是指通过分析控制缺陷所涉及业务性质的严重程度、其直接或潜在负面影响的性质、影响的范围等因素认定其缺陷。

**第二十三条** 内部审计人员应当编制内部控制缺陷认定汇总表，对内部控制缺陷及其成因、表现形式和影响程度进行综合分析和全面复核，提出认定意见。

## 第六章 审计报告

**第二十四条** 审计工作完成后应出具内部控制审计报告，审计报告内容包括审计目标、依据、范围、程序与方法、内部控制缺陷认定及整改情况，以及内部控制设计和运行有效性的审计结论、意见、建议等。

**第二十五条** 内部控制审计报告征求被审计单位意见后，报主管院领导签批，出具正式的审计报告，下发被审计单位。

**第二十六条** 对审计报告所提出的审计意见和建议，相关单位必须认真落实整改，并在规定时限内将整改情况书面形式反馈审计部门，审计部门对落实处理情况进行监督和后续审计。

## 第七章 附 则

**第二十七条** 本办法由医院委托审计处负责解释。

**第二十八条** 本实施办法自发布之日起施行。

# 2.16 A医院转移支付资金审计实施办法（试行）

## 第一章 总 则

**第一条** 为规范医院转移支付资金使用管理，提高资金使用效益，根据《中华人民共和国审计法》审计署《关于内部审计工作的规定》（审计署令第

11 号)、《卫生计生系统内部审计工作规定》(国家卫生和计划生育委员会令第16 号)及《A 医院内部审计工作规定》,结合医院实际,制定本实施办法。

**第二条** 本办法所称转移支付资金,是指国家卫健委或国家有关部门下拨的具有指定用途的资金。

**第三条** 本办法所称转移支付资金审计,是指审计处根据国家相关法律、法规和政策,以及医院相关规章制度,对医院转移支付资金管理情况和使用的真实性、合法性及效益性进行监督和评价。

**第四条** 审计处对转移支付资金进行审计,能够督促有关部门(单位)加强转移支付资金管理,提高资金使用效益,促进国家对专门项目投入政策的落实。

**第五条** 转移支付资金审计,由审计处归口管理。确因审计力量不足,经院领导同意,可委托社会中介机构实施审计。

## 第二章 审计内容

**第六条** 转移支付资金审计依据:

(一)国家相关法律、法规、政策;

(二)上级主管部门和医院制定的相关规章制度;

(三)项目投资计划、项目任务书、项目经费预(决)算、项目合同(协议)等有关资料。

**第七条** 转移支付资金审计的主要内容:

(一)项目管理内部控制制度。内部控制制度是否健全,执行是否有效。

(二)项目立项及批复。项目的论证、立项、审批程序是否符合国家和医院有关规定;

(三)项目预算。项目资金是否按规定纳入预算管理,是否按批复的预算及时足额拨付,配套资金是否及时足额到位,预算调整是否按规定程序执行;

(四)项目资金支出。各项支出是否符合国家和医院有关规定,是否真实、合法,是否专款专用。有无挤占、挪用资金、扩大资金使用范围、虚列支出、擅自改变资金用途等行为。

(五)项目资金结余的使用是否符合相关规定。

(六)会计信息。会计核算是否规范,是否单独核算,会计资料是否完整,项目经费决算是否与财务账簿一致。

(七)项目资产管理。资产购置是否按国家和医院规定执行,是否通过相关验收，是否纳入医院固定资产统一管理。

（八）项目资金的效益性。是否达到项目可行性研究报告和项目预算文本制定的绩效目标、经济效益。

（九）其他需要审计的事项。

## 第三章　审计工作程序

**第八条**　审计处根据工作需要，制定转移支付资金审计工作计划并负责安排实施。

**第九条**　成立审计组，在实施转移支付资金审计 3 日前向归口管理部门、项目负责人及相关单位送达审计通知书。如有特殊情况，经院领导批准，可以直接持审计通知书实施审计。

**第十条**　各转移支付资金归口管理部门负责组织协调项目负责人及相关单位，积极配合审计组开展转移支付资金审计工作。

**第十一条**　归口管理部门、项目负责人及相关单位应按照审计通知的要求及时向审计组报送与审计事项相关的资料，对所提供资料的真实性、完整性负责，并作出书面承诺。应提供的资料如下：

（一）有关转移支付资金管理办法等规章制度；

（二）有关项目论证、立项、申报、审批、合作协议等资料；

（三）有关预算及调整批复等资料；

（四）有关项目的组织管理情况及经费收支明细账、决算报告；

（五）有关项目的招标资料及采购合同等，资产的管理及使用情况报告；

（六）有关项目的结题申请、验收报告、绩效自评报告；

（七）有关部门对项目进行检查、评估形成的报告、意见等；

（八）其他相关资料。

**第十二条**　审计组拟定审计方案，实施审计，根据审计资料编制审计工作底稿并形成审计确认单，由相关单位签字确认。

**第十三条**　审计组根据审计工作底稿撰写审计报告征求意见稿，征求归口管理部门及相关部门意见。归口管理部门将征求意见稿下达项目负责人及相关单位征求意见，并自接到征求意见稿之日起 10 日内，将书面意见反馈审计组，逾期即视为无异议。

审计组应对提出的书面意见进行核实，对审计报告做出必要的修改，由审计处审定后按规定签发。

**第十四条**　审计组在审计事项结束后将转移支付资金审计资料整理归档。

**第十五条**　针对审计中发现的问题及提出的建议，转移支付资金归口管理部门应督促项目负责人及相关单位认真分析原因，制订整改方案，落实整改责任人，限期整改，汇总整改情况并向审计处提交审计整改情况书面报告。对审计中揭示的重大违纪、违规行为以及给国家、医院造成重大经济损失的，按照相关规定移交纪检、监察部门。审计结果公开及整改落实具体按照《A医院审计结果运用实施办法》执行。

**第十六条**　审计人员应当履行保密义务，对于实施审计过程中获取的信息，应当按照国家保密法律法规和医院保密规章制度执行。

### 第四章　附　则

**第十七条**　本办法由审计处负责解释。

**第十八条**　本办法自公布之日起执行。

## 2.17　A医院经济合同审计办法

### 第一章　总　则

**第一条**　为了规范医院对外签订、履行经济合同的行为，加强合同管理，维护医院合法权益，根据《中华人民共和国合同法》《中华人民共和国审计法》《审计署关于内部审计工作的规定》等有关国家法律、法规和《A医院内部审计工作条例》，制定本办法。

**第二条**　本办法所称合同，是指因大宗物资采购、基建及修缮工程、借款、担保，涉外经济，对外承包、租赁合同以及建设工程设计、勘察等经济行为，以医院名义与其他法人之间，为明确相互权利义务关系而签订的合同或协议。

**第三条**　本办法所称经济合同审计是指由审计部门对经济合同的签订、执行过程和结果进行的审计监督、检查、评价和咨询活动。

**第四条**　医院开展经济合同审计旨在促进规范经济合同管理、避免经济损失、加强对经济合同的监督、维护医院合法权益、提高医院经费的使用效益。

**第五条**　医院经济合同审计监督的起点金额为：单项30 000元（含）及

以上的经济合同；根据医院工作需要，经济合同实行抽查审计。

单项30 000元（不含）及以下的经济合同，由院属单位按照医院合同管理的相关规定签订和执行，审计处不参与此类经济合同签订前的谈判、合同审签等工作。

**第六条** 医院经济合同审计工作由审计处负责组织实施。根据工作需要，可以委托社会中介机构实施经济合同审计工作；可以聘请具有相关专业知识的人员作为特约审计员或兼职审计员参加经济合同审计工作。

**第七条** 根据工作需要，审计处可以将财务收支审计与院属单位领导干部经济责任审计、财务收支审计、预算执行与决算审计等工作相结合实施，整合审计资源，提高审计效率。

**第八条** 本办法适用于审计处、审计人员对院属各单位（部门）的经济合同审计业务活动。接受委托的社会中介机构或者聘用的特约审计员、兼职审计员，承办或者参与经济合同审计业务活动，也应当遵守本办法。

## 第二章 审计主要内容

**第九条** 经济合同审计主要包括：经济合同内部控制情况、经济合同签订程序情况、经济合同履行情况和经济合同归档情况等方面进行审计。

**第十条** 经济合同内部控制审计的主要内容：

（一）是否建立健全经济合同内部管理制度，是否确定经济合同归口管理部门，是否建立财务部门与经济合同归口管理部门的沟通协调机制；

（二）经济合同管理不相容岗位是否相互分离；合同签订、合同执行和付款审批、合同签订和收付款业务、合同签订和合同专用章保管等不相容岗位是否分离。

（三）是否设置专门岗位分别负责合同的起草、审核、审批、签订、执行、核算、保管和归档，并落实岗位责任制。

（四）经济合同专用章（或经济合同用章）是否由专人妥善保管和按规定使用。

**第十一条** 经济合同签订程序审计的主要内容：

（一）是否明确经济合同的授权审批和签署权限；是否存在未经授权或未按规定的程序擅自以医院名义对外签订经济合同；是否明确经济合同订立的范围和条件。

（二）是否存在签订经济担保合同，是否存在未经批准签订对外投资合同和借贷合同。

（三）影响重大、专业技术或法律关系复杂的经济合同，是否组织法律、技术、财务等专业人员参与谈判，谈判过程中的重要事项和参与谈判人员的主要意见是否予以记录并妥善保管。

（四）业务承办部门起草的经济合同文本是否经医院法律部门（或律师）审核，特别是合同标的、数量、质量、价款、履约期限、违约责任和争议解决等合同关键条款约定是否清楚；重大经济合同或法律关系复杂的特殊经济合同是否由法务部门（或律师）参与起草，并实行会审制度。

（五）采用国家或行业标准合同文本的，合同起草部门是否根据实际情况进行适当修改；合同文本须报经国家有关主管部门审查或备案的，是否履行相应程序。

（六）经济合同文本加盖合同印章，是否经过编号、审批及法定代表人或由其授权的代理人签署意见等程序。

**第十二条**　经济合同履行情况审计的主要内容：

（一）是否建立合同履行监督审查制度，对合同履行中签订补充合同，或变更、解除合同等是否按照国家有关规定进行审查，变更或补充后的合同是否重新履行相应的合同管理程序。

（二）财务部门是否根据合同履行和合同约定情况办理价款结算和进行账务处理，有无提前支付情况，有无未按照合同履行和合同约定支付情况。

（三）是否按照合同约定的期限开始履行合同；是否保证质量，严格按照标的要求完成了全部内容；有无私自更改、转让合同的情况；是否认真履行了有关承诺和保修等责任；是否按照合同条款履行了违约责任。

（四）是否建立合同纠纷处理机制；发生合同纠纷，是否在规定时效内与对方协商谈判，协商一致，是否签订书面协议；处理合同纠纷，是否存在未经授权向对方做出实质性答复或承诺。

**第十三条**　经济合同归档情况审计的主要内容：

（一）合同归口管理部门是否建立合同文本统一分类和连续编号制度；是否定期对经济合同进行统计、分类和归档，详细登记合同的订立、履行和变更情况。

（二）合同归口管理部门是否建立经济合同管理岗位职责，是否明确经济合同流转、借阅和归还的职责权限和审批程序等有关要求。

（三）是否建立合同管理责任追究制度；是否对合同保管情况进行定期和不定期的检查。

（四）是否建立经济合同履行情况评估制度；每年年末是否对合同履行的总体情况和重大合同履行的具体情况进行分析评估，对分析评估中发现合同履行中存在的不足，是否及时加以改进。

## 第三章　审计实施程序

**第十四条**　审计处根据医院内部管理需要，确定经济合同审计项目，列入年度审计工作计划，报党委审计委员会批准后实施。

**第十五条**　审计处根据审计项目情况组建审计组，在实施经济合同审计3日前，向被审计单位送达审计通知书，并要求被审计单位在规定时限内提供与审计有关的全部资料。如有特殊情况，经审计处处长批准，可以直接持审计通知书实施审计。

**第十六条**　被审计单位应积极配合审计工作，提供审计相关资料，并对所提供资料的真实性、完整性负责并作出书面承诺，不得拒绝、拖延或提供虚假信息。

**第十七条**　审计处主持召开审计见面会，审计组与被审计单位签订双向承诺书。

**第十八条**　审计组在调查了解被审计单位基本情况、对相关内部控制制度进行测试和评价的基础上，确定审计风险和具体审计方法，编制审计实施方案报经审计处处长批准后实施。

**第十九条**　审计组根据审计实施方案，按照规定的审计程序和方法，获取充分、适当的审计证据后，形成审计意见，出具审计报告初稿，提交审计处分管副处长复核。

**第二十条**　审计处应将复核后的审计报告书面征求被审计单位意见，被审计单位应当自接到审计报告之日起10个工作日内提出书面意见，逾期视为无异议。

**第二十一条**　审计组应认真核查被审计单位提出的书面意见，必要时修改审计报告，并将修改后的审计报告连同被审计单位的书面意见，一并报送审计处分管副处长复核、审计处处务会议审定。

**第二十二条**　审计处将审定的审计报告报经医院党组织、主要负责人同意后，出具的正式审计报告；并将审计报告等审计结论性文书报送医院党政领导，同时发送被审计单位及其他有关单位。

**第二十三条** 经济合同审计工作结束后，审计组应按《A医院审计档案管理办法》的相关规定，将审计资料立卷归档。

**第二十四条** 审计处在实施经济合同审计过程中发现的违法违纪线索，按照规定程序移交纪检监察部门处理。

**第二十五条** 被审计单位应按照《A医院审计结果运用管理办法》的要求，在规定时间内对发现的问题、审计意见和建议进行整改落实，并将整改落实情况书面反馈审计处。

### 第四章 附 则

**第二十六条** 本办法由审计处负责解释。

**第二十七条** 本办法自发布之日起施行。

## 2.18 A医院中层干部经济责任审计实施办法（试行）

### 第一章 总 则

**第一条** 为规范医院中层干部经济责任审计工作，健全和完善经济责任审计制度，根据《第2205号内部审计具体准则——经济责任审计》《党政主要领导干部和国有企业领导人员经济责任审计规定》《卫生部直属单位主要领导干部经济责任审计规定》《A医院内部审计工作规定》及有关法律法规，结合医院实际，制定本办法。

**第二条** 本办法所称经济责任审计，是指医院审计处按照组织部委托，对中层干部经济责任履行情况进行监督、评价和鉴证的行为。

**第三条** 经济责任审计以促进中层干部推动本部门、本单位科学发展为目标，以中层干部任职期间本部门、本单位财务收支以及有关经济活动的真实、合法和绩效为基础，重点检查中层干部守法、守纪、守规、尽责情况，加强对中层干部行使权力的制约和监督，推进中层干部经济责任履行和党风廉政建设主体责任，推进医院治理体系和治理能力现代化。

**第四条** 经济责任审计坚持任中审计与离任审计相结合，对中层干部任期内至少审计一次，对党组织和行政中层干部可以同步组织实施，分别认定责任，分别出具审计报告。

任中审计是指对中层干部任职期间经济责任履行情况的审计。

离任审计是指中层干部离开现任岗位后，对其任职期间经济责任履行情况的审计。

**第五条** 审计处依法独立实施经济责任审计，医院保证审计处履行经济责任审计职责所必需的条件。

## 第二章 组织领导

**第六条** 医院审计委员会统一领导经济责任审计工作，主要职责是贯彻落实上级主管部门经济责任审计工作政策和要求，领导和部署医院经济责任审计工作，审议、研究和制定经济责任审计规章制度，审定年度经济责任审计计划，听取和审议经济责任审计工作开展情况、审计结果运用情况和审计发现问题查处及整改情况报告，专题研究经济责任审计工作中出现的重大问题并提出处理意见。

**第七条** 审计委员会办公室负责研究提出年度经济责任审计计划建议，督促落实审计委员会决定事项，研究起草经济责任审计规章制度，向审计委员会报告经济责任审计工作中出现的重大问题，提出建议方案等日常工作。

**第八条** 审计委员会相关成员部门应当各司其职、协作配合，形成制度健全、管理规范、运转有序、工作高效的运行机制。相关成员部门的主要工作职责分别如下：

（一）组织部：根据干部管理工作的需要，提出离任和岗位变动领导干部名单，以及任中拟审计领导干部建议名单，提交审计委员会讨论确定；在审定的年度经济责任审计计划范围内，向审计处出具审计委托书；在新任干部任前谈话时明确告知有关经济责任的内容和要求。

（二）巡察办、纪检办：根据党风廉政建设以及查信办案工作的需要，提出审计重点对象的建议；积极配合经济责任审计工作，提供相应的举报、信访等材料；依纪依规查处经济责任审计中移交的违纪违规行为并追究责任；将审计结果列入廉政建设责任制考核内容，作为对领导干部监督、执纪、问责的重要依据。

（三）财务处：积极配合经济责任审计工作，提供相应的财务会计资料；

完成经济责任审计中发现的财务管理和会计核算问题的整改；督促被审计中层干部所在单位落实财务相关审计意见；将审计结果作为部门、单位预算编制和年度财务管理考核的依据。

（四）审计处：根据组织部出具的委托书，编制经济责任审计项目计划；具体组织、实施经济责任审计，出具审计报告和审计结果报告；对审计发现问题的整改情况进行监督检查，出具后续审计报告；在一定范围内通报审计结果，或者以适当方式公告审计结果；将经济责任审计结果报告存入被审计领导干部个人档案。

## 第三章 审计对象

**第九条** 经济责任审计对象为医院中层干部，具体是指依据干部管理权限，由医院任免的二级单位党政正职领导干部、主持工作1年以上的副职领导干部以及有经济业务审批权的党政副职领导干部。

**第十条** 经济责任审计对象的确定，应充分考虑干部监督管理工作的实际需要和审计资源状况，在确保审计质量的前提下，逐步实现全覆盖。

**第十一条** 任中审计对象确定原则：

（一）在同一岗位任职满四年及以上的领导干部原则上纳入审计范围；

（二）基建项目和物资采购、人事招聘、财务管理、项目经费、资产管理等重点岗位的领导干部原则上纳入审计范围；

（三）社会和医院职工关注度较高的领导干部；

（四）审计委员会决定有必要审计的领导干部。

**第十二条** 离任审计对象确定原则：

（一）二级单位的党政主要负责人原则上纳入审计范围；

（二）二级单位的“财务一支笔”原则上纳入审计范围；

（三）二级单位党政主要负责人离任，同时有副职领导干部离任时，原则上副职领导干部一并列入审计范围；

（四）审计委员会决定有必要审计的领导干部。

**第十三条** 已实施任中经济责任审计的领导干部一年内离任的，原则上不再安排离任审计。特殊情况不受任职时间限制。

**第十四条** 经济责任审计对象的确定程序：

（一）组织部每年末向审计委员会办公室提出当年离任以及岗位变动领导

干部名单和下一年度任中审计对象建议名单；

（二）审计委员会办公室召开经济责任审计工作例会，研究讨论离任和任中审计对象，拟定年度经济责任审计计划报审计委员会审批；

（三）组织部根据审计委员会批示向审计处出具委托书；

（四）审计处根据委托书组织实施经济责任审计。

## 第四章　审计内容

**第十五条**　党组织中层干部经济责任审计的主要内容：

（一）贯彻执行党和国家、卫生健康部门重大财经政策和决策部署，履行有关职责，推动部门、单位科学发展情况；

（二）遵守有关法律法规和财经纪律情况；

（三）三重一大决策制度的建立健全和执行情况；

（四）部门、单位重大管理制度的审议、督查情况；

（五）党建工作情况和党费、党建专项经费使用管理情况，以及厉行节约反对浪费情况；

（六）履行有关党风廉政建设第一责任人职责情况，以及本人遵守有关廉洁自律规定情况；

（七）对以往审计中发现问题的督促整改情况；

（八）其他需要审计的内容。

**第十六条**　行政中层干部经济责任审计的主要内容：

（一）贯彻执行党和国家、卫生健康部门重大财经政策和决策部署，履行有关职责，推动部门、单位科学发展情况；

（二）遵守有关法律法规和财经纪律情况；

（三）有关目标责任制完成情况；

（四）三重一大决策制度的建立健全和执行情况；

（五）部门、单位预算执行和财务收支的真实、合法和绩效情况；

（六）其他内部管理情况，包括医疗质量及安全管理、科研教学管理、采购管理、合同管理、资产管理等情况；

（七）部门、单位管理制度的健全和完善，特别是内部控制制度的制定和执行情况，厉行节约反对浪费情况；

（八）履行有关党风廉政建设第一责任人职责情况，以及本人遵守有关廉洁从政规定情况；

（九）对以往审计中发现问题的整改情况；

（十）其他需要审计的内容。

## 第五章　审计程序

**第十七条**　审计处根据审计委员会审定的年度经济责任审计计划，成立审计组，通过自审或者使用社会审计服务开展审计工作。

**第十八条**　审计组在实施审计3日前，向被审计中层干部及其所在或原任职单位（以下简称所在单位）送达审计通知书。

**第十九条**　审计组在实施审计时，应当召开由审计组主要成员、被审计中层干部及其所在单位相关人员参加的审计进点会，安排审计工作有关事项。

实施审计时，应当进行公示。

**第二十条**　被审计中层干部及其所在单位以及其他有关单位应当提供被审计中层干部履行经济责任有关的下列资料：

（一）被审计单位基本情况，包含组织机构设置、人员配备、被审计中层干部职责分工、业务开展等情况；

（二）财务收支相关资料；

（三）内部制度、工作计划、工作总结、会议记录、会议纪要、经济合同、考核检查结果、业务档案、以往审计发现问题整改情况等资料；

（四）被审计中层干部履行经济责任情况的述职报告；

（五）其他有关资料。

**第二十一条**　被审计中层干部及其所在单位，对所提供资料的真实性、完整性负责，并作出书面承诺。

**第二十二条**　审计组在审前调查的基础上编制审计实施方案。审计实施方案应围绕审计目标确定审计的范围、内容、重点、人员及分工以及时间安排等。

**第二十三条**　审计组履行经济责任审计职责时，可以提请医院相关部门予以协助，相关部门应当予以配合。

**第二十四条**　在审计实施过程中，如有被审计中层干部被有关部门依法依规采取强制措施、立案调查或者死亡等特殊情况，以及不宜再继续进行审计的其他情形的，经审计委员会批准，可以中止或者终止审计项目。

## 第六章　审计评价

**第二十五条**　审计评价应当有充分的审计证据支持，应当与审计内容相统一。一般包括中层干部任职期间履行经济责任的业绩、主要问题以及应当承担的责任。

**第二十六条**　审计评价重点关注所在单位事业发展的质量、效益和可持续性，关注与中层干部履行经济责任有关的管理和决策的情况和效益，关注任期内财务管理、资金资产（资源）管理、内部控制等重要事项，关注中层干部应承担直接责任的问题。

**第二十七条**　审计评价的依据一般包括：

（一）法律、法规、规章和规范性文件，中国共产党党内法规和规范性文件；

（二）国家统一的财务管理制度；

（三）国家、省和卫生健康行业的有关标准；

（四）国家有关部委发布或者认可的统计数据、考核结果和评价意见；

（五）医院章程、单位三重一大决策制度、发展规划、年度计划和责任制考核目标；

（六）所在单位的“三定”（定编、定岗、定员）规定和有关领导的职责分工文件，有关会议记录、纪要、决议和决定，有关预算、决算和合同，有关内部管理制度和绩效目标；

（七）其他依据。

**第二十八条**　对中层干部履行经济责任过程中存在的问题，按照权责一致原则，根据中层干部的职责分工，充分考虑相关事项的历史背景、决策程序等要求和实际决策过程，以及是否签批文件、是否分管、是否参与特定事项的管理等情况，依法依规认定其应当承担的直接责任、主管责任和领导责任。

对中层干部应当承担责任的问题或者事项，可以提出责任追究建议。

**第二十九条**　被审计中层干部对审计发现的问题应当承担直接责任的，具体包括以下情形：

（一）本人或者与他人共同违反有关法律法规、国家有关规定、单位内部管理规定的；

（二）授意、指使、强令、纵容、包庇下属人员违反有关法律法规、国家有关规定和单位内部管理规定的；

（三）未经民主决策、相关会议讨论或者文件传签等规定的程序，直接决定、批准、组织实施重大经济事项，并造成重大经济损失、公共资金或国有资产（资源）严重浪费等后果的；

（四）主持相关会议讨论或者以文件传签等其他方式研究，在多数人不同意的情况下，直接决定、批准、组织实施重大经济事项，由于决策不当或者决策失误造成重大经济损失、公共资金或国有资产（资源）严重浪费等后果的；

（五）对有关法律法规和文件制度规定的被审计中层干部作为第一责任人（负总责）的事项、签订的有关目标责任事项或者应当履行的其他重要职责，由于授权（委托）其他干部决策且决策不当或者决策失误造成重大经济损失、公共资金或国有资产（资源）严重浪费等后果的；

（六）其他失职、渎职或者应当承担直接责任的。

**第三十条** 被审计中层干部对审计发现的问题应当承担主管责任的，具体包括以下情形：

（一）除直接责任外，中层干部对其直接分管或者主管的工作，不履行或者不正确履行经济责任的；

（二）除直接责任外，主持相关会议讨论或者以文件传签等其他方式研究，并且在多数人同意的情况下，决定、批准、组织实施重大经济事项，由于决策不当或者决策失误造成重大经济损失、公共资金或国有资产（资源）严重浪费等后果的；

（三）疏于监管，致使分管单位和部门发生重大违纪违法问题或者造成重大损失浪费等后果的；

（四）其他应当承担主管责任的情形。

**第三十一条** 领导责任，是指除直接责任和主管责任外，被审计中层干部对其职责范围内不履行或者不正确履行经济责任的其他行为应当承担的责任。

**第三十二条** 被审计中层干部以外的其他人员对有关问题应当承担的责任，可以适当方式向审计委员会提供相关情况的说明。

## 第七章 审计报告

**第三十三条** 审计处收到审计组的审计报告后，整理形成审计报告征求意见稿并书面征求被审计中层干部及其所在单位的意见。

被审计中层干部及其所在单位应当自收到审计组审计报告之日起10日内提出书面意见；10日内未提出书面意见的，视同无异议。

审计报告中涉及的重大经济案件调查等特殊事项，经审计委员会批准，可以不征求被审计中层干部及其所在单位的意见。

**第三十四条** 审计组应当针对被审计中层干部及其所在单位提出的书面意见，进一步研究和核实，对审计报告做出必要的修改，连同被审计中层干部及其所在单位的书面意见一并报送审计处。

**第三十五条** 审计处按照规定程序将审计报告报主管院领导和审计委员会审定，经签发后，向被审计中层干部及其所在单位出具正式经济责任审计报告。

经济责任审计报告应当事实清楚、评价客观、责任明确、用词恰当、文字精练、通俗易懂。

**第三十六条** 经济责任审计报告的内容主要包括：

（一）基本情况，包括审计依据、实施审计的基本情况、被审计中层干部所在单位基本情况、被审计中层干部职责分工情况等；

（二）被审计中层干部履行经济责任的主要情况，包括重大决策、财务管理、资产管理、内部控制建设与实施等事项履责情况，以及以往审计决定执行情况和审计建议采纳情况等；

（三）审计发现的主要问题和责任认定，其中包括审计发现问题的事实、定性、被审计中层干部应当承担的责任以及有关依据，审计期间被审计中层干部、被审计单位对审计发现问题已经整改的，可以包括有关整改情况；

（四）审计处理意见和建议；

（五）其他必要的内容。

审计发现的有关重大事项，可以直接形成专题报告报送审计委员会，不在审计报告中反映。

**第三十七条** 审计处将经济责任审计报告精简提炼，形成审计结果报告。审计结果报告重点反映被审计中层干部履行经济责任的主要情况、审计发现的主要问题和责任认定、审计处理意见和建议。

**第三十八条** 审计结果报告报送医院主要负责领导，抄送审计委员会有关成员部门，必要时，可以将涉及其他有关部门的情况抄送该部门。

**第三十九条** 被审计中层干部对经济责任审计报告有异议的，可以自收到审计报告之日起30日内向审计委员会办公室申诉。

审计委员会办公室应自收到申诉之日起30日内，组成复查小组，并要求原审计组人员等进行回避，并在收到申诉之日起90日内提出复查意见，报审计委员会批准后作出复查决定。该决定为最终决定。

## 第八章　审计结果运用

**第四十条**　经济责任审计结果应当作为干部考核、任免和奖惩的重要依据。

**第四十一条**　相关部门应当充分运用经济责任审计结果。包括在一定范围内通报审计结果，依纪依法依规受理问题线索、查处违纪违法行为，及时研究审计结果反映的典型性、普遍性、倾向性问题等。

**第四十二条**　被审计中层干部所在单位应当充分利用审计结果，根据审计意见和建议采取以下措施实施整改：

（一）明确单位主要负责人的整改第一责任人职责，在党政领导班子通报审计结果和整改要求；

（二）及时制订整改方案，认真进行整改，自接到正式审计报告之日起60日内将整改结果书面报送审计处；

（三）根据审计结果反映出的问题，追究有关责任人员的责任；

（四）根据审计建议，采取措施，健全制度，加强管理。

## 第九章　附　则

**第四十三条**　本办法由医院审计处负责解释。

**第四十四条**　本办法自发布之日起施行。

# 反侵权盗版声明